新质生产力的法治保障

张钦昱 ◎ 主编

XINZHISHENGCHANLI DE
FAZHIBAOZHANG

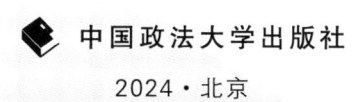

中国政法大学出版社

2024·北京

声　　明　　1. 版权所有，侵权必究。

　　　　　　2. 如有缺页、倒装问题，由出版社负责退换。

图书在版编目（CIP）数据

新质生产力的法治保障 / 张钦昱主编. -- 北京 : 中国政法大学出版社, 2024. 8. -- ISBN 978-7-5764-1723-4

Ⅰ. D920.4-53

中国国家版本馆 CIP 数据核字第 202485Y0H3 号

出 版 者	中国政法大学出版社
地　　址	北京市海淀区西土城路 25 号
邮寄地址	北京 100088 信箱 8034 分箱　邮编 100088
网　　址	http://www.cuplpress.com（网络实名：中国政法大学出版社）
电　　话	010-58908586(编辑部) 58908334(邮购部)
编辑邮箱	zhengfadch@126.com
承　　印	固安华明印业有限公司
开　　本	720mm×960mm　　1/16
印　　张	27.5
字　　数	470 千字
版　　次	2024 年 8 月第 1 版
印　　次	2024 年 8 月第 1 次印刷
定　　价	126.00 元

前　言

新质生产力是以科技创新为主导、依靠创新驱动形成的高效能、高质量的生产力，是数字时代具有创新性、融合性、先导性的新质态，区别于高度消耗资源能源的传统生产力发展方式。新质生产力的蓬勃发展在提升经济效益的同时，也对传统的治理机制提出了挑战。法治需锚定高质量发展目标，助推新质生产力的业态发展，持续引领营商环境优化，赋能新质生产力的蓬勃发展，及时应对风险难题，筑牢新质生产力的防护体系。本书特别关注新质生产力发展命题，以新质生产力的法治保障为主线，收录了不同研究视角下的众多学术佳作，体现了各位学术新锐的前沿视角、宏观格局和家国情怀。作为从法律维度探讨新质生产力保障的开创性著述，本书希冀形成关注法治在新质生产力中角色的学术氛围，实现学术反哺新质生产力发展的功能价值，为夯实新质生产力法治之基提供富有前瞻性的理论研讨。

一、法治助推新质生产力的业态发展：锚定高质量发展目标

为实现新兴产业发展目标，需要法治作为平衡创新与风险的制度天平，以特殊规则规范和引领创新事业。法治涵摄新质生产力的发展进程，维护新兴未来产业的公平竞争与自主创新，鼓励开拓创新，矫正恶意竞争失序现象。法治坚守新质生产力发展这一底层逻辑，完善产业革新升级的知识产权保护与正向驱动，实现对企业、研发人员和国家自主创新的正向激励。在新质生产力发展初期，需均衡人工智能等关键领域的审慎监管与自由发展，以包容审慎的立法思路应对新质生产力快速发展带来的新风险。本书探索为新质生产力构建全覆盖、多维度、跨领域的法治支撑，寻求法治建设与新质生产力发展深度融合的智慧方案。

（一）维护新兴未来产业的公平竞争与自主创新

新质生产力的壮大需要健康良好的公平竞争市场环境，面对网络发展随之频频出现的"刷单炒信""好评返现"等新型恶性竞争现象，需要法律为新质生产力发展构筑公平竞争的行为底线。为矫正和防范新业态发展过程中涌现的竞争失序问题，本书收录了数字化背景商业秘密的法律保护、大数据杀熟中消费者保护等网络反不正当竞争相关研究主题，支持法治以其独特的功能与作用引领新质生产力的发展、勃兴与繁盛。

（二）健全产业革新升级的知识产权保护与正向驱动

创新是新质生产力的显著特点，完善知识产权保障体系是激发创新主体的主动性和积极性的关键路径。商标、专利等知识产权法律制度通过保障"知识创造者能够享有知识产权"，以法治后盾正向激励自主创新，为新质生产力发展营造了积极向上的成长氛围。针对新业态发展过程中涌现的知识产权侵权问题，本书收录了包括专利侵权认定、专利申请及商标法修订等研究主题，以法治涵摄新质生产力的发展进程，鼓励产业开拓创新。

（三）均衡人工智能领域的审慎监管与自由发展

合理划清新质生产力的治理边界，既要防止技术开发混乱无序，又要防止过度干预导致新质生产力自由发展空间不当缩减。我国在国家安全、算法模型的训练与设计、知识产权、权益保障等层面划定了生成式人工智能发展的"红线"，在包容审慎和分类分级监管的前提下，避免了人工智能新业态被过度打压，体现了国家鼓励生成式人工智能创新发展的鲜明态度。为积极探索人工智能领域法治干预的合理边界，本书收录了人工智能生成物著作权归属与独创性认定、人工智能生成物侵权责任认定等生成技术版权治理相关挑战的新热论题，密切关注人工智能生成物的规制界限。

二、法治赋能新质生产力的主体创新：优化法治化营商环境

持续优化法治化的营商环境，有利于推动市场主体创新发展，激活新质生产力潜能释放。为了发挥法治化营商环境的正向激励作用，本书探讨了国有企业在新质生产力建设中的功能定位，研究《公司法》如何激励创业公司释放新质生产力发展潜能，关注新质生产力发展下新旧产能交替背景下市场

主体的挽救与出清。

(一) 国有企业改革在新质生产力发展进程的战略地位

培育新质生产力离不开战略性新兴产业与未来产业，国有企业具备发展战略产业基础优势，应当勇挑重担、敢打头阵，助推法治化营商环境的持续优化，具有坚持服务国家战略的责任担当。2022年，中央全面深化改革委员会第二十四次会议审议通过了《关于推进国有企业打造原创技术策源地的指导意见》，对国有企业在原创技术需求牵引、源头供给、资源配置、转化应用能力，打造原创技术策源地等方面提出了重要指示。为凝聚国有企业经济责任、政治责任与社会责任，助力新质生产力挖潜增效，本书围绕国有企业的公益性、国有企业合规管理等国企改革中的法治议题，着力推动国有企业打造原创技术的"策源地"，勇当现代产业链的"链长"，为新质生产力发展注入新动能。

(二) 公司法修订对新质生产力发展的稳定支持

新质生产力发展背景下营商环境的法治化程度与公司创新的活跃程度密切相关。《公司法》的新一轮修订对完善中国特色现代企业制度，激活市场主体活力，维护社会经济秩序，促进社会主义市场经济发展具有重要意义。针对《公司法》如何赋能创业者开拓创新的问题，本书收录了股东出资加速到期常态化、认缴制度评析、股权变更登记、违法减资股权代持、公司机会认定、民营企业治理等一系列主题研讨，以现代公司制度涵养法治化营商环境，助推新质生产力长远健康发展。

(三) 破产法"先破后立"对新质生产力的焕新重塑

发展新质生产力必然迎来新旧产业交替，真正实现生产方式和生活方式跃升，故步自封、安于现状的市场主体必将面临淘汰。新质生产力的形成将涌现出大量创新创业的企业家群体作为新质生产力开拓者。新旧交替背景下，市场主体退出制度是生产力变革不可缺少的环节。破产重整制度能够给予陷入流动性困境的企业体面的市场退出和救助渠道，给予它们"喘口气、站起来"的机会；个人破产制度在"诚实而不幸"的限度内，为新质生产力开拓者提供充满希望的法治营商环境。为回应新质生产力发展下新旧产能交替附随的企业与个人破产问题，本书收录了破产财产豁免制度、个人破产制度法律构建等热点研究议题，助力发挥破产优胜劣汰、宽容失败的特殊功能，持续建设法治化、市场化的营商环境。

三、法治筑牢新质生产力的防护体系：化解处置新型风险

稳定健康的市场经济秩序是新质生产力的发展前提，在新质生产力发展初期风险与机遇相伴相随，面对风险集中且易引发系统性波及的关键领域，需秉持审慎监管的态度，以法治安全网筑牢新质生产力的防护体系。本书觉察到融资监管体系的建设对于应对新质生产力发展潜在风险具有重要意义，关注到了回应新质生产力形成的新型劳动关系中劳动者的保护问题，留意到了风险化解程序中新质生产力与司法工作深度融合的新动向。

（一）防范新质生产力发展中的间接融资风险

新质生产力衍生出新经济运行秩序的同时，也潜藏数字投资泡沫、数字欺诈等新型金融市场风险。金融领域具有风险易传导的特性，加强金融风险监管具有紧迫性。为形成体系完整、内容完备、系统协调的金融风险监管有机整体，本书收录了金融监管体制变革研究、金融大模型的数据风险防范等新热内容，主动跟进新质生产力发展的法治挑战，既激励前瞻性技术守正创新，又以价值理性约束创新带来的无序发展隐患。

（二）控制新质生产力发展中的直接融资风险

债券融资工具在凝聚培育新质生产力合力、推动资本要素向科技创新领域聚集的同时，投融资风险也随之逐渐聚集。证券领域一系列新规的出台表明了我国逐步加大执法力度、落实监管"长牙带刺"有棱有角的决心。为构筑新质生产力的风险防护网，时刻防范新质生产力的发展失范，本书收录了证券市场内幕交易、虚假陈述责任分担、操纵证券市场行为类型化等焦点议题，以规范证券发行和交易行为，保护投资者的合法权益，维护社会经济秩序和社会公共利益，促进社会主义市场经济的发展。

（三）探索新质生产力下新型劳动关系的矛盾化解

新质生产力发展在改变传统劳动用工模式的同时，演化出新型劳动法律关系。面对外卖骑手饱受算法的规训，数字劳工身处"数字囚笼"等一系列新型劳动矛盾风险，亟须规范劳动者数据收集与算法场景运用。为回应新

质生产力发展对传统劳动法律制度带来的新挑战，本书收录了对新就业形态下平等就业权利保护、骑手劳务纠纷侵权等现实问题的关切，以探索新型劳动关系下矛盾化解途径，加强对数字劳动者的法律保护。

（四）推进新质生产力发展的风险解决程序与时俱进

新质生产力不仅需要与实体法治深入互动，还应与程序法治衔接互促。新质生产力发展背景下"互联网+司法"推动了科技创新成果同司法工作的深度融合，涌现出在线审理、异步审理、司法区块链、电子送达系统、5G智慧视频庭审等新诉讼形式，不断推动着审判方式、诉讼制度与互联网技术深入融合。为进一步探索新质生产力与程序改革协同推进的具体问题，本书围绕民刑案件在线诉讼规则建构以及电子数据证据适用等程序议题，以新质生产力推动智慧司法体系的构建。

生产力发展永不止步，法治保障应与时代同行。本书的各位作者敏锐地抓住了新质生产力发展背景下各类新技术、新业态、新风险对法治带来的冲击和挑战，精准地把握了新质生产力与法治彼此耦合的时代脉搏。伴随新质生产力如火如荼地展开，法治保障也必将与时俱进，不断引领创新驱动。期待学术新锐们在交流思想、分享智慧的重要阵地上继续追寻学术真谛，共同书写法学研究的新篇章，推进中国式现代化释放强劲动能。

中国政法大学民商经济法学院
经济法研究所所长、教授、博士生导师　　张钦昱

目 录

商标恶意注册的规制研究／曾慧敏 ………………………………………… 001

论完善我国驰名商标法律保护／何杰华 …………………………………… 006

反向刺破公司面纱制度研究／候健强 ……………………………………… 011

我国商标侵权惩罚性赔偿制度实证研究／靳珂琪 ………………………… 016

有限责任公司股权变更登记制度研究／李慧盈 …………………………… 021

局部外观设计专利保护制度研究／刘亭婷 ………………………………… 025

人工智能生成物著作权归属研究／郑倩兰 ………………………………… 030

浅论个人破产豁免财产制度的构建／古小敏 ……………………………… 035

浅析证券市场内幕交易民事责任构成要件／李丽楠 ……………………… 040

构建会计师事务所虚假陈述民事责任合理分担体系的研究／王绍华 …… 044

彩礼返还规则研究／崔胜楠 ………………………………………………… 049

债务加入与保证的区分
　——意思表示解释的适用规则／丁　宁 ………………………………… 054

离婚冷静期制度探究／管屹凡 ……………………………………………… 058

上市公司独立董事无因解除制度研究／黄　怡 …………………………… 063

实际施工人的建设工程价款优先受偿权研究／何　征 …………………… 068

公司机会的认定标准研究／王润璇 ………………………………………… 073

论借名买房房屋所有权的归属／钟鸣明 …………………………………… 078

生成式人工智能的侵权责任认定／王晨萱 ………………………………… 083

电子数据证据在新《民事诉讼规定》下的适用与挑战／陈冠楠 ………… 088

新就业形态下女性劳动者平等就业权利保护路径研究 / 郝尤嘉 …………… 093
民事在线诉讼和智能化理论与制度建构 / 林 璐 …………………………… 098
关于国有企业的公益性与合规问题研究 / 吕 洋 …………………………… 103
新就业形态法律关系判断的司法实践研究 / 马 雯 ………………………… 108
夫妻共同财产与共同债务的立法、法理和司法裁判 / 温碧仪 ……………… 113
论国有企业的公益社会责任与合规管理建设 / 许光昌 ……………………… 118
城市低龄老人"返乡养老"法律保障机制完善 / 赵一达 …………………… 123
数字化背景下商业秘密的法律保护与挑战分析 / 冯燕珍 …………………… 128
居住权与抵押权的法律冲突及其优先解决机制研究 / 郭德美 ……………… 133
乡村振兴背景下宅基地使用权流转的方向和路径探索 / 李 凤 …………… 138
数字化背景下商业秘密的保护挑战与应对 / 谭忠杰 ………………………… 143
多人侵权责任中的过失衡量与责任分配 / 张灏杰 …………………………… 148
新《公司法》中公司资本制度变化之评议 / 孙 茹 ………………………… 153
浅论《劳动合同法》第十四条第二款的法律后果 / 殷子涵 ………………… 158
新公司法下从出资加速到期角度谈债权人
保护和股东出资期限利益的平衡 / 吴英英 …………………………………… 163
民用航空器造成的损害及法律责任探讨 / 台钰山 …………………………… 167
论合作开发合同解除对项目公司存续的影响 / 贾亿心 ……………………… 172
对劳务关系中侵权责任的实践反思
——以众包骑手劳务纠纷为例 / 成俊杰 …………………………………… 177
所有权保留买卖合同的法律研究 / 谭宇利 …………………………………… 181
未成年人严重越轨行为的惩治和预防 / 王 亮 ……………………………… 185
基于退役军人服务保障体系构建退役军人法治宣传教育
体系的研究与思考 / 严 瑶 ………………………………………………… 190
股权回购式对赌协议的法律效力研究 / 巫结红 ……………………………… 195
《公司法》违法减资制度研究 / 闫 慧 ……………………………………… 200
浅析现代企业管理中的经济法 / 董丁漪 ……………………………………… 205

《民法典》中的预约合同违约责任制度研究 / 李承赣 ………… 209
《公司法》视角下我国民营企业
治理结构完善研究 / 高少琴 …………………………………… 214
个人破产制度法律构建研究 / 周　锋 …………………………… 219
我国金融监管体制变革研究
——以分业监管与统一监管的优劣势为例 / 方　菲 ………… 224
严监管背景下违法发放贷款罪的实质违法性 / 郝栋梁 ………… 229
国家出资公司董事会权能的更新与思考 / 薛文婷 ……………… 234
商业秘密的法律认定及其保护 / 秦　茜 ………………………… 239
我国认缴制推出背景与制度评析 / 路　铭 ……………………… 244
金融大模型中数据安全的法律风险防范 / 韩俊佳 ……………… 249
操纵证券市场的类型化分析研究 / 李思睿 ……………………… 254
AI 生成技术对版权治理的挑战与回应 / 翟相森 ………………… 259
计算机软件领域专利的功能性特征探究 / 林韵英 ……………… 264
软件专利充分公开标准之探究 / 刘艳春 ………………………… 269
通信领域公开充分标准研究
——以"小 i 机器人"发明专利权无效宣告请求
　　行政纠纷案为例 / 叶方蔚 ………………………………… 274
滥用商标标识进行关键词推广的法律分析 / 余娌旦 …………… 278
死刑复核程序中法律援助的覆盖困境与改进思路 / 麻子荣 …… 282
论刑事电子证据收集中的人权保障 / 耿春雷 …………………… 286
论正当防卫的证明责任分配 / 郑　虎 …………………………… 290
自动化行政处罚中的事实认定与相对人权利保护 / 肖梓槟 …… 294
行政执法权下沉的法律解析与优化方向 / 臧延静 ……………… 299
政府数据开放的法理阐释与制度构造 / 靖晓萌 ………………… 304
《民法典》离婚冷静期条款的争议与解释论 / 郭晓燕 …………… 308
请托办事型诈骗行为的罪与非罪界分 / 王冬阳 ………………… 313

刑民比较视角下的正当防卫认定研究 / 孙　周 …………… 318

论股权代持的识别与利益平衡 / 付艳洁 …………… 323

行政复议前置的设定逻辑与改革路径 / 马润兰 …………… 328

我国罪错未成年人分级处遇制度的优化路径 / 赵　曦 …………… 333

关于违约方合同解除权的认定 / 王雅君 …………… 337

浅析同时抗辩权的程序保障 / 胡　芮 …………… 342

浅论预约合同的违约救济制度 / 陆嘉梁 …………… 347

民法典视野下合同无效的强制性规范认定 / 刘　颖 …………… 351

论 AI 绘图作品独创性的认定 / 丁功成 …………… 356

专利等同侵权中可预见性规则研究 / 陈　晓 …………… 361

专利法中公开不充分条款应用研究
——以宁德时代专利无效案为例 / 王明玥 …………… 366

非正常专利申请研究 / 莫冬丽 …………… 371

药物临床试验数据使用权属研究 / 秦　智 …………… 376

商标法征求意见稿第十四条第二款之解读与去留 / 项琳琳 …………… 381

商业秘密侵权诉讼中举证责任研究 / 何　涛 …………… 386

论显著性在商标侵权判断中的作用 / 孔祥鹏 …………… 391

专利侵权诉讼中鉴定问题的研究 / 吕　鹏 …………… 396

解构与嵌合：我国刑事庭前会议制度研究 / 王美锟 …………… 401

受贿罪中"利用职务上的便利"的认定研究 / 陈　琪 …………… 406

大数据杀熟中消费者公平交易权保护探究 / 成　璐 …………… 410

刑事证人在线作证制度研究 / 马　季 …………… 415

浅议我国轻罪治理体系的完善 / 刘芮辰 …………… 420

浅议德国犯罪学与刑法学的关系定位 / 谢春玉 …………… 425

商标恶意注册的规制研究

曾慧敏*

（中国政法大学 北京 100088）

摘　要：本文揭示了商标恶意注册对商标体系的冲击和对合法权利的侵害，探讨现行法律的适应性与局限性，结合具体案例揭示恶意注册的常见手法和法律漏洞，提出强化法律规制、完善举证机制、提升司法实践效能的建议，旨在构建更有效的商标恶意注册防控体系。

关键词：商标恶意注册　市场秩序　法律规制

一、商标恶意注册现状分析

当前，恶意注册主要表现为抢注知名品牌、热门词汇、公众人物姓名甚至竞争对手未注册的商标，以期通过囤积商标资源，获取经济利益或阻止竞争对手进入市场。这种行为会导致商标资源的无效使用，浪费公共资源，破坏公平竞争的环境，使创新者和消费者的利益受到损害。

虽然我国《商标法》[1]对恶意注册行为有所规制，规定了撤销恶意注册的程序，但实际操作中，举证责任的分配和法律责任的执行仍然存在问题。许多恶意注册者通过精心策划，利用法律的模糊地带，逃避法律的制裁。此外，由于商标申请量巨大，现有的审查机制难以完全捕捉到恶意注册，这导致一些明显不正当的注册得以通过。在国际层面，恶意注册同样是普遍存在的问题。《商标国际注册马德里协定》（以下简称《马德里协定》）和《保护

---

* 作者简介：曾慧敏（1984年—），女，汉族，广东广州人，中国政法大学2023级同等学力研修班学员，研究方向为知识产权法学。

〔1〕《商标法》，即《中华人民共和国商标法》。为表述方便，本书中涉及我国法律文件，直接使用简称，省去"中华人民共和国"字样，全书统一，后不赘述。

工业产权巴黎公约》(以下简称《巴黎公约》)虽鼓励各国采取措施打击恶意注册,但由于各国法律体系的差异和国际合作的不足,恶意注册行为仍然跨国界蔓延。

随着互联网的普及,商标恶意注册现象呈现出新的发展趋势。网络的匿名性和跨国性使得恶意注册者更容易藏匿身份,快速注册大量商标。同时,互联网上的商标交易也为恶意注册者提供了便捷的市场,使得恶意注册行为的经济动机更为强烈。

二、商标恶意注册的法律规定

(一) 商标恶意注册的定义和界定

商标恶意注册的界定应涵盖其主观恶意、客观行为和后果,而法律规制则需要在立法和司法实践中,结合具体案例,不断细化和完善,以适应不断变化的市场环境。同时,对恶意注册行为加以类型化规定,对于有效打击恶意注册行为至关重要。

我国法律对恶意商标注册的规制主要体现在《商标法》第44条和第45条中。法律对于恶意注册的类型进行了分类,包括非使用性目的的恶意注册、非正当性手段的恶意注册、有业务关系的当事人恶意注册等,这些类型化条款在立法上具有明确的指向性,旨在通过限定适用范围来更精确地打击恶意行为。[1]

(二) 商标恶意注册的法律责任

商标恶意注册的法律责任是法律规制体系中的重要一环,旨在通过法律的威慑力,惩治恶意注册行为,保护商标权人和消费者的合法权益。在法律责任方面,各国法律通常包括行政责任、民事责任和刑事责任三种形式。

行政责任方面,恶意注册者可能面临商标注册被撤销、罚款、警告等处罚。根据《商标法》第44条和第45条的规定,恶意注册的商标在注册后5年内,权利人或者利害关系人可以请求商标评审委员会宣告该注册商标无效。同时,恶意注册者可能会被商标局记入信用档案,影响其未来的商标申请行为。

---

[1] 吴汉东:《恶意商标注册的概念体系解读与规范适用分析》,载《现代法学》2023年第1期。

民事责任方面，恶意抢注行为侵犯了他人的民事权益，通常包括商标权、姓名权、肖像权等。《商标法》应当明确恶意抢注的民事责任，要求恶意抢注人向被抢注人承担赔偿损失等，以此来维护被抢注人的合法权益，有效打击恶意抢注行为。[1]然而，现行法律在这方面有待进一步明确。

刑事责任方面，商标恶意注册行为在情节严重、金额巨大或涉及团伙作案时，可能触犯刑法，构成不正当竞争罪、侵犯知识产权罪等。各国法律对此类犯罪的惩处力度不一，但总体趋势是严厉打击，以维护市场秩序。

三、商标恶意注册案例分析

（一）国内商标恶意注册案例

通过梳理我国近五年的商标恶意注册纠纷案例，可以明确我国当前商标恶意注册的规制症结，找出法律漏洞。[2]例如，2014年，一家名为"小米科技"的公司申请注册"小米"系列商标，其中包括"小米""小米手机"等。彼时北京小米科技有限责任公司（以下简称"小米科技公司"）已经拥有知名手机品牌，其对此提出异议。经过多轮诉讼，法院最终认定"小米科技"的注册行为构成恶意抢注，侵犯了小米科技公司的在先权利。该案表明尽管法律对"在先权利"有所规定，但在实际操作中，如何界定"在先使用"仍存在一定争议。又如，"同仁堂"商标争议案中，同仁堂集团的"同仁堂"商标具有极高的知名度，但在市场上出现了大量与其相似的商标，如"同仁大药房""同仁草堂"等。这些恶意注册的商标试图"搭便车"，利用消费者对"同仁堂"品牌的认知误导消费者。尽管同仁堂集团多次通过法律途径维护权益，但恶意注册者利用商标注册的批量性和匿名性，使得维权之路漫长且困难。

这些案例表明，恶意注册者常常利用现有法律的不足或者采取狡猾的手段，如抢注知名词汇、模仿知名商标等来规避法律的制裁。在司法实践中，如何准确地认定恶意，以及如何分配举证责任，是当前法律面临的挑战。

---

[1] 朱燕华：《规制商标恶意抢注的民事责任制度的建立》，载《北京政法职业学院学报》2020年第1期。

[2] 陶洪飞：《商标恶意注册法律规制研究》，中国政法大学2020年硕士学位论文。

（二）国际商标恶意注册案例

在国际市场上，恶意注册者并不受限于单一国家的法律管辖，而是利用不同国家法律的差异和国际合作的不足，实施恶意注册行为。例如"乔丹"商标案，它不仅涉及中国与美国之间的法律纠纷，还展示了恶意注册如何在国际知识产权体系中引发广泛关注和讨论。迈克尔·乔丹以侵犯其姓名权起诉中国乔丹体育股份有限公司（以下简称"乔丹公司"），指控后者恶意抢注其姓名作为商标。尽管乔丹体育辩称其商标与迈克尔·乔丹无关，但最高人民法院于2015年判定乔丹体育的商标注册构成恶意抢注，侵犯了迈克尔·乔丹的姓名权。此案的判决不仅维护了个人的姓名权，也对国际知识产权保护体系产生了深远影响，强调了商标注册的诚实信用原则，提示各国在处理恶意注册时，需考虑商标的全球知名度以及相关权利人的权益。

许多恶意注册者在不同国家分别注册同一商标，试图在全球范围内扩大其"权利"范围。例如，一家公司可能在多个国家同步申请注册某个品牌名称，尽管在某些国家可能因已存在在先权利而难以实现其目的，但在其他国家，恶意注册者依然能够获得商标权，从而达到阻止竞争对手进入相应市场或商标囤积的目的。

这些国际案例不仅体现了恶意注册行为的跨地域复杂性，也暴露了现有国际法律框架在应对恶意注册时的局限性。《马德里协定》和《巴黎公约》虽然鼓励各国采取措施打击恶意注册，但全球范围内法律执行的标准不一将导致恶意注册者在不同国家之间寻找法律漏洞。因此，国际社会需要进一步强化合作，建立更为统一的法律标准和跨国争议解决机制，以有效应对恶意注册挑战，维护健康的全球市场竞争环境。

四、商标恶意注册的对策与展望

面对商标恶意注册这一全球性的挑战，我们必须采取以下有力的对策以维护健康的市场竞争环境：

第一，从法律规制层面，明确恶意判定标准和改善商标使用制度。我们应通过立法手段，细化恶意注册的类型，例如区分不同恶意行为的意图和后果，以便在实践中更准确地识别和打击恶意行为。此外，强化法律责任，提高恶意注册者的法律成本，是遏制恶意注册行为的关键。引入惩罚性赔偿制度、强化法律后果的执行力度，可以使恶意注册者承担与其行为相匹配的经济代价，从而起到威慑作用。

第二，提高商标注册审查效率。通过人工智能和大数据技术，可以优化审查流程，提高审查的精准度和速度，从而减少恶意注册的漏网之鱼。[1] 同时，建立快速反应机制，对于明显恶意的注册申请，可以立即采取措施，避免其对市场秩序造成短期影响。

第三，加强国际合作，构建跨国商标争议解决机制。在全球化背景下，恶意注册者往往会利用不同国家法律的差异，进行跨国注册。因此，国际社会应提升信息共享水平，建立统一的法律标准以及高效的跨境争议解决渠道，确保恶意注册行为无处遁形。

第四，提升公众对商标权益的保护意识。通过教育和宣传，使商标权利人了解自身的权益，增强其保护意识，有助于及时发现和应对恶意注册行为。同时，公众的监督作用不容忽视，他们可以作为市场秩序的维护者，共同打击恶意注册行为。

---

[1] 吴汉东：《恶意商标注册的概念体系解读与规范适用分析》，载《现代法学》2023年第1期。

论完善我国驰名商标法律保护

何杰华*

(中国政法大学 北京 100088)

摘 要：我国现行法律在驰名商标认定标准的模糊性、认定程序的繁琐性以及侵权赔偿机制的不完善等方面有一定的局限性。本文通过对国内外驰名商标法律保护制度的比较研究，提出了明确和细化驰名商标认定标准、优化驰名商标的认定程序、对未注册驰名商标给予特殊保护等有针对性的改进方向，旨在提升我国驰名商标法律保护的整体效能，为企业创新、品牌建设提供坚实的法律保障。

关键词：驰名商标 认定标准 认定程序 特殊保护

驰名商标，作为企业品牌价值的象征，不仅是市场竞争中的重要利器，更是国家软实力的体现。在经济全球化的背景下，保护驰名商标的权益，不仅关乎企业的生存发展，更关乎国家经济的稳定与进步。然而，我国驰名商标的法律保护体系存在认定标准模糊、保护范围受限及救济措施不足等问题，在实践中会导致法律保护效果受限，进而阻碍企业创新和市场公平竞争的实现。

一、我国驰名商标的定义与特征

驰名商标，作为法律特殊保护的标志，其定义至少包含两方面的条件：首先，商标必须在相关公众中广为知晓，这里的"相关公众"指的是特定行业或商品领域内的消费者和经营者，而非整个社会的普通大众；其次，该商

---

* 作者简介：何杰华（1979年—），男，汉族，广东广州人，中国政法大学2023级同等学力研修班学员，研究方向为知识产权法学。

标必须享有较高的声誉。然而，驰名商标在中国社会中常常被误解为一种官方授予的荣誉称号，这种误解导致了法律制度的异化，企业和个人往往过分追求驰名商标的认定，这种异化源于公众对驰名商标本质的混淆。〔1〕

对于未注册驰名商标，这类商标在司法认定时，除了遵循注册驰名商标的审查标准和原则，还需额外满足一些条件，如在国际上具有较高的知名度、商标本身固有显著性较低，或者商标使用初期不存在权属争议。这些特点使得未注册驰名商标的认定更为复杂，保护也更具挑战性。〔2〕

因此，我国驰名商标的法律保护首要任务之一就是澄清公众对驰名商标属性的误解，回归其法律本质，确保法律制度的公正实施。同时，需完善相关法规，使之能够适应未注册驰名商标等特殊情形，全面保护各种形式的驰名商标权益，维护市场公平竞争的环境。

二、我国现行驰名商标法律保护的问题

我国现行驰名商标法律保护体系存在一系列问题，不仅影响了驰名商标法律保护的效果，也制约了企业创新和品牌建设的进程。

（一）认定标准模糊

在荣华饼家诉广州市好又多百货商业有限公司商标侵权及不正当竞争纠纷案（［2012］民提字第38号）中，法院认为：香港荣华公司主张"荣华月饼"（文字）与"花好月圆"（第1567184号注册商标所显示的图案）的组合图形标识为其使用在月饼商品上的未注册驰名商标，但其并未具体限定上述注册商标的文字和图案及其具体组合方式，其所指的该组合形式的未注册商标在形式和内容上均具有不确定性。在已经认定"荣华"为香港荣华公司和东莞荣华公司使用在月饼商品上未注册的驰名商标，且其与第1567184号注册商标，两者均能够提供有效的权利救济之前提下，并未认定"荣华月饼"（文字）与"花好月圆"（第1567184号注册商标所显示的图案）的组合图形标识为使用在月饼商品上的未注册驰名商标的必要性。

在上述案例中，对未注册驰名商标的标识认定模糊，使得大众对未注册

---

〔1〕 冯术杰：《我国驰名商标认定和保护中的几个问题》，载《电子知识产权》2017年第8期。

〔2〕 张玲玲：《论未注册驰名商标的司法认定与保护——兼评〈商标法〉第十三条及〈反不正当竞争法〉第六条第一项的适用》，载《法律适用》2019年第11期。

驰名商标的判断缺乏明确量化指标，在法律实践中对于知名度的评估存在主观认识差异，从而会影响驰名商标认定的公正性和一致性。这不仅增加了企业获取驰名商标认定的难度，也使得法院在处理案件时面临挑战，无法形成统一的司法判例。[1]

（二）认定程序繁琐

我国驰名商标的认定程序繁琐，时间较长，这在快速变化的市场环境中显得滞后。长时间的认定过程可能使企业在遭受侵权时无法得到及时的法律救济，影响企业的市场竞争力。同时，由于认定标准的不一致，不同司法机构对同一商标的驰名认定结果可能存在差异，这也加大了企业的法律风险。

（三）侵权赔偿机制不完善

我国法律对驰名商标侵权的赔偿数额通常依赖于被侵权人的实际损失或侵权人的违法所得，但实际操作中，这些数据的确定十分困难，导致赔偿金额往往无法体现驰名商标实际价值，无法有效遏制侵权行为。未注册驰名商标的民事救济力度不足，使得权利人难以得到有效赔偿，这在一定程度上削弱了法律对驰名商标的保护。[2]

三、完善我国驰名商标法律保护的方向

为解决这些问题，我国的驰名商标法律保护制度亟须优化，包括明确和细化驰名商标认定的标准、加大市场因素的考量、简化认定程序、对未注册驰名商标给予特殊保护等，以确保认定的公正及时。同时，还需扩大保护范围，建立更有力的跨类别和跨领域保护机制，提高侵权赔偿标准，使之与驰名商标的实际价值相匹配。

（一）明确和细化驰名商标的认定标准

为了确保驰名商标认定的公正及时，有必要对现有标准进行细化和明确。首先，可以借鉴国际上的通行做法，如《保护工业产权巴黎公约》和《与贸

---

[1] 张玲玲：《论未注册驰名商标的司法认定与保护——兼评〈商标法〉第十三条及〈反不正当竞争法〉第六条第一项的适用》，载《法律适用》2019年第11期。

[2] 吴帅：《我国未注册驰名商标保护制度的困境及完善》，华中科技大学2022年硕士学位论文。

易有关的知识产权协定》(TRIPs) 中的原则，结合我国市场特点，制定出一套更为明确、量化且具有操作性的评价体系，以便在认定过程中有据可依。例如，将市场使用时间、广告投入、市场占有率等作为定量指标，同时考虑消费者调查结果、媒体报道频率等定性因素，以综合评判一个商标的知名度和声誉。〔1〕此外，引入市场因素，如市场份额、消费者认知调查结果等，更客观地反映商标在市场中的实际地位，提高认定标准的公正性。〔2〕

（二）简化驰名商标的认定程序

在简化认定程序方面，可以借鉴其他国家的做法，例如设立专门的驰名商标认定机构，负责统一标准的制定和执行，以减少认定过程中的主观性和时间成本。同时，通过电子平台和大数据技术，收集市场使用时间、广告投入、市场占有率等数据，这些定量指标可以与消费者调查结果、媒体报道频率等定性因素相结合，形成一个更为客观、全面的评价体系，提高认定的效率和准确性。考虑到驰名商标的动态性，可以建立动态监测评价机制，定期根据市场变化和消费者认知程度，对商标的驰名状态进行审查。这一机制的运作不仅能确保法律保护与市场实际保持同步，也能防止因市场地位改变而使商标失去应有的保护。

（三）对未注册驰名商标给予特殊保护

未注册驰名商标的保护对于激励企业创新和维护消费者利益至关重要。因此，有必要在认定标准中对未注册驰名商标给予特殊考量，考虑这类商标的独特性。例如，将其国际使用情况与国内知名度相结合，采取"国际使用+国内知名"的标准，根据商标在国际市场的使用情况和国内消费者认知程度，进行分类保护，不仅能与国际上的通行做法接轨，也能有效防止市场混淆，鼓励企业创新。〔3〕又如，通过区分反淡化保护与反混淆保护的适用范围，明确未注册驰名商标保护的界限，增强其法律保护的有效性。这不仅符合商标权作

---

〔1〕 周永勤：《未注册驰名商标保护的国际法律研究》，南昌大学 2023 年硕士学位论文。
〔2〕 张玲玲：《论未注册驰名商标的司法认定与保护——兼评〈商标法〉第十三条及〈反不正当竞争法〉第六条第一项的适用》，载《法律适用》2019 年第 11 期。
〔3〕 张玲玲：《论未注册驰名商标的司法认定与保护——兼评〈商标法〉第十三条及〈反不正当竞争法〉第六条第一项的适用》，载《法律适用》2019 年第 11 期。

为私权的立法意旨,也在一定程度上平衡了未注册商标使用人的利益。[1]

结　论

通过对我国驰名商标法律保护的深入分析,本文揭示了现有体系在认定标准、认定程序和救济措施等方面存在的问题,并通过国内外比较法研究,提出了明确和细化驰名商标的认定标准、引入市场因素、简化认定程序、建立动态监测评价机制、扩大保护范围、推动跨类别和跨领域保护等针对性的改进建议。这些改革能够推动我国的驰名商标法律保护体系更好地服务企业创新,维护公平竞争的市场环境,保护消费者权益,推动经济的持续健康发展。

在全球化背景下,我国应当积极参与国际知识产权规则的制定,提升驰名商标的国际保护水平,以适应不断变化的市场环境。未来,随着我国法律制度的不断完善,驰名商标的法律保护将更加有力,为企业的品牌建设与国家的经济繁荣提供坚实的法律基础。

---

[1] 冯晓青:《未注册驰名商标保护及其制度完善》,载《法学家》2012年第4期。

反向刺破公司面纱制度研究

候健强*

（中国政法大学 北京 100088）

摘　要：我国《公司法》第23条规定了刺破公司面纱制度，目的是解决公司运行过程中股东滥用法人的独立人格损害公司债权人利益的问题，但各级法院在司法实践中对该条的适用标准并不统一。针对这一法律规定和实务操作不统一的问题，构建反向刺破公司面纱制度有其现实意义和紧迫性，厘清其构成要件是该制度建构的关键一步。

关键词：法人人格否认制度　反向刺破公司面纱制度　利益平衡

一、反向刺破公司面纱制度概述

从法理学上分析，公司法人人格否认制度是传统刺破和反向刺破的基础，二者刺破的是同一层面纱，只是从面纱的正反两个方向进行刺破。这层公司法人独立人格即公司"面纱"的作用就是使公司和股东隔绝开来。传统刺破公司面纱是从公司角度出发，使其背后的股东浮出水面，由对公司债务承担有限责任转为承担连带责任；而反向刺破公司面纱则是从股东角度出发，揭出其投资的公司，使公司不再具有独立法人人格，对股东债务承担连带责任。

（一）传统刺破公司面纱制度

刺破公司面纱制度在我国被称为"法人人格否认制度"。桑伯恩法官首次提出，如果公司的法人人格被用来损害公共利益，颠倒是非，掩护欺诈或捍

---

* 作者简介：候健强（1993年—），男，汉族，新疆阿克苏人，中国政法大学2022级同等学力研修班学员，研究方向为民商法学。

卫犯罪，那么该公司在法律上是无权利能力的，应当被视为个人的集合。[1]其核心是为了规制公司独立人格的滥用和保护市场活动中其他主体的利益，是公司法人格和股东有限责任的例外。

（二）反向刺破公司面纱制度

根据刺破的主体不同，反向刺破可分为外部人反向刺破和内部人反向刺破。内部人是指公司股东，外部人则指公司外部股东的债权人。1929年，美国审理的"Kingestion Dry Dock Co. v. Lake Champlain Transportation Co.案"，是最早出现的从外部刺破公司面纱的案例。

二、反向刺破公司面纱制度的必要性

（一）中国相关案件的司法困境

针对《公司法》第23条，是否可适用于反向刺破，学术界和实务界意见并不统一。

支持适用的学者认为只要股东滥用法人的独立地位和股东有限责任侵害股东债权人利益就可以适用。反对适用的学者认为，反向刺破制度牵涉的利益广泛，直接适用第23条难以达到各方利益平衡的效果。

实务界态度也不一致，有些法院认为反向刺破制度没有法律的明文规定，或认为反向刺破的权利主体和责任主体与第23条不符，因此无法适用；有些法院认为可以对《公司法》第23条依据法理适用或者进行扩大解释后适用；还有些法院认为可以直接适用。总体上，对此类案件的裁判各法院存在对于法律的适用理解不一，降低了司法的可预期性。在司法实践中还存在一个易被忽视的问题，对于善意股东、公司债权人之间的利益冲突，极少有法院进行考量。在刺破公司面纱后，公司以其自有资产来偿付股东个人债务，这极有可能损害公司善意股东和公司债权人的利益。

（二）外部人反向刺破公司面纱制度的不可替代性

传统刺破公司面纱制度有其局限性，在立法上，立法者本意是为保护公司债权人的利益，希望在司法实践中由法院具体把握股东滥用有限责任的裁

---

[1] U. S. v. Milwaukee Refrigerator Transit Co., 142 Fed. 247 (1905).

判标准。如若在司法实践中直接依据法理或进行扩大解释后适用将扩大法官的自由裁量权，降低裁判结果的可期待性。

有部分学者指出可以通过股权强制执行来对外部股东的债权人进行救济，但是股权强制执行需要具备的前提条件是该股权存在被转让的可能。此类案件中，经常出现的情况是股东与公司已经处于人格混同的状态，不存在以货币交换公司股权的可能性。直接适用股权强制执行，没有在法律上对股东滥用权利使公司法人人格丧失独立性进行评价。

还有部分学者主张通过债权人的撤销权来规制损害债权人利益的行为，但是在实践中极难进行操作，因为其需要举证"债权人放弃到期债权或者无偿转让财产"或者"债务人以明显不合理低价转让财产"，而在许多反向刺破案件中，公司和股东之间常出现人员、业务、财务的混同，外部人难以取证证明，这将增加外部人败诉的风险。[1]

三、外部人反向刺破公司面纱制度的构建

反向刺破案件无论是在立法上还是在司法上都具有较大的争议。没有明确的法律规定，将削弱法的效用，也是在适用中出现矛盾和争议的主要原因，因此构建反向刺破公司面纱制度在立法上是理性的选择，在司法上也具有现实紧迫性。

（一）主体要件

权利主体和责任主体是主体要件中必不可缺的两部分，在反向刺破面纱制度中权利主体是因股东滥用公司法人人格而利益受损的公司股东的债权人，责任主体则是被刺破面纱后的公司。

（二）行为要件

在行为要件上，可以参考传统刺破公司面纱制度，即股东滥用公司独立人格的行为，该行为致使公司和股东的人格混同。人格混同主要包括三个维度，分别是财产混同、人员混同、业务混同。财产混同是指公司的财产和股东的财产在权属上无法进行区分，二者存在交叉，在实务中表现为账簿区分不明、未对收益性质进行区分、双方财产可以任意进行转换。人员混同主要

---

[1] 黄辉：《公司集团背景下的法人格否认：一个实证研究》，载《中外法学》2020年第2期。

表现为两种形式，一种是公司的股东也是公司重要组成机构的成员，另一种是公司和股东在组织机构上高度重合，同一套组织，时而代表公司，时而代表股东。业务混同是指公司的业务和股东的业务难以进行区分，业务领域相同或者相似，在实务中表现为交易的形式主体和实质主体不一致。[1]

（三）结果要件

结果要件上要求公司法人人格的滥用者造成了严重损害，损害的严重性可以参考传统刺破面纱的数额，损害的对象与传统刺破不同，反向刺破的损害对象是股东的债权人。

（四）外部人反向刺破面纱制度有关主体的利益平衡

相较于传统刺破，反向刺破所涉及的利益主体更加复杂，主要涉及股东债权人、善意股东、公司债权人。在此利益平衡上有学者认为需要设置专门的利益协调机制，进行审慎的权衡。也有学者认为反向刺破并不必然导致善意股东和公司债权人的利益受损。笔者认为，《公司法》作为一套完整的法律体系，已经能够对股东债权人、善意股东以及公司债权人的利益进行保护和协调，没有必要单独设计一套利益协调机制。但是对于上述三者的权利实现次序和保护还有较大的探讨空间。

有关股东债权人和公司债权人的债权实现次序，二者应在同一位阶，如此符合《公司法》的立法目的，即第1条的核心内容，对债权人的合法权益进行保护。虽然该条规定中的债权人指公司债权人，但是一旦公司法人人格和股东人格混同后，债权人亦可指股东债权人，而且这一扩张是顺应《民法典》和《公司法》体系的应有之义。

有关公司债权人和善意股东的权利，公司债权人的法益保护应优于公司股东。根据权责利匹配原则，股东对于公司享有剩余控制权，在权利的落实上体现为在公司经营不善的状况下最后得到补偿。我国《公司法》的清算程序也体现了股东劣后受偿，因此在《公司法》体系下，善意股东受偿应当劣后于公司债权人。[2]

在是否需要对善意股东进行特殊保护的问题上，笔者认为无需特殊保护。

---

[1] 罗荟：《论公司法人人格否认制度的完善》，载《重庆广播电视大学学报》2018年第1期。
[2] 杜麒麟：《反向刺破公司面纱的制度构建与适用》，载《法学评论》2016年第6期。

《公司法》第57条规定了账簿查阅权，股东可以行使该权利来避免反向刺破的情形。除此之外，《公司法》还规定了股东代表诉讼制度，该制度的核心内容是当他人侵犯公司的权益时，公司怠于行使维护自身权益的权利，股东在法律规定下，以股东自己的名义进行起诉，用来维护公司的合法权益。在特定股东与公司财务进行混同伤害公司法人格时，其他股东可以行使该权利，避免公司面纱被刺破或者损害其他股东的权益。

结　论

外部人反向刺破公司面纱制度能够在法人独立人格被滥用和股东有限责任被滥用方面进行符合法理和实践需要的有利补充。在具体案件中，如何适用反向刺破制度，平衡不同主体间的利益，如若没有法律的明文规定，对于裁判者来说确实是一件难事，在依法治国的背景下，只有坚持立法先行，才能更好地贯彻法治。

现行《公司法》第23条在处理反向刺破公司面纱问题上出现的适用标准不统一、缺乏对复杂利益的考量和平衡，实质上暴露出了存在的法律漏洞。我们应尽快制定有关反向刺破公司面纱的法律规定，明确权利主体、责任主体、行为要件、结果要件，以便回应实务界的紧迫诉求，提高裁判的稳定性和可预期性。

我国商标侵权惩罚性赔偿制度实证研究

靳珂琪*

(中国政法大学 北京 100088)

摘 要：为了更加有效地打击商标侵权、优化营商环境，2013 年修正的《商标法》已经将惩罚性赔偿制度纳入立法。十年来的司法实践证明，惩罚性赔偿适用时关于惩罚性赔偿倍数的选择说理仍然存在一定困境，本文从商标侵权惩罚性赔偿制度立法背景、司法实践实证研究中寻找破局，为惩罚性赔偿制度司法适用建言献策。

关键词：商标 惩罚性赔偿 倍数 规范

随着互联网时代的到来，信息交互愈发便捷的今日，商标已经从识别区分商品、服务来源的标志的法律概念，演变为具有品牌形象和消费者认知的重要标志。为了维护企业商誉及产品市场，商标权人对商标维权的注意力不断提高，立法与司法也应不断适应社会的发展。近年来，知识产权领域惩罚性赔偿制度成为热门话题。习近平总书记在 2020 年中共中央政治局第二十五次集体学习提到了"知识产权惩罚性赔偿制度"。随着最高人民法院《关于审理侵害知识产权民事案件适用惩罚性赔偿的解释》（以下简称《惩罚性赔偿司法解释》）对于故意与恶意含义的明确、情节严重的标准及其认定、倍数确定的原则方法加以明确，商标侵权惩罚性赔偿制度已经由立法层面转向司法层面。

一、商标侵权惩罚性赔偿的历史演进

惩罚性赔偿，也称示范性赔偿、报复性赔偿，古代法中诸如《汉谟拉比

---

* 作者简介：靳珂琪（1994 年—），女，汉族，陕西渭南人，中国政法大学 2022 级同等学力研修班学员，研究方向为知识产权法学。

法典》《苏美尔法典》《十二铜表法》《摩奴法典》均提到了惩罚性赔偿制度的相关概念，[1]中国古代法中唐宋两朝提出了关于侵权损害赔偿"备偿"制度。近现代，惩罚性赔偿制度起源于1976年英国的"Huckle v. Money案"，法官Lord Camden对该案的判决首次提出了"exemplary damages"，随后英国贵族院对该制度进行了诸多限定，限制了其在英国的发展。美国于1784年在"Genay v. Norris案"引入了该概念，随后惩罚性赔偿制度在美国得到发展。聚焦到商标领域，美国1946年颁布了《兰哈姆法》。其第35条对商标侵权惩罚性赔偿作出了明确规定："仿冒商标或名称的侵权人应承担的损害赔偿金，法院可以将该损害赔偿金确定为权利人损失或侵权人获利的三倍。"[2]

我国的民事赔偿制度一直奉行大陆法系的"填平原则"，旨在将受害人损失填平到损害之前的状态。1994年施行的《消费者权益保护法》首次引进惩罚性赔偿制度，而后在《食品安全法》《侵权责任法》中得到继续发展。在知识产权领域，我国在2013年修正的《商标法》第63条明确规定了"……对恶意……情节严重的，可以……确定数额的一倍以上三倍以下确定赔偿数额"，首次引入惩罚性赔偿。而后在2019年《商标法》第四次修正时，将惩罚性赔偿倍数修改为"一倍以上五倍以下"，同时对权利人维权的合理开支作出相关规定。2021年3月出台并施行了《惩罚性赔偿司法解释》，我国知识产权惩罚性赔偿制度开始由立法层面的全面布局转向司法层面的具体适用。作为知识产权法律体系分支的《商标法》当然也从立法层面转入司法适用层面。

二、商标惩罚性赔偿司法实践现状

笔者在中国裁判文书网上以"商标专用权""惩罚性赔偿"为全文检索关键词，共筛选出1550件案例，剔除14件合同、无因管理、不当得利、侵权责任纠纷后，知识产权与竞争纠纷剩1536件。从地域分布来看，商标惩罚性赔偿制度司法案件排名第一的陕西省并非传统的商业活动大省，而商业经济活动大省浙江省、江苏省的相关案例排名中规中矩（具体分布见表1）。

---

[1] 朱丹：《知识产权惩罚性赔偿制度研究》，法律出版社2016年版，第210~235页。

[2] 闵睿：《我国商标侵权惩罚性赔偿制度的适用困境及完善建议》，贵州大学2022年硕士学位论文。

表 1　案例地域分布

省份	案件数目	省份	案件数目	省份	案件数目	省份	案件数目
陕西省	1054	江苏省	26	湖北省	10	安徽省	2
广东省	68	吉林省	20	湖南省	8	广西壮族自治区	2
辽宁省	58	山西省	18	四川省	5	云南省	2
上海市	52	山东省	18	甘肃省	4	海南省	1
江西省	51	重庆市	12	最高人民法院	3	新疆维吾尔自治区	1
贵州省	34	河南省	11	宁夏回族自治区	3		
北京市	33	黑龙江省	10	天津市	2		
浙江省	30	福建省	10	河北省	2		

从时间跨度看，2014 年 1 件，2015 年 1 件，2016 年 2 件，2017 年 12 件，2018 年 56 件，2019 年 194 件，2020 年 471 件，2021 年 438 件，2022 年 226 件，2023 年 143 件，2024 年截至 4 月底共 6 件。

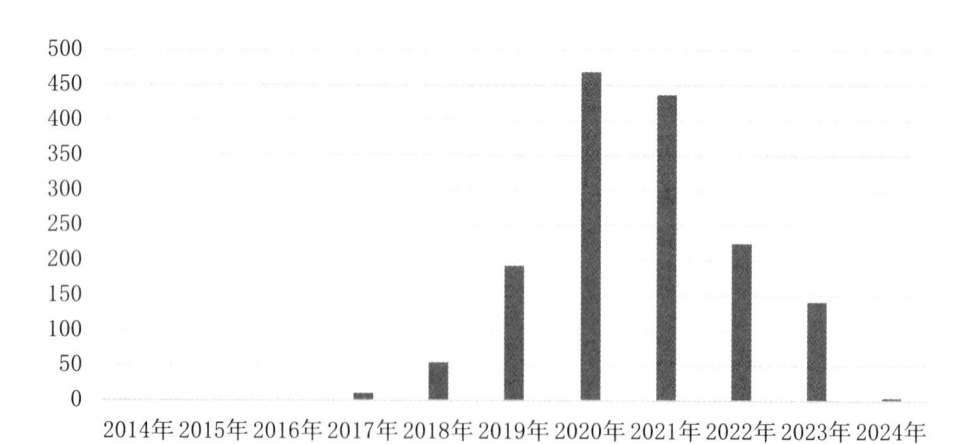

图 1　案例随时间跨度分布

从上图可以看出，随着 2019 年《商标法》第四次修正后，相关案件出现倍数级增长，但随着 2021 年《惩罚性赔偿司法解释》发布后，相关案件数量出现了大幅度下跌,《惩罚性赔偿司法解释》的出台对商标侵权司法实践起到了较大程度的影响。

从上述案例中随机选取标的金额较大的案例进行具体分析,董某、西安学比兔教育科技有限公司等不正当竞争纠纷案([2021]陕知民终149号)二审民事判决书中提到"其使用'交大兔比'标识攀附西安交大的主观故意明显。由于权利人因被侵权所受到的实际损失、侵权人因侵权所获得的利益难以确定,本院综合考虑西安交大的知名度、学比兔公司的主观故意、侵权方式、经营规模以及损害后果等因素,酌情认定学比兔公司赔偿西安交大经济损失50 000元(含制止侵权所支付的合理开支)"。根据《惩罚性赔偿司法解释》第1条第2款"本解释所称故意,包括商标法第六十三条第一款和反不正当竞争法第十七条第三款规定的恶意",本案在判决书中提到了"主观故意明显",从文本含义来讲,本案适用了商标惩罚性赔偿制度,但文本仅仅提到"考虑……因素,酌情认定……赔偿……50 000元",并未对赔偿金额进行严密逻辑的说理。

从前述案例中随机选取最高人民法院最新案例,四川某公司、成某等侵害商标权纠纷案([2018]苏民初38号、[2022]最高法民终209号)适用了惩罚性赔偿,本案二审民事判决书中运用将近2000字对"关于侵害商标权赔偿数额中计算基数的确定"进行了说理论证,关于惩罚性赔偿倍数,原审法院认为,鑫某某公司、顾某门厂、周某甲的侵权故意十分明显,侵权情节相当严重。同时,鑫某某公司、顾某门厂、周某甲以侵权为业,并实际通过攀附行为实施混淆获取了巨额收益,因此确定适用4倍的惩罚性倍数,但未对故意、情节严重以及如何得出4倍的赔偿倍数进行严密的说理。

北京市高级人民法院于2024年4月25日发布了《2023年度知识产权司法保护状况及侵害知识产权案件适用惩罚性赔偿典型案例》(以下简称《典型案例》),其中关于与商标有关的案例仅为"全方位"模仿"野格"啤酒侵害商标权及不正当竞争纠纷一案,本案适用惩罚性赔偿,全额支持原告的赔偿请求1000万元,其典型意义在于对惩罚性赔偿适用中情节严重的认定进行了积极探索。《典型案例》中与惩罚性赔偿数额有关的案例为著作权类别央视国际网络有限公司与北京一点网聚科技有限公司侵害著作权及不正当竞争纠纷案([2023]京73民终850号),本案确定惩罚性赔偿的基数为250万元,并适用惩罚性赔偿确定赔偿总额为 500 万元,其典型意义在于为准确理解和合理确定惩罚性赔偿的计算基数提供了有益借鉴。《典型案例》未提到惩罚性倍数问题,而 2019 年《商标法》的修改已经证明了惩罚性赔偿倍数的重要性。

三、商标惩罚性赔偿适用建议

《"十四五"国家知识产权保护和运用规划》明确要求"强化民事司法保护,研究制定符合知识产权案件规律的诉讼规范",从目前适用惩罚性赔偿的案例来看,对于商标惩罚性赔偿基数的计算司法界已经有了一定的认知,基于案件分布广阔、司法从业者人数较少的客观现实,应将惩罚性赔偿基数计算的方式方法归纳总结成指导方法层面的相关规范并推广,培养更多更专业的司法从业者。关于商标惩罚性赔偿倍数的计算仍需业内进一步探索,建议可以从确定赔偿性倍数的因素入手,明确是否仅仅考虑故意与情节严重,是否要将企业知名度等因素纳入考量范围,尝试对各个因素进行层级划分并匹配不同的系数形成指导章程,再考虑采用何种函数拟合各个因素的系数,得到较为科学合理的惩罚性倍数的计算公式。

有限责任公司股权变更登记制度研究

李慧盈*

(中国政法大学 北京 100088)

摘　要：依据我国2023年修订的《公司法》，公司应当在登记事项发生变更时，办理变更登记，这里的股权变更，实质包含了股权的协议转让变更、增资减资变更等，这一制度涉及公司法、合同法等多个法律领域，对这项问题的立法明确，对维护股份制公司稳定运行有着重要意义，对此项制度的研究，有助于促进市场股权流动、促进财富合理分配，降低此类问题带来的法律纠纷，从而降低股权流动成本。

关键词：企业股权变更　股权登记制度　法律研究

一、我国有限责任公司股权变更登记法律制度规范

我国2023年修订的《公司法》（以下简称"新《公司法》"）第84条规定，除公司章程对股权转让另有规定外，股东向股东以外的人转让股权，应当将股权转让的数量、价格、支付方式和期限等事项书面通知其他股东，其他股东在同等条件下有优先购买权。第86条规定："股东转让股权的，应当书面通知公司，请求变更股东名册；需要办理变更登记的，并请求公司向公司登记机关办理变更登记。公司拒绝或者在合理期限内不予答复的，转让人、受让人可以依法向人民法院提起诉讼。股权转让的，受让人自记载于股东名册时起可以向公司主张行使股东权利。"

由此可知，在新《公司法》的规定下，有限责任公司的股权变更需要经

---

* 作者简介：李慧盈（1986年—），女，汉族，河北邯郸人，中国政法大学2022级同等学力研修班学员，研究方向为民商法学。

过两道程序：一是履行股东的通知义务，也就是在转让股权时，需要书面通知公司（向股东以外的人转让股权时还需通知其他股东）；二是办理股权变更登记，即转让人请求公司变更股东名册及工商变更事项。这也意味着，新《公司法》生效后，股东对外转让股权，不再需要经过其他股东"同意"且"放弃优先购买权"两个程序，只需要履行"书面通知后放弃优先购买权"程序，这更加契合实际，本质上也增强了股权流动性，避免因过分强调人合性而设计的复杂变更程序带来的纠纷。同时明确股权变更后受让人主张股东权利的起始时点，不再将"工商变更登记"作为股东行使权利的前提，这为股东权利的行使提供了法律依据，明确了受让人获取股东资格的条件，将解决目前司法实践中"区分内外"裁判理念无法妥当解决所有涉股权变动（归属）的纠纷的问题。[1]

二、有限责任公司股权变更登记制度中的风险行为

虽然新《公司法》关于有限责任公司股权转让制度的规定，相较过去法律规定而言，简化了变更的程序，降低了流程复杂性，只需股权转让人在转让程序中尽到通知请求变更的义务，保障了股东请求公司履行变更股东名册及工商登记义务的自主权；解决了由公司内部存在分歧导致股东名称变更难、工商变更登记难的问题，赋予了股东寻求司法救济的权利，有效保护了股东的权利不受侵害。但新《公司法》并未明确规定公司章程与法律要求之间存在冲突的情况下如何处理，因此在实际执行过程中，恐存在纠纷风险，例如转让人提供虚假信息变更、未按照规定办理变更登记、转让人与受让人合谋实施变更等。

（一）转让人在转让过程中提供虚假信息

虽然新《公司法》第 84 条规定，股东向股东以外的人转让股权的，应当将股权转让的数量、价格、支付方式和期限等事项书面通知其他股东，其他股东在同等条件下有优先购买权，但是假设其他股东都放弃了优先购买权，股东以外的其他受让人 A 在确定受让股权后发现价格等细节方面存在虚假情

---

〔1〕 邹学庚：《股权变动模式的理论反思与立法选择》，载《安徽大学学报（哲学社会科学版）》2023 年第 6 期。

况放弃交易，这里将存在两个问题：①受让人撤销交易，转让人继续转让；②此时转让人继续与其他人交易，直至有受让人 N 接受转让条件并完成股权转让。那么如此往复的做法，是否存在"愿者上钩"的嫌疑，是否需要对此类多次往复的行为进行约束？继续上述操作，股权转让完成，此时股权受让人 N 发现资料虚假问题后要么请求司法途径解决，要么采取其他协商方式解决，这不仅增加了资本流动的成本，也增加了社会成本。另外一个重要问题是，转让人转让信息的真实性如何保证？公司是否有必要在转让过程中出具相关证明及其法律责任如何厘清？

由此可见，在新《公司法》的要求下，转让人的交易优势地位得到突出和强化，解决了过去股权流动因程序复杂性带来的实操难题，但是这也带来另一个新的问题，股东可利用自己的优势地位，故意隐瞒公司风险或者故意提供虚假的例如股权价格等资料，使得风险股权转让在信息不够充分对等的条件下发生，并因此带来新的法律问题、社会问题，因此如何保障股东转让通知信息的真实性并对此行为进行责任划分、实现各方利益平衡是今后实践过程中要解决的问题。

（二）放弃优先购买权期限内出现突发因素

根据新《公司法》第 84 条的规定，"股东自接到书面通知之日起三十日内未答复的，视为放弃优先购买权"。这意味着，拟进行股权转让的股东必须接到其他股东的书面答复后，才能确认其他股东放弃优先购买权，此时才可以向其他人转让股权，那么在此过程中（即书面答复的 30 日内），如因其他特殊情况导致未收取通知，应该如何处理？比如其他股东发生意外情形，意识不清晰，无法履行答复义务，抑或发生更为极端的情形，例如股东死亡也未确定继承人，那么未在规定时间内答复的该如何处理？此时若公司章程对此有明确规定，是否可依据公司章程处理？抑或发生此类情况的是否可视为股东放弃优先购买权？

（三）股权转让过程中的优先购买权能否由公司章程自治

新《公司法》对于股东向股东以外的人转让股权情形下的优先购买权作出了明确规定，但未规定"公司章程另有规定的除外"的但书条款，那么公司章程能否对股权转让作出更加严苛的交易规定，诸如新法实施之后，公司章程依然保留原对外转让股权需要经过其他过半数股东同意，该规定是否有效？如果无效那么章程该如何规定，是完全按照法规要求修改，还是按照公司实际修改？

三、完善有限责任公司股权变更登记制度的可行方向

新《公司法》对有限责任公司股权变更登记制度的明确规定，对正确规范股东与公司之间的法律关系，理顺转让人、受让人与第三人之间的权利义务，维护市场秩序和保护交易安全具有重大法律意义。同时我国股权变更登记制度的法律规范向着鼓励流动性方向发展符合实践要求、符合历史需要，但是如前所述，当前规定也可能滋生新的风险和产生新的问题，对此，笔者提出如下完善建议：

第一，股权流动过程中，股权转让人优势地位带来的新的纠纷的可能性，笔者认为应当对股东优势地位加以更加细致的规范，明确此类纠纷解决机制，在制定司法解释时对股东提供虚假股权转让信息的法律责任及公司的监督权利和义务加以明确规定，真正实现股权的合理有效流动。

第二，股东因特殊情形无法在规定时限内作出是否行使优先购买权答复，笔者认为应当在制定司法解释时通过类型化分析作出更加明确的指导，从而促进股权流动的效率。

第三，登记形式主义的规定与公司自治的要求或者经营理念不可能完全契合，笔者认为公司章程规定应当符合新《公司法》股权流动发展要求，不应当存在阻碍甚至锁死股权流动的规定，公司应当结合新《公司法》要求及公司实际及时修订公司章程，解决表面符合法律规定，但实际不利于股东行使权利或阻碍股权转让或锁死股东股权的规定。同时法院在处理股权转让纠纷问题时，应当首先判断公司章程与新《公司法》的规定是否存在矛盾冲突，是否存在明显违背新《公司法》立法目的或锁死股权流动的规定，如存在，则应当以鼓励股权流动为前提，对公司章程相关规定作出否定性评价，而不应完全依据公司章程作出判决。如此，才能使新《公司法》鼓励股权流动的立法目的真正落在实处，并最大限度保护股权转让人与受让人的合法权益，最大限度降低交易成本，实现各方利益平衡，促进财富的合理配置。

局部外观设计专利保护制度研究

刘亭婷*

(中国政法大学 北京 100088)

摘 要：如何有效保护产品的整体外观设计、如何对整体外观设计趋于固定的成熟产品中的局部设计进行有效保护，渐成为外观设计专利中热点的话题。持续优化局部外观设计专利保护制度，才能更好地发挥"微"保护作用，更好地适应贴合现有经济和商业发展的需求。

关键词：局部外观设计　GUI外观设计　专利保护

一、局部外观设计专利保护制度的发展

美国在1980年正式以判例的形式明确了局部外观设计的法律地位。美国专利商标局规定："外观设计是指包含于或应用于工业产品（或其部分）的外观设计，而非产品本身。"日本在1998年修改了《外观设计法》，在第2条第1款"物品"后增加了"物品的过程部分"。韩国在2001年修改了《外观设计保护法》，第2条规定了"外观设计是指产生视觉美感印象的产品的形状、图案、色彩或者其结合；除本适用法第12条的情形之外，同样适用于产品的部分和字体"。2001年通过的《欧盟理事会共同体外观设计保护条例》第3条规定了"产品的全部或部分外观"，也建立了局部外观制度，为各欧盟国家的外观设计保护提供了统一标准。

我国在2020年《专利法》第四次修改中，正式引入局部外观设计客体。相较发达国家，我国局部外观设计制度建立起步较晚，尚处于早期探索阶段。

---

* 作者简介：刘亭婷（1989年—），女，汉族，北京人，中国政法大学2021级同等学力研修班学员，研究方向为知识产权法学。

基于 2020 年《专利法》修改后的《专利法实施细则》和《专利审查指南》，就局部外观设计的内容进行了大量补充和设置，对初审、授权、无效等各流程环节加以明确规定。但相关制度是否可以将整体外观设计与局部外观设计做合理划分、相关制度是否可以在整体外观设计制度框架下合理存在等问题仍存在诸多争论。目前的制度设计虽结合了已有的经验及实践，积极回应了各方诉求，但尚待各方验证其合理性。

二、局部外观设计专利保护制度的变化

2024 年施行的《专利审查指南》中，第四部分第五章"无效宣告程序中外观设计专利的审查"的第 5 部分"根据专利法第二十三条第一款的审查"、第 6 部分"根据专利法第二十三条第二款的审查"，对局部外观设计进行现有设计和具有明显区别审查的相关规定进行了完善。《专利法实施细则》第 50 条扩大了外观设计专利申请初步审查范围，[1]使得局部外观设计在理论上有了更准确的解释。[2]具体而言：

第一，在"外观设计相同"判断中明确"对于局部外观设计，相同种类产品是指产品的用途和该局部的用途均相同的产品"。

第二，在"外观设计实质相同"判断中明确"对于局部外观设计，判断是否为相近种类产品，应综合考虑产品的用途和该局部的用途"。关于实质相同的情形，增加"其区别在于局部外观设计要求保护部分在产品整体中的位置和/或比例关系的常规变化"。

第三，在"确定涉案专利"中增加"对于局部外观设计，应以要求保护部分的形状、图案、色彩为准，并考虑该部分在所示产品中的位置和比例关系"。

第四，在判断方式中，对"整体观察、综合判断"的表述明确为"所谓整体观察、综合判断是以一般消费者为判断主体，整体观察涉案专利与对比设计，确定两者的相同点和区别点，判断其对整体视觉效果的影响，综合得

---

[1] 李青文：《域外局部外观设计专利保护制度比较研究》，载《中国发明与专利》2019 年第 3 期。

[2] 国家知识产权局专利局审查业务管理部：《〈专利审查指南〉（2023）修改重点解读》，载《专利代理》2024 年第 1 期。

出结论"。

第五，在关于《专利法》第 23 条第 2 款的审查上，明确"判断时，既可以将涉案专利与一项现有设计单独对比，也可以将涉案专利与两项以上现有设计特征的组合进行对比"。

第六，增加规定"可以用于组合的现有设计特征应当是物理上或者视觉上可自然区分的设计，具有相对独立的视觉效果，随意划分的点、线、面不属于可用于组合的现有设计特征。但是，涉案专利为局部外观设计的，现有设计中对应部分可以视为用于组合的现有设计特征"。

三、局部外观设计专利保护制度的问题

现有工业产品外观设计已基本定型，很难有较大改进，局部外观设计的引入，正是为了保护实际生产经营中那些在相对稳定的整体设计中出现的"微创造"。然而，局部外观设计与整体外观设计的制度是否兼容、是否存在"水土不服"、上述新规是否真正切合了局部外观设计的社会需求等问题均存争议。

（一）保护范围的界定不清晰

现有工业外观设计中，通常对局部外观设计的保护范围并不限定其与所在整体设计中的位置和比例关系，其与整体的配合方式并不唯一。当申请人需要对不同情形下的位置和比例关系进行举例时，通常需要提交多组相似外观设计，从而增加申请难度，同时也无法进行穷举，也在无形中消耗审查力量。例如，双开门冰箱的正面板上左侧设置有屏幕，若对该屏幕进行局部外观设计保护，通常申请人对该屏幕的位置、其所占整体冰箱的比例不希望被限定，申请人也很难将屏幕所在整体冰箱的位置和比例关系进行穷举。因此现有制度对保护范围的界定并不清晰。如果将简要说明作为范围的补充，例如允许申请人对局部外观设计所占整体产品的位置和比例关系在简要说明中进行合理的扩展，则可以降低申请人在局部外观设计申请时对于保护范围不清楚、无法全面保护的顾虑。

（二）GUI 外观设计存在被过度保护嫌疑

随着数字时代的快速发展，出现了一种并不需要依附于实体产品的新兴

虚拟图形用户界面（GUI），新兴 GUI 不需要借助实体产品显示屏予以呈现。[1]《专利审查指南》第三章 4.5.2.2"对于可应用于任何电子设备的图形用户界面"的规定，存在对 GUI 外观设计过度保护的嫌疑。从字面含义来看，"任何电子设备"均可作为某一项 GUI 外观设计的载体，GUI 设计本身受到设计空间的影响，相同或近似用途下的 GUI 改进的余地本身就较小，如果再不加以限制，使其可以通用至"任何电子设备"，对社会公众而言显然保护范围过大。另外，GUI 外观设计可以以不带有图形用户界面所应用产品的方式提交，本身已超出《专利法实施细则》第 30 条第 2 款"申请局部外观设计专利的，应当提交整体产品的视图"之一般规定。再者，不同电子设备（例如手机、横向设置的平板以及尺寸较小的电子手表）使得 GUI 外观设计在最终产品中的位置和比例关系有较大差异，所呈现的视觉效果也有明显差异，"任何电子设备"似乎有无法兼容之问题。

（三）判断主体不合理

在判断外观设计是否符合《专利法》第 23 条第 1 款、第 2 款的规定时，应当基于涉案专利产品的一般消费者的知识水平和认知能力进行评价。对"一般消费者"的定义，是否应将整体外观设计与局部外观设计相区别？局部外观设计通常很难对整体构成较大视觉效果影响，如果两者所依据的"一般消费者"为同样的背景，则可能评价结果完全不同。例如，对于汽车行业而言，一般消费者应当对市场上销售的汽车以及诸如大众媒体中常见的汽车有所了解，这对整体外观设计而言是合理的，但对汽车的局部设计变化，如果没有对同款汽车的实际使用经验，则很难施以一般注意力而区分两者的变化，如同款汽车的前格栅的设计变化，或者汽车内饰中饰面的变化。因而，现有"一般消费者"的定义，对局部外观设计而言可能过于苛刻。

结 论

局部外观设计的设立存在重大意义，是当今经济社会高速发展，产品急速优化、深刻迭代的重要制度成果。然而，如何真正发挥局部外观设计给申请人带来的便利，同时又不会因为过度的局部外观设计保护，而使社会公众

---

[1] 胡伟峰等：《虚拟现实产品新兴外观设计保护研究》，载《装饰》2019 年第 10 期。

利益受到不合理挑战，是新法修改后需要持续思考的问题。

只有认真梳理整体外观设计与局部外观设计两者的本质差异，合理平衡适配制度细节，才能让局部外观设计的制度充分发挥其作用。特别是整体外观设计制度中的"整体观察，综合判断"等基础对比规则，如何更好地与局部外观设计进行适配，局部外观设计如何在整体外观设计、版权等较为成熟的权利范围界限之外充分发挥其作用，也是后期制度优化和考量的重要方向。

在全球化贸易的需求下，我国局部外观设计制度体系的完善也要注重与国际制度的衔接与协调。新的外观设计产业实践也要求局部外观设计制度能够尽快运行，为我国外观设计产业更好地"走出去"、提升国际竞争力提供良好的制度基础和制度保障。

人工智能生成物著作权归属研究

郑倩兰[*]

(中国政法大学 北京 100088)

摘　要：当前人工智能已深入生活的方方面面，极大提升了生活的便利性。但这种快速的技术发展也给传统著作权法带来了全新挑战，特别是人工智能生成物著作权的归属问题变得愈发复杂。本文对人工智能的适格主体资格以及生成物的著作权归属问题进行探讨，力图为相关法律实践提供有益的参考，迎合人工智能时代的法律需求。

关键词：人工智能生成物　著作权归属人　期限限制　利益平衡

一、人工智能生成物的《著作权法》保护现状

《著作权法》将作品定义为在文学、艺术和科学领域内通过作者独立创作、具有独创性并以有形形式表达的智力成果。这一定义为判断人工智能生成物是否应受著作权保护提供了指导原则。随着人工智能（AI）在创作领域的能力日益增强，其产出的作品，如"微软小冰"创作的诗集，已引起广泛关注，显示出高度独创性。[1]尽管人类用户提供素材和指令，但 AI 系统能独立完成主要创作活动，利用深度学习和大数据分析产生独特作品。这些作品以有形形式表达，符合《著作权法》对作品的要求。所以人工智能生成物满足作品的定义，应受《著作权法》保护。进一步探讨其著作权归属和相关法律问题对于明确 AI 在创作领域的法律地位、保护创作者权益及促进 AI 技术

---

[*] 作者简介：郑倩兰（1984 年—），女，汉族，辽宁沈阳人，中国政法大学 2023 级同等学力研修班学员，研究方向为知识产权法学。

[1] 肖进：《论人工智能生成物的可版权性与著作权归属》，载《现代商贸工业》2024 年第 7 期。

二、探究人工智能生成物著作权归属问题的紧迫性与价值

（一）推动创新激励，实现著作权法的核心理念

AI生成的作品不仅高效且质量稳定，这在一定程度上挑战了传统的人类创作模式。若忽视对人工智能生成物的著作权保护，会导致社会倾向于无成本地利用这些作品，进而削弱人类创作者的创作热情和创新动力。[1]著作权法的核心在于鼓励创新和保护创作者权益，所以明确人工智能生成物的著作权归属，不仅能够激励人工智能领域的创新，还能确保人类创作者的权益得到应有保障，从而共同推动社会文化和科技水平的不断提升。

（二）平衡各方利益，确保市场公平有序

AI创作作品的背后涉及众多利益主体，包括投资者、开发者、使用者等。在确定著作权归属时，必须充分考虑各方利益，确保利益分配的合理性和公平性。如果著作权完全归属于投资者，会忽视那些付出独创性智力劳动的使用者的贡献；反之，如果完全归属于使用者，又会损害投资者的投资回报。所以构建合理的人工智能生成物著作权制度，不仅有助于平衡各方利益，还能确保市场的公平竞争和有序运行，为人工智能创作领域创造一个健康、可持续的发展环境，推动整个产业的繁荣与进步。

三、人工智能生成物著作权归属的考量

在人工智能生成物形成过程中，多方参与者如开发者、使用者和投资者等均扮演着重要角色。为了平衡各方利益并鼓励创新，需要合理界定版权归属。原则上，鉴于使用者在创作过程中提供指令和素材的关键作用，他们应被视为作品的主要版权所有者。这一归属方式有助于激励使用者继续投入创新，推动文化与科技的融合发展。但在某些特殊情况下，如法人作品、委托创作或职务创作，权利归属应遵循特定规则。这些创作活动通常与特定职责或协议紧密相关，因此需要根据具体情况合理分配权利和义务。

---

[1] 郝慧：《著作权法视野下人工智能生成物保护研究》，载《山西省政法管理干部学院学报》2024年第1期。

面对新兴的创作模式，现行法律可能存在空白。所以尊重当事人之间的自主协商变得尤为重要。通过灵活的合作方式，行业内可以自主解决权利分配问题，促进和谐与合作。

（一）关于人工智能生成作品著作权的归属及限制

尽管 AI 在创作领域展现出卓越能力，但根据我国法律，其生成作品的著作权归属仍待探讨。著作权法为了保护创作者的智力成果，强调独创性思维。AI 虽能模拟人类创作，但本质是基于算法和数据，缺乏真正的独创性。

对于 AI 生成作品的著作权归属，不宜简单归于投资者或设计者。投资者虽提供资金，但未直接参与创作；设计者拥有 AI 系统软件的著作权，但非 AI 生成作品的著作权。AI 生成作品的著作权应归属于使用者。因为使用者通过向 AI 发出指令、提供素材，将独创性劳动融入创作过程中，对最终作品的形成起决定性作用。但将著作权完全归属于使用者也面临挑战。如何界定使用者的独创性劳动、避免滥用 AI 生成作品成为问题。所以建议采取折中方案：在赋予使用者著作权的同时，设定限制和约束条件，如要求使用者遵守法律法规，不侵犯他人权益，并注明 AI 的参与程度和使用情况，以确保作品的合法性和透明度。

（二）人工智能生成作品著作权归属的正当性考量

在探讨人工智能生成作品的著作权归属问题时，必须深入思考其正当性基础。将著作权归属于人工智能的使用者是一种合理且公正的制度设计，能够确保创作活动的持续性和创新性。一方面，这一安排符合市场经济中利益平衡的原则，在市场经济中，资源的合理配置和利益的均衡分布是经济发展的重要保障。使用者作为投资和运营 AI 的主体，拥有对作品进行商业化利用和传播的权益，这有利于激发市场活力，促进文化产品的多元化和丰富性。另一方面，这一做法也体现了著作权法律体系的根本宗旨，有助于推动科技与文化的繁荣发展。著作权法的目的在于保护创作者的权益，鼓励创新，促进知识信息的传播与共享。人工智能生成作品的著作权归属于使用者，既体现了对 AI 创造力的认可，也鼓励了更多的投资和研发，将进一步推动 AI 技术的发展和应用。

（三）特殊情境下人工智能作品著作权的平衡与分配

在某些特殊的创作场景中，如法人作品、委托作品等，人工智能生成作品的著作权归属问题需要进行特殊的考量。在这些情境下，作品往往代表了特定组织或个人的意志和利益，因此需要特别的法律规定来平衡各方权益。

对于法人作品而言，由于作品完全体现了法人或非法人组织的意志和思想，因此著作权应当归属于该组织。

在委托创作的情境中，著作权的归属应当尊重当事人之间的约定。如果没有明确的约定，则应根据创作过程中的实际投入和贡献来分配著作权。如果受托人在创作过程中投入了大量的智力劳动和创意，那么著作权应当归属于受托人；如果使用者对作品的完成起到了关键作用，那么著作权则应当归属于使用者。

四、人工智能创作生成物著作权的期限限制

AI 的创作过程具有高度的自动化和快速迭代的特点。这意味着 AI 系统能够在极短的时间内产生大量作品，而这些作品又因其高度的创造性和独特性而具备著作权保护的价值。这也给著作权的保护期限带来了新的问题。现行《著作权法》对作品的保护期限有明确的规定，其中自然人创作的作品享有终生及其去世后 50 年的著作权保护期。这一规定是为了平衡作者的创作权益与社会公众对作品的合理需求。但对于 AI 创作的作品而言，过长的保护期限并不现实。因为 AI 系统的升级换代速度非常快，其创作能力也在不断提升，过长的保护期限会阻碍知识的流通和文化的传播。所以对于人工智能创作作品的著作权保护期限，应当进行更为细致的考虑和规定。

具体而言：一是设定一个相对较短的保护期限，例如 20 年或 30 年。这样的保护期限既能够给予 AI 作品的创作者一定的权益保障，又能够促进作品的流通和传播，能更好地平衡著作权保护与公共利益之间的关系。二是考虑人工智能创作作品的原创性和独创性等特殊性质。由于 AI 系统的创作过程是基于算法和数据的学习和优化，其作品的原创性和独创性会受到一定程度的怀疑。所以在确定著作权保护期限时，还需要考虑作品的原创性和独创性程度，以及作品对社会文化和科技进步的贡献等因素。

结　语

面对人工智能创作作品这一新兴事物，需要在保持法律体系稳定性的同

时，积极探索和创新法律规则，以更好地平衡著作权保护与公共利益之间的关系。这不仅要求在立法过程中充分考虑社会的快速发展和新兴事物的特点，预留出足够的制度空间来应对未来的挑战，还要求通过合理、科学地解释和适用现有法律规则，解决因新兴事物而产生的法律问题，从而确保法律体系的稳定性和适应性之间的平衡。

浅论个人破产豁免财产制度的构建

古小敏*

（中国政法大学 北京 100088）

摘　要： 个人破产制度的核心在于把握好债权人与债务人的利益平衡点，在保护债权人应得利益的同时兼顾债务人的基本生存需求。豁免财产制度是完善个体经济退出机制的关键，构建个人破产豁免财产制度，必须从认识豁免财产作用、明确豁免财产范围、完善豁免财产认定程序三个维度予以形塑，助力形成更加科学、完善的个人破产法律制度，实现个人破产制度从地方试点向全国适用的立法演变。

关键词： 个人破产　豁免财产　实现制度

数千年来，民间债务一直遵循"欠债还钱、父债子偿"等传统思想，公众对个人破产制度知之甚少，对于个人破产制度中的豁免财产更是鲜有耳闻，认为豁免财产就是牺牲债权人利益来让债务人少承担债务。实际情况并非如此，个人破产制度的核心理念是保障债权人合法权益，豁免财产制度亦是如此。

一、豁免财产制度的概念

关于豁免财产制度，学界存在"自由财产制度""债务免责制度""余债免责制度"等多种叫法。因《深圳经济特区个人破产条例》中引用"豁免财产"的概念，故笔者亦称之为豁免财产制度。豁免财产是相对破产财产而言的概念，即法院作出宣告破产的裁定后，用于清偿破产债权的财产为破产财产，而债务人依法可以保留的财产则为豁免财产，因此说豁免财产制度实为

---

* 作者简介：古小敏（1994年—），男，汉族，江西吉安人，中国政法大学2023级同等学力研修班学员，研究方向为民商法学。

免于破产的财产制度。

二、豁免财产制度的意义

（一）维持债务人基本生活

拯救诚实而不幸的债务人，给予其从头再来的机会，是豁免财产制度的基本功能。该制度核心是从破产财产中保留部分财产供债务人支配，以维持基本生活，使其不至于沦落到居无片瓦、兜无分文的地步。豁免财产制度在维护债务人最低尊严的同时也能激发其企业家精神，给予其东山再起的希望。豁免财产制度在拯救诚实而不幸的债务人之外，还有更深层的意义，即拯救诚实而不幸的债务人家庭。大部分债务人都是家庭的顶梁柱，是家庭经济的主要来源，如果不给债务人豁免部分财产，那么倒下的不仅是一个债务人，还有其背后的一个家庭，甚至一个家族。因此，在个人破产程序中，应当保障债务人及家庭成员的基本生活。

（二）保障债权人应得利益

为充分维护债权人利益，降低债务人"逃废债"的可能，让债务人能够积极自愿地清偿债务，从而有了豁免财产制度。简单而言，在处理个人破产案件时，不仅需要惩戒制度的"严"，还需要豁免制度的"宽"，在宽严相济中发挥豁免财产制度功能，给予债务人希望，打消其逃债念头。此外，个人破产受偿比例极低，就算将债务人所有财产纳入破产财产，债权人受偿率也不会有太大变化，并且清偿时间久、效率低，但若采用豁免财产的方式，使债务人尽快回归生产、重新经营，相信债权人能更快地实现权益。因此，豁免财产制度表面上损害债权人部分利益，实际上更充分地维护了其利益。

三、豁免财产的范围

域外破产立法中对于豁免财产范围的规定大概可分为三类，一是必须为生活用品，且总价值有上限要求；二是必须为特定物品，且不同物品设定不同的价值上限；三是仅规定财产的种类，不限制价值。[1]相比域外破产法而

---

〔1〕 张紫璇：《关于构建我国个人破产制度的思考——以〈深圳经济特区个人破产条例〉为视角》，载《河北企业》2023年第3期。

言，我国司法实践中对豁免财产的认定更为细致、多元，如《深圳经济特区个人破产条例》第 36 条规定的豁免财产不仅包括债务人及其所扶养人生活、学习、医疗的必需品和合理费用，还包括勋章及其他表彰荣誉的物品、专属于债务人的人身损害赔偿金、社会保险金以及最低生活保障金等。结合基本国情，为更好实现制度目的，该条例还给豁免财产的认定预留了自由裁量空间。但值得注意的是，上述范围的财产并不必然属于豁免财产，个人破产制度首要保护的是债权人利益，如果财产的豁免严重影响了债权人的生活，或者债务是由于债务人故意、消极作为造成的，则即使债务人财产属于豁免范围，也不应对其进行豁免。此外，有允许豁免的财产，亦有不予免除的财产。从目前破产法律及司法实践来看，普遍认同的不予免除债务主要包括这几类：一是债务人违法违规行为产生的刑事或行政罚款；二是赡养费、抚养费、扶养费等人身关系产生的费用；三是应付的劳动报酬、税款等。

四、豁免财产制度的实现程序

豁免财产制度需要相应的具体程序来实现，笔者认为最为重要的有三个程序，分别为认定程序、置换程序与异议程序。

（一）认定程序

顾名思义，认定程序的核心内容就是如何认定豁免财产，即认定哪些财产可以从债务人破产财产中分离出来。上文提到，在域外比较法上对豁免财产范围有三种不同的认定方式，因此在认定程序上同样存在三种主流豁免财产认定程序：一是破产程序开始后，债务人所有财产均被认定为破产财产，债务人认为某些财产是维持基本生活所必要且不超过法律规定财产上限的物品，可以申请豁免，是否豁免最终由法院裁定；二是直接设置豁免财产的种类和价值，债务人直接对照规定申请豁免财产；三是破产程序开始后，债务人财产大部分被归为豁免财产，之后由管理人对其中不应当豁免的财产提出异议，然后将其纳入破产财产。

《深圳经济特区个人破产条例》采用的是第一种和第二种的结合，即第 36 条前半部分规定了豁免财产的种类范围，后半部分规定了豁免财产的价值上限。有学者认为，此种规则意味着在额度内且符合豁免财产种类的债务人财产不会被处置。如债务人负债小于豁免财产价值且无其他财产时，债务人将保留所有财产，使得债权人利益无法实现。因此，法律不应当设置豁免财产价值最高标准。但笔者认为，豁免财产最高限额是豁免财产价值的最高额而非破产财产的起算点，上限额度意味着豁免财产价值不得超过上限，并不代表保留财产都可以达到该额度。因此，该规定并不会导致学者所说情况的出现。

（二）置换程序

在个人破产程序中，债务人财产价值过高或财产不属于豁免财产范围，但债务人又需要保留该财产，那么只能适用重整或者和解程序。笔者认为，在个人破产清算程序中可以参照最高人民法院《关于适用〈中华人民共和国民事诉讼法〉的解释》第167条[1]构建一套置换程序，当债务人想保留不属于豁免范围的财产时，可以用等价物品作为破产财产进行置换。

置换程序的意义在于保护债权人利益的同时兼顾债务人的内心需求，给予债务人一定的人道关怀，鼓励其尽快回归正常生活。因此，置换程序的重点在于维持债权人与债务人之间利益的平衡，管理人需要公正合理地评估置换财产与被置换财产的价值，如果价值差距太大，必然会侵害一方权益，而无论哪方权益受损，都不符合豁免财产制度的初衷。

（三）异议程序

在个人破产案件受理后，债务人应当向管理人申报破产财产，同时可以向管理人申请豁免财产，但这些财产并不必然会被认可，管理人及债权人可以对破产财产及豁免财产提出异议，具体可以从两方面分析。

1. 对豁免财产的异议

个人破产程序开始后，债务人在申报破产财产的同时可以向管理人提交豁免财产清单。管理人应当对清单中豁免财产的种类、价值、数量等进行审核，若认为清单中的财产不符合豁免财产条件，则可以向债务人提出书面异议，债务人对异议不服可以向法院申请确认。如管理人对豁免财产清单无异议，则提交债权人会议审查，债权人对豁免财产有异议的话，可向法院提出

---

[1] 最高人民法院《关于适用〈中华人民共和国民事诉讼法〉的解释》第167条规定："财产保全的被保全人提供其他等值担保财产且有利于执行的，人民法院可以裁定变更保全标的物为被保全人提供的担保财产。"

不予认可豁免财产的意见。如管理人与债权人均无异议，则经债权人审核通过后，债务人申请的财产即纳入豁免财产范围。

2. 对豁免财产处置的异议

对于债务人是否可以放弃豁免财产并将其用于清偿，笔者认为可以。首先申请豁免财产是债务人的一项权利而不是义务，其次豁免财产本就属于破产财产，是为了给债务人一定生存空间，保障债务人及家庭基本生活而让渡出来的部分财产。但值得注意的是，当豁免财产是用于维持债务人家庭基本生活的时候，只有家庭成员一致同意方可产生将豁免财产纳入破产的法律效果。

结　语

构建我国的豁免财产制度应当因地制宜，坚持债权人本位与债务人本位相结合，在平衡双方权益的基础上争取社会效益最大化。在保证社会整体效益提高的原则下尽可能满足债权人清偿利益且最大限度地为债务人减负[1]。此外，豁免财产制度在实施过程中还应当明晰认定程序、构建置换程序以及完善异议程序，为保障个人破产制度在操作层面中有法可依、有章可循提供科学合理的指引。

---

[1] 参见杨勤法、马啸宇：《论我国个人破产制度的构建》，载《上海市经济管理干部学院学报》2023年第3期。

浅析证券市场内幕交易民事责任构成要件

李丽楠*

(中国政法大学 北京 100088)

摘　要：内幕交易伴随证券市场出现、发展，与虚假陈述、操纵市场并列为难以根除的"三颗毒瘤"。从目前的法律规定来看，我国法律对内幕交易的民事责任认定、诉讼还存在模糊地带，举证责任、因果关系和损害数额都难以通过程序性法律予以确认，导致内幕交易的民事赔偿难上加难。本文将从证券市场内幕交易民事责任的主体、客体以及因果关系等构成要件入手，探讨如何推动完善规范化证券市场内幕交易民事责任制度。

关键词：内幕交易　民事责任　构成要件

证券市场内幕交易是指对证券交易中尚未公开的信息以及其他对证券交易有着重大影响的信息，被知情人获取后，通过直接或间接的方式，指示或建议、暗示他人购买或出售该证券，或者泄露该信息，所进行的交易行为。我国《刑法》第 180 条界定了内幕交易、泄露内幕信息罪，对内幕信息、知情人员以及犯罪行为进行了解释。《证券法》第 53 条对知情人应尽的保密义务和行为规范进行了规定，同时，规定应就内幕交易行为对投资者造成的损失进行依法赔偿，但是没有具体明确规定承担民事责任的性质和构成要件。

内幕交易民事责任就是指因内幕交易人的内幕交易行为导致了投资者合法利益受到损害，该内幕交易人所应承担的民事责任。民法规定的民事责任主要包括合同中的违约责任、缔约过失责任，还有侵权法中的侵权责任。不同的民事责任因为构成要件的不同，法律规定不同，相应的责任也不尽相同，

---

* 作者简介：李丽楠（1986 年—），女，汉族，吉林白山人，中国政法大学 2023 级同等学力研修班学员，研究方向为经济法学。

民法规定的主要有修理、重做、更换、赔偿损失、支付违约金、消除影响、恢复名誉和赔礼道歉。

对内幕交易民事责任性质的认定，目前，学界主要分为三种倾向，分别是违约责任说、侵权责任说和独立责任说。第一种违约责任说认为，证券市场中买卖双方或者委托双方的契约、合同关系为损害赔偿请求权人的请求权提供了来源。[1] 第二种侵权责任说认为，内幕交易人通过信息优势所从事的交易在获得了利益或者规避了损失的同时，给普通投资者造成了损失，侵害其财产权益，即从理论上讲，内幕交易人所获得的利益刚好是普通投资者所遭受的损失，而其所规避的损失也恰好是普通投资者遭受的损失。第三种独立责任说认为，证券交易中存在民事责任，但是因交易的独特性，现行法体系中既定的民事责任不适用，证券市场的民事责任应该定义为独立的责任类型，以实现实体性技术层面的操作。[2] 以上三种学说都具有一定的道理，但是在我国《证券法》已经明确内幕交易造成损失要承担赔偿责任的前提下，将内幕交易的民事责任认定为侵权责任应当更加妥当。将内幕交易的民事责任视为一种特殊的侵权行为规则，并且在法律中进行特殊规定，更能保护投资者。

一、证券市场内幕交易民事责任的构成要件

（一）主体

内幕交易的民事责任的主体包括权利请求人和责任承担人。权利请求人是指内幕交易造成损失的人，也就是因内幕交易造成了损失的证券其他投资者，这些人具有提出赔偿请求的资格。内幕交易民事责任的承担人，即民事责任的义务承担主体所指向的就是从事内幕交易的相关人员。《证券法》第50条、第51条规定，内幕信息的知情人、非法获取内幕信息的人员都属于从事内幕交易人员范畴，并对知情人从职务岗位等9个方面进行了阐释，并以明确的法律条款规范了知情人不得在一定时期内就内幕消息涉及证券进行买卖，但是对非法获取内幕信息的人员范围没有作出规定。然而在法律实务中，内幕交易极为隐蔽，更多是通过间接手段泄露信息来谋取利益或规避损失，

---

[1] 胡晓珂：《证券欺诈禁止制度初论——以反欺诈条款为中心的研究》，经济科学出版社2004年版，第204页。

[2] 杨亮：《内幕交易论》，北京大学出版社2001年版，第10页。

因此，知情人不应局限于职务岗位，公司、交易所、家庭、顾问单位等都有可能获取内幕消息。在实践层面，笔者认为，在法律明文所列知情人范围的基础上，其他知悉或应当知悉内幕信息的人员，都应当在一定时间段内被禁止从事相关交易，或者就侵权问题承担赔偿责任。

（二）客体

内幕交易的民事责任的客体主要指交易行为。所侵犯的是投资者的合法财产利益。《证券法》第 52 条、第 80 条、第 81 条就内幕信息的定义、范围和公开程序要求进行了阐释，即是否实施内幕交易行为的标准就是进行证券买入或者卖出是否获得了内幕信息。在证券交易中，投资者通过已公开的信息对证券及其所代表的公司、行业作出投资与否的判断，利用内幕信息的优势，内幕交易行为人的交易行为增加了投资者交易时受损的概率，破坏了市场交易公平公正公开的原则和诚实信用的市场秩序，侵害了投资者的公平交易权和合法财产利益。

（三）因果关系

相较于传统民事责任侵权理论，证券具有金融商品交易的特性，内幕交易的因果关系认定存在特殊性，内幕交易人的行为没有对投资者决定产生影响，也没有对证券市场本身产生影响，按照传统侵权理论证明因果关系是不现实的，2022 年《关于审理证券市场虚假陈述侵权民事赔偿案件的若干规定》进一步阐释了证券类侵权案件的民事赔偿，为此类案件的赔偿提供了基本的框架和依据，但是虚假陈述与内幕交易仍存在实质差别，对于内幕交易司法认定的实体性技术规则，我国现行法中仍然缺少明晰的规定，这直接影响了民事责任的追究和赔偿数额的实现。

二、证券市场内幕交易民事责任制度的几点思考

（一）信息保密及公开

发生内幕交易的前提是尚未公开的内幕信息，证券法、公司法等对应当及时公开的信息、公开程序等都进行了界定，在法条、程序、标准等框架下尽可能降低了内幕交易发生的可能性，与此同时，也需要在实践层面完善公司管理层持股、转股、短线交易的管理，同时对有可能获得内幕信息的人员

范围进行梳理和确定，例如知情人范围的重新拓展和新定义，明确保密义务和违约责任。要结合媒体、科技的进步推进信息发布制度的更新以及程序的更新，对信息内容的真实性、完整性、时效性、合规性等建立统一明确的标准，特别是信息的时效性，这对降低内幕交易是极为重要的。

（二）民事赔偿请求权主体

从理论上讲，在同期交易中，从事了相反交易的普通投资者，都可以成为内幕交易的请求权主体，但是在司法实践中，这极可能放大了主体范围，因此，可以借鉴国外的做法，以内幕交易行为人的交易单所列证券、时间、买卖方向等为基本参照，比对投资者的行为来界定"同期"，从法律上讲因果关系成立，从实践上讲实现相对性公平。

（三）赔偿的确定和落实

赔偿范围是内幕交易民事责任中的损害结果认定和落实的重要内容。在光大乌龙指内幕交易民事赔偿责任案中，一审法院上海市第二中级人民法院支持了8位原告中6位的赔偿请求，运用《证券法（修订草案）》第92条所列差价法，参照虚假陈述案件的损失认定标准，以内幕信息公开后一定时间范围内相关证券、期货价格为基准，计算投资者的损失以及应获得赔偿数额。在二审中，上海市高级人民法院维持了一审判决，并对一审法院所计损失的标准和额度予以认可。这一案例对于如何确定内幕交易损害赔偿具有极大的参考价值。

（四）市场监管作用

2010年，国务院办公厅转发的《关于依法打击和防控资本市场内幕交易意见》，对证券市场内幕交易源头遏制、制度建设、企业责任、部门监管和依法打击等方面提出了指导性意见，极大地展示了政府对证券市场内幕交易的关注强度和工作力度。除此之外，还应充分发挥证券交易所的实时监控作用，例如建立异常账户、异常交易的监测追踪体系。在现有以惩罚性为主的惩治措施基础上，完善补偿性机制，增强投资者对市场的信任和信心。

内幕交易损害的不仅仅是投资人的合法权益，对于市场秩序更是一个严峻的挑战，运用法律手段落实内幕交易的民事责任，有助于在刑事惩罚的基础上，更加合理合规地推进市场法治化。

构建会计师事务所虚假陈述民事责任合理分担体系的研究

王绍华*

（中国政法大学 北京 100088）

摘　要：随着证券市场虚假陈述案件频发，会计师事务所作为重要的证券服务机构，也面临越来越多的高额赔偿诉讼请求。对此，如何合理界定会计师事务所在虚假陈述案件中的民事赔偿责任成为亟待解决的问题。本文基于法律原则、经济效率和实际操作考量，提出了构建证券市场虚假陈述案件中会计师事务所民事责任合理分担体系的建议。首先，分析了当前会计师事务所民事责任承担的现状和存在的问题，其次提出了针对性的改进方案，并结合具体案例和法律依据进行了论证，以期为证券市场的健康发展提供参考。

关键词：证券市场　虚假陈述　会计师事务所　民事责任　合理分担体系

引　言

随着我国证券市场的不断发展，虚假陈述案件频发，给投资者和市场带来了巨大损失。在这种情况下，如何合理界定会计师事务所在虚假陈述案件中的民事赔偿责任成为亟待解决的问题。本文将围绕构建会计师事务所证券市场虚假陈述民事责任合理分担体系展开研究，旨在为提升证券市场的透明度、规范性和稳定性提供理论支持和实践指导。

---

* 作者简介：王绍华（1974-），男，河北任丘人，中国政法大学同等学力研修班2023级学员，研究方向为经济法学。

一、概述

(一) 概念

虚假陈述系指信息披露义务人违反法定义务,在披露的信息中存在虚假记载、误导性陈述或者重大遗漏的行为。会计师事务所作为证券服务机构制作、出具的文件存在虚假陈述的,亦应对投资人承担相应民事责任。[1]

(二) 学说

本文关于虚假陈述民事责任研究的关注点主要包括会计师事务所承担虚假陈述民事责任的法理基础、承担责任的方式以及额度问题,学界存在不同的观点,主要包括以下两个方面:

第一,关于会计师事务所承担虚假陈述民事责任的法理基础,主要包括合同责任说和侵权责任说。侵权责任说因解决了投资人与会计师事务所并无直接合同关系,难以建立损害与虚假陈述行为之间的直接关联关系的问题,在理论和司法实践中得到了较多的认可,域外国家也多将证券市场虚假陈述民事责任的性质规定为侵权责任。故在理论和实务中,侵权责任说都更占优势。

第二,对会计师事务所在虚假陈述案件中民事赔偿责任的承担方式也有完全连带责任说、比例连带责任说等不同的观点。完全连带责任说因未对会计师事务所行为对损害结果的原因予以充分考量而被质疑;比例连带责任说则是在司法实践中被采用的一种新的思路,但仍存在一些问题,尚需进一步探讨。

二、当前民事责任承担现状及存在问题

第一,侵权责任说较好地解决了投资人的请求权基础,为大多数国家在立法中所确认,但在确认赔偿额度的环节时,却产生了会计师事务所需承担与所承揽经济业务所获收益不成比例的赔偿责任的问题。

第二,关于民事责任承担的模式和问题,司法实践中对会计师事务所虚假陈述民事责任承担的模式也有一个演进的过程。在早期,司法机关多持完

---

[1] 罗凌云:《证券市场虚假陈述的民事责任》,载《商》2016 年第 13 期。

全连带责任说，典型判例有康美药业案等，会计师事务所被判处完全连带责任。此种处理方式对于会计师事务所在虚假陈述中行为与损害后果之间的原因力，以及应承担的责任比例未予充分考量，进行绝对化处理，由此产生了会计师事务所承担过高的赔偿责任；后期，则出现了司法机关对比例连带责任的探索和实践，如中安科案二审判处会计师事务所承担15%的比例连带责任。法官对比例连带责任说的适用进行了有益探索，取得了较好的法律效果和社会效果，但其法理基础和责任比例的确定仍存在模糊的空间。[1]

三、构建证券市场虚假陈述民事责任合理分担体系的建议

综合上述情况，笔者对构建证券市场虚假陈述民事责任合理分担体系提出建议，对会计师事务所承担虚假陈述民事赔偿责任的法理基础予以明晰，厘清包括会计师事务所在内的证券服务机构在造成投资人损失中的责任范围，进而构建多层次、可预判风险的民事责任分担体系。

在法理基础方面，尽管侵权责任说目前占据明显优势，但笔者认为，在该领域对合同责任说的适用可以保持开放性，仍然存在进一步探讨的空间。会计师事务所在虚假陈述中行为的特点在于，行为人并非普通民事合同中的一般合同缔约方，而是因法律、法规等强制性规定而具有某种特定身份，与缔约对手方订立合同，并为缔约对手方提供其与第三方发生民事关系时一种必要的、不可或缺的辅助性服务，在缔约对方与第三方发生民事关系时，进而发生缔约对手方和第三方之间的侵权行为。与此类似的还有检验检测机构出具证明文件，引发第三人权益受损的民事责任承担问题，我国现行法律法规并未就此问题进行专门规制。就此，可否创设具有专门知识的特殊身份行为人因合同违约引起的对第三人侵权类别，并对此种行为进行专门规制？当然由此产生的立法成本以及是否能够解决当前所面临司法实践的迫切需要也是需要考量的问题。

从责任分担的角度探讨，首先，虚假陈述侵权行为所造成的损失不应由发行人概括承担全部损失，其中不可避免地包含了投资人的谨慎注意义务以及市场风险等因素，如金亚科技案中法院即对投资人损失中的"系统性风险"

---

[1] 肖如月：《论专家不实陈述责任损害赔偿的范围》，载《现代商贸工业》2023年第1期。

进行了扣除；[1]其次，侵权责任应由发行人承担，会计师事务所作为证券服务机构，应分别区分存在恶意串通、故意过错、过失过错、无过错等不同情形，分别承担绝对完全连带责任、有限的连带责任或不承担责任。最后，在虚假陈述行为过程中，会计师事务所并非唯一的证券服务机构，其他如律师事务所、信用评级单位等同样也对虚假陈述行为施加了影响，由会计师事务所完全承担民事责任也存在不合理之处。

实务中司法机关采取的比例连带责任具有合理性，但建议进一步细化为有限的比例连带责任。会计师事务所在出具审计报告过程中，被审计单位的资产状况通常体现出一种"健康经营状态"，此时的收费额度一般是根据被审计单位资产数额及风险因素相应确定。由此，就在收费额—所审计资产—证券市值—可能造成的投资人损失之间建立了一个映射关系。最高人民法院《关于审理涉及会计师事务所在审计业务活动中民事侵权赔偿案件的若干规定》（法释〔2007〕12号）第10条第2项规定的"由会计师事务所在其不实审计金额范围内承担相应的赔偿责任"，就体现了这种赔偿责任与其行为所涉资产额度之间进行对应映射的思路。实际上，建立以会计师事务所收费额度或者所审计资产额度到赔偿责任数额之间的映射关系，既体现了"可预见性"与注意义务为因果关系的判断依据，有益于会计师事务所预判风险，加强审计质量控制，也避免会计师事务所时刻面临不可预判的高赔偿额度从而所引发的"寒蝉效应"和"逆向选择"。引入按其承揽审计业务所获收益的倍数这一参考数值，在比例连带责任制度的基础上确定赔偿的上限，考虑证券领域的特殊性（本质上证券也是一种特殊的商品，会计师事务所提供的审计报告也属于一种服务），将其在承揽业务时可能面对的风险额度尽可能予以量化，有益于会计师事务所评估风险，避免出现风险不可控、赔偿责任过重不能承担的窘境。如承担不低于15%的连带赔偿责任，但最高不超过承揽该笔业务所收取费用的N倍，具体数额可结合现有案例开展实证研究，酌定恰当的规则，同时为司法裁判预留适当的裁量空间，用以考量个案中可能涉及的其他因素。

---

[1] 田国兴、李雪莹：《会计师事务所虚假陈述民事责任承担研究》，载《中国注册会计师》2022年第12期。

结论与展望

鉴于我国证券市场尚未达到成熟阶段，采取兜底式保障投资损失的方式，对培养投资人的风险意识似乎并非最佳选择。在会计师事务所虚假陈述民事赔偿制度中，应在考虑法律原则和经济效率的前提下，引入与其承揽经济业务收费金额相关联的赔偿额度上限，建立多层次、可预判风险的赔偿规则，增强证券交易过程中的各参与方对所承担的风险的可预判性，使会计师事务所为代表的证券服务机构能够作出更有利于证券市场长期良性运行的理性选择，也有利于投资人风险意识的养成。对具有专门知识的特殊身份行为人因合同违约引起的对第三人侵权行为进行进一步研究，也可作为今后该一领域的探讨方向。

彩礼返还规则研究

崔胜楠*

(中国政法大学 北京 100088)

摘　要：彩礼返还涉及婚姻法中的财产问题，通常在婚姻未能成立或离婚情况下适用。核心原则是尊重当事人的意愿和公平原则。当婚姻未履行时，如未办理结婚登记或者虽已登记但未共同生活，一般应全额返还彩礼，已办理结婚登记且共同生活，在双方离婚时一般不予返还彩礼。但是如果共同生活时间较短且彩礼数额过高，应当在扣减已经使用部分和无法返还的嫁妆部分基础上，综合考虑彩礼数额、共同生活、孕育情况及双方过错等事实，结合当地习俗，确定是否返还以及返还的具体比例，彩礼返还规则旨在防止彩礼习俗引发的社会问题，保护当事人的合法权益。

关键词：彩礼返还　婚姻法　共同生活　返还比例

一、彩礼的追溯与发展

彩礼作为一种传统习俗，起源于中国古代的婚姻制度，最初是作为男方家庭对女方家庭的尊重和感谢表示。但随着社会变迁，彩礼的形式和价值经历了显著演变。在古代，彩礼通常包括实物如布匹、粮食，象征着男方家的诚意和有能力照顾女方家的女儿。到了封建社会，彩礼逐渐演变为金银珠宝和金钱，其金额和贵重程度往往成为衡量男方家庭经济实力和社会地位的标志。

在不同历史时期，彩礼的支付与接受有着严格的礼仪规定，如《周礼》

---

* 作者简介：崔胜楠（1996年—），女，汉族，吉林延边人，中国政法大学2023级同等学力研修班学员，研究方向为民商法学。

中记载的六礼程序。然而，随着时间推移，彩礼逐渐与买卖婚姻的观念相联系，引发了关于女性地位和婚姻自主权的讨论。近代以来，随着新文化运动的兴起和现代婚姻观念的普及，彩礼开始受到批判，被视为对女性独立和平等的阻碍。[1]

进入21世纪，尽管许多地区仍保留着彩礼习俗，但其含义已发生改变。在一些地方，彩礼更多地被视为一种形式，象征着两家的联姻。在全球化背景下，不同文化的交流使得彩礼习俗也受到了外来影响，有些地方开始减少或摒弃彩礼，倡导简单婚礼和夫妻平等。

二、彩礼法律地位分析

在中国，彩礼的法律规定主要体现在《民法典》婚姻家庭编及相关的司法解释中。婚姻关系的建立应基于男女双方自愿，禁止任何形式的包办、买卖婚姻。尽管彩礼在一些地区仍被视为传统习俗，但法律强调其不得成为强制性的条件，也不得影响婚姻自由。在司法实践中，如果彩礼的给付造成一方生活困难，或者因彩礼问题引发纠纷，法院通常会根据具体情况酌情处理，甚至支持返还彩礼的要求。

相比之下，域外的法律对待彩礼的态度各异。例如，在英国，根据1973年《婚姻诉讼法》，彩礼通常被视为赠与，除非在特殊情况下，如婚约解除，才可能要求返还。在美国，彩礼的处理因州而异，一些州遵循"不履行婚约"原则，即如果婚约未能履行，彩礼通常需要返还；而在其他州，彩礼是否返还取决于特定情况下的公平性判断。

在印度，根据《印度合同法》和《印度婚姻法》，彩礼（被称为"Dowry"）被视为非法，旨在防止女性被迫支付高额嫁妆，以防止对女性的剥削和歧视。违反者可能会面临刑事处罚。然而，实际执行中，这一法规的效力受到社会习惯和文化的挑战。

总的来说，国内外法律对彩礼的规定旨在保护婚姻自由和性别平等，防止彩礼成为婚姻的负担，同时在一定程度上反映了各自社会的文化和价值观。

---

[1] 王立明、马玉霞：《彩礼纠纷司法裁判研究——兼评青海省基层法院审判婚约财产纠纷案件的观念》，载《青海社会科学》2017年第3期。

三、彩礼返还的法律依据

在彩礼返还的法律依据中，相关法律法规解析部分主要关注我国现行法律对彩礼返还的规定。《民法典》第 1042 条第 1 款明确规定，禁止借婚姻索取财物。这意味着虽然彩礼在某些文化中被视为一种传统习俗，但在法律层面上，其性质应当是自愿赠与，而非强制性的。[1]

此外，最高人民法院发布的司法解释进一步细化了彩礼返还的情况。例如，最高人民法院《关于审理涉彩礼纠纷案件适用法律若干问题的规定》规定了双方未办理结婚登记但已共同生活，一方请求返还按照习俗给付的彩礼的，人民法院应当根据彩礼实际使用及嫁妆情况，综合考虑共同生活及孕育情况、双方过错等事实，结合当地习俗，确定是否返还以及返还的具体比例。这些法律规定为彩礼返还提供了明确的法律基础。

值得注意的是，各地法院在实践中可能会结合当地风俗习惯和具体案情，对彩礼返还的比例和条件进行裁量，但总体上，法律倾向于保护因彩礼负担过重而陷入困境的一方，以维护婚姻关系的公平与和谐。[2]

四、彩礼返还的争议

在彩礼返还问题上，社会观念与法律规定的冲突主要体现在传统的习俗观念与现代法律精神之间的张力。一方面，许多地区仍将彩礼视为婚姻的一部分，承载着家庭的面子与尊严，甚至被视为对女方家庭的补偿。这种观念深入人心，使得彩礼在一些地方被视为不可动摇的传统，即使在婚姻解除时，返还彩礼可能被视作对家庭荣誉的侵犯。[3]

另一方面，法律规定了婚姻自由和平等原则，强调个人权利和契约精神。当婚姻关系破裂时，若存在索要或强迫支付高额彩礼的行为，法律倾向于保护个人的财产权，支持彩礼的返还。然而，这种法律规定在实践中往往受到传统观念的挑战，人们可能因为情感因素或者社会压力，不愿意或不敢主张

---

[1] 林辉煌：《家产制与中国家庭法律的社会适应——一种"实践的法律社会学"分析》，载《法制与社会发展》2012 年第 4 期。

[2] 王丹：《新形势下彩礼纠纷的司法应对》，载《中国应用法学》2024 年第 1 期。

[3] 王洪亮：《〈民法典〉中得利返还请求权基础的体系与适用》，载《法学家》2021 年第 3 期。

彩礼返还。

在彩礼返还过程中，实际问题往往复杂且多样化。一方面，由于彩礼金额通常较大，涉及双方家庭的经济利益，因此在婚姻解除后，对于彩礼的归属和返还比例常常产生激烈的争执。例如，在某些案例中，男方家庭可能会主张全额返还，认为彩礼是基于结婚目的给予的，婚姻未能实现，理应退还；而女方家庭则可能认为彩礼已被用于婚前准备或婚后共同生活开销，无法全额返还。另一方面，彩礼返还的执行难题在于举证责任和证据收集。在司法实践中，确定彩礼的具体数额和用途往往需要大量证据支持，这在许多情况下变得困难。当事人可能因隐私和情感因素不愿提供详细的财务记录，导致法院在裁决时面临困扰。[1]

再者，情感因素和社会压力也是实际问题的一部分。彩礼返还可能加剧双方家庭的矛盾，甚至引发社会的舆论压力。在一些地方，彩礼被视为名誉象征，返还彩礼可能被误解为对女性的羞辱，增加了处理这些问题的社会难度。

此外，法律规定的模糊性也加剧了问题的复杂性。在某些情况下，法律对于彩礼返还的条件和标准缺乏明确指导，这会导致法官在裁决时自由裁量权过大，可能造成类似案件判决结果的不一致，影响法律的公正性和可预见性。[2]

五、完善彩礼返还规则的建议

在司法实践中，改革彩礼返还规则的措施可以从多个角度进行：

首先，法院应强化对个案的公正审理，确保每个案件的处理都能兼顾当事人的权益与社会公平。例如，对于因婚姻解除而引发的彩礼纠纷，法院应当深入调查事实，尊重双方的意愿，避免简单地以彩礼金额为唯一判断标准。

其次，建立更加明确的彩礼返还指导原则，减少判决的主观性。这可以通过制定详细的司法解释或指导意见来实现，明确在何种情况下应当全额返

---

[1] 陈会林：《回避婚约：新中国婚姻立法的历史选择及其因由》，载《政法论坛》2021年第2期；李姗萍：《论婚约及其解除之损害赔偿》，载《法律科学（西北政法大学学报）》2021年第5期。

[2] 上海市高级人民法院《关于适用最高人民法院婚姻法司法解释（二）若干问题的解答（二）》（沪高法民一[2004]26号）。

还，何种情况下可以部分返还或者不予返还，以增加判决的可预见性和一致性。例如，可以考虑婚姻持续时间、彩礼的性质（是否属于赠与）、双方的经济状况等因素。

再次，加强司法调解机制，鼓励当事人通过协商解决争议。法院可以提供专业的调解服务，引导双方在法律框架下达成和解，既节省司法资源，又能减少双方的对立情绪。实践中，可以设立专门的彩礼纠纷调解小组，由经验丰富的法官或律师主持，提供专业意见，帮助当事人达成公平协议。

最后，提高司法透明度，公开典型案例，以指导公众理解和遵守法律。定期发布关于彩礼返还的案例分析报告，解释判决理由，使公众了解法院如何适用法律，从而引导社会公众形成正确的法律意识和观念。

综上所述，司法实践中的改革措施旨在确保彩礼返还规则的公正执行，促进社会和谐，同时也要不断适应社会变迁，回应人民群众的新期待。

债务加入与保证的区分
——意思表示解释的适用规则

丁 宁[*]

(中国政法大学 北京 100088)

摘 要：债务加入制度与保证制度具有天然的相似性，实践中，常因当事人意思表示不明，在法律适用过程中对二者难以区分。意思表示是民事法律行为的核心，利用意思表示解释的规则对当事人承诺内容进行分析，可有效提取当事人内心真意，有助于纠纷的公正解决。

关键词：债务加入 保证 意思表示解释 适用规则

债务加入，又称并存的债务承担，是指第三人加入债的关系之中，与原债务人一起向债权人承担同一债务的情形。[1]债务加入因第三人原因而扩大了责任财产范围从而增强了债权的实现。《民法典》第552条首次在法律层面对债权加入制度规则予以了明确。该制度在法律效果方面与保证制度，尤其是与连带责任保证颇为类似，于是两者之间的区分就带有天然的疑难性，正如学者所言"债务加入与保证历来不易区分"。

当然，就法律行为特征而言，债务加入与保证是存在较大差异的，例如：保证为要式法律行为，债务加入为非要式法律行为；保证合同是主债务合同的从合同，保证人所承担的保证责任债务与主债务之间存在从属关系，但债务加入中第三人承担的是与主债务人同等地位的并列债务，没有从属关系；债权人要求保证人承担连带保证责任受到保证期间和诉讼时效的双重限制，

---

[*] 作者简介：丁宁（1981年—），男，汉族，江苏宿迁人，中国政法大学2023级同等学力研修班学员，研究方向为民商法学。

[1] 崔建远：《合同法》（第4版），北京大学出版社2021年版，第282页。

而债务加入中债权人主张权利只受到诉讼时效的限制等。不过，上述差异仅是两种不同债法制度的特征归纳，如若作为实践区分债务加入和保证的标准尚显不足。比如第三人向债权人出具的书面承诺载明"我自愿为债务人履行还款责任"，面对此类意思表示不明的情形，如在区分解释的过程中仅依据特征差异判断则很难获得答案。故而，解释当事人真实意思表示极具现实意义。有鉴于此，本文拟从意思表示的解释角度探讨区分的适用规则。

一、文义解释的适用规则

实践中，第三人虽然具有还款的意思表示，但在表达过程中受认知水平、习惯等因素影响，经常出现用语不准确、用语冲突问题。此时，即需要优先关注带有特定法律含义的特定概念。例如在保证制度中存在"保证人""保证期间""保证范围""一般保证""连带责任保证""担保人"等特定概念；债务加入制度中存在"债务加入""加入债务"等特定概念。这些特定概念通常为法律用语，其自身已蕴含特定的法律含义。若当事人协议或第三人承诺中出现上述特定概念，则优先考虑特定概念所指向的意思表示。例如，第三人承诺"我自愿承担连带债务的保证范围是……"，此处第三人因明确保证范围，则保证的意思优先。再如在最高人民法院审理的一起案件中，《补充协议》明确约定邹城投资公司同意为华泰金源公司的案涉债务承担连带责任保证，虽然债权人主张邹城投资公司为债务加入，但法院认定成立连带责任保证。[1]需要注意的是，"保证"一词会因语境不同而意思发生变化，如"我保证承担连带债务的范围是……"，则此处"保证"的含义应为确保、保障的意思。

有时在同一承诺中会存在不同意思表示的特定概念。例如，第三人承诺"我同意加入……债务，承担连带责任保证"。此情形同时包含了"加入债务"与"连带责任保证"两个特定概念用语，那么应如何解释？本文认为，同为增信措施，但在抗辩或者追偿程序中，债务加入对第三人的责任要求比保证人的保证责任更为苛刻，从自我利益保护角度考虑，认定连带责任保证更符合第三人目的意思。此外，连带责任保证的法律特征更为明显，也更容

---

[1] 最高人民法院[2019]民申5573号民事裁定书。

易为当事人所理解，两种意思表示兼具的情况下，当事人对保证的认知程度仍要高于债权加入。易言之，即便未认定为债务加入，也不损害债权人的合理信赖或利益期待。

二、目的解释的适用规则

在解释规则中，目的解释是从当事人行为所追求的目的出发，对有争议的意思表示进行解释。鉴于债务加入和保证均以清偿债务为目的，相似性极高，不易区分。本文认为，可以从清偿方式的形式目的、是否追偿的后续目的以及是否存在利益关系的利益目的等多维度分析更有利于目的解释。

若第三人表示承担的是"次要责任""辅助责任"，则从形式目的上看，第三人将其设于主债务从属地位，更具保证含义。在司法实践中，一些案例区分了或然性承诺和确定性承诺。或然性承诺是指第三人向债权人表示是否履行的债务具有不确定性（如第三人表示只有在债务人不能清偿时予以资金支持），此种承诺一般属于保证。[1]

若第三人表示承担的是"垫付责任""代负责任"，则从后续目的上看，第三人存在追偿的意思表示，则不宜仅依此认定其具有债务加入含义。在比较法上，许多学者认为，在债务加入的情形下，债务加入应当对第三人具有实际利益，否则难以认定为债务加入，因为对第三人而言，其加入债的关系一般需要有一定的利益关系，否则其不会加入债的关系。[2]如前所述，当第三人与债务人存在亲属关系、合伙关系、隶属关系等身份、经济特殊利益关系时，若第三人意思表示不清晰，将其解释为债务加入则更符合常理。例如，挂靠经营者向劳务分包单位承诺支付工程款构成债务加入。[3]

三、整体解释的适用规则

一项复杂的交易活动，通常履行时间较长，履行环境更易发生变化，当事人的意思表示也极可能随之变化。探究当事人的真意，不能简单地依靠语

---

[1] 王利明：《论"存疑推定为保证"——以债务加入与保证的区分为中心》，载《华东政法大学学报》2021 第 3 期。

[2] 黄立：《民法债编总论》，中国政法大学出版社 2002 年版，第 626 页。

[3] 方剑磊：《挂靠经营者向劳务分包单位承诺支付工程款构成债务加入》，载《人民司法（案例）》2018 年第 11 期。

义解释，也不应当仅仅考虑某个意思表示，而要从全部内容中理解、分析并说明当事人意思表示的含义。

例如，某案甲开发商为乙客户在购房贷款申请时向丙银行出具连带责任保证承诺函，此后在贷款办理过程中甲开发商又根据丙银行要求签署阶段性保证（买受人以其房产办理抵押登记后开发商即解除保证责任的担保形式）承诺书，在此后乙客户以其所购房产向丙银行办理了抵押，但因房价波动导致房产价值贬损，丙银行再次让甲开发商出具了"包括本息在内自愿与乙客户共同承担还款责任"的《还款保证书》。本案在当事人之间就首次保证是否仍有效亦有争议，在此不论。本文认为，若有先后顺序的不同意思表示，后一意思表示优先应无异议。关键是，《还款保证书》虽载有"共同承担"意思但本质上不能准确定义为债务加入，故结合此前甲开发商所作保证的意思表示，《还款保证书》内容应解释为保证的含义。

值得注意的是，从体系解释来看，我国《民法典》的基本思路是兼顾债权人、债务人与保证人三者之间的关系，尤其是从鼓励担保的角度看，更倾向于减轻保证人责任。[1]但最高人民法院《关于适用〈中华人民共和国民法典〉有关担保制度的解释》第36条第3款规定："前两款中第三人提供的承诺文件难以确定是保证还是债务加入的，人民法院应当将其认定为保证。"可见，上述规定在第三人与保证人的利益平衡上，又倾向于减轻第三人责任。所以，在整体解释的过程中，还需要结合《民法典》的体系精神进行解释。

结　语

根据《民法典》142条的规定，意思表示解释的规则还包括习惯解释、依据诚实信用原则解释。鉴于债务加入与保证对于当事人而言属偶发性行为，故习惯解释缺少交易惯例的依据。至于诚实信用原则解释，考虑到该原则较为抽象，故本文未予探讨。有必要说明的是，适用最高人民法院《关于适用〈中华人民共和国民法典〉有关担保制度的解释》第36条第3款的规定必须以无法通过意思表示解释确定当事人意思表示为前提。至于"无法解释""难以确定"的认定标准又是什么，仍值得进一步思考。

---

[1] 黄立：《民法债编总论》，中国政法大学出版社2002年版，第626页。

离婚冷静期制度探究

管屹凡[*]

(中国政法大学 北京 100088)

摘 要：近年来，我国的离婚率持续攀升，高离婚率所带来的问题越来越突出，虽然这种现象的产生存在很多社会原因，但是我国的离婚制度确实也存在一些需要完善的地方。本文基于此，首先阐述了登记离婚下离婚冷静期概念和诉讼离婚下离婚冷静期概念，其次阐述了离婚冷静期制度的现状及不足，主要有强制性适用未兼顾特殊情形，冷静期内缺乏专门的调解机构对夫妻间的矛盾进行调解和增加了因无法离婚而激化的社会矛盾，最后提出了离婚冷静期制度的完善路径。

关键词：离婚 民法典 冷静期制度

离婚冷静期是指自婚姻登记机关收到离婚登记申请之日起30日内，任何一方不愿意离婚的，可以向婚姻登记机关撤回离婚登记申请。此项法律制度旨在缓解当前居高不下的离婚率，即从制度层面对当前社会存在的较为明显的"冲动离婚"现象进行缓解，同时对于那些存在切实矛盾的家庭予以法律上的调解和引导。

一、离婚冷静期制度概述

(一) 登记离婚下离婚冷静期概念

离婚登记是夫妻双方就子女抚养、财产分割等问题取得协议，到民政局办理离婚手续的一种制度。在我国的离婚登记制度中，"离婚冷静期"是根据

---

[*] 作者简介：管屹凡（1998年—），男，汉族，北京人，中国政法大学2022级同等学力研修班学员，研究方向为民商法学。

离婚自愿的原则，由夫妻一起到婚姻登记机关办理离婚手续后的一段时期，允许当事人对是否离婚进行反思。在这段时间内，丈夫和妻子都可以请求撤销他们的请求或者终止他们的婚姻。

有些人把离婚冷静期理解成了离婚审查期，指的是在结婚登记机关对离婚申请进行审核的 1 个月之内，让提出离婚请求的双方重新对是否要离婚的问题进行重新考虑。[1]本文并不赞同这种看法，离婚冷静期与离婚审查期并不相同，离婚审查期是对申请人是否符合离婚状况的审查，审查结果对于申请人是不确定的。而离婚冷静期的结果，是根据申请人的选择而确定的，《民法典》第 1077 条规定，夫妻双方当事人在 30 日之内不同意离婚，可以在婚姻登记机构撤销。这项条款意味着，在这个期限里，当事各方都可以对他们的离婚行为进行反思，也可以撤销他们的请求，而非等待审查结果，夫妻离婚与否是由夫妻双方在期间内自行决定的。如果将这一期间理解成离婚审查期，则明显与立法本意不符。

（二）诉讼离婚下离婚冷静期概念

诉讼离婚，是一种在子女抚养、财产分配等问题上不能取得一致意见的情况下，由一方申请离婚，或者双方在子女抚养、财产分配等问题上不能取得一致的结果，由法院裁定离婚的一种离婚制度。在诉讼离婚制度下，离婚冷静期是指一方向法庭提出离婚，经过第一次庭审后，由法庭以理性的方式进行沟通和协商，发现其中存在的问题，从而对是否需要离婚进行反思，从而设定的一段缓冲时期。

二、我国离婚冷静期制度的现状及不足

（一）现状

我国《民法典》将离婚冷静期规定为 30 日，但并没有将其区别对待。笔者认为，我国可以参考韩国离婚冷静期制度来完善我国的离婚冷静期制度。《韩国民法典》836 条第 2 款对离婚成熟阶段作了界定，并将此划分为三种情形：一对夫妇有待抚养的孩子，考虑期间为 3 个月；无孩子的期限为 1 个月；若孩子无需抚养，亦为 1 个月。此处所说的未受抚养儿童系指已经成人的孩

---

[1] 张力：《对离婚冷静期的冷思考》，载《检察日报》2020 年 1 月 22 日。

子，其主要适用于老人提出的离婚情形。韩国将"成熟阶段"划分为"有无未成年子女"，这样既能有效地预防一时性婚姻，又能保护孩子们的权益。在这方面，我们可以对其进行借鉴。

我国现行的离婚冷静期制度主要有两种情形。首先，按照结婚期间的长短来划分。一般来说，"离婚冷静期"是针对那些情感基础不强、做事不计后果的年轻情侣而设立的。当发生冲突时，他们常常会想到马上就离婚，而没有好好地考虑和处理问题。所以，对于这样的情形，可以设定一个更长的"冷静期"，一般3个月至6个月，让他们有充分的思考与交流来处理他们的问题。而结婚年限越久的夫妇，其情感基础越牢固，对自身的婚姻状况作出的评价也越正确。他们在作出离婚决定的时候，往往都是经过慎重考虑的。对于这个问题，不要设定太长的"冷静期"，通常1个至月2个月为宜。其次，对有无未成年孩子加以区别：① 在有孩子要抚养的情况下，冷静期一般为3个月；②没有孩子或者有孩子但不需要抚养的为1个月。如此划分，可充分考量各阶层之差异，以保障各方利益。

（二）离婚冷静期制度的现存不足

1. 强制性适用未兼顾特殊情形

我国《民法典》对"离婚冷静期"制度的规定，在我国的任何一种婚姻登记中都具有普遍的适用性。离婚冷静期的设定，是为了适应当今社会上冲动离婚的情况，不过，在实际中，也有很多特别的情况会使得离婚冷静期变为"枷锁"。例如婚姻存续期间存在家暴的情况，夫妻双方达成一致意见后选择登记离婚，在《民法典》实施前，申请离婚的夫妻可当天办理完成离婚手续，而《民法典》实施之后，30天的离婚冷静期，只会加剧被家暴一方的痛苦。所以，笔者认为离婚冷静期应该根据不同的家庭情况进行相应的变通。

2. 在"冷静"期间，没有设立专业的家庭纠纷调解组织

由于我国尚未建立起专业的夫妻纠纷调解组织，所以，在实际操作中，调解主要是由家庭成员、近亲属和居民委员会来承担。但是，这种调解方法有一个很大的缺陷，那就是：在处理婚姻调解问题上，近亲属很难保持客观、公平的态度，不利于双方的磨合与理解、沟通；而居民委员会和其他社会团体在处理夫妻离婚问题时，在某种意义上也涉及了一些隐私问题，使得夫妇极易对这种调解方式感到反感，从而使其难以发挥应有的作用。所以，笔者

认为有关机关应该成立一个专业的婚姻家庭调解组织，对离婚冷静期内的夫妇进行心理辅导和教育，对双方出现的问题进行分析、引导和解决。这种设定可以与离婚冷静期更好地协调，切实地解决婚姻纠纷，降低离婚率。[1]

因此，在"冷静期"中，夫妻之间应该怎样进行"冷静"处理，怎样才能保护处于不利地位的人的权利，都是当前我国离婚冷静期需要解决的问题。

三、完善离婚冷静期制度的路径

（一）完善未成年子女的保护问题

有些国家（地区）已将重点放在了对夫妻关系中的未成年人的保护上。在韩国，双方同意离婚须经家事法庭批准，而《韩国民法典》则要求以协商离婚方式离婚的一方为等候期，视其有无未成年儿童而定，若无未成年人则为1个月。为了保障未成年人的权益，该法规定了一段"冷静期"。《俄罗斯联邦家庭法典》也对协议离婚进行了区别对待，即如果双方有未成年孩子，那么就可以走法律途径，如果没有孩子，就不用走法律途径。以此为基础，对有未成年孩子的夫妇进行离婚诉讼时的谨慎性进行了保证。所以，为了更好地保障未成年人的权益，我国可以按照家庭是否拥有未成年子女来确定离婚冷静期的适用条件。

（二）注重离婚教育

在冷静期，应着重对夫妻双方进行思想教育。因此，有必要加强对一时性离异和濒临破裂的夫妻的家庭观的教育。现代社会中，很多年轻夫妇对于家庭生活的复杂与困难并不了解，遇到冲突时很容易头脑发热，不懂得反省。对于处在冷静期中的夫妻进行家庭观念的教育，主要是教会夫妻在遇到问题时，怎样去想、去了解、去化解冲突，并让其了解到家庭的重要性与功能，认识到各自的责任和问题，从而修补破裂的婚姻。同时，对处于完全无法挽回关系中的夫妇提供"离婚后教育"。此教学重点是让他们了解婚姻破裂后怎样才能减少对双方原生家庭、未成年子女的消极影响，尽可能减少因为婚姻破裂对各方造成的伤害。

---

[1] 张娟：《"离婚冷静期"引热议 委员建议设甄别机制》，载《中国民政》2020年第1期。

结 论

婚姻本身就是一种个人财产,所以,草率地达成协议并非一种婚姻制度所要保障的离婚自由。本文认为,"冷静期"是为了证实夫妻双方的意思表示,也是为了鼓励当事人对此作出合理的判断。在此基础上,笔者认为,我国现行的婚姻立法应当在某种程度上具有积极的、开放的态度,以维护弱势人群的权益。如果离婚夫妻有未成年子女,则应当设定较长的"冷静期",以保障未成年人的权益。

上市公司独立董事无因解除制度研究

黄 怡[*]

(中国政法大学 北京 100088)

摘 要：《关于适用〈中华人民共和国公司法〉若干问题的规定（五）》虽然规定了董事无因解除制度，但在新公司法中依然未能专门就上市公司独立董事制定相应规范，仅将该权力赋予"国务院证券监督管理机构"。证券监督管理委员会公布了《上市公司独立董事管理办法》，体现出我国资本市场提高上市公司治理能力、保护中小股东权益的切实举措；但仍需推进相关配套措施的修订与完善，为上市公司治理把好关，提出有效建议，促进我国资本市场的长远发展。

关键词：董事解除 董事履职 独立董事 中小股东权益

我国董事解除制度在 20 世纪 90 年代的公司法中规定为有因解除，但随着市场经济和资本环境的不断变化，逐渐松绑并最终变更为无因解除。本质上是因公司实际经营权、决策权的控制主体自股东（大）会逐渐转移至以职业经理人为代表的董事会，而为了进一步保护中小股东权益，董事无因解除制度更有利于鞭策董事信义义务的勤勉履行。

一、从有因解除向无因解除的转变

（一）我国《公司法》在解除董事职务规定上的嬗变

1993 年《公司法》制定时，受国有企业改制的影响，[1]将"厂长负责

---

[*] 作者简介：黄怡（1995 年—），女，汉族，湖南邵阳人，中国政法大学 2023 级同等学力研修班学员，研究方向为民商法学。

[1] 楼秋然：《董事职务期前解除的立场选择与规则重构》，载《环球法律评论》2020 年第 2 期。

制"中对于其职务解聘采用的"有因解除"制度对照适用到了同样享有公司经营权职责的"董事会"体系中,而未采纳已经在深圳经济特区试行的《深圳经济特区股份有限公司条例》(已失效)中的"无因解除"立场。

而2005年修订的《公司法》虽然删去了"董事在任期届满前,股东(大)会不得无故解除其职务"的规定,却因2006年颁布的《上市公司章程指引》中依然沿用了"有因解除"的规定,使得立法中向"无因解除"转变的立场未能明确得以展现。

因《公司法》未予明确而新设立的股份制有限公司又需按照指引的规定制定公司章程,在判定董事被解聘的决议是否存在违法事由上,各地法院适用法律法规的过程中也出现了相互矛盾的裁判。[1]直至2019年,最高人民法院以司法解释的形式将董事任期届满前可无因解除进一步明确,《上市公司章程指引》也将"有因解除"规定予以删除,公司与董事之间的关系确定为委托关系因而拥有任意解除权的实践性认定终于被一致性进行强化。

(二)新《公司法》以及相关配套规则的修订依然需要完善

而就未损害公司利益的董事被"无因解除"后如何进行救济以及对董事进行"无因解除"的具体适用情形,最高人民法院民二庭在答记者问时仅就这一问题作出了不甚明确的解读:[2]公司解除董事职务应合理补偿、无因解除的适用对象不及于职工董事。即便这对法院审理此类案件的时候有着指引作用,但对于处罚的上限以及补偿的下限均未给出评判标准。

二、从股东(大)会中心主义向董事会中心主义的转变

(一)新《公司法》对于董事独立性的侧重修订

新《公司法》删除了关于"董事会对股东(大)会负责"的表述,这从立法层面表露了董事会代表的利益不仅仅是股东(大)会的利益的倾向性,还可以代表着公司、职工等相关主体的利益。说明董事会对于股东(大)会

---

[1] 袁坚:《董事无因解任的体系评析和制度完善——兼评〈关于适用《中华人民共和国公司法》若干问题的规定(五)〉第三条》,载《东北大学学报(社会科学版)》2022年第3期。

[2] 孙航:《依法保护股东权益 服务保障营商环境——最高人民法院民二庭相关负责人就〈关于适用《中华人民共和国公司法》若干问题的规定(五)〉答记者问》,载《人民法院报》2019年4月29日。

的依附性正在减弱，也反映出董事会可以独立于股东（大）会之外，自主对公司经营管理负责。

此外，新《公司法》在股东（大）会的权力范围中删减了"决定公司的经营方针和投资计划"，并增加了"股东会可以授权董事会对发行公司债券作出决议"的表述，与之对应的则是在董事会的权力中增加了"决定公司的经营计划和投资方案"。对董事会的金融授权反映出董事会在公司治理中的核心地位的逐步提升，公司的经营管理权力重心正在向董事会转移。

（二）上市公司控制权自控股股东转移至掌握决策权的董事会

存在这样一个普遍性的认知误区：控制股东会就能够实质上实现对公司的实际控制。在公司持股比例达67%保持绝对控股或持股比例达51%保持相对控股，抑或运用同股不同权的方式保证自身绝对或相对决策权就能够实际控制公司。

然而实质上在公司治理中，股东想要掌握公司的实控权，仅提高股权比例是不行的，还需要关注自身对于董事会的影响力。以阿里为例，在阿里上市之前，大股东为雅虎和软银，但阿里上市后其实控权却被马云团队牢牢掌控，关键点就在于马云团队通过控制董事会的提名权，保证了自身对董事会成员组成的影响力，进而保证了其对公司重要事务的控制权和决策权。

由此可见独立董事在董事会中的比例以及其准入标准对于上市公司的治理水平是否能够稳步提升、保障中小股东（投资人）的利益息息相关。

三、上市公司独立董事履职及监管的现状

（一）控制任免权对独立董事履职保障的限制

康美药业事件中，公司股权结构显示出了董事长及其妻子一家独大的显著特征，并完全掌握了独立董事的任免权。5名独立董事即便未缺席董事会但因未对年度报告以及会计审计事项提出过异议，无法证明其有效履行了内部监督义务，[1]因而在法院的审理过程中也无法举证证明其存在实质性的勤勉尽责行为，从而导致广州市中级人民法院的判决结果显得超过了"必要惩罚

---

[1] 柯贤杰、崔萌：《从康美事件看我国独立董事制度缺陷及治理》，载《特区经济》2024第3期。

限度"。

宝万之争中,万科股份结构分散,没有"实际控制人"掌控独立董事的任免权。在宝能、华润、深圳地铁进驻后,独立董事在预估中小股东利益的基础上对需要表决的议案作出判断、及时进行了信息披露提示处在信息劣势的中小股东注意华润与宝能若为一致行动人可能造成的风险,最终阻止了华润入主万科的危机。

(二) 中国证券监督管理委员会在行政监管方面的不足

此外,证券监督管理委员会在对公司监管方面有行政处罚的权力。例如对华讯方舟股份有限公司的行政处罚决定书中披露的内容[1]显示,4位独立董事即便在向监管局进行的申辩中说明了在任职期间承担了部分工作职责,但因提供的"在表决时提出异议,向监管部门报告、向中小投资者披露"的证据不足,未能免于罚金处罚。

以上情况均表明,我国现有制度对独立董事的履职保障措施还需进一步完善,若不设定最高赔偿数额的壁垒平衡风险与薪酬收益,独立董事集体性辞职的情况依然会发生。

四、《上市公司独立董事管理办法》颁布后的影响及改进措施

2023年8月公布的《上市公司独立董事管理办法》在2022年实施的《上市公司独立董事规则》(已失效)基础上进一步明确独立董事职责定位、优化履职方式、强化任职管理、改善选任制度。

多项新增、修改条款是在经过多年实践后的经验性总结并且有着平衡大股东与中小股东利益的积极作用。

作为经验性总结的一大亮点是推进独立董事的履职机构及健全相应的工作机制,尤其是将独立董事专门会议作为独立董事的专门履职机构的建立,既为独立董事个人更充分有效地履行其职责加强了保障,也为上市公司落实独立董事履职保障要求提供了更为灵活的方式。

明确独立董事的特别职权包括"依法公开向股东征集股东权利"是向符

---

[1]《行政处罚决定书(华讯方舟股份有限公司)》,载 http://www.csrc.gov.cn/hebei/c103636/cf8fae57300334dfc83fe1c6724aaec67/content.shtml,最后访问日期:2024年5月7日。

合条件的主体即不特定的股东公开请求委托其代为行使股东权利的行为,有助于降低中小股东参与公司治理的成本,激发中小股东行使股东权利的积极性,从而充分发挥股东(大)会机能,保障中小股东合法权益。提倡"累积投票制度"并将"中小股东表决情况单独计票并披露",旨在平衡独立董事无因解除制度对大股东赋予的权利,降低由少数派股东选任的独立董事被票选出局的概率,进一步保障中小股东的权益。[1]

结　语

虽然《上市公司独立董事管理办法》的颁布以及各交易所随之进行的规范运作指引的修改,在很大程度上弥补了新《公司法》中没有对上市公司独立董事建立规范化、体系化制度的漏洞,但因我国市场环境和资本化进程依然处于不断发展、完善的进程中,上市公司亦应当与时俱进,提升公司治理理念,从严把关独立董事任职资格,为独立董事提供履职保障;独立董事亦应当发挥其专业经验,尽职尽责,深入参与上市公司治理工作,做好上市公司"看门人",为上市公司治理把好关,提出有效建议,促进我国资本市场的长远发展。

---

[1] 张钦润、崔俊茹:《董事无因解任制度的逻辑与修正——兼论无因解任制度与累积投票制度的冲突与协调》,载《山东青年政治学院学报》2020年第1期。

实际施工人的建设工程价款优先受偿权研究

何 征[*]

(中国政法大学 北京 100088)

摘 要：在建设工程合同法律关系存续期间，承包人权利保障措施操作性差且较难执行，使承包人始终处于弱势地位，而合同无效时的实际施工人更是如此。本文旨在通过对法律、司法解释和相关案例研究，界定实际施工人概念，寻求实际施工人主张建设工程价款优先受偿权的可行司法路径，最大限度保障实际施工人的权益。

关键词：实际施工人 建设工程价款优先受偿权 司法路径

实际施工人在建设工程合同中处于弱势地位，特别是在发包人发包工程或承包人转包、分包工程时，实际施工人对发包人或承包人的特殊要求，比如主张签订阴阳合同或不签订合同仅进行口头约定等，往往难以抗辩。实际施工人作为实际投入人力、财力、物力的一方，如何保障其利益，明确其能够实现建设工程价款优先受偿权的司法路径至关重要。

一、实际施工人的概念界定

在我国建设工程领域，层层转包、违法分包乱象频现，导致了建设工程合同主体与实际施工主体的不一致，为了保障处于劣势的建筑工人群体利益，缓解社会矛盾，促进社会稳定，从而创设了"实际施工人"这一概念。但在我国现行法律、法规以及司法解释中，并没有明确界定"实际施工人"的概念，"实际施工人"属于来自法律实务中的模糊概念。

---

[*] 作者简介：何征（1988年—），女，汉族，新疆库尔勒人，中国政法大学2023级同等学力研修班学员，研究方向为民商法学。

广义的"实际施工人"主要指实际组织参与工程建设的人,涉及转包人、违法分包人、建筑工人等。为了防止"实际施工人"权力被滥用、变相鼓励转包和违法分包等行为,在法律实务中,我们应使用狭义的"实际施工人"概念来进行阐释。结合司法解释、法院民事审判工作会议规定,狭义"实际施工人"主要指建设工程合同无效时实际完成工程任务的自然人、法人和非法人组织。狭义"实际施工人"具有以下三个特征:①产生于法定无效的建设工程合同,且通常没有取得相应的建设工程施工资质。②因为实际组织参与了施工,与本不存在直接合同关系的发包人,形成了事实上的权利、义务关系。③事实上承担了建设工程合同的施工任务。

二、实际施工人是否享有建设工程价款优先受偿权

司法解释赋予了实际施工人通过诉讼方式请求建设工程价款的主体地位,但并没有明确规定实际施工人是否享有建设工程价款优先受偿权。实际施工人是否享有建设工程价款优先受偿权主要涉及肯定说和否定说。

(一)肯定说

实际施工人按照约定完成建设工程施工任务,为保障实际施工人的利益,在发包人明知的情况下,可突破合同相对性,享有建设工程价款优先受偿权。

在"宁夏钰隆工程有限公司建设工程施工合同纠纷案"[1]中,钰隆公司通过借用安徽三建的资质,以挂靠方式对发包人蓝天公司发包的1、4、5号楼进行了实际施工,属于实际施工人,且钰隆公司已经履行了建设的义务,双方在事实上形成了建设工程施工合同关系,应突破合同的相对性,认定钰隆公司是案涉工程的实际承包人,享有建设工程价款优先受偿权。

在"六枝特区金海大酒店有限公司、戴某忠建设工程施工合同纠纷案"[2]中,无施工资质的戴某忠借用原华翔飞分公司的资质与金海大酒店签订《施工合同》,金海大酒店对此予以认可,并直接与戴某忠对接相关工程施工事务,金海大酒店与戴某忠之间形成了事实上的合同关系,戴某忠属于实际施工人,对装饰装修工程价款享有优先受偿的权利。

---

[1] 最高人民法院[2019]最高法民申6085号民事裁定书。
[2] 最高人民法院[2020]最高法民终429号。

（二）否定说

建设工程价款优先受偿权是法定权利，建立在有效的建设工合同基础上，实际施工人不是合法承包人，不享有建设工程价款优先权。

在"张某珍、安徽三建集团有限公司等建设工程施工合同纠纷案"〔1〕中，张某珍是建设工程多次违法转包、分包的实际施工人，向与其无合同关系的发包人主张因施工而产生折价补偿款没有法律依据，不能突破合同相对性，请求发包人承担连带责任。与发包人签订施工合同的承包人安徽三建集团有权享有建设工程价款优先受偿权，与发包人未建立合同关系的张某珍并不享有。

在"曹某、铜仁某公司等建设工程施工合同纠纷案"〔2〕中，重庆某公司成立了铜仁塞纳风情项目部，聘请曹某为项目部责任人全权负责该项目。曹某以其个人名义请求由作为发包人的铜仁某公司支付"塞纳风情"项目的工程款及停工损失等，因其与该案不具有直接利害关系，曹某不具备原告主体资格。

否定说认为，实际施工人原则上不享有建设工程价款优先受偿权，在某些具体条件成就时才享有建设工程价款优先受偿权。

三、实际施工人实现建设工程价款优先受偿权的司法路径

实际施工人在建设工程领域处于弱势地位，在发包人发包工程或承包人转包、分包工程，并主张签订阴阳合同或仅口头约定等情况下，实际施工人如若进行抗辩则难以取得施工工作，而垫付资金组织施工已经是建设工程领域的潜规则。建设工程中凝结着实际施工人的人力、财力、物力，实际施工人获得建设工程价款的权利理应得到特别保障，同时作为直接支付农民工工资的相关方，探索实际施工人实现建设工程价款优先受偿权的司法路径，对保障实际施工人的权益至关重要。

（一）提起代位诉讼方式

依据《民法典》第535条和最高人民法院《关于审理建设工程施工合同

---

〔1〕 最高人民法院［2023］最高法民申659号民事裁定书。
〔2〕 最高人民法院［2023］最高法民申1085号。

纠纷案件适用法律问题的解释（一）》第 44 条的规定，承包人如果怠于行使建设工程价款债权或与其有关的从权利，影响到实际施工人建设工程价款债权的实现时，实际施工人可以向发包人提起代位权诉讼。建设工程价款优先受偿权不是专属于承包人的权利，而是属于建设工程价款债权的从权利，实际施工人可代位行使。实际施工人代位承包人行使建设工程价款优先受偿权应符合以下条件：①实际施工人对承包人的建设工程价款债权是合法的。②承包人怠于向发包人行使到期的建设工程价款债权，且怠于行使影响了实际施工人工程价款债权的实现。③承包人的建设工程价款债权到期、建设工程价款优先受偿权到期。

（二）形成事实合同方式

司法实践中，在具备某些特定条件的情形下，可将实际施工人认定为实际承包人，即在实际施工人与发包人之间，形成了事实上的建设工程施工合同关系，从而突破合同相对性，认定实际施工人享有建设工程价款优先受偿权。该种模式主要适用于转包、违法分包、挂靠等情形。认定实际施工人与发包人之间形成了事实上的建设工程施工合同关系需要具备以下条件：①实际施工人无相应资质，利用承包人的资质与发包人签订建设工程施工合同。②发包人在订立建设工程施工合同时，知道或应当知道实际施工人利用资质的事实。③建设工程验收质量符合合同要求，且未超过法定期限。

（三）实际施工人行权方式的选择

首先，应考虑发包人是否明知，认定发包人是否明知不以发包人的主观认识，而以发包人的实际行为为准。比如考虑发包人是否认可实际施工人参与工程建设、是否直接与实际施工人沟通施工注意事项、是否直接向实际施工人支付工程价款等，如可认定发包人明知的情况，则实际施工人可直接提起诉讼，主张建设工程价款优先受偿权。其次，如果没有证据证明发包人明知的事实，在承包人怠于行使建设工程价款优先受偿权影响到实际施工人的建设工程价款债权的情形下，实际施工人可提起代位权诉讼，主张建设工程价款优先受偿权。

结　论

建设工程价款优先受偿权是法定优先权，其立法目的是保障建设工程中的承包人及建筑工人的利益,是为了保护弱势群体而设立的机制。[1]但依据相关法律及司法解释的规定,建设工程价款优先受偿权并未及于承担了具体施工任务的实际施工人。通过相关法律、司法解释及案例研究,在满足一定条件的情况下,实际施工人可结合发包人是否明知的实际情况,选择通过提起代位诉讼方式或形成事实合同方式,主张建设工程价款优先受偿权。

---

[1] 谢乐安、谢赟:《建设工程价款优先受偿权的适用与意义》,载《中国律师》2022年第5期。

公司机会的认定标准研究

王润璇[*]

(中国政法大学 北京 100088)

摘 要：公司机会通常是指公司利用自有的人力、财力、物力等资源所获得的，与公司现有经营或业务范围密切相关的可以合理扩展到的商业机会。这种机会通常与公司的股东或者董监高存在着直接或者间接的关联关系，非经法定程序，相关人员不得利用。公司机会的认定应关注获得渠道是否公开、是否成熟且具有期待利益、是否具有保护价值三方面，公司机会规则的司法适用中，应明确禁止侵夺公司机会的义务人，明晰公司机会的豁免规则，合理分配举证责任，平衡公司与董监高的利益。

关键词：商业机会 董监高 损害公司利益

新修订的《公司法》加重了董监高的责任，并扩大了义务主体范围。其中对董监高禁止谋取公司机会和竞业禁止的规定主要是第 183 条、第 184 条。实务中关于董监高承担责任的损害公司利益案件大多与转移商业机会相关，因此对公司机会的认定标准的研究具有重要的意义。

一、公司机会的定义与认定规则

公司机会应纳入无形财产的规制范畴，对其利用具有期待权的属性。[1] 禁止篡夺公司机会被视为董监高忠实义务的一种，其最早在 1916 年作为法律术语在美国被提出，后在《公司法》2005 年修订时被引入我国。从发源地美国的公司治理模式上看，他们的公司经历了以股东会为中心到董事会为中心

---

[*] 作者简介：王润璇（1987 年— ），女，汉族，漳州人，中国政法大学 2023 级同等学力研修班学员，研究方向为民商法学。

[1] 冯果：《"禁止篡夺公司机会"规则探究》，载《中国法学》2010 年第 1 期。

再到监督为中心的三个时期。股东会赋予了董事会公司章程规定的一切权利并给予优渥的报酬，同时也对董事会起到严格的监督作用，要求履行忠实义务，由此达到权利与义务的对等。具有法律保护价值的商业机会应该从机会来源、成熟度和实施成本三个方面来判断。

（一）该公司机会是否为董监高因履行公司职务的便利由非公开渠道获得的商业机会

需由公司举证机会在公司经营范围内来源于董监高的职务便利。其中公司的经营范围应结合以往业务合同中的标的来证明公司的履约能力，并不能单纯信赖公司的宣传广告或者营业执照上宽泛的经营范围。如果机会的来源是公开的渠道，应判定其因不具有专属性而不具有保护的价值。假设企业是追求利益最大化的理性法人，那么它在授予他人商业机会的时候一定是选择最优方案。此时的商业机会本就是市场自发的行为，是无法被转移的，最接近这一状态的便是需求方将需求刊登在公开媒体上或者是公开招投标。

（二）该公司机会是否成熟且具有期待利益

公司需在该机会上已经投入人力、财力、物力并且需求方表达了强烈的达成合同意向，也即该种商业机会具有很高的期待性和确定性。如在［2012］苏商外终字第0050号案件中，法院在判决书中表述："2. 日本企业有给予三立公司该商业机会的意愿……首先，TNJ公司是三立公司的股东……杜绝出现中国其他公司与三立公司经营同类业务。其次，TNJ公司原委派到三立公司的董事……一直按照出资经营合同上的义务条款在履行。第三……三立公司股东会决议中一致确认……并介绍和引荐住友公司等其他日本企业向三立公司提供了相关环保设备的委托设计、委托制造业务。"

（三）应从公司机会的实施成本角度出发考虑是否具有保护的价值

由于意识到使用公司机会并不必然损害公司利益，英美法正历经从严格禁止到有条件允许的转变。[1]例如有些商业机会本身对垫资能力要求高或者因为技术要求高是公司无法直接利用的机会，需要引入投资或者外聘专家等具有极大不确定性而不应视为值得受到保护。

---

[1] 郑乾：《〈公司法〉修订背景下公司机会规则的逆向排除建构——从有效抗辩事由的"司法路径"切入》，载《河南财经政法大学学报》2024年第1期。

二、我国公司机会认定规则的司法适用

公司机会难以认定的主要原因是即使公司内部团结一致，也常会出现误判商机。因此，法院作为裁判者，就商业机会的认定需要采用严格的论证说理的方式，结合公司运营现状进行分析。当法官发现指定法条无法提供清晰指引时，常常基于个案展开实质性论证。[1]

（一）公司机会的义务人

根据《公司法》第180条和第183条的规定，我国将禁止篡夺商业机会的义务主体定位为公司的董监高，这并不完全。

首先，实务中挂名董监高现象普遍，随着公司法对董监高责任的加重，使得这一群体的问题越发突显。公司章程虽然规定了董监高具体的工作责任范围，却不要求他们在公司章程上签字确认，以至于挂名的董监高，实际并不清楚自己在公司法下应该担负的责任，容易成为股东争夺公司控制权的牺牲品。

其次，公司法并不禁止非控股股东转移商业机会。部分投资人为了获取商业经验，往往会选择先投资同类型的公司，再通过行使知情权获取公司的管理经验、市场经验后再另立公司或转移公司机会。

最后，如何追究提供非法转入商业机会人员的法律责任值得探讨。比如，一些投资人要求公司的董监高通过行贿的方式去获得非法的商业机会，是否应该被追究责任。再比如，在不知情前提下，因其他公司董监高转移了商业机会至本公司而被判侵权的公司是否有权向责任人追索损失。

（二）公司机会的豁免原则

马克思主义经济学认为，企业制度是生产关系的产物，反映着特定社会生产力水平和生产关系的性质。在资本主义制度下，企业被私人资本家或股东所拥有和控制，追求利润最大化成为其核心目标。这导致了资本积累、剩余价值挖掘等现象，从而引发了阶级矛盾。如果将公司商业机会认定得过于宽泛且不加以任何豁免或者保护期，将阻碍社会先进生产力的流动。

---

[1] 葛云松：《简单案件与疑难案件——关于法源及法学方法的探讨》，载《中国法律评论》2019年第2期。

作为社会主义国家，我国在保护私有制财产上，也应考虑整体社会资源的流动效率。

《公司法》第 183 条规定了两种例外：①向董事会或者股东会报告，并按照公司章程的规定经董事会或者股东会决议通过；②根据法律、行政法规或者公司章程的规定，公司不能利用该商业机会。显然，立法者已经注意到不应将公司主动放弃或者被动放弃的商业机会列入保护的范围。除此之外还应考虑如下几种情况：

（1）董监高因同学、朋友、亲戚等社会关系获知的非因履行公司职务发现的商业机会不应认定为公司机会。因其与公司是聘用关系，非因履行公司职务而获知的商业机会应隶属员工个人。

（2）董监高如将发现的公司机会披露给公司后在一定合理期限内未被使用，则应视为公司怠于行使相关权利而主动放弃。

（3）商业机会在合理时间内如无法被公司利用，应允许董监高无需经过公司同意而加以利用。例如有些商业机会对公司注册资本有较高要求而股东明确表示不愿意对公司进行增资应视为放弃该商业机会。

（三）公司机会的举证责任

公司机会的举证应由公司就转移方式、标的完成初步的举证，另外，由董监高就是否转移商业机会进行答辩。如若转移应阐述是否存在豁免情况；若未转移应认为此事存疑。并由该机会获得的第三人阐述商业机会的来源进行交叉验证。但是，也要防止同业公司为了不正当竞争，故意起诉以达到扰乱市场秩序的目的。因此，在公司机会的举证中，法院应注意充分保障机会的提供方以及第三人的商业秘密。

结 论

我国公司法采取董事会和监事会并行的双层制模式，并预设了公司的实际控制人、董事、高级管理人员、监事等在一定程度上控制着公司，因此赋予了董监高天然的竞业禁止业务，既包含了不能篡夺公司商业机会，也包括了不能违反忠实义务。然而我国的公司制度在股东为中心还是董事为中心中摇摆不定，中小企业的挂名化又十分严重，这使得商业机会往往并未掌握在公司规定的义务主体中，又或者要求司法人员理解公司机会中包括的市场、技术、财务等是否成熟,可谓难上加难。因此,在公司机会规则的司法适用中,应明确禁止侵夺公司机会的义务人,明晰公司机会的豁免规则,合理分配举证责任,平衡公司与董监高的利益。

论借名买房房屋所有权的归属

钟鸣明*

(中国政法大学 北京 100088)

摘 要：借名买房系出于特殊目的实施的行为，涉及借名人与出名人，甚至第三人之间的法律关系，同时涉及合同法框架下借名买房协议效力的认定与物权法框架下房屋所有权的归属与变动。司法实践中，处理此类行为需综合考虑法律权利与事实权利的分离、复杂法律关系的交织等多重因素。本文通过深入分析相关案例，探讨借名买房行为的法律效力、房屋产权归属及变动，提出完善相关判定的建议。

关键词：借名买房 借名合同 房屋产权 法律关系

借名买房是指某人以他人名义购买房屋，但实际支付款项和享有房屋权益的是借名人，出名人名义上拥有房屋所有权但未出资。出现此类现象的原因多是购房者为了规避政策限制、简化手续或隐藏非法收入，进而选择借用他人的名义购买房屋。

一、借名买房的内部法律关系

（一）借名人与出名人之间的法律关系

借名买房行为主要可以分为两种类型：一是借名人代理出名人进行房屋交易，法律效果归属出名人；二是出名人与卖家签约，但实际出资和使用权归借名人。[1]这两种情况都牵涉房屋所有权的形成与变动，依赖于买卖合同、

---

* 作者简介：钟鸣明（1993年—），女，汉族，广西柳州人，中国政法大学2023级同等学力研修班学员，研究方向为民商法学。

〔1〕 冉克平、黄依畑：《借名买房行为的法律效果研究》，载《财经法学》2020年第2期。

出资与登记等事实。

在类型一中，借名人与出名人之间形成一种类似于委托代理的关系，其中出名人是名义上的购房人，而借名人则是实际操作者。有观点认为，这种关系可以被看作一种混合合同，包含房屋购买、登记以及代为持有的多个合同要素。类型二则更像是一种无名契约，双方自由协商确定权利义务，且这些关系不违反法律强制性规定和公序良俗。

（二）借名买房中所有权的归属与变动

借名买房情况复杂，涉及出名人与借名人间的借名协议。这种协议通常被看作一种间接代理行为，其法律效果因具体情况而变化。在房屋交易中，交易方往往更信任具有购房资格的出名人。然而，关于房屋的真正归属问题常常引发争议，因为借名人会基于借名协议来主张对房屋的所有权。但这类协议的法律效力受到房屋性质和是否违法等因素的影响。

在某一案例[1]中，法院认为，为了规避限购政策而签署的借名协议是无效的，这显示了法律对此类行为的严格规定。

房屋所有权的形成和转移基于买卖合同和产权登记等。其变动则与合同的有效性和产权变更登记紧密相连。尽管借名协议有时是为了规避某些政策，但法院并不总是承认其法律效力，特别是在涉及社会保障性住房时，可能被视为违背公共利益。对于"限购令"等政策的规避，也存在不同的社会观点和法律解读。[2]

在另一案例[3]中，郑某作为实际购房人，虽然房屋登记在他人名下，但法院在考虑了购房资金来源、房屋实际使用情况后，最终判定房屋归郑某所有。这表明，法院在判断房屋产权时，会考虑多种实际因素，而不仅仅是产权登记。

---

[1] 辽宁中集哈深冷气体液化设备有限公司与徐某欣案外人执行异议之诉再审案，最高人民法院[2020]最高法民再328号判决书。

[2] 聂早早、孙瑞：《借名买房司法裁判问题探析》，载《淮南师范学院学报》2023年第3期。

[3] 《江苏省盐城市中级人民法院与市妇联联合发布十个2020年度婚姻家庭典型案例之五：郑某与熊某、孔某借名房屋买卖合同纠纷案——借名买房生是非 多维分析明真相》，载https://www.pkulaw.com/pfnl/c05aeed05a57db0a05ae2a4f04947df4322e835cbe3a2330bdfb.html，最后访问日期：2024年5月15日。

(三) 借名协议的内容与履行

在解决内部纠纷时,首先依赖于借名协议的内容和法律规定。协商和调解是首选的解决方式,无果时则可能需要通过法律诉讼来解决。

确定借名买房内部效果的路径主要有两种:一是通过举证回归事实权利,判断实际购房人;二是在合同法框架下确认协议的法律效力,但不直接涉及物权变动。

此外,尽管借名购房协议可能因规避某些政策而不被法律完全认可,但当事人仍可能通过其他方式实现购房目的,特别是在亲友之间,这种变通可能弱化了法律限制的实际效用。对于限购房等特殊情况,否定借名协议的法律效果可能引发更复杂的法律问题,出名人自愿放弃相关名额,且这些特殊房源在社会中的总量有限,应尊重双方的意思自治。[1]

总的来说,借名买房行为的内部法律关系涉及多个层面和细节,需要在法律框架内谨慎操作,以平衡各方利益,并确保不损害社会公共利益。在处理相关纠纷时,应综合考虑合同约定、法律规定以及实际情况,寻求公平合理的解决方案。

二、借名买房行为的外部法律关系

(一) 借名买房与第三人之间的法律关系

当借名买房行为涉及第三人时,比如借名人的债务人,或者出名人的债务人,出名人擅自出售房屋给第三人等,情况变得复杂。

(二) 房屋产权归属的争议与解决

解决这个问题有两个路径,路径一支持借名人享有物权,但这可能导致风险从借名人转移到交易第三人和强制执行申请人。路径二则主张借名人享有债权,这有助于维护物权登记、公示公信和市场交易秩序。在借名协议有效的情况下,出名人有义务将房屋所有权转移给借名人,但房价上涨可能导致出名人违约。[2]

若交易第三人为善意且已完成转移登记,出名人处分房屋的行为通常被

---

[1] 聂早早、孙瑞:《借名买房司法裁判问题探析》,载《淮南师范学院学报》2023年第3期。
[2] 冉克平、黄依畑:《借名买房行为的法律效果研究》,载《财经法学》2020年第2期。

视为有权处分。然而，从价值判断和利益衡量的角度，风险应由借名人承担。

三、当前借名买房所有权归属判定中存在的问题及案例分析

借名买房所有权归属判定中涉及一系列复杂问题。主要包括法律权利与事实权利的分离、复杂法律关系的交织、事实认定的难度以及价值判断的影响，还有法院裁判审查路径不统一，现有裁判依据缺位等问题。[1]这些问题涉及法律、事实和价值等多个层面，需要综合考虑各种因素来作出合理的所有权归属判定。

在某一案例[2]中，李某作为借名人通过吴某的名义购买了房屋，但吴某后来擅自将房屋出售给了程某。法院在审理此案时，认定了几个关键点：

（1）无权处分：吴某作为名义上的房主，实际上并没有完全的处分权，因为她并非房屋的真正所有人。她擅自出售房屋的行为因此被认定为无权处分。

（2）第三人的知情情况：程某在购买房屋前已知悉李某与吴某之间就该房屋存在纠纷。法院认为，程某在明知吴某只是被借名人，且未确认李某是否同意出售房屋的情况下，就与吴某签订了房屋买卖合同。这种行为应被视为有悖诚信。

（3）善意取得的认定：由于程某在购房时并非出于善意（即他知情或应当知情该房屋的权属存在争议），因此他在受让房屋时不构成善意取得。

（4）原权利人的权利保护：法院最终支持了作为房屋原权利人之一的李某的请求，要求吴某和程某协助将房屋的不动产权的50%登记在李某名下。

首先，最核心的问题是法律权利与事实权利之间的分离。在借名买房的情况下，出现了法律权利（登记在出名人名下）与事实权利（实际出资和占有使用）的分离。这就带来了所有权归属的判定难题，即究竟应该依据法律权利还是事实权利来确定房屋的所有权。

其次，借名买房涉及的法律关系复杂，包括借名人与出名人之间的协议关系、借名人与相对人（如开发商、银行等）之间的合同关系以及出名人与

---

[1] 王毓莹：《"借名买房"案外人执行异议之诉裁判规则再审视》，载《国家检察官学院学报》2022年第5期。

[2] 李某、吴某等所有权确认纠纷案，广东省佛山市中级人民法院[2022]粤06民终12458号民事判决书。

相对人之间的法律关系等。这些关系的交织使得所有权归属的判定变得更为复杂。特别是当这些关系中存在争议或纠纷时，平衡各方利益、维护交易安全和社会公共利益，成为判定所有权归属时需要考虑的重要因素。

此外，对于借名买房的事实认定也存在一定难度。由于借名买房通常涉及秘密协议和资金流转，这些事实往往难以直接证明。因此，在判定所有权归属时，法院需要综合考虑各种证据和事实情况，如购房款的支付凭证、房屋的占有使用情况等，以尽可能还原事实真相。

价值判断也是影响所有权归属判定的一个重要因素。在不同的价值取向下，对于借名买房的所有权归属可能会有不同的判断结果，会出现"同案不同判"的现象。例如，如果强调保护交易安全和登记制度的公信力，可能会倾向于认定登记人为房屋所有权人；而如果注重保护实际出资人的权益和事实状态，可能会倾向于认定借名人为房屋所有权人。

四、完善借名买房所有权归属判定的建议

借名买房的情境下，对借名人的保护更应做限缩解释，即仅允许购买与生存权紧密相连的房屋，且对抗要件应更为严格。[1]在司法审判中，需要重点审查"借名房屋"的实际用途和借名人房屋的数量，以确定是否涉及借名人的生存权。[2]如果涉及商业房和商住房的特殊情况，应根据实际用途进行认定，并由借名人承担举证责任。此外，对于借名人房屋情况的核查，应从主体范围、数量和位置等方面进行衡量。

先判定购房协议是否有效，再判定借名买房的内部协议是否有效（借名协议的有效性取决于房屋类型以及是否违反法律禁止性规定）。如果涉及第三人，分情况讨论，区分善意与恶意，是否属于有权处分（若交易第三人为善意且已完成转移登记，出名人处分房屋的行为通常被视为有权处分）。判定是否涉及借名人的生存权，根据实际用途和借名人房屋数量进行认定。

针对借名买房出现的问题，建议明确借名买房的法律效力，平衡各方利益，加强事实认定的准确性和完整性，并综合考虑社会公共利益和交易安全。通过综合考虑法律、事实和价值等多个层面，可以推动相关问题的合理解决。

---

[1] 冉克平、黄依畑：《借名买房行为的法律效果研究》，载《财经法学》2020年第2期。
[2] 聂早早、孙瑞：《借名买房司法裁判问题探析》，载《淮南师范学院学报》2023年第3期。

生成式人工智能的侵权责任认定

王晨萱*

(中国政法大学 北京 100088)

摘 要：规范生成式人工智能的侵权责任认定问题是推动生成式人工智能发展、让其真正应用于日常生活的关键。为此，需要首先明确可能相关的侵权种类，再根据具体情况分析侵权主体，最后明确如何承担责任。适用于目前存在的侵权种类的归责原则主要是过错责任。

关键词：生成式 AI 侵权种类 责任认定

当前，世界已经进入人工智能时代，使用人工智能生成文本、图片及音视频已经成为不可逆转的趋势。与此同时，生成式人工智能可能涉及的侵权问题也引发了广泛关注。技术的革新往往也会给法律世界带来挑战，我们需在拥抱新技术、鼓励创新的同时合理规制新技术的使用，并积极应对相关的法律问题。

一、可能存在的侵权种类

(一) 人格权

第一，侵害个人隐私及信息。一方面，此类风险存在于生成式人工智能的训练过程中。生成式人工智能模型需要大量的数据进行训练，若开发人员在训练人工智能产品时存在违规收集个人信息或使用来源不合法的信息训练产品，则可能会导致隐私和个人信息受到侵害。另一方面，由于训练大模型需要收集大量信息，其中可能涉及大量个人信息，且模型越大，所搜集的信

---

* 作者简介：王晨萱（1999 年—），女，汉族，中国政法大学 2023 级同等学力研修班学员，研究方向为民商法学。

息越多，因此，可能存在不法行为人通过攻击大规模语言模型，来获取训练数据中的核心隐私和敏感个人信息，从而导致个人信息、隐私的大规模泄露，[1] 可能会出现"大规模微型侵害"现象。

第二，侵害名誉权。生成式人工智能在生成文本、图片、视频等内容时，如果产生了虚假或误导性的信息，可能会对他人的名誉造成损害。此外，生成式AI生成的内容越来越逼真，甚至难以与人类创作的内容区分。这增加了人们误信其生成内容为真实信息并进行传播的风险。[2]

第三，侵害肖像权。如果生成式人工智能在未经肖像权人许可的情况下，使用了其肖像作为生成内容的基础或部分，或生成的内容对原始肖像进行了扭曲、丑化或其他形式的负面处理，则可能造成肖像权侵犯。

(二) 知识产权

生成式人工智能对知识产权的侵权主要存在于两个过程中，即训练过程和生成过程。目前受关注较多的主要包含著作权及商标权两个方面。在生成式人工智能的训练过程中，首先需要收集大量的数据作为训练的基础。这些数据可能来自各种来源，如网页、电子书、论文等。在收集和使用这些数据时，如果未经原作者的许可，就可能涉及知识产权的侵权问题。特别是当这些数据包含受版权保护的内容时，如文学作品、图片或音频等。

在模型训练过程中，生成式人工智能会学习和提取数据中的特征，以实现生成新的内容。如果训练数据中包含了他人的知识产权作品，且未经授权使用，那么训练出的模型就可能包含了这些作品的特征。这种情况下，模型的输出可能会呈现出与原始作品相似的特征或元素，从而引发知识产权的侵权风险。此类侵权行为包括但不限于复制权、改编权、信息网络传播权。

此外，生成式人工智能也可能对商标权造成侵害。若生成的图片中存在他人的商标，且在未经授权的情况下，将生成的含他人商标的图片用于广告宣传等方面，引发消费者的混淆，则可能引发商标权侵权纠纷。

---

[1] 王若冰：《论生成式人工智能侵权中服务提供者过错的认定——以"现有技术水平"为标准》，载《比较法研究》2023年第5期。

[2] See Betül Çolak, "Legal Issues of Deepfakes", at https://www.internetjustsociety.org/legal-issues-of-deepfakes.

二、侵权责任的承担

（一）不同侵权主体的责任认定

第一，开发者及运营者。涉及开发者和运营者的生成式人工智能侵权案件主要有两种情况。首先，对于人工智能大模型生成的内容，服务提供者不应承担直接侵权责任。因为人工智能大模型基于十分复杂的算法模型来处理信息，服务提供者很难控制从输入到输出的信息处理过程。在这种情况下，让其承担侵权责任有违权责一致原理。同时，也会给新技术的开发带来极大的负面影响。其次，如果系统存在缺陷或者服务提供者在处理、收集和使用信息时违反了相关法律法规，导致了侵权行为，那么服务提供者需承担相应的法律责任。例如，如果服务提供者未经授权使用了受版权保护的作品来训练人工智能模型，那么他们就可能成为侵权主体。

第二，用户。用户在使用生成式人工智能产品时，如果采取了恶意诱导的提问方式，使生成的内容中包含虚假信息，并进行了传播，那么用户应被认定为侵权主体。用户的责任主要体现在他们对生成内容的传播和使用上。如果用户故意利用生成式人工智能产生侵权内容，如诽谤、侵犯他人隐私或传播虚假信息等，那么用户须承担相应的法律责任。

第三，服务提供者与用户承担共同责任。在某些情况下，侵权后果的发生可能是由服务提供者和用户共同作用的结果。例如，服务提供者可能提供了具有侵权风险的功能，而用户则利用这些功能进行了侵权行为。在这种情况下，服务提供者和用户都可能被视为侵权主体。

（二）归责原则的适用

在服务提供者大规模采集个人信息的情况下，对于不涉及医疗、健康、财产等高风险领域的生成式人工智能，一般应当根据《民法典》和《个人信息保护法》的规定承担过错推定的责任，[1]对此各界没有太多争议。争议在于在什么特殊情况下应适用产品责任，以及举证过程中是否应向使用者提供救济及其程度。

---

［1］ 王利明：《生成式人工智能侵权的法律应对》，载《中国应用法学》2023年第5期。

1. 产品责任

生成式人工智能造成的侵权不应简单地套用产品责任原则。产品责任是指由于产品的缺陷而造成损害时，相关主体应依法分别或共同承担责任并进行赔偿的法律责任。[1]因为生成式人工智能为每位用户提供的服务都有所不同，且输出过程存在人工交互过程，每位用户也是内容生成过程的关键一环。此外，输出内容随开发者维护、内容更新、用户提问方式的变化而变化。[2]因此，不应将生成式人工智能简单地视作一种产品。由此，我们可以结合造成生成式人工智能侵权的主体和原因进行分析。对于由于开发者在开发过程中使用的代码或模型存在错误而导致的侵权事件，可以考虑适用产品责任和无过错原则。而对于生成式人工智能生成内容的过程中产生的侵权事件则不能简单地套用产品责任。值得一提的是，在以往国内外的判例中，书籍内容的错误一般情况下并不属于产品缺陷。虽然书籍内容和生成式人工智能生成的内容性质并不等同，但是两者具有一定的相似性，因此，上述判断具有一定的参考意义。

2. 过错责任

过错责任是指只有当被告有过错时才承担相应的损害赔偿责任，且在一般情况下，原告需要承担相关过错的举证责任。[3]适用过错责任需要解决的问题在于，生成式人工智能的算法及系统非常复杂，对于一般的使用者来说，很难举证证明其在设计上有缺陷或找到服务提供者的过失。因此，若要适用过错责任，必须同时在举证方面向一般使用者提供救济。对此，欧盟的《人工智能责任指令》规定："受害人可以请求法院命令人工智能服务的提供者披露相关证据，但仅限于被认定为高风险的人工智能系统，同时规定，若提供者未能做到披露相关证据，则可推定其未尽到注意义务。"[4]

结　语

当前对于生成式人工智能的侵权责任认定仍应从《民法典》和《个人信

---

[1] 王利明主编：《民法学精论》（下册），中国检察出版社2022年版，第2023页。
[2] 周学峰：《生成式人工智能侵权责任探析》，载《比较法研究》2023年第4期。
[3] 严雅茹、骆小春：《生成式人工智能的法律风险及侵权责任认定》，载《盐城师范学院学报（人文社会科学版）》2024年第2期。
[4] 《欧盟关于适用于人工智能的非合同民事责任规则的指令（草案）》第3条。

息保护法》出发,并结合具体事件的侵权种类、侵权客体和侵权主体进行综合分析分析。与此同时,在当前背景下,对于生成式人工智能的侵权责任认定仍存在不少争议和不确定[1]的地方,有待进一步立法进行回应。

---

[1] 徐伟:《生成式人工智能侵权中因果关系认定的迷思与出路》,载《数字法治》2023年第3期。

电子数据证据在新《民事诉讼规定》下的适用与挑战

陈冠楠*

(中国政法大学 北京 100088)

摘 要：电子数据证据，是指被作为证据研究的、能够证明案件相关事实的电子文件。在新《民事诉讼规定》中，电子数据证据的范围得到了进一步拓展，不再局限于传统的书面文件或物证，而是包括手机短信、电子邮件、微信聊天记录等各种形式的电子数据，其在提高诉讼效率、保障当事人权益方面发挥了重要作用，但其适用面临的挑战也亟须研究应对。

关键词：电子数据证据 完整性 真实性 原始性

引 言

新《关于民事诉讼证据的若干规定》（以下简称《民事诉讼规定》）为电子数据证据的适用提供了重要指导，但因电子数据证据在收集、保存以及提交的过程中，易受到篡改、伪造等风险的影响，其真实性、完整性以及认可、审查的难度较大，同时会涉及个人隐私等敏感问题，所以电子数据证据的适用在司法实践中仍需不断完善和优化，以应对信息化时代对民事诉讼带来的新挑战。

一、电子数据证据在民事诉讼中的作用及特点

在民事诉讼中，电子数据证据对证明当事人之间是否存在合同关系，能

---

* 作者简介：陈冠楠（1987年—），女，汉族，黑龙江人，中国政法大学2023级同等学力研修班学员，研究方向为民商法学。

够提供更为客观、真实和可信的证据作用。如当事人之间通过电子邮件、即时通信、社交媒体等方式进行的书面沟通记录，均可清晰记录当事人之间合同订立过程；再比如当事人之间的电子支付记录、在线账单等能够清晰地反映出当事人之间经济往来关系，从而进一步证明他们之间的合同关系是否存在；同时，通过电子邮件、短信记录、网上交易记录等电子数据，可以清晰地反映出合同履行情况等关键信息，为当事人的合理主张提供更有效的支持。

随着网络技术的发展，电子产品在日常生活中被广泛运用，大量的电子数据因此而产生，相比传统的纸质证据，电子数据证据具有更易提取、易保存、可靠性、完整性的特点，只需通过技术手段，就很容易获取，无须大量的时间和物力。不仅如此电子数据证据因其可以备份和复制、不易丢失甚至损坏的特性，也更容易被法庭接受和审查，对于提高诉讼效率和公正性也具有重要意义。

二、电子数据证据在司法实践中面临的问题

随着电子技术的不断发展，电子数据的生成、存储和传输已成为常态，而电子数据证据在民事诉讼中也扮演着越来越重要的角色，但不可否认的是，在实务中电子数据证据的使用仍面临着数据证据完整真实性、个人隐私及商业秘密保护、法律规范不足这三方面的问题。

（一）保证电子数据证据的完整性、真实性

一些司法机关及司法工作者在实务中对电子数据证据缺乏相关经验和认识，导致对电子数据证据的认可度不一，并且在认定其真实性的过程中存在着偏差，这就导致了实务中同案不同判的问题。同时电子数据证据很容易被篡改或伪造，一些实务工作者没有结合具体的案件事实来审查判断电子数据证据的证据能力，仅从抽象的角度认为所有电子数据证据都不具备真实性从而予以排除。在大部分实务工作中，证据原件认可效率要往往高于复制件的效率，但往往电子数据证据的呈现经常以复制件的形式出现，这导致在实务中更多地只采纳原件。

（二）保护电子数据证据涉及的个人隐私、商业秘密问题

在保证电子数据证据真实性、完整性的前提下，对个人隐私和商业秘密的保护问题，司法实务人员需要在隐私、秘密和证据收集、采用之间进

行权衡。一方面，电子数据的获取和使用可能涉及个人隐私信息，比如个人通信记录、微信聊天内容、手机内存照片、电子支付往来记录等，需要在合法授权的基础上进行，避免侵犯个人隐私。另一方面，为了保障证据的完整性和真实性，有时又需对个人数据进行提取和验证，这也可能暴露个人隐私信息。与此同时，在商务资讯电子化、网络化的背景下，企业的商业秘密更容易受到侵犯，比如在提供电子数据证据的过程中涉及商业秘密的，应当在保障证据收集提交完整性、真实性的前提下，保护企业的利益和信息安全。

（三）电子数据证据法律规范不足的问题

在新《民事诉讼规定》下，开放式的法律条款对于电子数据证据的认可标准和程序并不清晰，导致在司法实践中出现了混淆和争议，同时现行法律对于电子数据的保存、收集、提取等环节的规定也相对模糊，导致一些有效的电子数据证据无法被认可，影响案件的公正审理，制约了电子数据证据在司法实践工作中发挥作用。

三、保障电子数据证据可适性的具体操作

为了保障司法实务人员在实践中发现客观事实、提高认定事实的精准度，从而达到适用法律统一、保障当事人诉讼权益、实现公正裁判的目的，[1]应从收集保存电子数据证据的源头、提交，认可电子数据证据的流程、审查和评估电子数据证据有效几方面着手。

（一）电子数据证据的收集和保存方式

在民事诉讼中，对电子数据进行合理、高效的取证有助于司法实务人员查明案情。首先，电子数据证据收集要合法。要保证电子数据的来源是合法的，按照法定的方式进行收集，比如通过网络监控、数据备份等合法手段获取数据，还要防止对数据进行篡改或者是对收集的细节进行保存，包括收集时间、方式、数据来源等信息，这样才能在庭审中为案件提供所需的证据和说明。其次，电子数据证据收集要专业。委托具有丰富经验和专业知识的数

---

〔1〕田海鑫：《看新〈民事证据规定〉如何对待电子数据证据》，载《人民法院报》2020年1月17日。

据采集机构及技术人员，利用先进的技术手段帮助收集电子数据证据，达到事半功倍的效果，同时使用专门数据备份软件进行定期备份、建立安全的网络存储系统、采用加密技术保护敏感数据、设置访问权限控制，确保关键数据仅供授权的人员存取，并对数据系统进行周期性的核查与升级，以保证资料的完整与可靠。

（二）电子数据证据的提交和认可流程

为了保证电子数据证据的完整性、真实性，保障当事人的诉讼权益，电子数据证据在司法实践中的提交方式也是十分重要的。首先，电子数据证据需以电子文件形式提交。当事人可以将相关证据文件保存在电脑或移动存储设备中，并通过电子邮件、云存储等方式将文件发送给办案机关。其次，电子数据证据通过移动存储设备提交。当事人可将相关证据存储在U盘、硬盘等移动设备中提交给司法办案机关。在提交存储设备时，应确保设备的完好性，避免数据丢失或损坏。另外，当事人还可以通过在线存储服务提交电子数据证据。目前许多云存储平台如百度云、夸克等提供了便捷的文件共享和存储功能，当事人可以通过相应网络平台共享证据文件，达到实现电子数据证据提交的目的。

但要特别注意的是，在提交电子数据证据时，当事人应采取必要的安全措施保护电子数据证据中涉及的隐私和敏感信息，比如加密文件、限制访问权限等，既能确保证据的私密性和完整性，又能保护相关当事人的合法利益。

（三）电子数据证据的审查和评估工作

在收集到电子数据证据后，司法实务人员需要对其可适性进行审查评估。首先，核实电子数据证据的原始性。依据新《民事诉讼规定》第15条、第23条之规定，在提交电子数据证据时，需要保证数据的原始性，即数据的来源和生成过程需要真实可靠，若提供原始载体确有困难的，亦可提供复制件，但人民法院应当在调查笔录中说明其来源和制作经过。其次，验证电子数据证据的完整性。在电子数据的传输和保存过程中，可能存在多个环节和中间人，由此可通过对比原始数据和备份数据的方式进行验证，亦可以通过追溯电子数据证据链路的完整性以确保数据在传输和存储过程中未受到损坏或篡改。

结　语

在民事诉讼中，电子数据证据的使用情况呈现出日益增长的趋势，已经成为司法实务中的一种普遍现象，在新《民事诉讼规定》的框架下，其不仅可以为案件审理提供更加客观和全面的证据支持，也有利于提高司法效率和质量，更可以为司法体系的现代化和数字化转型提供支持和保障。

新就业形态下女性劳动者平等就业权利保护路径研究

郝尤嘉[*]

(中国政法大学 北京 100088)

摘 要：党的二十大报告首次提出："支持和规范发展新就业形态。健全劳动法律法规，完善劳动关系协商协调机制，完善劳动者权益保障制度，加强灵活就业和新就业形态劳动者权益保障。"新就业形态的环境下产生了许多依托于平台而存在的新兴职业，这些新兴职业在活跃了就业市场的同时也衍生出诸多不平等就业的现象，尤其体现在针对女性劳动者平等就业方面。本文归纳了新就业形态下性别隔离现象的成因并着重从社会环境、女性自身两方面论述了新就业形态下女性劳动者平等就业权利的保护路径的设想。

关键词：新就业形态 性别隔离现象 平等就业权利

引 言

《国民经济和社会发展第十四个五年规划和2035年远景目标纲要》将"新就业形态"定义为"新一轮信息技术革命特别是数字经济和平台经济发展带来的一种就业新模式"。[1]新就业形态下衍生出的新职业包括但不限于：网约车司机、外卖员、网络主播、家政服务人员等；据新京报智库发布的《2020年外卖骑手职业报告》数据中外卖员的性别比例来看，87%为男性外卖

---

[*] 作者简介：郝尤嘉（1994年—），女，汉族，西安人，中国政法大学2023级同等学力研修班学员，研究方向为社会法学。

[1]《"十四五"规划〈纲要〉名词解释之236 | 新就业形态》，载 https://www.ndrc.gov.cn/fggz/fzzlgh/gjfzgh/202112/t20211224_1309503.html，最后访问日期：2024年5月15日。

骑手，13%是女性外卖骑手；[1]网约车平台以"曹操出行"为例：2020年其平台注册男性司机占比96.33%，女性司机占比仅3.67%。[2]由此可以推测，外卖平台和网约车平台普遍存在着就业性别隔离现象。我国法律法规保护新就业形态下的女性劳动者：《宪法》第48条、第49条体现了对妇女权益的保障。在宪法指导下，《劳动合同法》作为我国保障劳动者合法权益的基本法律，详细规定了劳动者的权利和义务，涵盖了工作时间、休息休假、劳动报酬、劳动安全卫生、职业培训、社会保险福利、劳动纪律、劳动合同等方面的内容。2021年7月，经国务院同意，人力资源和社会保障部、国家发展改革委等部门共同印发了《关于维护新就业形态劳动者劳动保障权益的指导意见》，从规范用工、健全制度、提升效能、齐抓共管四个方向就新就业形态劳动者权利保护提出官方意见。该意见还明确规定，"企业招用劳动者不得违法设置性别、民族、年龄等歧视性条件"。但实现新就业形态下女性劳动者平等就业还仍需各方努力共同达成。

一、新就业形态下性别隔离现象的成因

从社会环境角度出发主要可以归纳为以下几点：其一，平台经济算法存在性别歧视，从而加重对女性就业歧视。[3]其二，大众对于"女性被认为适合承担家务劳动和照顾等再生产劳动，男性则被认为适合从事农耕等生产劳动"存在刻板印象。[4]其三，新就业形态下平台的奖罚制度以及严苛的薪酬机制隐形筛掉女性劳动者。[5]从女性自身角度可以归纳为：其一，新就业形态下女性劳动者法律知识有所欠缺，维权意识和能力偏弱。[6]其二，女性

---

[1]《外卖骑手职业报告：超五成外卖骑手对工作满意，期待更多尊重》，载《新京报》2020年11月13日。
[2]《曹操出行大数据研究院：〈2020年网约车司机群像分析报告〉》，载 https://www.100ec.cn/home/detail--6569248.html，最后访问日期：2024年5月15日。
[3] 宋月萍：《数字经济赋予女性就业的机遇与挑战》，载《人民论坛》2021年第30期。
[4] 梁萌：《男耕女织：互联网平台劳动中的职业性别隔离研究》，载《中国青年研究》2021年第9期。
[5] 蹇真：《平台劳动中性别分工问题及其现实出路》，载《学习与探索》2023年第3期。
[6] 李紫旋：《互联网+背景下女职工劳动保护的有效路径》，载《智能计算机与应用》2020年第3期。

STEM技术知识比较匮乏导致职场竞争力弱。[1]其三，女性因身体原因需要休产假，而没有规范的劳动合同约束会导致工作机会偏向男性。[2]

二、新就业形态下女性劳动者平等就业权利的保护路径探索

（一）排除社会环境导致的不平等

1. 规范平台算法男女平等，保证女性在算法领域的平等地位

首先，需要在平台建立无性别歧视的算法评估反馈机制；确保算法数据库包括平台注册的所有女性，且算法具有交叉性，如性别、种族、年龄等来更加全面地评估算法的公平性。同时，平台的算法也应该是可解释的并且定期接受平台的女性用户和相关利益群体的使用反馈。平台也可与其他关注性别平等的组织和机构合作，这样平台也会在不断地评估和反馈中趋于性别平等。其次，可以加强对平台算法的立法和监管；不仅要为针对不同经营类别的平台算法制定相关的性别平等政策，也要针对所有新就业形式平台性别平等算法进行立法。同时设立专门的监管机构，定期监测和分析平台的性别数据，对于违反性别平等政策的平台进行严肃处理，包括警告、处罚等。

2. 消除社会对新就业形态女性劳动者的刻板印象

首先，可以向社会宣传性别平等观念，让人们了解性别平等的重要性。比如外卖平台广告，也可以由女性来演绎，外卖员不再被称为"外卖小哥"，也可以是"外卖小姐姐""外卖姨姨"等；并且加强性别平等意识在家庭教育中的重要性，让我国的孩子从小就了解性别平等概念，为今后在工作生活中贯彻性别平等打下基础。其次，平台也应向大众展示多元的新就业女性形象，并且发挥榜样的力量。可以通过在社交媒体展示女性劳动者的故事和成就，为其他女性树立榜样。通过以上方式来纠正公众对女性的偏差认知，从而促进女性劳动者在新就业形态下的平等就业。

3. 地方工会与劳动者组织积极发挥作用

针对平台的奖罚制度以及严苛的薪酬机制隐形筛掉女性劳动者的情况[3]，地方工会和劳动者组织可以与平台合作，并且鼓励在平台工作的女性

---

[1] 宋月萍：《数字经济赋予女性就业的机遇与挑战》，载《人民论坛》2021年第30期。
[2] 王悦：《激发"她"活力，为新业态从业女性蓄力赋能》，载《中国社会工作》2024年第6期。
[3] 王悦：《激发"她"活力，为新业态从业女性蓄力赋能》，载《中国社会工作》2024年第6期。

劳动者对现有的合同和工作机制中不合理的地方提出意见与反馈，工会核实情况后协助平台做出改动。

(二) 解决女性自身条件导致的不平等

1. 加强女性法律知识的学习

通过普法宣传向女性劳动者普及相关法律知识和维权途径。通过普法来强化女性劳动者的法律意识和对法律的认知，具体可以通过以下途径：一方面，执业律师可以利用网络直播平台为新业态的女性劳动者解答平等就业问题并提供法律援助；另一方面，平台也可以邀请法律专业的大学生和研究生进行线下公益法律讲座，为新业态女性科普法律知识。同时平台也需加强职工培训来提升女性的维权敏感度和维权能力。并且分享女性维权成功的案例来鼓励女性维护自己的合法权利，增强她们的维权信心。

2. 增强女性的职业技能设立女性友好岗位提高其在平台的竞争力

建议创设女性学习平台，增强女性信息检索和分辨的能力，从而提高新业态女性的就业竞争力。也可以参考国外的成功案例，如 Fairygodboss 是一个面向女性专业人士的在线社交平台和职业资源网站，旨在提供关于工作场所、职业和公司文化的信息，以支持女性在职场中的发展；Powertofly 是一个面向女性的招聘和职业发展平台，旨在链接女性专业人士与寻求多样性和包容性的人才公司。国内平台可以参考以上模式，设置女性友好岗位和女性职业技能提升课程，帮助女性劳动者提升其在职场中的竞争力从而实现平等就业。

3. 增强女性在新业态背景下的求职自信

重视女性在新就业形态下求职中的优点和重要性。女性特有的优点，比如细心与敏感、坚韧与毅力、沟通与感化表达能力、同情心和关爱、多任务处理能力、创新与创造能力等，是女性在新就业形态下的求职亮点和优势。根据滴滴发布的《2020滴滴平台女性司机发展报告：关注"她力量"》，我们可以得知：女性的细心与敏感可以减少交通事故的发生，使其在求职中具有同样的竞争力。而且女性的同情心和关爱也有更多使用场景如：女性外卖员可以在跑腿订单时帮生理期女性购买卫生用品。参考以上论述，网约车平台也可以为女性提供女性友好专车，供单独出行的女性用户选择。外卖平台也可分配女性友好配送员来满足独居女性的送餐需要。

4. 消除新就业形态下因女性身体原因而导致的就业不平等现象

需要加强新就业形态下相关生育假期的相关规定。《劳动法》第 61 条、第 62 条规定了女性的孕期工作量和产假，第 63 条规定了怀孕女性不得延长其工作时间。但是由于新就业形态的特殊性，劳动者往往身兼数职而平台也倾向于和劳动者签订劳务合同，《劳动合同法》第 71 条规定："非全日制用工双方当事人任何一方都可以随时通知对方终止用工。终止用工、用人单位不向劳动者支付经济补偿。"平台与劳动者签订的劳务合同缺乏规范性和合理性，更有甚者平台会以休产假为由将女性劳动者不予录用或者开除。因此，平台应与新就业形态下的女性签订生育友好合同，不得以女性身体原因或者生育原因解除合同。

三、新就业形态下女性劳动者平等就业之展望

随着社会大众性别平等意识的提高，政府对于新就业形态下女性友好就业政策的支持，新技术发展创新的推动，平台企业社会责任感增强，女性自身能力的提升以及各个社会组织的推动，社会上会有更多女性自立自强，新就业形态下的女性平等就业指日可待。

民事在线诉讼和智能化理论与制度建构

林 璐[*]

(中国政法大学 北京 100088)

摘 要：随着科技的发展，民事在线诉讼逐渐走向台前，2021 年修正的《民事诉讼法》明确了民事在线诉讼的法律效力，进而智慧法院建设成为司法改革的重点，国内外已有众多民事在线诉讼案例。本文围绕在线诉讼的进展进行分析，对比国内外在线诉讼现状，对比国内外民事在线诉讼差异，结合智能化理论基础，考察其在司法领域应用的可行性及效果。该研究旨在系统性地解析并构建民事在线诉讼和智能化理论的结合，以促进相关法律制度的完善和实践效果的提升。

关键词：民事在线诉讼　智能化技术　司法应用　制度建构　法律服务　司法公正

引 言

在信息技术快速发展的时代背景下，传统的诉讼模式正在发生深刻的变革。在这样的背景下，民事在线诉讼和智能化理论与制度建构成了司法体系改革的重要课题。

本文将对民事在线诉讼和智能化理论与制度建构进行深入的探讨和分析，以期为司法领域的改革和创新提供一定的理论和实践指导。本文也将结合真实案例，从实际应用角度出发，探讨民事在线诉讼和智能化理论与制度建构的实际运作和面临的挑战，以期为相关领域的研究者和从业者提供可供参考

---

[*] 作者简介：林璐（1994 年— ），女，汉族，浙江人，中国政法大学 2023 级同等学力研修班学员，研究方向为民商法学。

的经验和借鉴。

一、在线诉讼的实践现状

(一) 在线诉讼国内实践

目前，我中国法院普遍积极推行了在线诉讼活动。最高人民法院 2020 年发布的《关于新冠肺炎疫情防控期间加强和规范在线诉讼工作的通知》规定，各级人民法院推进在线诉讼，要尊重当事人对案件办理模式的选择权，全面告知在线诉讼的权利义务和法律后果。当事人同意案件在线办理的，应当在信息系统确认、留痕，确保相关诉讼活动的法律效力。《人民法院在线诉讼规则》为在线诉讼搭建了初步框架，明确了在线诉讼的法律效力、基本原则、适用条件，内容涵盖在线立案、调解、证据交换、庭审、宣判、送达等诉讼环节，首次从司法解释层面形成系统完备、指向清晰、务实管用的在线诉讼规则体系。《民事诉讼法》确认了民事在线诉讼与线下诉讼具有同等法律效力。在遵守当事人同意原则下，丰富了诉讼形式，同时谨慎结合现代智能化技术不断发展。目前国内在线诉讼形式主要有三种：一是以北京、广州、杭州为代表的互联网法院，在法治建设越来越完善，法治社会发展更加迅速的时期，诉讼案件与日俱增，互联网法院的诉讼裁判效率尤为突出；二是电子法院，且电子法院诉讼当事人并不需要当事人双方的一致同意就能适用；三是移动微法院，双方一致同意后可直接适用线上处理，其简单便捷的诉讼参与形式和流程，大大降低了当事人诉讼成本。

(二) 国内外在线诉讼对比

通过对比国内外在线诉讼现状，立法进程方面，我国在线诉讼还未形成完整的立法体系，而诸多国家已有了较为成熟的法律条文。技术应用层面，国内法院通常采用移动电子诉讼和电子送达机制，而国外则更加注重电子文件处理和远程视频审理技术的集成应用。参与主体角度，国内的在线诉讼主要涉及法院、当事人、律师，尚缺乏技术支持人员的普遍参与，国外技术人员常常作为在线诉讼的重要角色存在。从操作平台来看，国内如杭州、广州等互联网法院已构建了专门的在线诉讼平台，而国际上则倾向于使用多国共享在线诉讼平台。

审判过程的规范方面，我国在线诉讼在举证规则、线上庭审制度等方面逐步建立标准,追求立法明确性;国外的系统更倾向于全面数字化处理、成熟的数字化诉讼程序。案件类型方面,国内在线诉讼主要聚焦于与互联网紧密相关的案件,比如域名纠纷、网络购物合同纠纷;国外的案件类型则更为广泛。发展趋势表明,国内在线诉讼正在向规范化、立法化方向发展,国外则更加重视人工智能与在线诉讼的结合,推进司法系统的智慧化。

二、智能化理论基础及司法领域应用

与传统的民事诉讼相比,利用智能化技术进行在线诉讼可以大大节约时间和成本。智能化技术是指利用现代计算机技术和人工智能技术,使系统具有自动感知、自动决策和自动执行能力的一种技术。在智能化司法算法代码方面,运用算法的关键逻辑,从数据预处理、特征提取到模型训练及结果评估的步骤,借助其强大的数据库进行数据处理与模型构建,确保研究结果具有较高的可信度和参考价值。通过这一技术实现路径,我们能够构建出一个智能化的法律判案系统,该系统能自动归档案件资料、分析法律文书并生成诉讼文书草案。在实际操作中,每个流程环节都经过了精心设计,保证了操作的规范性和结果的合理性。

三、制度建构的框架与策略

(一)民事在线诉讼制度框架

在探索民事在线诉讼制度框架的过程中,利用算法模型和数据分析方法对现行法律法规及政策进行深入解析是不可或缺的环节,对海量的法律文本进行语义分析与关键词提取,确保对在线诉讼条件的界定具有清晰标准和可操作性。在此基础上,借助机器学习算法,通过分析历史诉讼案件数据,对是否符合在线诉讼条件的案件进行预测,准确率达到92.5%,有力支撑了诉讼条件审查模块的效率。

在线开庭审理环节,设计了多元分辨率冲突解决机制,辅以案例数据库和与之相配套的检索系统,实现了对法官裁判断裂性和一致性的实时评估。在线裁决及和解协议的签订,也严格遵循数据安全的法律法规,并通过开发专用的电子签名和加密技术,确保在线诉讼过程符合法律规范,进一步保障当事人权益。

对于不符合在线诉讼条件的案件，通过诉讼指导、材料准备和案件转交的一体化解决方案，保障诉讼顺利过渡至传统诉讼渠道，充分展现出法律科技融合的深度与创新，为民事在线诉讼制度框架的构建提供了科学合理、实践导向的理论支撑和技术路线。

综上所述，民事在线诉讼智能化不仅是技术的直接运用，更体现在对法律过程深度认知的基础上，是对司法实务工作方式的创新；同时展示了强大的法律技术整合能力和对传统诉讼程序的批判性思考及优化。

（二）在线诉讼制度建设核心关注内容

在当前数字化社会背景下，在线诉讼作为一种创新的诉讼方式，正逐渐成为人们解决纠纷和争议的重要途径。然而，随着在线诉讼的发展，在制度建设中还需要重点关注以下问题。

首先，技术问题是在线诉讼的核心基础。在快速发展的前提下需要关注并解决网络安全隐患、数据传输稳定性、电子证据的真实性和合法性等技术问题。此外，还需要建立起高效的在线诉讼平台和系统，以满足用户的需求，并保障整个诉讼过程顺利进行。

其次，法律问题也是在线诉讼亟须完善的重点之一。当前我国的法律体系并未完全适应在线诉讼的发展，重点需要就电子证据的认定标准、在线诉讼的管辖权和执行力、跨境在线诉讼的法律适用等问题进行进一步的法律规范和完善。此外，面对智能化技术的应用，法律法规也需不断跟进和更新，以便更好地适应在线诉讼的发展需要。

当然制度问题也是在线诉讼需要配套着眼关注的部分。实现在线诉讼的有效运行，需要建立起一整套配套的制度机制。[1]重点包括相关组织和机构建设和管理，如在线诉讼平台的管理、运维和维护等，以及建立起在线诉讼权威认证机构，保障在线诉讼真实性和可信度。同时，也需要建立起在线诉讼的监督机制，以保障全过程的公平公正。

在线诉讼作为一种新型的诉讼方式，虽为人们提供了更加便利的解决纠纷和争议的途径，但是也面临着一系列需要解决的关键问题。必须通过技术的不断创新和法律制度的完善，才能更好地推动在线诉讼的发展，实现公正

---

[1] 孙希荣：《在线纠纷解决机制（ODR）法律问题研究》，黑龙江大学 2017 年硕士学位论文。

高效的司法目标。

结　语

　　民事在线诉讼和智能化理论与制度建构不仅是司法改革的必然趋势，更是构建现代化司法体系的关键一环。在线诉讼的适用问题上，应当尊重当事人的程序选择权，经当事人协商同意即可采用在线诉讼方式，不受纠纷种类、案件类型和程序的限制[1]。智能化技术的不断创新促进了民事在线诉讼制度的完善和优化，为民众提供了更多元化的诉讼途径和更加丰富的司法资源。民事在线诉讼和智能化理论与制度建构的结合，为解决诉讼繁重和案件积压问题提供了全新的思路和解决方案。智能化技术的广泛应用使司法资源得到了更加充分的利用，提高了司法效率和公正性。但随着智能化技术的不断发展和民事在线诉讼制度的不断完善，相关法律框架和规范也需要相应地跟上步伐，以确保智能化技术在司法领域的应用能够得到有效管控和规范。

---

[1]　左卫民：《中国在线诉讼：实证研究与发展展望》，载《比较法研究》2020 年第 4 期。

关于国有企业的公益性与合规问题研究

吕 洋*

(中国政法大学 北京 100088)

摘 要: 本文探讨了国有企业的公益性和合规问题,分析了国有企业在中国社会经济体系中的重要地位以及面临的合规挑战。本文通过法学视角,分析了这些挑战的成因,并提出了加强合规建设的具体对策。建议从完善法律法规体系、加强内部合规管理以及强化外部监管三个方面入手,提高国有企业的合规水平和管理效率。通过这些措施,可以提升国有企业的运营质量和社会责任履行能力,确保其更好地服务于经济发展和社会进步。本文的研究不仅有助于理解国有企业在现代中国经济中的作用和挑战,也为政策制定者和企业管理者提供了实际可行的建议,以推动国有企业的合规、健康发展。

关键词: 国有企业 公益性 合规

一、国有企业的公益性分析

(一) 国有企业的公益性本质

国有企业的公益性本质是其作为国家所有或控股的企业所固有的特征,主要体现在其对国家和社会的多重责任和使命上。作为国民经济的支柱,国有企业不仅在经济发展中起到了关键作用,更是在维护国家安全、推动社会公平和参与国际竞争中展现出了不可替代的功能。在国家重大战略实施的关键时刻,国有企业往往承担着实现国家意志和目标的重任,如在经济危机、

---

* 作者简介:吕洋,男,汉族,北京人,中国政法大学,中国未来学校建设专家,中国职业与成人教育专家,参与编著中国教育科学研究院《中国未来学校白皮书》、主持编著中国成人教育协会《美食品鉴师能力培训与评价》团体标准。

自然灾害等紧急情况下保障基本民生和经济稳定。国有企业在提供公共服务如水电煤气、交通运输等方面发挥着基础性作用，确保了公共资源的有效分配和社会的正常运行。同时，国有企业还通过促进科技创新和产业升级，引领国家经济向更高端的产业链迈进，提升国家在全球产业结构中的竞争力。[1]国有企业的公益性不仅仅是其提供经济价值的体现，更是其对社会、文化、环保等多方面贡献的集中表现。通过这些活动，国有企业强化了其作为国家战略工具的角色，有效地支持和实现了国家的长远发展目标和社会主义现代化建设的重大任务。

（二）国有企业在社会经济中的地位

国有企业在社会经济中的地位至关重要，它们不仅是国家宏观经济调控的重要手段，也是社会稳定和发展的关键支柱。在中国特色社会主义经济体系中，国有企业承担着推动国家重大战略实施、保障国家安全和经济稳定的任务。这些企业大多数控制着国民经济的命脉行业，如能源、交通、通信和重要的原材料行业，这些行业的稳定运行对国家经济的健康发展至关重要。国有企业的投资项目往往规模巨大，涉及基础设施建设和高技术产业发展，对促进国家长远经济增长和社会进步具有深远影响。这些企业在国家遭受经济困难或市场动荡时期，能够通过调整运营策略和提供稳定的服务来帮助国家恢复经济和稳定市场。国有企业还在国际市场中代表国家利益，通过参与全球竞争和国际合作，提升国家的国际影响力和竞争力。在社会责任方面，国有企业通过提供就业机会、推动区域发展、支持教育和科研事业，以及实施环保和可持续发展策略，实现其对社会福祉的贡献和对公众利益的承诺。

二、国有企业面临的合规挑战及成因分析

（一）合规挑战的表现

随着市场经济的不断发展和全球化的加深，国有企业在运营中面临的合规挑战显得尤为突出，主要体现在几个方面。首先，随着法律法规的不断更新和完善，对国有企业的合规要求也越来越严格。新的法规不仅覆盖范围更

---

［1］陈起行、张俊杰：《国有企业数据资产特征及合规管理改进》，载《大数据》2024年第2期。

广，而且对企业的运营和管理提出了更高标准，这要求国有企业必须不断调整其业务策略以符合法律规定。其次，国际和国内的监管环境也变得越来越严格，特别是在环境保护、反贪污腐败、数据保护等方面，监管机构对合规执行的监控和处罚力度显著增强。这些因素迫使国有企业必须提升其合规管理能力，确保在全球化竞争中维持合法合规的运营状态。最后，许多国有企业的内部管理体系仍不完善，尤其是在内控机制和风险评估方面存在缺陷，导致合规风险不断增加。这些内部问题如果不加以解决，将严重影响企业的稳定发展和市场信誉。

（二）合规挑战的成因分析

国有企业在合规方面面临的挑战源于多种复杂因素。首先，一部分国有企业管理层对合规的重视程度不足，未能建立起完善有效的合规管理体系。这种缺乏重视会导致合规政策的制定和执行不到位，使企业在面对快速变化的市场和法规环境时响应迟缓。其次，企业内部存在的权力寻租和利益输送等腐败现象，严重破坏了企业的合规环境，这些不正当行为不仅侵蚀了企业资源，还降低了企业整体的道德标准和业务透明度，增加了法律风险和经济损失。此外，现行法律法规的滞后性和不完善性也在一定程度上为企业的违规操作提供了可乘之机，[1]企业可能在不完全了解法规的情况下进行决策，从而触犯法律。

三、加强国有企业合规建设的法律对策和建议

（一）完善法律法规体系

可以参考《公司法》和《反不正当竞争法》，进一步明确和细化国有企业在运营过程中的合规责任和义务，确保这些法律法规能够覆盖企业活动的各个方面。同时，结合《刑法》对于商业贿赂和腐败行为的相关条款，增强法律的威慑力，加大对国有企业违法违规行为的处罚力度。例如，针对内部腐败和权力寻租等行为，不仅要对直接行为人员进行处罚，还应对相关的监督管理人员进行问责，提高管理层的监督责任。引入和完善与国际标准接轨

---

[1] 孙清白：《公共数据授权运营营利性与公益性的冲突及其制度协调》，载《行政法学研究》2024年第3期。

的合规管理体系标准，如 ISO19600《合规管理体系——指南》，将有助于国有企业建立更为严格和标准化的合规管理流程。[1]通过这些具体措施，不仅可以提高国有企业违法的成本，也能够在更大程度上减少合规风险，促进企业健康、透明和高效运营。

（二）加强企业内部合规管理

根据《公司法》以及《企业内部控制基本规范》，国有企业应设立专门的合规部门或指定合规岗位，这些部门或岗位的主要职责是监督和执行企业的合规政策，确保所有业务活动都符合国家法律法规的要求。企业应通过定期的合规培训和教育活动，如设立合规周或合规月，强化员工对于《反不正当竞争法》和《反贿赂法》等相关法律知识的理解和应用，提高他们的合规意识和能力。这种培训不仅应包括新员工的入职培训，还应定期对现有员工进行复训。加强这一方面的教育，有助于员工在日常工作中识别和防范潜在的合规风险，从而提升整个组织的合规水平。通过这些措施，国有企业不仅能够有效地管理和减少合规风险，还能够在更广泛的层面上促进企业文化的正向发展，为企业的持续健康发展提供坚实的基础。

（三）强化外部监管和约束

根据《审计法》，政府审计机构应定期对国有企业进行财务和合规审计，监督其是否依法合规经营，确保公共资金的有效合理使用。依据《企业信息公示条例》，国有企业需定期向社会公众公开关键信息，包括财务状况、重大决策及其执行情况等，以增强企业运作的透明度和公众信任。政府还应利用《反垄断法》等法律工具，防止国有企业滥用市场支配地位，确保市场竞争的公平性。社会公众和媒体的角色也极为重要，他们应被鼓励和支持对国有企业的合规问题进行监督和曝光，这不仅有助于揭示问题和不当行为，还可以推动企业改进和优化管理。通过这样的外部监管和社会监督，可以形成一个多层面、全方位的监管体系，有效地约束国有企业的行为，推动其按照法律和社会责任行事，从而维护国家利益和公共利益。

---

[1] 彭丙男：《国有企业全面预算管理循环体系构建》，载《质量与市场》2023年第14期。

结　语

本文通过深入分析国有企业的公益性本质及其在社会经济中的关键地位，进一步探讨了国有企业面临的合规挑战及其成因，并从法学的角度出发，提出了一系列加强合规建设的法律对策和建议。国有企业作为国民经济的支柱和社会稳定的重要保障，不仅在推动经济发展、保障国家安全、提供公共服务等方面发挥着重要作用，还肩负着引领科技创新和促进社会公正的责任。面对法律法规的不断更新、监管环境的严格化以及内部管理的不足等合规挑战，国有企业必须不断提升合规管理的水平和效率。建议国家完善相关法律法规体系，明确和增强合规责任；国有企业应加强内部合规体系建设，提高员工的合规意识和能力；同时，加强外部监管和社会监督，确保企业行为的透明度和公正性。通过这些措施，可以有效提高国有企业的合规性，减少违法违规行为，从而保障国有企业能够更好地服务于社会和经济，促进其持续健康地发展。这些法律对策和建议的实施，将为国有企业的改革与发展提供坚实的法律支撑，推动其在新时代背景下实现高质量发展，更好地履行其公共职责，实现社会主义现代化建设的目标。

新就业形态法律关系判断的司法实践研究

马 雯[*]

(中国政法大学 北京 100088)

摘 要：随着新就业形态的发展，以外卖骑手为代表的新就业形态劳动者权益保障问题，成为社会关注的焦点热点。人社部等部门先后印发了《新就业形态劳动者休息和劳动报酬权益保障指引》《新就业形态劳动者劳动规则公示指引》《新就业形态劳动者权益维护服务指南》《关于维护新就业形态劳动者劳动保障权益的指导意见》等文件。在此背景下分析相关实践动向和司法倾向具有重要价值。

关键词：新就业形态不完全劳动关系　劳动者权益保障法律适用

引 言

近年来，随着经济快速发展，新兴行业如雨后春笋一般出现，带来了新的变化。特别是互联网与传统行业相结合，如送餐、快递等行业的发展，吸纳了大量的就业人员，在便利的背后也产生了新型法律关系问题。为了支持和规范发展新就业形态，人社部等出台了《关于维护新就业形态劳动者劳动保障权益的指导意见》。该意见主要内容为：其一，规范用工，明确劳动者权益保障责任：指导和督促企业依法合规用工。同时，要求企业主动关心关爱劳动者，努力改善劳动条件，拓展职业发展空间，逐步提高劳动者权益保障水平。其二，健全制度，补齐劳动者权益保障短板：要求企业落实公平就业制度，消除就业歧视，不得以缴纳保证金、押金或者其他名义向劳动者收取

---

[*] 作者简介：马雯（1988年—），女，汉族，北京人，中国政法大学2023级同等学力研修班学员，研究方向为民商法学。

财物，不得违法限制劳动者在多平台就业。同时，推动将不完全符合确立劳动关系情形的新就业形态劳动者纳入制度保障范围。其三，落实责任，保障劳动者权益，对于平台企业采取劳务派遣等合作用工方式组织劳动者完成平台工作的，要求平台企业选择具备合法经营资质的企业，并对其保障劳动者权益情况进行监督。[1]如果劳动者权益受到损害，平台企业应依法承担相应责任。

一、新就业形态的用工特点

新就业形态的现状表现出快速增长和多样化的趋势。随着移动互联网、大数据、人工智能等技术的快速发展，新就业形态不断涌现，并呈现出以下几个主要特点。

第一，就业方式的灵活化。在新就业形态下，企业并不要求从业者在固定时空开展工作，允许其在异地或利用技术手段进行远程工作。

第二，组织方式的平台化。新就业形态的企业通常依托互联网平台进行运营，利用算法等技术手段为从业者设定到达时间和路线、测算工作量等，并依据系统信息统计从业人员的工作量，按预定规则分发报酬。这种平台化的组织方式提高了工作效率，降低了交易成本，同时也为从业者提供了更多的就业机会。

第三，工作任务的自主化。新就业形态的从业者以平台分发的需求为依托，自主选择工作任务和岗位，并接受平台的相应规则和监管。这种自主化的工作方式使得从业者可以更加灵活地安排自己的时间和工作内容，提高了工作的灵活性和自主性。

第四，主体身份的多重化。在新就业形态下，从业者的身份往往具有多重性，他们可能是平台的兼职员工、自由职业者、个体经营者等。这种多重化的身份使得从业者可以更加灵活地参与多个平台的工作，同时也增加了他们的收入来源和就业机会。

第五，劳动关系的模糊化。由于新就业形态下的从业者与企业之间的关系较为松散，且缺乏明确的从属关系，因此劳动关系往往难以认定。这在一

---

[1] 肖竹：《让新就业形态劳动者权益更有保障》，载《法治日报》2024年3月13日。

定程度上增加了从业者的风险和不确定性，同时也给监管带来了挑战。

二、对新就业形态劳动纠纷的裁判实践研究

以具体案例为例，某网络科技公司未与外卖配送员崔某签订劳动合同、未为崔某缴纳社会保险。后崔某在送餐过程中发生交通事故后，要求与该网络科技公司确认劳动关系。经审理，裁判认定崔某与该网络公司存在劳动关系。关于案件的审理思路，首先，崔某作为新业态从业者，区别于传统劳动关系，互联网平台企业与新就业形态劳动者之间的劳动用工模式在管理方式、工作时间、报酬支付等方面呈现灵活性、多元性等新特点。很多新业态从业者并未与用人主体签订纸质版劳动合同。因此，劳动者在提起仲裁请求时，证据的电子化趋势明显，且网络科技公司经常设立很多分支机构、分公司等，由关联公司代付工资的情况比比皆是。其次，劳动关系应是指劳动者与用人单位之间形成的，劳动者在用人单位管理下提供劳动，用人单位按照约定支付劳动者劳动报酬的权利义务关系。而作为劳动人事仲裁部门，如劳动者没有与用工单位签订劳动合同，在认定用人单位与劳动者之间具有劳动关系时，主要依据还是《关于确立劳动关系有关事项的通知》（劳社部发〔2005〕12号）第1条的规定，要具备如下三个要素：①用人单位和劳动者符合法律、法规规定的主体资格；②用人单位依法制定的各项劳动规章制度适用于劳动者，劳动者受用人单位的劳动管理，从事用人单位安排的有报酬的劳动；③劳动者提供的劳动是用人单位业务的组成部分。

三、新就业形态劳动关系认定标准探讨

是否确定新就业形态下从业者与平台企业之间的劳动关系，具体来说仍主要从劳动从属关系方面进行分析。

劳动关系中，劳动者没有独立的支配权，劳动者的工作行为由用人单位管理和支配，用人单位对劳动者进行用工过程管理，劳动者在提供劳动时遵循用人单位的指挥，劳动者受到用人单位规章制度规制，在职务范围内的责任和风险由用人单位承担，与单位之间具有明显的人身依附性和管理归属性，双方多处于管理与被管理的不平等地位。在劳动报酬等财产方面，劳动关系下的劳动者的工资收入一般遵循按劳分配、多劳多得的原则，受到用人单位

考核机制制约，具有明显的财产从属性。同时，上述用工管理、工资支付等行为具有极强的稳定性，受到国家劳动法律法规强制保障（如最低工资等），在用人单位与劳动者终结双方关系的规制上，具有极强的法定条件和程序，也有国家强制性法律予以保障（如解除或终止条件）。

相比较，作为承揽、劳务合作关系，则在上述各方面体现得较为松散，双方主体资格限制性不强，成立关系双方系平等的民事主体，在报酬标准、支付方式、时间方面没有具体的限制（不同于劳动关系中最低工资保障规定），约定的内容只要不违背平等、诚实信用等基本原则即可，在解约方面也相对自由，并无其他法律强加的责任。

目前从外卖配送形式看，主要存在三种情形。一是商家自雇人员负责商品或餐品配送服务，配送人员仅服务商家一家，服务结果对商家一家负责，配送人员直接由商家进行管理和规制，劳动报酬由商家发放，这种形式具有强烈的直接归属关系，劳动管理明确。二是商家将产品配送服务外包于第三方机构，第三方机构负责雇佣人员进行配送，则人员配送产品取决于机构承包的服务种类（一种或多种同时配送），但配送员的日常管理仍归属第三方机构，报酬发放也由第三方机构予以核算支付，劳动管理行为也比较明确。三是平台配送，形式非常灵活，人员管理较为松散。一般是产品提供者与平台之间具有合作关系，而配送从业者往往自行购买工作设备，工作方式非常灵活，配送员可以自行决定是否提供服务及何时提供服务，报酬根据送单成功率、顾客评价情况由平台结算（平台扣除信息提供费用），从业人员没有固定的薪酬保障。从渠道上，产品提供商一般只是提供产品，与配送从业者没有直接产生关联，而平台与配送从业者往往进行有偿信息提供（分单、抽成）关系，并未进行实际工作管理，三方以自己良好合作行为达成共赢状态。[1] 可以看出，前两种方式具备建立劳动关系的特征，在实践中一般会认定为双方建立了劳动关系。第三种方式，作为从业者显然不具备提供的劳动系商家业务组成部分，其劳动过程也并未受商家和平台的实时管理，人身归属和财产归属性不强，不符合劳动法意义上劳动关系成立的条件，不宜认定为劳动关系。

---

[1] 邓益洲：《如何防范业务合作中的用工风险》，载《中国劳动》2011年第1期。

结　语

由于新就业形态有别于传统的用工模式，现行劳动法、劳动合同法等并不能完全适用，因此新就业形态劳动者的权益保障仍面临一些挑战和问题。未来，政府和社会各界需要继续加强研究和探索，不断完善相关政策和制度，以更好地保障新就业形态劳动者的权益。

夫妻共同财产与共同债务的立法、法理和司法裁判

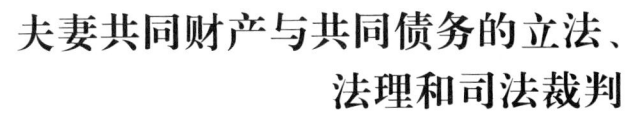

温碧仪[*]

(中国政法大学 北京 100088)

摘 要：共同财产与共同债务是婚姻法中的两个核心概念，它们互为补充。理解《民法典》婚姻家庭编中关于财产的"共有制"及其对"共同债务"的规定，成为法学界与司法实践领域关注的焦点。深入探讨《民法典》及其司法解释中关于夫妻财产与债务的相关规定及其法理基础，对于妥善处理婚姻家庭相关案件、促进家庭和谐与稳定非常关键。

关键词：婚姻家庭 共同财产 共同债务 法理基础 司法裁判

一、夫妻共同财产与共同债务立法背景、法理和司法裁判

（一）夫妻共同财产与共同债务的立法背景

夫妻共同财产包括婚姻期间双方或任一方获得的财产。我国现行的《民法典》第1065条规定，夫妻双方可以协议婚姻期间获得的财产归个人所有，并规定若夫或妻一方独立承担债务，且债权人知晓该协议，则仅使用债务人个人财产进行偿还。这条规定明确了如何在夫妻共同生活中区分婚前与婚后财产。《民法典》第1063条明确列举了属于夫妻一方个人财产的情况，包括因个人受伤获得的各项补偿费用、遗嘱或赠与合同指定的个人财产、个人专用生活用品，以及其他应归个人所有的财产。这条规定有助于明确夫妻双方在婚姻关系中的财产权益，确保个人财产的独立性。

---

[*] 作者简介：温碧仪（1987年—），女，广东广州人，中国政法大学2023级同等学力研修班学员，研究方向为民商法学。

(二) 夫妻共同财产与共同债务的法理基础

夫妻共同财产与共同债务的法理基础涉及权利与义务的平等分配,主要依据《民法典》婚姻家庭编相关条款。《民法典》第1062条赋予夫妻对共有财产平等的处理权,强调婚姻期间获得的财产如无特别约定则视为共有。此外,《民法典》婚姻家庭编进一步明确了夫妻对婚姻期间及婚前财产的处理应遵循双方的事先协议,确立了协议在财产分配中的法律效力。这些规定一方面确保了夫妻双方在法律框架下对财产享有平等的权利和责任,另一方面也允许夫妻双方通过协议明确财产的具体归属。《民法典》还规定,在配偶一方未履行家庭责任或有其他重大过失时,另一方有权请求赔偿,这不仅体现了对配偶身份的保护,也强调了个体在家庭中的法律责任。同时,夫妻对家庭日常生活所需的收益,如一方的合法收入,应视为个人所得,而非共有财产,除非这些收益被用于共同生活目的。这些法律规定一起构建了一个全面的框架,旨在公平地处理夫妻在婚姻中的经济事务,确保法律应用的一致性和公正性。

(三) 夫妻共同财产与共同债务的司法裁判

对外债务的处理则依据《民法典》的第1089条和最高人民法院《关于适用〈中华人民共和国民法典〉婚姻家庭编的解释(一)》,这些条款明确了共同生活所必需的债务应由双方共同偿还的原则,并区分了基于家庭日常生活需要与其他目的产生的债务。在实际应用中,关键在于界定债务是否真正用于家庭日常生活及是否基于双方共同意愿产生。最高人民法院还特别强调,一旦夫妻就债务的归属和偿还达成协议,这些债务应视为共同债务,除非债权人能证明债务非为满足共同生活需求。这些指导原则旨在明确财产与债务的界定,减少司法实践中的争议,确保裁判的一致性和公正性。

二、夫妻共同财产与共同债务现存问题分析

(一) 立法框架的模糊性与不足

夫妻共同财产与共同债务的立法在《民法典》中有所规定,但在实际应用中,多个条文存在明显的模糊性,导致解释和执行的困难。《民法典》第1065条第3款规定:"夫妻对婚姻关系存续期间所得的财产约定归各自所有,

夫或者妻一方对外所负的债务，相对人知道该约定的，以夫或者妻一方的个人财产清偿。"这一规定虽然明确了财产独立性的可能性，但在实践中，如何证明"相对人知道该约定"往往是争议的焦点，导致举证难度增加。如果一方在婚姻期间未经另一方同意私下借款，当债权人要求偿还时，是否应将该债务视为共同债务？由于立法的不明确，法院的裁决往往依赖于对债权人"知晓"程度的主观判断，这增加了法律实施的不确定性。

(二) 学界对推定规则的法理基础的认识不同

关于夫妻共同财产与共同债务的推定规则，学界存在显著的分歧，这本身体现了一个重要的法理基础问题。一方面，有观点认为推定规则是基于共有财产制的延伸，强调所有婚姻期间产生的债务均应视为共同债务，应由夫妻共同财产偿还。此观点可能导致共同债务范围过于广泛，无限扩大夫妻共同责任的可能性。另一方面，基于家事代理理论的观点则提倡只有真正用于家庭日常生活的债务才应归入共同债务。这种分歧不仅影响了法律的一致性和预测性，也使得法院在具体案件中的裁判标准难以统一，从而对法律实践中的公平和效率造成挑战。这种对法理基础的不同解读在实际操作中可能导致裁判结果的波动和不确定性，亟需通过更明确的立法或出台司法解释来解决。

(三) 未给出财产和债务的司法实践指导

在司法处理中，界定夫妻共有财产与债务常引发争议，特别是在如何具体应用《民法典》相关条款。尽管这些条款为共有财产和债务提供了判定标准，但它们并未详尽指导具体情况下的财产和债务归属问题，留下了解释的空间。此外，对于单方为家庭日常所需承担的债务，也明确了其认定为共有债务的条件。最高人民法院在 2020 年发布的《关于适用〈中华人民共和国民法典〉婚姻家庭编的解释（一）》进一步强化了这些规定，意图为纠纷审理提供更加明确的裁判方向。[1]然而，这些努力尽管有所帮助，仍需要在实际司法操作中不断完善，以确保司法人员能够更精准地理解和应用法律条文，确保裁决的一致性和公正性。

---

[1] 胡天昊：《法定共同财产制下夫妻个人债务的范围确定及其清偿顺位——以"等额说"为中心》，载《嘉兴学院学报》2023 年第 1 期。

三、推进夫妻共同财产与共同债务完善的对策

(一) 提高立法的明确性与实用性

为了解决《民法典》中关于夫妻共同财产和债务规定的模糊性问题，建议立法机关引入"财产债务透明协议"制度。此制度应规定夫妻在婚姻期间的所有财产及债务相关协议，必须经过法定的透明程序，包括债权人的明确确认和公证过程。这不仅能够确保所有涉及的方知晓协议的具体内容，还能有效地避免因信息不对称导致的法律争议，从而提高法律条文的实用性和执行的效率。

(二) 明确推定规则的法理基础的解释

鉴于学界对夫妻共同财产与债务推定规则的法理基础存在不同的解读，建议最高人民法院制定和发布详细的解释指南，明确不同法理基础下的推定规则应用。这应包括具体阐述基于共有财产制理论和家事代理制度的债务归属问题，以解决目前法律文本中的模糊性。此举旨在统一法律应用标准，减少因理解分歧导致的司法不一致，确保所有法律从业者能在明确的法理指导下操作，提高裁判的准确性和可预测性。[1]

(三) 完善财产和债务司法实践的应用指导原则

针对《民法典》中关于夫妻共有财产和债务的界定争议和指导不明确的问题，建议最高人民法院进一步完善和细化司法实践的应用指导原则。这应包括对现有司法解释中模糊条款的明确，尤其是在共有财产和债务的具体界定上提供清晰的案例和标准。例如，可以通过详细定义"共同生活所需"的具体范围和条件，明确哪些类型的债务能够被认定为共同债务。此外，还应加强对法官的定期培训，特别是在如何应用这些新的或修正的司法解释方面，确保法官在裁判时能够统一标准，实现判决的一致性和公正性。通过这些措施，可以有效地减少司法实践中的争议和分歧，提升法律的可操作性和可预测性。

---

[1] 赵大伟:《共同财产制下夫妻个人债务执行程序的规则建构》，载《交大法学》2022年第2期。

结　语

夫妻共同财产与共同债务的管理是婚姻法领域中一个复杂且敏感的问题。本文的分析揭示了现行法律在处理夫妻共同财产与债务时存在的主要问题，包括立法框架的不足、法理基础的不一致解释以及缺乏具体的司法实践指导。为解决这些问题，本文提出了具体的改进措施，如增强立法明确性、统一法理解释以及提供详尽的司法指导，这些措施旨在增强法律的透明度和可预测性，确保法律实施的公平性和效率。通过这些改革，可以更好地保护夫妻双方的合法权益，促进家庭和社会的和谐稳定。

论国有企业的公益社会责任与合规管理建设

许光昌[*]

(中国政法大学 北京 100088)

摘 要：国有企业作为我国的支柱型企业，在全球经济一体化的市场环境下，扮演着至关重要的作用。然而，国有企业在承担公益性职能和合规管理方面存在诸多弊病。本文从国有企业公益性以及合规管理的必要性角度出发，探究其在公益性与合规管理过程中存在的问题，针对问题制定合理的优化路径，以促进国有企业健康可持续发展。

关键词：国有企业 公益性 合规

随着我国社会经济的不断发展，国有企业扮演的角色愈发重要。国有企业除营利性职能外，还承担着社会公益的责任。然而，国有企业在承担公益性职能的过程中存在着诸多问题，尤其是如何兼顾公益性与合规管理的关系，不少国有企业在承担公益性责任过程中忽视了合规管理，导致企业发展缓慢。因此，研究国有企业在承担公益性职能的同时如何兼顾合规管理具有重要的现实意义。

一、国有企业公益性的必要性

（一）国有企业提升公益性是顺应国家经济社会发展战略的重要步伐

近年来，我国出台相关文件，提出国有资本要进一步加大对公益性企业的投入。显然，国家在国有资本提升公益性方面给予了强大的支持力度。在市场经济的大环境下，国有企业不仅要贯彻落实国家层面的政治意图，还要

---

[*] 作者简介：许光昌（1989年—），男，汉族，天津人，中国政法大学2023级同等学力研修班学员，研究方向为民商法学。

凭借着在某些行业的垄断地位和在公共资源分配过程中的重要地位，进一步推动公共产品和公共服务更加高效的分配。此外，国家对于国有企业公益性的管理机制提出了更高的要求，要求搭建与经济大环境相适应的公益性国有企业的管理机制，进而激发国有企业承担公益性职能的积极性。

（二）有助于保障国有资产的安全

国有企业作为我国社会主义市场经济的第一主体，覆盖行业广泛，如能源、矿产、制造业、金融、交通、农业、信息技术等，这些领域对国民经济的命脉具有决定性作用。国有企业在如此广泛的领域内承担着公益性职能，向社会提供公共产品和公共服务，提高了全社会的生活水平。因此，国有企业在承担公益性职能的同时，也在间接地保障国有资产的安全。[1]

（三）国有企业提升公益性是企业健康发展的必然要求

对于国有企业来说，之所以能够在激烈的市场竞争中获得良好的生存与发展：一是因为国家资金的大力支持；二是因为在各行业领域的垄断优势。国家给予国有企业大力支持的同时，也提出了承担公益性职能的要求。在未来的市场竞争中，随着社会资本的飞速崛起以及混合所有制的不断发展，竞争将更加激烈。因此，在这种形势下，如果国有企业不能更好地提升公益性甚至视公益性职能于不顾，将会在未来的市场竞争中失去优势，同时也将失去国有企业存在的根本理由。

二、国有企业合规管理的必要性

（一）加强合规管理是国有企业法治建设的必由之路

在当前法治建设背景下，国有企业的健康发展离不开合规管理。全面推进国有企业法治建设，是落实全面依法治国战略的必然要求，依法治国落实到国有企业层面就是依法治企。国有企业应进一步加强合规管理，充分发挥好带头作用，大力推动国有企业法治建设。[2]

（二）加强合规管理是国有企业高质量发展的重要手段

加强合规管理是保障国有企业健康运行的重要方式，也是国有企业高质

---

[1] 田雨：《我国国有企业公益性面临的困境与对策》，载《中国管理信息化》2017年第16期。
[2] 董玉娜：《关于国有企业做好合规管理工作的思考》，载《企业文明》2023年第9期。

量发展的重要手段。国有企业应该以加强合规管理为抓手，防范和应对市场风险，适应市场变化，进一步推动国有企业的高质量发展。

（三）加强合规管理是国有企业国际化的必然条件

国有企业要想参与国外市场竞争，必须加强合规管理。近年来国有企业面临的外部环境发生了深刻变化，许多经济纠纷都以合规的形式出现，这在很大程度上加大了国有企业合规管理的难度。因此，国有企业需要进一步加强合规管理，为在国际市场稳健发展打下坚实基础。[1]

三、国有企业公益性与合规管理过程中存在的问题

（一）国有企业对公益性的重视不足，监管力度有待提升

国家虽然赋予了国有企业经营权利，但是却没有明确规定国有企业营利性和公益性之间的关系，这会直接导致国有企业存在重营利性轻公益性的现象。营利性是企业的"天性"，国有企业也不例外。不少国有企业无偿占有了大量国有生产资料，进而在某一行业形成垄断，高门槛导致市场环境进一步恶化。在这种不健康的市场环境下，国有企业会进一步发展逐利的"天性"，更加轻视承担社会公益性职能，这也是国有企业重营利性轻公益性的直接原因。此外，虽然我国对国有企业的公益性也在监管，但是由于国资委与主管部门对国有企业监管的关系不明晰，监管效果较差，在一定程度上给了国有企业可乘之机，导致国有企业在承担公益性职能过程中出现诸多问题。

（二）合规管理机制难以匹配公益性职能

国有企业在制定内部合规管理制度时，往往以企业核心业务为基础，根据业务的实际情况，参考监管部门下发的文件来制定合规管理制度，这就在很大程度上忽视了公益性职能。国有企业在承担公益性职能时，也需要内部合规管理制度来约束。但是就目前而言，大多数国有企业缺乏针对公益性职能的合规管理制度，一方面会造成提供公益性服务时无规可依，另一方面会存在国有资产流失的风险。因此，国有企业急需制定与公益性职能相匹配的合规管理机制。

---

[1] 王若麒：《国有企业内部合规管理存在的问题及对策》，载《全国流通经济》2024年第2期。

(三) 合规风险管理能力有待提高

我国国有企业内部合规管理发展较晚，水平有待提高。目前，不少国有企业对合规管理的认识还存在欠缺，在制定企业合规管理制度时没有充分考量内外部因素，只是依照相关监管部门下发的文件来制定内部合规管理制度，这会导致制度与企业发展实际不相符，未能发挥制度的真实效用。同时，部分国有企业缺乏合规管理专业人才，且合规审核多是注重表面审核，导致企业合规成为摆设。

四、国有企业公益性与合规管理优化路径

(一) 对国有企业公益性职能进行合理定位

要进一步做好国有企业公益性职能的目标定位，能够使不同类型、不同规模的国有企业找到符合自身的公益性方向，进而充分发挥其公益性职能。要将国有企业的职能定位与市场经济深入结合，对于商业性国有企业和公益性国有企业进行严格划分。例如，供水、供热、供电、医疗卫生等直接关系民生的行业领域，可以划分为公益性国有企业，即不以营利为目标，注重提供公共产品和公共服务；利润较高、与民生福利不发生利害关系的行业领域，可以划分为商业性国有企业。这样一来，就对国有企业的公益性职能进行了合理定位，重营利性轻公益性的问题也会得到一定缓解。

(二) 强化国有企业公益性的监管力度

国有企业公益性职能是否能够有效发挥效用，除国有企业自身是否作为外，与各级国资委及主管部门的监管程度也是紧密联系的。因此，各级国资委和监管部门要真正对监管国有企业公益性职能负责，同时要大力推动外部监管，使得国资委与各监管部门之间形成良好的合作关系，有利于对国有企业的公益性进行监督。

(三) 加强合规风险管理，提高国有企业公益性质效

国有企业的合规管理机制主要包括风险识别和风险应对。在优化合规管理机制的过程中，需要构建完善的风险评估机制，及时发现和处理潜在的合规风险。同时，还要从公益性角度出发，以岗位为基础，全方位分析企业内部各种业务的合规风险，通过全面准确地评估企业的运营情况，为国有企业

公益性职能制定高效的合规管理制度。此外，员工的培训教育同样不可忽视，要通过培训教育来提高员工的风险合规意识，进而提高合规风险管理能力，赋能国有企业高质量发展。[1]

结　语

综上所述，国有企业的公益性与合规管理对于企业的发展具有至关重要的意义。因此，国家监管部门要对国有企业公益性职能进行合理定位，强化对国有企业公益性职能的监管力度，优化合规管理机制，提高合规风险管理能力。更要正确认识到当前国有企业的公益性责任承担与合规管理存在的各种问题，并采取对策有效解决，推动我国国有企业在新的市场环境下健康发展。

---

[1] 沈婷桦：《关于优化国有企业合规管理建设的探析》，载《商场现代化》2023年第4期。

城市低龄老人"返乡养老"法律保障机制完善

赵一达*

(中国政法大学 北京 100088)

摘　要：中国已经进入老龄化社会，随着退休潮的到来，城市低龄老人占老年人口比重持续提高，城市养老服务资源供给压力不断增大。城市低龄老人通过"返乡养老"的形式，规划养老生活，在缓解城市养老难题的同时，为乡村振兴带来了新的发展机遇。完善法规制度，破除城市低龄老人"返乡养老"的体制机制障碍，做好"返乡养老"配套服务，对于振兴乡村、缩小城乡差距具有积极意义，能够实现满足老年人需求的同时推动乡村振兴的实现。

关键词：退休潮　城市低龄老人　返乡养老　乡村振兴　社会保障

根据国家统计局2021年公布的数据，在我国60岁以上人口中60岁~69岁的低龄老人占55.83%。大量"60后"进入老年阶段将改变老年人口的内部结构，养老服务需求迅速增加。[1]城市低龄老人作为老年人的主要群体对于养老的需求亟待国家和社会的关注，应及时出台相应配套法律保障机制保护老年人的合法权益。

一、城市低龄老人"返乡养老"助力乡村振兴的基础

（一）城市低龄老人面临的困境

城市低龄老人到达法定退休年龄后，退出劳动市场时，面对社会角色的

---

* 作者简介：赵一达（1988年—），男，汉族，河北蠡县人，中国政法大学2023级同等学力研修班学员，助理研究员，公职律师，研究方向为社会法学。

[1] 林宝：《"60后"退休潮：特征、影响及应对》，载《人民论坛》2022年第23期。

转换和社会关系的调整容易产生适应不良的现象，损害身心健康。他们面临社会融合的挑战，可能感到被边缘化，这导致他们感到孤独和失落。退休后的生活可能会让低龄老人感到空虚和无聊。他们可能会失去工作带来的成就感和自我价值感，同时也可能面临与家人和朋友的分离。这可能导致他们出现焦虑、抑郁等心理问题。建立新的社交圈子以及保持与社会的良性互动，对他们来说至关重要。2021年，中共中央、国务院《关于加强新时代老龄工作的意见》提出，要促进老年人社会参与，鼓励老年人继续发挥作用，把老有所为同老有所养结合起来，充分发挥低龄老人的作用。促进低龄老人社会参与，有助于老年人摆脱伦理困境，能够促进老年人伦理安全的构建，进而促进老年人生命质量与社会质量的提高。

（二）城市低龄老人的独特优势

城市低龄老人拥有独特的优势，他们在社会、经济和文化等多个方面都具有重要的价值和作用：一是健康状况相对良好；二是拥有丰富的经验和技能；三是具备稳定的经济基础；四是怀有强烈的社会参与意愿；五是具有浓厚的乡土情结。农村是城市的根，相当比例的城市低龄老人出生在农村，成长在农村，父母亲人留在了农村，农村是他们难以割舍的故乡。随着社会的发展和老龄化趋势的加剧，我们应该更加重视和发挥低龄老人的优势，引导他们在社会发展中发挥更大的作用。

（三）城市低龄老人"返乡养老"

近年来，在国家乡村发展政策的指导下，新农村建设持续稳步推进，乡村环境水平和基础设施建设持续改善，为"返乡养老"奠定了基础。养老意愿调查显示，城乡流动人口中82.6%选择靠自己养老，76.7%选择回乡养老，自我养老和回乡养老逐渐成为养老的主流选择。[1]返乡的人群主要包括三种类型：一是在农村出生、成长，成年后通过参军、读书等途径将户口转移到城市工作的体制内人员；二是出身农村，在城市就业、购房、定居，在达到政策要求后，取得城市户口的社会就业人员；三是进城务工的农民工群体；四是长期生活在农村，进城照顾晚辈的群体。中国传统社会长期发展，形成

---

［1］ 刘厚莲：《靠谁养老、去哪养老：乡城流动人口养老意愿分析》，载《人口与发展》，2019年第3期。

了古老的"叶落归根"传统，普遍性的进城乡村人口返乡养老将逐渐成为趋势。[1]返乡养老对城乡融合发展具有重要意义。一方面，可以通过分流的方式有效降低城市养老压力，缓解养老服务供给不足与养老服务需求持续提高的矛盾。另一方面，城市老年人自愿返回乡村养老，享受乡村生活，可以更好地满足情感需求。在返乡老人中有相当比例的各方面人才，他们在乡村养老的同时也为乡村带来了发展的机遇。

二、城市低龄老人"返乡养老"的现实意义

（一）乡村振兴面临的人才困境

改革开放以来，随着城市化的不断推进，城乡二元结构越来越明显，大量乡村人才向城市流动。在利益驱动下，乡村的"草尖"群体逐渐流向城市，农村籍大学生毕业后，多数选择在城市就业，较少选择回到乡村工作。这使得乡村振兴工作中，大多是"草根"群体留守，缺少高素质、高层次的技术人才，农业生产经营人员整体学历水平偏低，乡村劳动力整体受教育水平不高。[2]我国乡村分布广，数量多，发展程度差异大，导致乡村人才区域分布不均衡，且乡村人才多专注于生产，缺少懂经营、善管理的复合型人才。

（二）乡村振兴的差异化定位

国家建立健全城乡融合发展的体制机制和政策体系，推动城乡要素有序流动，推动形成城乡互补、协调发展、共同繁荣的新型工农城乡关系。目前政府和社会对返乡创业关注度较高，对返乡养老重视程度不足，对改善乡村养老环境关注程度不够。要在乡村振兴中处理好与城市的关系，需要立足乡村特点，通过差异化定位实现乡村振兴。城市提供就业和创业机会，乡村则提供休闲和宜居环境；城市吸引中青年人群，农村则吸引退休人群；城市发展规模化工商业，乡村发展与养老休闲有关的服务业。针对老年人群的健康

---

[1] 王兴周：《归根传统与乡村振兴背景下的返乡养老——基于广东省的焦点小组访谈》，载《学海》2023年第1期。

[2] 李豆叶：《乡村振兴中河北省城市低龄老年人才参与农村建设意愿研究》，河北经贸大学2020年硕士学位论文。

和生活需要，与城市形成互动，合力建设城乡一体化养老服务体系。[1]为推动乡村振兴的实施，《"我的家乡我建设"活动实施方案》提出"鼓励引导退休教师、退休医生、退休技术人员、退役军人等回乡服务"，为农村建设注入新动力提供了政策层面的支持与保障。

（三）城市低龄老人助力乡村振兴的途径

促进乡村振兴明确了产业兴旺、生态宜居、乡风文明、治理有效、生活富裕的总要求，城市低龄老人在合理规划养老生活的同时，结合自身优势参与乡村建设，对乡村振兴的顺利实施将起到不可估量的作用。首先，可以传承和弘扬乡村的传统文化。作为乡村文化的承载者和传承者，通过讲述乡村故事、传授乡土技艺等方式，将乡村文化代代相传。其次，可以将农业生产经验传授给年轻人，促进农业生产的传承和发展。利用自己的闲暇时间参与农业生产，通过种植蔬菜、养殖家禽等，发展乡村经济。再次，可以作为乡村智囊团的重要成员。他们对乡村的地理环境、人文历史、农业生产等方面有着深入的了解和独到的见解。在乡村规划和决策过程中，听取他们宝贵的建议和指导，制定出更合理、更符合实际的乡村发展规划。最后，返乡养老将为农村养老产业带来希望，随着"返乡养老"逐渐成为潮流，不断增长的老年服务需求能够推动乡村养老服务、住宿餐饮、乡村旅游等第三产业的发展。[2]

三、探索构建城市低龄老人"返乡养老"的法治保障

城市低龄老人返乡养老与乡村振兴可以互相促进，形成良性循环，有利于解决我国日益严峻的老龄化问题，又可以为乡村发展注入新活力，为实现乡村振兴的目标提供一条切实可行的发展路径。在"返乡养老"的实践逐渐进入公众的视野的同时，围绕城市低龄老人"返乡养老"产生的新问题亟待解决。需要城乡共同发力，加强法律保障，解决城市低龄老人返乡的后顾之忧。

第一，优化政策法规，降低返乡门槛。政策法规方面，地方基层政府配

---

[1] 王兴周：《归根传统与乡村振兴背景下的返乡养老——基于广东省的焦点小组访谈》，载《学海》2023年第1期。

[2] 陈颖、王红妹：《城市居民"养老下乡"与农村经济发展》，载《人民论坛》2018年第16期。

套出台低龄老人参与乡村振兴的政策法规框架，结合实际，稳步执行。[1]社会保障制度方面，确保城市低龄老人返乡后能够继续享受原有的社会保障待遇，同时探索建立更加灵活、适应性强的农村社会保障体系，以满足不同老人的需求。公共服务流程方面，简化返乡手续，针对城市低龄老人返乡养老的需求，地方基层政府应简化相关手续，降低返乡门槛，使老人能够更方便地回到家乡。

第二，加强基础设施建设，提升农村养老条件。改善农村交通条件，加大农村交通基础设施建设的投入，提高农村道路等级和通行能力，方便城市低龄老人返乡养老。进一步完善农村医疗设施，加强农村医疗设施建设，提高农村医疗服务水平，确保城市低龄老人返乡后能够享受到优质的医疗服务。

第三，促进居委会参与，营造和谐养老环境。倡导乡村居民积极支持城市低龄老人返乡养老，形成互助互爱的乡村氛围，为老人提供必要的帮助和照顾。通过组织各种乡村活动，增进老人与乡村居民的交流与互动，丰富老人的精神文化生活，提升他们的生活质量。

第四，加强法律宣传教育，保障老人权益。针对城市低龄老人返乡养老过程中可能遇到的法律问题，开展有针对性的法律宣传活动，提高老人的法律意识和维权能力。建立健全法律援助机制，为城市低龄老人在返乡养老过程中提供及时、有效的法律援助服务，保障他们的合法权益不受侵害。

第五，推动产学研合作，探索创新养老模式。要鼓励高校、科研机构和企业等开展产学研合作，共同研究城市低龄老人返乡养老的问题和挑战，探索创新的养老模式和服务方式。及时总结和推广在城市低龄老人返乡养老方面的成功经验和做法，为更多老人提供可借鉴的参考和启示。

---

[1] 田钰燕：《低龄老年人参与乡村振兴的制度环境、主体类型与实践方式》，载《三晋基层治理》2024年第1期。

数字化背景下商业秘密的法律保护与挑战分析

冯燕珍*

(中国政法大学 北京 100088)

摘　要：在信息技术高速发展和普及的时代，企业经营发展已经离不开互联网。企业的所有经营数据包括商业秘密，几乎都以数字化的形式存储于互联网云端系统、内部系统等媒体当中，为企业汇集和使用数据带来了便利。但同时也增加了商业秘密暴露的风险，网络不法分子很容易通过技术手段窃取企业的商业秘密。因此，本文将对商业秘密的定义、数字化背景下商业秘密的特征进行分析，结合现行商业秘密的法律保护模式，分别对当前数字化背景下商业秘密面临的挑战进行研究。

关键词：商业秘密　立法保护　数字化

随着5G时代到来，互联网信息快速发展，网络信息大量汇集，为经济发展带来了便利和深远的影响，同时网络不法分子侵入手段越来越多，方式更加隐蔽，商业秘密被泄露的风险也在增大，造成的企业经济损失不可估量。如何在数字化时代加强商业秘密的保护成为亟待解决的问题。

一、商业秘密的定义和特性

（一）商业秘密的定义

目前，我国法律对商业秘密的定义最早出现在1993年施行的《反不正当竞争法》，2017年修订的《反不正当竞争法》将商业秘密的定义进行了修订，将"实用性"这一构成要件删除，2019年修正的《反不正当竞争法》再次对

---

* 作者简介：冯燕珍（1986年—），女，汉族，广东佛山人，中国政法大学2023级同等学力研修班学员，研究方向为经济法学。

商业秘密进行了修正,将商业秘密的范围进行了扩大。根据《反不正当竞争法》第9条,商业秘密是指不为公众所知悉、具有商业价值并经权利人采取相应保密措施的技术信息、经营信息等商业信息。从定义可以看出,商业秘密具有三个特性:秘密性、价值性、保密性。数字化的商业秘密也不例外,也应同时具备以上三个特性。

商业秘密属于知识产权范畴,但商业秘密与商标、发明专利等知识产权不同,商标、发明专利经商标局、专利局审核通过后,即获得官方认可并受法律保护。依靠权利人自身采取秘密保护措施加以保护,并符合商业秘密的三个特性才能被认定为商业秘密,只能靠权利人自身的努力去实现,因此商业秘密相比其他知识产权所获得的保护力度更弱。

(二)数字化背景下商业秘密的特性

与传统纸质时代相比,数字化时代的商业秘密具有多种特性:

1. 载体、储存形式多样化

传统的商业秘密多以纸质文件呈现,并存放在保险柜等不易被多数人接触的地方。数字化时代的商业秘密以各种电子数据、图片、图纸、代码、符号、音频等多种方式产生,呈电子数据化信息化趋势。储存方式也比较丰富,例如云端系统、电子磁盘、个人服务器等,并与互联网连接,容易被多数人接触。

2. 侵权主体广泛

商业秘密泄露的原因主要有内部人员泄露和外部不法分子窃取。内部员工可能利用职务之便,借助接触商业秘密的机会进行复制、拷贝并对外披露;外部的网络服务提供者、网络黑客则可能利用网络漏洞、网络技术、病毒等手段对网络保护措施进行破坏,从而窃取商业秘密。侵权主体已从纸质时代的高级管理人员、核心技术人员扩大到网络黑客等不法分子,侵权者身份复杂且难以辨别。

3. 侵权影响范围广

网络信息瞬息万变,商业秘密一旦被泄露,可能会在短时间内被广泛传播,被广大网络用户所知悉,影响范围非常广,给权利人造成严重影响,从而使企业损失市场核心竞争力、商誉等潜在价值。

二、商业秘密的法律保护模式

现行关于商业秘密的立法模式是分散式立法模式。《民法典》第123条将商业秘密列入知识产权范畴，并在第 501 条规定订立合同的当事人负有保守对方商业秘密的义务，如造成损失应当承担赔偿责任。《反不正当竞争法》经历了两次修改，对商业秘密的定义进行了修正和拓展，对侵犯商业秘密的赔偿金额和行政处罚金额作出了相应规定，并在举证责任分配方面作出规定，在一定程度上减轻了商业秘密权利人的举证责任。国家市场监督管理总局 2024 年公布的《网络反不正当竞争暂行规定》明确经营者不得利用技术手段，非法获取、使用其他经营者合法持有的数据，此处所指的数据不限于商业秘密，因此保护范围更广，对经营者更有利。

除此以外，《刑法》也规定了侵犯商业秘密罪。最高人民法院《关于审理侵犯商业秘密民事案件适用法律若干问题的规定》对审理侵犯商业秘密案件的细节、认定标准、举证责任等方面都作出了更加详细的规定，对案件的审理起到了重要的指导作用。国家工商行政管理局《关于禁止侵犯商业秘密行为的若干规定》对举证责任分配、处罚金额等细节作出了规定。最高人民检察院、公安部《关于修改侵犯商业秘密刑事案件立案追诉标准的决定》对立案追诉的标准和损失的数额的认定作出了规定。不同法律法规从多个方面对商业秘密进行了立法保护。

三、数字化背景下商业秘密保护的挑战

（一）尚未形成统一立法体系

目前，我国关于商业秘密的立法保护在民事、刑事、经济等多个方面已有所涉及，相关规定经过多次修改，更多新的法律法规出台，对商业秘密的立法保护已逐渐完善。但由于相关规定分散于不同性质的法律法规当中，刑事、民事、经济等相关立法的宗旨和价值追求不尽相同，容易出现认定标准不统一的问题，未能形成统一的体系，给司法适用造成了一定困难，因此我国亟待建立完善的商业秘密保护法律体系。[1]

（二）举证困难

国家工商行政管理局《关于禁止侵犯商业秘密行为的若干规定》形成了

---

[1] 刘瑛、耿雨亭：《大数据背景下的商业秘密保护》，载《北京工业大学学报（社会科学版）》2017 年第 3 期。

"实质性相似+接触-合法来源"这一举证规则，与《民事诉讼法》规定的"谁主张，谁举证"的基本举证责任规则相比，一定程度上实现了举证责任倒置，减轻了权利人的举证责任。《反不正当竞争法》将这一举证规则修订为"实质性相同+接触-合法来源"，即由"相似"上升为"相同"，对权利人的举证责任提出了更高的要求。[1]但由于商业秘密的侵权方式具有隐蔽性，侵权手段多样，且大多采用高科技手段，足不出户即可完成侵权行为，会给权利人在获取初步证据方面造成一定的困难。在互联网数据时代，权利人在确定侵权主体方面往往存在一定困难，需要借助公安等司法机关进行调查，但刑事犯罪立案标准较高，权利人难以通过刑法来追究侵权人责任。[2]

即使权利人已初步确定侵权主体，但在实质性相同方面的举证仍需提供相关的证据，对于缺乏技术手段的中小型企业来说，未必具备相应的条件，需要借助专业鉴定机构进行鉴定，但能够对数字化信息类型的商业秘密进行鉴定的鉴定机构数量较少，给诉讼程序的进一步推进造成了困难。被诉侵权人在证明被诉侵权信息与商业秘密存在实质性区别方面的举证也面临着同样的困境。

（三）赔偿金额较低

虽然《反不正当竞争法》等法律法规对商业秘密权利人获得的侵权赔偿数额已作出相关规定，但仍不够具体，在司法中难以适用。在数字化时代，商业秘密侵权造成权利人的经济损失比传统纸质时代更为严重，权利人对商业秘密侵权损失举证存在困难，且法院根据商业秘密的性质、商业价值、研究开发成本、创新程度、能带来的竞争优势以及侵权人的主观过错、侵权行为的性质、情节、后果等因素进行自由裁量，最后判决的金额往往比权利人实际遭受的损失更低。且法律在损失难以确定的情况下，设定了500万元的法定赔偿上限，可能会造成对权利人的保护不足，难以弥补侵权行为带来的经济损失，对被侵权行为震慑力不足。

---

[1] 刘瑛、耿雨亭：《大数据背景下的商业秘密保护》，载《北京工业大学学报（社会科学版）》2017年第3期。
[2] 高重迎、胡高杰：《企业数据商业秘密保护的困境与制度完善》，载《河南科技》2024年第4期。

结 论

企业经营信息、商业秘密呈数字化趋势,商业秘密作为经营者的核心竞争力之一,能为经营者带来巨大经济价值,一旦商业秘密被窃取,对经营者造成的损失难以估计。但由于互联网信息技术发展过快,目前我国对商业秘密的法律保护已跟不上时代发展速度,数字化背景下商业秘密面临多种困境与挑战。立法方面需要建立统一完善的商业秘密保护体系;司法方面应当为存在举证困难的权利人提供调查帮助,助力诉讼程序进行。同时,司法机关在权利人难以确定损失数额的情况下,应充分考虑权利人的投入成本和可得利益,以及对侵权行为的惩罚性,优化赔偿金额判定标准。

居住权与抵押权的法律冲突及其优先解决机制研究

郭德美[*]

(中国政法大学 北京 100088)

摘 要: 居住问题对于国民来说一直是首要问题,也符合几千年来"安土重迁、落叶归根"的传统思想。如何保障全体人民尤其是困难人民能够住有所居是我们的奋斗目标。党的十九大报告提出,要加快建立多主体供给、多渠道保障租购并举的住房制度。《民法典》更是以法典的形式写入居住权,进一步满足权利人稳定生活居住需要,为以房养老提供法律保障。但在司法实践中,同一物上的居住权与抵押权往往会出现法律冲突,如何解决优先机制,实现公平正义尤为重要。从居住权和抵押权的实现顺位冲突入手,可以实现平衡不动产的居住权人与抵押权人利益的目标。

关键词: 居住权 抵押权 保障交易 优先解决机制

居住权制度起源于罗马法的人役权制度,具有悠久的历史。居住权制度的确立对于老人养老、离婚时处于弱势一方的基本生活保障、未成年子女成长环境的保障具有重要意义。在我国,《民法典》首次以法典的形式确立了居住权制度,明确了居住权设立的方式和条件等内容,但法条中并未详尽居住权的具体适用等规定。近些年来,关于居住权与抵押权的法律冲突的问题越来越多,仅以本文浅谈居住权与抵押权的优先解决机制。

---

[*] 作者简介:郭德美(1993年—),女,汉族,安徽合肥人,中国政法大学2023级同等学力研修班学员,研究方向为民商法学。

一、居住权与抵押权的概念以及并存的正当性

（一）居住权的概念与特征

居住权是指自然人依据书面合同或遗嘱的方式对他人的住宅取得占有、使用的一种用益物权，以满足生活居住的需要。居住权是他物权，具有用益性，设立居住权是"物尽其用"原则的体现。[1]

居住权的取得方式主要有两种，即书面合同和遗嘱。在合同或遗嘱中应当明确当事人的详细信息、住宅的详细信息、如何达到居住的条件和要求以及居住权设立的期限。之所以明确居住权人的身份，是因为居住权的设立在于满足基本生活居住的需要。居住权具有人身性及专属性，即只有特定的自然人可以成为居住权人，居住权人对于他人的住宅只享有占有和使用的权利，并不享有收益的权利，居住权人不能对住宅进行出租等营利活动。也就是说，居住权不得再次转让，也不能继承，否则可能会导致该权利被赋予商业价值，流动于交易市场，从而有悖满足基本生活需要的立法初衷。明确居住的条件和居住权的期限，也是为了便于居住权的实现以及居住权与其他权利并存的法律要求。值得注意的是，设立居住权应当由当事人向房屋所在地的不动产登记机构申请并办理登记，居住权自登记时设立。

（二）抵押权的概念与特征

抵押权是债务人或者第三人，在不转移占有的情况下，将财产抵押给债权人，在债务人不履行到期债务或者发生当事人约定的其他实现抵押权的情形时，债权人有权就该财产优先受偿的一种担保物权。设立抵押权可以促进交易，保护交易安全，同时不妨碍财产所有人对物的占有和使用。

抵押权是针对财产的交换价值而设定的一种权利，设立目的在于以担保财产的交换价值保障债权得以实现。作为债权人，如果债务人未能依约清偿债务，那么其有权在抵押范围内就抵押财产主张优先受偿，从而保障自身权益得到实现。作为抵押物所有人，其为债权人设立抵押权系为了担保主债权的实现，并没有让渡抵押物占有的意思表示，抵押权的设立并不影响抵押物

---

[1] 陈少强：《居住权与抵押权的竞存及实现位序》，载《沈阳工业大学学报（社会科学版）》2023年第6期。

所有人对抵押物的占有和使用。抵押权系从权利，不可独立于主债权，作为担保物权，抵押权的存在、转移和消灭都从属于主债权。

（三）居住权与抵押权并存的正当性

居住权与抵押权的并存，契合一物一权的原则，依该原则，在先设立的物权可与其在性质和内容不相冲突的后设物权并存。同一物上既可以设立居住权，也可以设立抵押权。物权人的利益，表现为对于物的用益价值和交换价值的享受。故对所有权人而言，为释放物之使用价值，可以设定用益物权；为发挥物之交换价值，可以设立担保物权。居住权属于用益物权，抵押权属于担保物权。[1]居住权在于对物的占有和使用，抵押权在于对物的优先受偿，两项权利可以并存于同一物上。市场经济大环境，物权的价值化趋势越来越强，比较常见的是在不影响正常居住的情况下，以不动产作为抵押担保申请贷款用于生意周转。然而，在司法实践中，尤其在执行程序中，就同一物上的各项权利实现而言，如何确定居住权与抵押权的冲突顺位、如何防止行为人借助居住权从而规避抵押权实现的道德风险等问题亟须进一步解决。

二、居住权与抵押权的法律冲突及其优先解决机制

居住权制度虽然是首次写入民法典，但在实务中关于居住权适用问题的探讨却是由来已久。房屋所有权人在房屋存有抵押权的情况下与他人达成协议，将自己的房屋在一定的时间里供他人有偿或无偿居住，或者在设置居住权后又在房屋上设置抵押权，诸如此类的操作，在现实中很常见。笔者类比租赁权与抵押权的法律关系，对实践中可能出现的问题归纳出以下两种情形：

（一）在先设立的抵押权与在后设立的居住权冲突问题

根据《民法典》第368条、第402条的规定，不管是居住权还是抵押权的设立均应当以登记为权利设立的条件以及对抗他人的要件。以不动产为例，若想设立居住权或抵押权，均须向不动产登记机构办理登记手续。既然登记是权利设立的必经流程，那么登记簿记载权利设立的时间先后顺序一目了然。因此，在先设立了抵押权的情况下，居住权人即便声称对抵押情况不知情也

---

[1] 陈少强：《居住权与抵押权的竞存及实现位序》，载《沈阳工业大学学报（社会科学版）》2023年第6期。

很难对抗抵押权，居住权人在居住权设立前后完全可以查询不动产的权属情况，我们可以视为居住权人知道或者应当知道抵押权存在的事实，在此情况下仍设立居住权，应推定居住权人自愿承担不利后果。[1]最高人民法院《关于人民法院民事执行中拍卖、变卖财产的规定》第28条明确，拍卖财产上原有的租赁权及其他用益物权，不因拍卖而消灭，但该权利继续存在于拍卖财产上，对在先的担保物权或者其他优先受偿权的实现有影响的，人民法院应当依法将其除去后进行拍卖。可见，人民法院针对以上情形应当优先保障抵押权人的利益。

（二）在先设立的居住权与在后设立的抵押权冲突问题

《民法典》第405条规定："抵押权设立前，抵押财产已经出租并转移占有的，原租赁关系不受该抵押权的影响。"举轻以明重，类比到居住权与抵押权的关系中可知，抵押权设立前标的物已经存有居住权时，在后设立的抵押权难以对抗在先设立的居住权。人民法院处理此类案件时，如果评估不动产的价值无法同时满足抵押权人和居住权人的利益且协调无果的情况下，应当优先保障居住权人的利益。

以上两种情形的处理方式虽已解决了诸多居住权与抵押权冲突优先级的问题，但实践中，往往存在很多人为制造虚假冲突条件损害他人合法利益的行为：例如，通过倒签合同等方式设立虚假的居住权以对抗抵押权或者无权处分人通过虚假的抵押方式最终取得财产而妨害居住权人占有、使用不动产，人民法院在办理类似案件时往往仅通过形式审查确定权利优先级，对于权利设立的真实情况通常不作或难以作实质审查。如何通过完善法律法规并联合行政机构进一步规范居住权以及抵押权的登记程序仍是无法回避的重要课题。

结　论

通常来说，居住权与抵押权发生法律冲突时，应当按照登记公示时间的先后来确定优先顺序。在协调居住权与抵押权的利益时，以物尽其用为基础，保护交易安全为前提，按照登记先后顺序来进行。因此在设立居住权或抵押

---

[1] 孙昂、曹军宇：《强制执行中居住权与抵押权的冲突与平衡》，载《山东法官培训学院学报》2022年第2期。

权前，各方当事人应当充分了解不动产的权利状态，通过不动产登记部门及时查询不动产的抵押权、居住权设立情况，从而作出更加有利于自己利益实现的决定。人民法院在处理抵押权、居住权并存的案件时，除了进行形式审查，也应当注意权利设立的基础材料以及背后是否具有真实的基础法律关系，从而保障合法权益的实现。

乡村振兴背景下宅基地使用权流转的方向和路径探索

李 凤[*]

(中国政法大学 北京 100088)

摘 要：我国法律规定，宅基地使用权主体限于本集体经济组织成员，也只能在本集体经济组织内流转。宅基地使用权作为农民的一种重要财产权利，只能处于静止状态而无法发挥财产价值，成为限制农村发展的一项重要因素。农村发展相对落后、空心村出现、农村劳动力外流也说明了这一点。从宅基地使用权流转的理论基础和现实需要出发，宅基地使用权流转具有必要性。

关键词：宅基地使用权流转 三权分置 乡村振兴 城乡融合发展

关于宅基地使用权是否应该流转，"自由流转说"认为宅基地使用权流转或处分是宅基地财产属性的题中之义。[1] "有限流转说"认为应在设定限定条件的基础上放开并规范宅基地使用权对外流转市场。[2] "限制流转说"认为我国宅基地使用权是农民集体为保障本集体成员住房为其设定的用益物权，不是开发经营性质的用益物权。[3] 核心在于农村宅基地的社会保障功能和农民宅基地财产权利实现之间的博弈。

---

[*] 作者简介：李凤（1980年—），女，汉族，吉林梨树人，中国政法大学2021级同等学力研修班学员，研究方向为民商法学。

[1] 高圣平：《宅基地制度改革试点的法律逻辑》，载《烟台大学学报（哲学社会科学版）》2015年第3期。

[2] 宋志红：《中国农村土地制度改革研究：思路、难点与制度建设》，中国人民大学出版社2017年版，第132页。

[3] 韩松：《宅基地立法政策与宅基地使用权制度改革》，载《法学研究》2019年第6期。

一、宅基地使用权流转的理论基础

（一）物权应受到平等保护

宅基地使用权是用益物权，是指依法对集体所有的土地享有占有和使用的权利。《民法典》第363条规定，宅基地使用权的取得、行使和转让，适用土地管理法律和国家有关规定，但土地管理法规定宅基地使用权只能由本集体经济组织成员获得。因此，向本集体经济组织以外的成员转让自有房屋会由于法律上的禁止规定，而导致转让合同无效。这是城乡二元结构下宅基地使用权的身份属性、政治属性、农民居住保障属性决定的。但在乡村振兴、建立健全城乡融合发展机制背景下，在严守土地公有制性质不改变、耕地红线不突破、农民利益不受损三条红线的情况下，赋予宅基地使用权以收益权能尤为必要。

（二）资格权作用须有效发挥

将宅基地资格权分离出来并保障其发挥作用，是破解农村宅基地社会保障功能和农民宅基地财产权利实现矛盾的关键。集体经济组织成员身份是享有宅基地资格权的前提条件，宅基地资格权是农村宅基地使用权进入市场的前提和确定利益归属的根据，也是本集体内外的个人或组织取得使用权的基础。宅基地资格权人可以保留资格权，转让宅基地使用权或者在宅基地使用权转让期限届满后依据事先约定的条件收回宅基地使用权，以对宅基地资格权的保障实现对农民利益的保障。

为防止农民为了眼前利益而转让宅基地使用权导致自己流离失所，抑或出现资本囤积土地现象，须配套相应法律法规对宅基地使用权转让和受让条件进行限制，鼓励盘活利用农村闲置宅基地和闲置住宅，[1]禁止违法违规买卖宅基地。

（三）农民产权利益要有效保护

宅基地使用权作为对农民居住权的保障，是城乡二元结构的产物，是宅基地的传统价值。但随着工业化城镇化进行的加快，农民对美好生活的向往

---

[1] 刘士国、陈紫燕：《"三权分置"的理论突破与未来方向》，载《探索与争鸣》2022年第6期。

照进现实,对宅基地也有了更高层次的需求。[1]大量农村劳动力走向城镇,部分劳动力选择留在城市,然而创业启动资金抑或在城市购房的资金缺乏融资渠道是必须面临的难题。农村宅基地使用权是农民的财产权,但因其转让受到"一户一宅""非本集体经济组织成员不能使用本集体宅基地"等规定的限制,宅基地使用权基本处于静止状态,宅基地上房屋也无法自由流转,无法发挥其财产价值,严重阻碍了农民的融资渠道。农民的财产权益不能得到充分的保护,"三农"问题也无法从根本上得到解决。要实现城乡融合发展,必须赋予宅基地使用权以收益权能,扩大其流转的受让主体范围,才能真正使农民的财产权益得到保护。

二、宅基地使用权流转的现实需要

(一) 闲置现象凸显

《中国农村发展报告(2017)》显示:2001 年至 2011 年,农村人口减少 1.33 亿,农村居民点用地增加 3045 万亩,农村新增的闲置住房高达 5.94 亿平方米,市场价值近 4000 亿元,这个数字还在持续上涨。这说明土地闲置和宅基地浪费现象日益严重。避免宅基地闲置浪费,提高土地利用效率已经成为农村发展进程中亟待解决的问题。

(二) 隐性交易严重

在中国裁判文书网以"民事案件、宅基地"为关键字进行搜索,2023 年、2022 年的裁判文书数量分别是 12 978 件、23 034 件;以"民事案件、宅基地使用权"为关键字进行搜索,2023 年、2022 年的裁判文书数量分别是 3972 件、6838 件,这说明宅基地相关纠纷数量较高。在我国农村地区,长期存在宅基地使用权流转隐性交易,出于财产收益等方面的考虑,农民违法将宅基地使用权转让给本集体经济组织以外的农户甚至城镇居民的现象时有发生。这种不受法律保护的交易行为,一旦出现拆迁、一方反悔等情况,必然发生纠纷,使转让双方当事人的利益处于不确定的状态,扰乱土地市场秩序。

---

[1] 陈浩:《宅基地使用权流转:从限制到开禁的现实与法理逻辑》,载《山东科技大学学报(社会科学版)》2021 年第 5 期。

(三) 乡村振兴需要

目前,我国农民人均收入同城市居民人均收入差距仍然较大,加上基础设施、医疗、教育、就业、社会保障等方面的差距,导致农村凋敝现象日益严重。这需要我们重新审视农村改革的体制机制。土地是经济发展的重要资源,宅基地使用权是农民的一项重要财产权,在保证农村宅基地所有权性质不变、农民宅基地资格权有效保护的前提下,释放宅基地使用权的财产属性是乡村振兴的必然出路。

三、宅基地使用权流转的路径探索

(一) 完善法律法规

按照《民法典》第363条的规定,宅基地使用权的取得、行使和转让,适用土地管理的法律和国家有关规定。这也为完善宅基地使用权的取得、行使和转让预留了立法空间。可以先通过制定法规、部门规章、地方性法规的形式选择部分省市进行试点,对民法典的原则性规定进行细化,增强可操作性。具体内容包括宅基地所有权归属,资格权取得、确认、消灭,使用权的流转方式;宅基地登记制度,包括宅基地的资格权、使用权的取得、流转、消灭等方面的登记,地上房屋状况的登记;宅基地使用权流转的条件、期限、合同内容;宅基地使用权流转的监管等。

(二) 丰富流转形式

自2015年全国农村土地制度改革试点陆续实施以来,取得了丰硕的成果,也逐步探索出了许多宅基地使用权流转的方式方法。如义乌市允许宅基地使用权通过买卖、赠与、互换或其他方式"入市"流转。西安市高陵区规定在符合规划和用途管制的前提下,允许农户将宅基地使用权在一定年限内转让、出租、抵押,农户保留宅基地资格权。[1]要促进城乡融合发展,必须使人、地、钱等各种要素在城市和农村之间有序有效流动,通过市场机制实现资源优化配置。当然,宅基地使用权的流转方式要因地制宜,结合各地的自然资源、人文地理、区位特点、产业基础等条件选择合适的模式,进行逐

---

[1] 徐幸、庞亚君:《农村宅基地"三权分置"的实践探索——浙、陕、赣宅基地改革调研报告》,载《浙江经济》2019年第24期。

步推进。政府、集体必须发挥好总舵手的作用,根据区域实际采取合理的宅基地使用权流转模式。

(三) 强化监督管理

宅基地流转关系国家、集体以及农民等多方利益主体,涉及国家土地利用规划、乡村振兴、农民利益保护等多方面问题,必须对宅基地流转进行全流程监督管理。一是明确监督管理部门及职责,分级分类确定集体经济组织、乡镇人民政府、自然资源主管部门的监督管理职责。二是强化对违法违规行为执法力度,对于宅基地使用权流转中发生的违法违规行为,土地管理部门必须加大执法力度。三是建立完善公开公示制度,对宅基地资格权、使用权的取得、流转、年限、消灭等进行公开公示,采取流转公示生效制度。

结　论

我国农村和城市之间无论在基础设施、公共服务,还是在创业就业、社会保障、教育医疗等方面依然存在较大差距。有必要进一步反思、总结我国农村的改革举措。在三条红线不能破的基础上,宅基地使用权流转制度必须建立和完善,让生产要素在城乡之间流动起来。宅基地三权分置已经为破解宅基地使用权流转奠定了坚实的理论基础,还需要尽快探索出一条适合我国农村的宅基地改革实践之路。

数字化背景下商业秘密的保护挑战与应对

谭忠杰[*]

（中国政法大学 北京 100088）

摘 要：商业秘密是企业竞争力的重要资产，随着数字化技术的迅猛发展，企业商业秘密的范围不断扩大，其体现的企业竞争力日益凸显。然而，商业秘密的保护在数字化背景下也面临着诸多挑战。本文旨在探讨数字化背景下商业秘密的法律保护现状，分析其面临的挑战，并提出相应的对策和建议，以期为企业在数字化时代更好地保护商业秘密提供参考。

关键词：数字化 商业秘密 法律保护

商业秘密是指不为公众所知、能为权利人带来经济利益、具有实用性并经权利人采取保密措施的技术信息和经营信息。商业秘密作为企业一项重要资产，越来越关乎企业的核心竞争力。[1]商业秘密本身就是一种信息类资产，有不同于固定资产类的特殊性。信息具有易复制和传播的特性，对它的存储、保护带来了很大的挑战。在数字化背景下，企业商业秘密的范围比以往更大，例如数据资产、大数据信息，随着网络信息化普及和成熟，商业秘密的泄露风险和保护难度急剧加大。

一、数字化背景下商业秘密的法律保护现状

商业秘密首先是一种信息资产。传统的企业商业秘密主要包括如设计、程序、产品配方、制作工艺、制作方法、管理诀窍等信息。[2]在数字化背景

---

[*] 作者简介：谭忠杰（1973年—），男，汉族，河北馆陶人，中国政法大学2022级同等学力研修班学员，研究方向为经济法学。

[1] 贾大智等：《基于云存储实现商业秘密的保护》，载《信息安全与技术》2013年第9期。

[2] 万士旭：《数字经济中企业商业秘密的法律保护》，载《现代商业》2009年第30期。

下,以数据为重要经营资产的公司中,大数据信息成为企业无形资产,企业商业秘密的概念和范围扩大。我国已经建立了商业秘密法律保护体系,比如《反不正当竞争法》明确了商务秘密的定义以及禁止侵犯商业秘密各种行为,《刑法》第219条规定了侵犯商业秘密罪等。这些法律法规为商业秘密的保护提供了法律依据,明确了侵犯商业秘密的法律责任。然而新技术带来的应用场景变化、不可预料情况频繁出现,商业秘密保护的法律体系难以快速跟上新变化,对商业秘密的保护面临诸多挑战。

二、数字化背景下商业秘密保护面临的挑战

(一)网络使用的双重特性

数字化时代,商业秘密以数字形式存储在网络空间,网络对信息的传输方便快速,同时也带来了信息的易泄露性。由于网络空间所存储的信息具有商业利益价值,其常常成为网络窃取的对象,加上网络可能存在的漏洞,网络空间成为商业秘密泄露的主要场域。黑客通过入侵企业网络系统,窃取商业秘密给企业带来巨大损失的情况时有发生。

(二)企业内部泄露商业秘密的风险增加

企业员工是企业商业秘密的直接使用或紧密接触者,而员工对商业秘密经常是"日用而不觉",保护意识不强。数字时代下,除日常公共场合聊天外,不经意的泄密方式和途径更多。比如无意中在社交媒体上分享与工作相关的敏感信息,甚至"朋友圈"晒出的背景图片、某项内容的评价等都在无意间泄露了商业秘密。目前企业一般都使用局域网集中存放信息,互相之间信息的传递、内容的调取、查阅、拷贝等获取方式的权限设置都会影响信息安全。另外,在员工个人电脑的保护和管理方面,设备丢失或被盗,可能导致商业秘密的泄露,有经验的企业甚至对个人用电脑的屏保都有特别要求。

(三)技术发展对保护意识提出的要求和挑战

首先,企业员工保密意识需要提高。员工在日常工作中不可避免会接触到大量商业秘密信息,提高员工的保密意识成为企业保护商业秘密的重要一环。要让员工意识到商业秘密并非一定是有固定内容的、带有红头文件、标注"保密"字眼的文件,凡是有助于企业提高竞争力的一切信息都是保密的。

因为，新技术背景下商业秘密的范围更宽泛，内容更加多样。有些内容虽然并不一定带有保密标签，但一旦泄露可能会导致核心信息的泄密。被动、不经意、不自觉地泄密现象更容易也更普遍，要加强对这些方面的认识。其次，与第三方合作过程中保密措施的要求提高。在数字化背景下，企业与第三方的合作更普遍。这些合作关系可能会涉及商业秘密的共享，从而增加商业秘密泄露的风险。有时一项信息对某企业是核心、有高度竞争力和价值的，但合作对方并不一定关注，彼此认知的重要性不同，可能会导致对方信息不同程度的泄密。因此，企业需要在与第三方合作时加强保密管理，确保商业秘密不会被泄露或滥用。最后，保密手段和保护措施方法要时时提升。随着数字化技术的不断发展，新的攻击手段和方法不断涌现，企业需要更新保护手段和方法，应对这些新的威胁。例如，采用先进的加密技术、建立完善的防火墙、进行身份验证等。

三、数字化背景下加强商业秘密法律保护的对策和建议

（一）完善法律法规及管控政策

法律制度在一定时期具有相对稳定性，而企业商业秘密的范围不断扩大，内容不断多样化，要求法律法规在保护方式和手段上提高适应性。同时，也需要注意"商业秘密保护"的过度泛化，减少企业对商业秘密范围定义的随意性，也是客观上督促商业秘密保护良性健康发展的需要。

制定一部专门针对商业秘密的法律非常必要，[1]在充分考虑数字化时代的特点的基础上，应明确商业秘密的范围和内容定义、构成要件、保护措施、法律责任等，为商业秘密的保护提供明确的法律依据。要明确商业秘密的权利主体，以及商业秘密的权利客体内容，清晰界定商业秘密的权属关系，为权利人提供明确的法律保障。针对数字化背景下商业秘密保护的新挑战，应加大对侵犯商业秘密行为的打击力度，对于恶意泄露商业秘密的行为，应提高违法成本。

（二）加强企业机制制度管理

企业对信息（商业秘密）的保护无外乎从源头、传播途径等方面入手，

---

[1] 高重迎、胡高杰：《企业数据商业秘密保护的困境与制度完善》，载《河南科技》2024年第4期。

在数字化背景下，加强企业内部管理也必须从以上角度加强管控。

从源头上，提高员工保密意识和对信息的敏感性是关键前提。定期开展保密教育和培训活动，确保员工能够自觉遵守保密规定，提高员工的保密意识和法律素养。对于个人用于办公的设备，养成设置屏保（对时间有要求）的习惯。此外，还应加强供应链管理。在与供应商、合作伙伴等外部实体合作时，应签订保密协议，明确双方的保密义务和责任。同时应对外部实体进行严格审查和评估，确保其具备相应的保密能力和管理水平。

从过程上，企业要结合法律法规，从组织保障、流程制度保障、对外合作机制等方面加强措施。设立专门的部门或岗位负责制定和执行保密政策、监督保密措施的实施，并处理与商业秘密保护相关的内部事务。企业应制定明确的保密政策和程序，明确动态的商业秘密确定原则和范围、保密等级、保密期限、保密措施等，制定保密的正负面清单，确保员工对保密要求有清晰的认识。还应建立健全访问控制和权限管理机制，确保只有经过授权的人员才能访问商业秘密信息。建立内部监控和审计机制，定期对商业秘密保护工作进行检查和评估。同时，应建立违规处理机制，对违反保密政策的行为进行严肃处理，以强化保密纪律。

（三）加强技术手段提升保护能力

随着技术进步，网络攻击手段和花样不断变化，客观上需要保护能力不断提高。因此，必须从信息加密技术、防泄露技术、物理隔离、防入侵技术、访问追踪等方面加强技术手段的保护能力。其一，利用先进加密技术提高保护能力。对关键商业数据进行加密处理，确保数据在传输和存储过程中的安全。如高级加密标准（AES）等，可以有效防止数据被非法窃取或破解。对于云端存储的数据，实施端到端加密，保证数据在传输到云端以及存储在云端时的安全。其二，加强数据隔离和防泄露技术应用。例如，使用虚拟专用网络（VPN）或数据隔离设备，将关键或敏感数据限制在特定的网络区域或设备中。其三，加强日常网络监控和追踪，及时发现和应对潜在的威胁。检测并阻止未经授权的访问、恶意软件攻击等安全威胁。

结　论

通过完善法律法规、加强内部管理、提升技术手段和加强合作等措施，可以有效提升商业秘密的安全性。只有这样,才能最大限度为企业发展提供有力保障,也才能为新技术的进一步大发展提供良好成长环境。在数字化背景下,商业秘密的法律保护是一个持续演进的过程,需要不断适应新技术、迎接新挑战。只有不断创新和完善保护机制,才能确保商业秘密安全,维护企业合法权益,推动经济健康发展。

多人侵权责任中的过失衡量与责任分配

张灏杰*

(中国政法大学 北京 100088)

摘　要：过失衡量与责任分配是多人侵权责任的核心环节，对于保护受害人权益、实现公平正义、预防侵权行为以及促进社会和谐具有重要意义。在进行责任分配时，法院应综合考虑各方过失程度、行为动机、损害程度、社会政策考量等影响因素，以及不同司法管辖区域的责任分配实践，确保责任分配的公平公正。这为多人侵权事件中法院的审理和司法研究进展提供了方向。

关键词：多人侵权　过失衡量　责任分配　责任原则

一、多人侵权责任的基本原则和过失衡量及责任分配重要性

(一) 多人侵权责任的基本原则

多人侵权责任的基本原则主要有三项：连带责任原则，即共同侵权人对受害人的损害承担连带赔偿责任；过错责任原则，即各侵权人承担赔偿责任的大小，与其在侵权行为中的过错程度以及对损害结果的贡献程度相适应；公平原则，即在确定各侵权人责任份额时，法院会考虑各侵权人的经济状况、赔偿能力等因素，实现公平分配赔偿责任。

(二) 过失衡量和责任分配的重要性

在责任认定基础上，过失是判断侵权人是否应承担赔偿责任以及责任大小的重要依据。侵权人的故意或过失行为直接导致了损害的发生，过失程度

---

* 作者简介：张灏杰（1997年—），男，汉族，江苏常熟人，中国政法大学2023级同等学力研修班学员，研究方向为民商法学。

的衡量有助于确定其在侵权行为中的责任。责任分配依据方面，在多人侵权中，各侵权人的过失程度不同，可能直接影响其应承担的赔偿份额。过失程度重的侵权人应承担更大的赔偿责任，反之则承担较小的责任。通过过失衡量，可以实现对各侵权人责任的合理分配。

而进行责任分配，其一，可以保障受害人权益，有利于受害人获得充分、及时的赔偿。其二，有利于实现公平正义，既体现了"谁侵权谁负责"的基本法理，又兼顾了社会公平，避免"无辜者替罪"或"强者欺负弱者"的现象。其三，可以预防侵权行为，对潜在侵权人起到警示和威慑作用，促使他们谨慎行事。其四，可以促进社会和谐，化解侵权行为引发的社会矛盾，维护社会秩序。在处理多人侵权案件时，应严格遵循相关法律原则，公正、公平地确定各侵权人的责任份额。

二、过失衡量理论基础

过失衡量理论基础源于侵权法过错责任原则，过失衡量则是确定侵权人过错程度及其承担赔偿责任大小的关键环节。过错责任原则要求侵权人对其过错行为造成的损害承担赔偿责任。过错程度的衡量是确定侵权人责任大小的重要依据。过错程度的衡量应考虑侵权人的主观状态、行为违法性、因果关系等因素。[1]过错程度衡量是侵权责任法的核心问题之一。

在司法实践中，最高人民法院公报公布了一些经典判例。例如在"张三诉李四、王五侵权责任纠纷案"中，在确定各侵权人的责任份额时，法院考虑了各侵权人的过错程度，李四在侵权行为中起主导作用，过错程度较重，应承担主要责任；王五虽参与侵权行为，但过错程度相对较轻，应承担次要责任。据此，法院判决李四承担70%的赔偿责任，王五承担30%的赔偿责任。在"赵某诉李某、张某、王某等人身损害赔偿纠纷案"中法院的处理方式类似。过失衡量理论源于侵权法中的过错责任原则，是确定侵权人过错程度以及其应承担赔偿责任大小的关键环节。在司法实践中，法院在确定各侵权人的责任份额时，通常会考虑各侵权人的过错程度，程度重的应承担更大的赔偿责任，反之则承担较小责任。

---

[1] 王利明：《侵权责任法研究》，中国人民大学出版社2011年版，第235页。

三、责任分配的考量因素

责任分配旨在确定各侵权人应承担的赔偿责任份额。在进行责任分配时法院通常会考虑多种因素,以确保责任分配的公正、公平。

(一) 各方过失程度

过失程度是影响责任分配的首要因素。侵权人的故意或过失行为直接导致损害发生,过失程度衡量有助于确定其在侵权行为中的责任。法院通常会根据侵权人的主观状态、行为违法性、行为与损害结果之间的因果关系以及侵权人的预见能力和避免损害的能力等因素来衡量其过错程度。

(二) 行为动机

行为动机在一定程度上反映了侵权人的主观恶性,可能影响责任分配。例如,如果侵权人出于恶意或严重疏忽大意实施侵权行为,其承担的责任可能较重。反之,如果侵权人出于轻微疏忽或意外事件导致损害,其应承担的责任可能较轻。

(三) 损害程度

损害程度是衡量侵权行为严重性的直接指标,通常与侵权人应承担的赔偿责任成正比。损害程度包括受害人的实际损失(如医疗费用、财产损失、精神损害等)以及预期损失(如未来收入损失、生活费用等)。

(四) 社会政策考量

社会政策考量是指法院在进行责任分配时,会考虑社会公共利益、公平正义、预防侵权行为等因素。如果某一侵权行为对社会公共利益造成严重损害,法院可能会加重侵权人的责任,以起到警示和威慑作用。

(五) 不同司法管辖区域责任分配实践

不同司法管辖区域在责任分配实践中可能存在差异。一些国家和地区可能更强调过错责任原则,将过错程度作为责任分配的主要依据;另一些则更强调公平原则,将损害程度、行为动机、社会政策等纳入责任分配考量范围。法律制度、司法实践、社会文化背景等也可能影响责任分配实践。

四、影响因素的权衡

在过失衡量与责任分配时,需要权衡多种影响因素,这些因素包括法律制度、社会文化、经济发展等。

(一) 法律制度

不同的法律制度对过错责任原则、公平原则、连带责任原则等基本原则的解释和适用可能存在差异,从而影响责任分配的结果,例如强调过错责任原则的国家更可能将过错程度作为责任分配的主要依据。法律制度还可能规定一些特殊的责任分配规则,如严格责任、无过错责任等,这些规则也可能影响责任分配的结果。

(二) 社会文化

社会文化包括社会价值观、道德观念、行为规范等,这些因素可能影响人们对过错、损害、赔偿等概念的理解和评价,从而影响责任分配的结果。一些社会文化更强调个人责任,认为过错程度重的侵权人应承担更大的赔偿责任;另一些则更强调集体责任,认为损害程度重的侵权行为,侵权人应承担的赔偿责任通常较大。

(三) 经济发展

经济发展水平、经济结构、经济政策等因素可能影响侵权行为的发生、损害的大小、赔偿的可行性等,从而影响责任分配的结果。经济发展水平还可能影响侵权人的赔偿能力,从而影响责任分配的公平性。

上述因素表明,首先,法律实践应充分考虑法律制度、社会文化、经济发展等因素,以确保责任分配的公正、公平。其次,法律实践应灵活运用过错责任原则、公平原则、连带责任原则等基本原则,以适应不同情况下的责任分配需求。再次,法律实践应关注侵权行为的发生、损害的大小、赔偿的可行性等实际情况,以确保责任分配的可行性。最后,法律实践应注重侵权人的赔偿能力,以确保责任分配的公平性。

结 论

过失衡量与责任分配是多人侵权责任的核心环节,对于保护受害人权益、实现公平正义、预防侵权行为以及促进社会和谐具有重要意义。在进行责任分配时，法院应综合考虑各方过失程度、行为动机、损害程度、社会政策等影响因素，以及不同司法管辖区域的责任分配实践，以确保责任分配的公正、公平。过失衡量是确定侵权人过错程度以及其应承担赔偿责任大小的关键环节，过错程度重的侵权人应承担更大的赔偿责任，反之则承担较小的责任。责任分配是侵权法中的重要环节，旨在确定各侵权人应承担的赔偿责任份额。

展望未来：一是应进一步深化对过错责任原则、公平原则、连带责任原则等基本原则的理解和应用，以适应不同情况下的责任分配需求；二是应加强对侵权行为的发生、损害的大小、赔偿的可行性等实际情况的研究，以确保责任分配的可行性；三是应关注侵权人的赔偿能力，以确保责任分配的公平性；四是应加强与其他学科（如经济学、社会学、心理学等）的交叉研究，以拓宽责任分配的研究视野和方法论。

综上所述，过失衡量与责任分配在多人侵权责任中具有重要性，影响责任分配的各种因素对于法律实践具有重要启示。未来的研究应进一步深化对过失衡量与责任分配的理解和应用，以适应不同情况下的责任分配需求，确保责任分配的公正、公平、可行性和公平性。

新《公司法》中公司资本制度变化之评议

孙 茹[*]

(中国政法大学 北京 100088)

摘　要：新法对公司资本制度进行了创新性调整，包括"五年缴足期"规定、股东出资责任的重新界定及股东失权制度的设立等。这些改革旨在强化公司资本的真实性和完整性，提高公司治理效率，保护债权人利益，促进市场诚信。本文通过对新规定不同视角的分析，探讨了这些变化对公司治理结构、市场经济发展的潜在影响，指出了新《公司法》实施中可能面临的挑战，并提出了针对性的建议。

关键词：法律演变　限期认缴　股东出资　股东失权

一、新法中公司资本制度的核心变化

2024 年实施的《公司法》的修订涉及范围广、内容多，是对前一阶段法律改革成效的评估以及对现实问题的回应，新法通过多方面的调整变化，进一步完善公司资本制度，以适应经济社会发展的新要求。

（一）限期认缴制度的引入

新《公司法》第 47 条规定，有限责任公司股东认缴出资期限最长不能超过自公司成立之日起 5 年。新《公司法》中引入的"五年缴足期"规定是对公司资本制度的一项重要改革，可谓此次公司法修订过程中的最大亮点之一，引起了市场主体的广泛关注。

注册资本认缴新规堵住了盲目认缴、天价认缴、期限过长等漏洞，新注

---

[*] 作者简介：孙茹（1976 年—），女，汉族，河北衡水人，中国政法大学 2022 级同等学力研修班学员，研究方向为民商法学。

册企业会更加理性。[1]一是更好地保护债权人利益。通过确保股东在法定期限内必须缴纳其认缴的出资，增加了公司资本的可靠性，为债权人提供了更为稳定和可预测的偿债基础。二是提高了公司资本真实性。在之前的认缴制框架下，存在一定比例的公司利用高额认缴资本数额提高自身市场信誉，却未实际投入相应资金的情况。通过规定"五年缴足期"，法律意在确保公司资本的真实性和完整性，减少虚假注册资本的现象。三是促进公司负责任经营。此规定鼓励股东和公司更加负责任地规划和使用资本，避免因为缺乏资金而导致的经营风险，促进公司的健康和可持续发展。当然，短期来看此新规可能带来一波企业减资潮或注销潮，在一定程度上影响投资人的投资积极性，但从长远角度，"五年缴足期"规定将平衡股东与债权人权益，避免了股东未充分出资而导致的债权人利益受损，通过法律手段打击资本虚报、逃避责任等违法行为，从而增强市场信任，提高公司在市场中的竞争力。

（二）股东出资责任的调整

新《公司法》对股东出资填补责任的调整体现了对公司法和债权法原则的进一步融合与优化，旨在更好地保护公司及其债权人的利益，同时确保公司资本制度的健康运行。

新《公司法》第50条进一步明确了股东需在一定条件下承担填补责任，即在出资不足的范围内共同对公司的损失承担赔偿责任。这一规定在公司法层面，体现了股东之间的连带责任原则，即股东之间相互保证出资义务的完成，确保公司资本的完整性和偿债能力。从债权法的角度，出资填补责任的设置则是债权保护机制的延伸，确保了在某一股东未能履行出资义务时，公司通过其他股东的填补能够维持其偿债能力，减少债权人因公司资本不足而遭受损失的风险。这种设计反映了对债权人利益考量的优先性，通过内部责任机制来增强公司对外部债务的偿还能力。

（三）股东失权制度的设立

新《公司法》第52条标志着股东失权制度的设立。一是公司资本完整性保护，公司资本是保障公司正常运营和债权人权益的基础，股东失权制度的法理依据之一在于确保公司资本的真实性和完整性，通过法律手段强制股东

---

[1] 佘颖：《不要误读注册资本认缴新规》，载《经济日报》2024年1月3日。

履行出资义务,维护公司资本的稳定。二是风险共担原则,公司作为一个独立的法人实体,股东应当承担一定的风险和责任。股东失权制度强调股东对公司的责任,特别是在其未能履行出资义务时,通过剥夺其股权的方式,实现风险与权益的匹配。三是债权人保护,保护债权人是公司法律制度的一个重要目标,股东未能履行出资义务可能影响公司偿债能力,从而损害债权人利益。股东失权制度通过促使股东履行出资义务,间接增强了公司的偿债能力,保护债权人利益。

股东失权制度的增设,可以促进股东履行出资义务,确保公司资本的实际到位,提高公司运营的资金保障,在一定程度上为债权人筑起了一道"防火墙",能防止股东融通到一定的资本金后出逃或拖延偿债期限来逃避债务,也有助于存量公司在新《公司法》下实现平稳过渡,加快限期认缴制的落实。[1]

二、新法的理论贡献与挑战

在探讨新《公司法》的具体条款和改革措施之后,重要的是将目光转向这些变革所带来的更宏观的理论贡献及其面临的挑战。法律的进步不仅在于其规定的细节,更在于它如何引导社会行为、影响经济发展并促进法律体系的整体完善。

(一)理论贡献

新《公司法》的颁布和实施,对中国公司法理论发展作出了重要贡献。

第一,强化公司资本制度的理论基础。新法通过明确股东出资义务、"五年缴足期"、股东失权等新规定,加强了公司资本制度的理论基础,提升了公司资本的真实性和完整性。这些改革为公司资本的形成和维护提供了更加严格的法律框架,有助于理解和探讨公司资本的法律属性、功能以及其对公司运营和市场秩序的影响。

第二,促进公司治理结构理论的发展。新法对公司治理结构进行了进一步的完善,如加强董事会的职责和责任、优化股东大会机制等,这些改革促

---

[1] 谈萧、朱柳奋:《新〈公司法〉中的股东失权制度探析》,载《中国市场监管研究》2024年第1期。

进了公司治理结构理论的发展，特别是在平衡股东权利与义务、提高公司透明度和效率方面，为公司治理提供了新的理论视角和实践路径。

第三，创新债权人保护理论。新法对债权人保护机制进行了创新性调整，例如强化了股东对公司的出资填补责任，为债权人提供了更加有力有效的保护手段。这些改变丰富了公司法中债权人保护的理论内容，对于探讨债权人在公司法框架下的地位和权利提供了重要参考。

第四，拓展公司法理论研究的新领域。新法的一系列新规开拓了公司法理论研究的新领域，如公司资本的新形态、新型公司治理机制、互联网时代下的公司法律问题等，为学者提供了广阔的研究空间和全新的探索方向。

（二）面临挑战

新《公司法》的实施标志着我国公司法体系在理论和实践上的重大进步，同时，这一法律变革在实际执行过程中也可能遇到一系列挑战。

1. 理论问题

一是出资义务与企业自由度的平衡。新法对股东出资义务的加强，尤其是"五年缴足期"的规定，在社会面引发了关于如何平衡股东出资义务和企业经营自由度的理论讨论，这包括如何在保证债权人利益的同时，不过度限制企业的灵活性和创新能力。二是股东失权机制的合理性与公平性。股东失权制度虽旨在强化股东对公司的责任，但其在实际应用中的合理性和公平性可能会引起争议，特别是如何确保该机制不被滥用，防止股东权利的不当剥夺。三是法律效果与经济效果的协同。新法强调了法律手段在维护公司资本真实性和保护债权人权益方面的作用，但如何确保这些法律规定能在不损害经济活力和市场动态的前提下发挥效果，是需要进一步探讨的问题。

2. 实践问题

一是法律适用的一致性与司法裁判的标准化。随着新法7月份的全面实施，如何避免法律解释和司法裁判的地域差异化，确保新法在全国范围内的适用一致性，是一个重要挑战。这要求加强对司法人员的培训和指导，确保新法规定得到正确、统一的解释及应用。二是监管执行力度与效率。新法强化了对股东出资行为的监管，然而，在实践应用中如何提升相关监管机构的执行效率及力度，避免监管空白或落实不力，是实施过程中必须解决的重要问题。三是公众和企业的适应与教育。新法的落地落实还需要社会大众特别是企业界的广泛理解和接受,如何通过有效的宣传教育,帮助企业、公众了解新规,顺利过渡到新的法律环境中,也是实施新法过程中面临的挑战。

结　论

　　法律的生命力在于其执行,因此完善法律解释和加强司法审判的指导成为实现新《公司法》立法目的的关键一步。通过细化法律条文的实施细则,提供清晰的司法解释,以及加强司法人员的培训,能有效提升法律规定的透明度和可操作性,减少实践中的不确定性。同时,希望通过建立跨部门协作机制和反馈机制,加强对法律实施效果的监督与评估,确保新《公司法》能够在促进企业发展和保护利益相关者权益之间取得平衡。

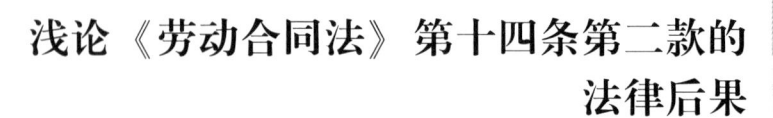

浅论《劳动合同法》第十四条第二款的法律后果

殷子涵*

（中国政法大学 北京 100088）

摘 要：《劳动合同法》第 14 条第 2 款规定了一系列劳动者和用人单位应当签订无固定期限劳动合同的情形，其中一种情形是劳资双方连续签订了两次固定期限劳动合同之后的第三次应当签订无固定期限劳动合同。但是，不签订无固定期限劳动合同的法律后果本条款并没有直接规定，联系《劳动合同法》其他条款，可能有"经济补偿"和"经济赔偿"两种法律后果，本文从《劳动合同法》的法条规定和前后文逻辑出发，结合司法实践，浅论在用人单位在违反《劳动合同法》第 14 条第 2 款第 3 项之规定后，仅需支付经济补偿金而无需支付经济赔偿金。

关键词：无固定期限劳动合同强制订立 固定期限劳动合同终止 经济补偿金 不签订无固定期限劳动合同法律后果

在司法实践过程当中，因为《劳动合同法》对劳动合同的期限和试用期的关联规定，一般用人单位与劳动者订立固定期限劳动合同不超过 3 年，[1]所以在《劳动合同法》自 2008 年开始实施后的 3 年至 5 年内，很多用人单位和员工签订的固定期限劳动合同已经超过 2 次，甚至已经签订了多次，而由于在几年的工作交往中所暴露出的问题，在这些次固定期限劳动合同期满后，实际很多用人单位并不愿意与劳动者签订无固定期限劳动合同，因为无固定

---

* 作者简介：殷子涵（1991 年— ），男，汉族，辽宁大连人，中国政法大学 2023 级同等学力研修班学员，研究方向为民商法学。

[1] 董保华：《劳动合同制度中的管制与自治》，上海人民出版社 2015 年版，第 230 页。

期限劳动合同意味着更多的用工责任,在一定程度上限制了用工自由。与用人单位相反,劳动者更加希望与用人单位签订无固定期限劳动合同,因为这意味着更多的就业保障。也正是劳资双方的利益冲突,导致近年来因为用人单位违反《劳动合同法》第 14 条第 2 款第 3 项规定的案件日渐增多,但相同案件裁决结果或者判决结果并不一致。

一、概述

虽然我国《劳动合同法》规定了在何种条件下应当签订无固定期限劳动合同,在一定程度上保障了劳动者的合法权益,但是俗话说"强扭的瓜不甜",尤其在劳资关系当中,单纯满足法律规定的条件,不必然能够成功签订相应的劳动合同。因为,劳动合同是一种人身属性和情感属性比较强的合同,毕竟是一方提供劳动服务、一方提供劳动报酬,在一定意义上,还具有管理与被管理的关系。所以即使满足了上述条文中的条件,用人单位强行不与劳动者签订无固定期限劳动合同的话,即使劳动者执意要求签订或者人民法院判决签订也很难执行。所以此类案件大多还是以用人单位支付经济补偿金或者经济赔偿金的方式结案。

二、司法实践中的两种主流观点

在上述前提下,用人单位不同意续订无固定期限劳动合同时应当承担合同法律后果存在两种主流观点:一种观点认为,用人单位应当向劳动者支付经济补偿金;另一种观点认为,用人单位应该向劳动者支付经济赔偿金。最高人民法院民一庭在编纂理解与适用系列丛书中在此问题上也提到现在全国各地裁判结果并不统一,暂时没有办法作出统一的规定和解释。在立法机关未作出新的规定或最高人民法院作出新的司法解释之前,各地可以延续当地通常做法作出认定。[1]

1. 经济补偿论

一种观点认为,虽然劳动合同具有一定的特殊性,甚至因为劳动合同专门制定了一部法律,但是究其本质还是合同的一种,劳动合同的订立应当基

---

[1] 最高人民法院民事审判第一庭编著:《最高人民法院新劳动争议司法解释(一)理解与适用》,人民法院出版社 2021 年版,第 395 页。

于劳资双方的真实意思表示，即使是连续签订的第二次固定期限劳动合同，虽然法律上赋予了它的一些特殊性，但是该第二次合同的终止并没有什么特殊性，同样具备劳动合同的所有特征，所以这一次的合同终止还是符合《劳动合同法》第 44 条第 1 款的规定，是合法终止劳动合同[1]。既然双方终止劳动合同是合法的，就不能适用《劳动合同法》第 87 条的规定，要求用人单位向劳动者支付经济赔偿金，而是应该按照该法第 46 条的规定，支付经济补偿金即可。

2. 经济赔偿论

另一种观点认为，用人单位在劳资关系中作为比较强势的一方，应当给其附加一定的强制缔约的义务，即规定了用人单位在一定的条件下应该与劳动者续订无固定期限劳动合同的义务，以保障劳动者的长期就业的权利，避免劳动合同的短期化。如果不强制缔约，就是违反了《劳动合同法》第 87 条的规定，该条规定了用人单位违反该法规定解除或者终止劳动合同的，应当依照该法第 47 条规定的经济补偿标准的 2 倍向劳动者支付赔偿金。[2] 即，该观点认为，劳动者已经提出要求续订无固定期限劳动合同，用人单位不同意就算是违法终止的一种情形，用人单位应该支付经济赔偿金。

三、"经济补偿论"的合理性证成

1. 劳动合同期满终止不能理解为违法终止

如果按照"经济赔偿论"的观点，应当理解为第二次固定期限劳动合同的终止是违法终止，但何为违法终止应该结合《劳动合同法》全文去作定义。

实际上，通过《劳动合同法》条文逻辑和一般法律逻辑，劳动合同的终止只能分为合法终止和违法终止两种。对于合法终止，《劳动合同法》第 44 条有明确的规定，具体情形为"劳动合同期满"等几种情况。对于违法终止，《劳动合同法》第 42 条、第 45 条也有明确规定，该两条规定了在合同情况下，用人单位不得终止劳动合同，具体为"女职工在孕期、产假、哺乳期"等几种需要逾期终止劳动合同情形。

---

[1] 曾一峰：《我国〈劳动合同法〉第十四条第二款的法律适用研究》，载《法制博览》2023 年第 35 期。

[2] 王旭光、王明华：《用人单位的强制缔约义务》，载《人民司法》2011 年第 21 期。

所以，判断一种合同终止是不是违法终止应该结合条文整体去理解，只有法律规定该种行为是违法终止时，才能将这种终止理解为违法终止，结合《劳动合同法》的规定，在逾期终止的那些情形下不应该终止劳动合同，而应当等待相应的情形消失才能终止劳动合同，没有等待这种情形消失就终止劳动合同，才可以被定义为违法终止劳动合同。而劳动者与用人单位连续签订两次固定期限劳动合同，在第二次劳动合同终止时，如果不涉及上述"逾期终止"的相关情况，用人单位不同意续签劳动合同不能被认定为违法终止劳动合同，而应该认定为合法终止劳动合同。

2. 基于《劳动合同法》第82条的体系解释

《劳动合同法》第82条规定了不签订书面劳动合同的法律后果，其中第2款规定，如果不签订无固定期限劳动合同，用人单位应该支付的是双倍的工资，没有提及经济补偿或者经济赔偿的事宜。所以，通过对于该条款在整个《劳动合同法》体系中的理解，没有继续签订无固定期限劳动合同的后果，最多也就是用人单位给劳动者支付2倍工资。

既然此处规定的是工资，可以将本条款理解为劳动者在没有签订无固定期限劳动合同的前提下仍然在用人单位处工作，才能适用2倍工资的法律后果，而经济补偿和经济赔偿则是劳动者不在用人单位处工作的法律后果，而2倍工资和经济赔偿无论是在计算基数上还是在惩罚性的特点上而言是具有相似性的，立法本意是为了鼓励用人单位与劳动者签订无固定期限劳动合同，那么如果劳动者无论是否继续工作，用人单位均需要支付惩罚性的工资或者经济赔偿的话，和立法本意是冲突的，不具有合理性。而要求用人单位在这种情况下支付经济补偿则更具有合理性。

3. 司法判例对"经济补偿论"的支持

以上海市杨浦区人民法院2023年6月27日作出的郭某与某某公司劳动合同纠纷案件判决[1]和上海市崇明区人民法院2023年11月29日作出的高某与某某公司劳动合同纠纷案件判决[2]为例，人民法院在论理部分均认为，用人单位与劳动者之间若签订无固定期限劳动需要双方合意，双方若无法达成合意，则签订无固定期限劳动合同无从谈起，用人单位的权益也应当受到法

---

[1] 上海市杨浦区人民法院［2023］沪0110民初8743号民事判决书。
[2] 上海市崇明区人民法院［2023］沪0151民初8887号民事判决书。

律保护，强制缔约理论实际在一定程度上损害了用人单位的权益，用人单位对于如何签订或者是否签订合同也应当享有选择权，不能轻易地认定为违法终止劳动合同，更不应该支付经济赔偿金。

新公司法下从出资加速到期角度谈债权人保护和股东出资期限利益的平衡

吴英英[*]

(中国政法大学 北京 100088)

摘 要：公司资本制度是公司法的两大基石之一，其在保护公司的合法利益和交易安全，保护股东和债权人的稳定方面起着重要作用。2013 年修正的《公司法》采取全面认缴制，股东出资享有期限效益。这一规定极大地鼓舞了市民的投资热情。但是股东滥用期限利益导致在保护债权人利益方面失衡，尤其是在公司资产无法履行到期债务，但是股东出资未届期的情况下，债权人的保护显得尤为困难。为了遏制出资认缴制所产生的各种弊端、平衡股东出资期限利益、保护公司债权人的利益，2024 年实施的《公司法》正式确立股东出资加速到期制度，同时匹配企业信用信息公示系统，增加信息透明度，降低公司交易风险，赋予董事高管催缴权。兼顾股东的期限利益，确立 5 年认缴制。新法改革摒弃之前的弊端，在达到促进设立公司以激发社会投资活力目的的同时兼顾保护公司债权人权益和的立法精神，法律范体系趋于完善。

关键词：资本认缴制 出资加速到期 期限利益 债权人利益保护

一、股东出资加速到期的历史沿革

1993 年，《公司法》初次颁布，此后先后经历了共 6 次修改。2013 年修正的《公司法》放弃最低资本制、采用全面认缴制，极大地激发了创业热情。

---

[*] 作者简介：吴英英 (1989 年—)，女，汉族，浙江绍兴人，中国政法大学 2021 级同等学力研修班学员，研究方向为经济法学。

但是认缴制后出现了大量"百年公司",股东滥用期限利益逃避出资义务,严重损害了公司财产和债权人合法债权的实现。2013 年以后的公司实践表明,全面认缴制不仅没有比部分认缴制更具突出优势,反而将认缴制的弊害放大若干倍。[1]巨额注册资本的公司与公司的经营事项和经营规模相脱离,超长认缴期限,不仅逾越了正义的法律底线,也有违商业道德,意图将未来运营公司失败的风险全部转嫁给债权人。为平衡保护债权人利益和股东出资期限利益,非破产出资加速到期制度逐步衍生。新《公司法》第 54 条明确了非破产情形下出资加速到期的规定,赋予了公司和到期债权的债权人要求未届出资期限的股东加速到期的权利,第 47 条对有限责任公司的股东认缴出资期限进行了 5 年的限制,限制认缴期限和股东出资义务加速到期制度作为认缴制的配套约束机制,二者都具备维护资本充实和保护债权人利益的功能。

二、非破产出资加速的合理性证成

资本制度作为公司法的两大支柱之一,其功能主要是保护公司、股东、债权人的合法利益及交易安全和社会经济秩序的稳定。[2]新《公司法》采用限期认缴制,尽管约定了 5 年的最长认缴期限,但是对初始资本以及实收资本不进行强制验资,在出资期限以及出资比例方面,赋予了股东完全的意思自治,股东出资仍具有期限利益。股东出资加速到期的本质不是股东丧失出资期限利益提前履行出资义务,而是股东应以其认缴的出资额为限承担对公司出资的法定义务,是股东有限责任的实质内容。在限期认缴制情形下,股东的期限利益和债权人的利益仍然需要平衡,且对于债权人的保护,我国目前除了出资加速到期还存在若干发挥同样保障作用的替代性救济途径,其中最典型的是破产清算、法人人格否认、董事会催缴制度这三项制度,但是这三项制度和出资加速到期制度存在着本质区别。出资加速到期制度的设立主要有以下几点理论支撑:

首先,出资加速到期符合资本维持原则。资本是公司的命脉,是公司的基本元素以及物质基础,是避免公司陷入债务困境的重要保障。但若在公司陷入债务困境时,甚至公司最终走向消灭,认缴出资的股东仍然以出资期限

---

[1] 朱慈蕴:《股东出资义务的性质与公司资本制度完善》,载《清华法学》2022 年第 2 期。
[2] 李建伟:《认缴制下股东出资责任加速到期研究》,载《人民司法》2015 年第 9 期。

利益为由不履行出资义务,主张各种约定的权利也就没有了任何意义,此情形下出资股东负有充实资本,保障公司正常运营的义务,应当以帮助公司回归正常经营为目的,当资本显著不足时,股东应当提前缴纳出资且不受约定的出资时间限制。

其次,出资加速到期符合权利与义务对等原则。资本认缴制赋予了股东出资更多的自由与权利,在股东未足额缴纳认缴的出资额时股东依旧享有分红权、表决权、股东有限责任等股东权利,公司正常运营的情形下可以赋予股东最大限度地享有出资期限利益。但是,当公司丧失继续经营的基础,陷入债务困境甚至可能归于消灭时,股东出资期限利益的基础也会随之消灭,此时股东必须承担出资加速到期的义务。加速股东的出资义务并没有剥夺股东的权利,相反充分体现了权利义务对等原则,符合股东长远利益需求,实现公司设立的初衷,均衡股东期限利益与债权人利益保护。

再次,股东的出资期限是股东与公司之间的内部约定,但股东的出资义务是法定的,此约定不能对债权人产生对抗效力。当公司不能履行债务时,债权人有权要求股东履行出资义务,这也符合代位权的基本要件,且不违背公司法人独立人格。

最后,非破产加速具有救济成本低、效益高之优势。[1]出资未届期的股东出资在公司破产时必须加速到期,但是申请破产的难度较大,增加债权人的维权难度;破产最终导致公司终结,债权人受偿比例往往较低;对于其他债权人的平等保护,也可以通过撤销权加以平衡。因此,允许股东出资责任加速到期,具有救济成本低、效益高之优势。

三、出资加速到期的司法救济途径

在新《公司法》第 54 条"公司不能清偿到期债务的,公司或者已到期债权的债权人有权要求已认缴出资但未届出资期限的股东提前缴纳出资"以法律的形式正式确立了"股东出资加速到期制度"。但是,司法实践中债权人应该以何种方式救济自己的权利需要司法解释进一步完善。根据笔者的理解,债权人以加速到期制度救济自己的权利,应明确以下几点。

---

[1] 蒋大兴:《论股东出资义务之"加速到期"——认可"非破产加速"之功能价值》,载《社会科学》2019 年第 2 期。

首先应该明确"不能清偿到期债务"的标准。尽管该标准存在多种判断标准，但笔者认为"公司不能清偿到期债务"应是债务经过司法机关依法强制执行仍不能清偿的情形。结合《最高人民法院关于适用〈中华人民共和国企业破产法〉若干问题的规定（一）》第 2 条的规定以及《全国法院民商事审判工作会议纪要》第 6 条的规定予以认定，即既要保护债权人的利益，又要注意保护股东的期限利益，"不能清偿"的标准应理解为司法机关对债务人执行完毕后，其债务仍未能得到清偿的状态，在此情形下司法机关才能启动股东出资加速到期制度。出资期限未届至的出资未实缴，股东对出资享有期限利益且并不构成违反出资协议或公司章程规定的行为，所以在股东出资期限加速到期情形下，债权人对股东的补充赔偿请求权的行使范围应当限于股东未实缴出资的本金，而不包括利息。

债权人是否可以在基础债权关系诉讼中一并起诉股东出资加速到期，要求其提前缴纳出资？法院能否在基础关系诉讼中直接支持债权人的该诉讼请求？目前司法实践普遍认为此举不可行。因为在基础债权关系诉讼中，基础债权尚未确认，此时过早地要求股东出资加速到期会伤害股东的出资期限利益，过分保护了债权人利益。笔者期待最高人民法院能出台公司法司法解释对此予以明确。司法实践中，债权人往往依据最高人民法院《关于民事执行中变更、追加当事人若干问题的规定》第 17 条的规定在执行程序中追加股东为被执行人引发执行异议之诉，从而强制股东对公司债务在尚未缴纳出资的范围内依法承担责任。该规定明确追加股东为被执行人的要件为公司财产不足以清偿生效法律文书确定的债务和股东未缴纳或未足额缴纳出资，在新《公司法》第 54 条的规定出台之后对于"股东未缴纳或未足额缴纳出资"笔者认为应该包括未届出资期限的股东。

确认股东出资应加速到期后，关于股东的出资是否可以直接向债权人清偿？笔者认为，股东出资归于公司资产，从财务入账角度抑或出资到位等考虑，股东应向直接公司缴纳出资，不对提出申请的特定债权人单独清偿，这也是法人独立人格的要求。债权人只有再通过执行程序或破产程序等相应程序获得财产，或由公司获得出资后再主动对其相应债务进行清偿。

民用航空器造成的损害及法律责任探讨

台钰山*

(中国政法大学 北京 100088)

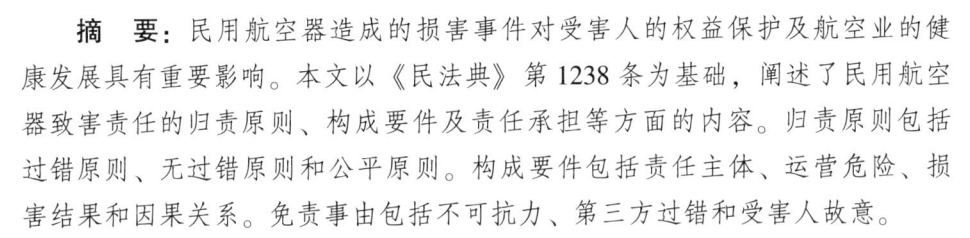

摘　要: 民用航空器造成的损害事件对受害人的权益保护及航空业的健康发展具有重要影响。本文以《民法典》第1238条为基础,阐述了民用航空器致害责任的归责原则、构成要件及责任承担等方面的内容。归责原则包括过错原则、无过错原则和公平原则。构成要件包括责任主体、运营危险、损害结果和因果关系。免责事由包括不可抗力、第三方过错和受害人故意。

关键词: 民用航空器　损害责任　免责事由

近年来,国内外发生了多起民用航空器造成损害的事件,例如,2014年马航MH370航班失联事件,2015年德国之翼4U9525航班坠毁事件,以及2020年乌克兰国际航空PS752航班在伊朗被击落事件等。这些事件不仅对受害人及其家属造成了无法弥补的伤害,也对航空业的信誉和公众的信心造成了严重影响。因此,深入分析民用航空器造成损害的原因,明确相关主体的法律责任,对于预防类似事件的发生,维护受害人的合法权益,具有重要意义。

一、民用航空器造成损害的法律责任概述

《民法典》第1238条对于民用航空器致害的法律责任作出了基础性规定,明确了经营者的侵权责任。该条款指出:"民用航空器造成他人损害的,民用航空器的经营者应当承担侵权责任;但是,能够证明损害是因受害人故意造

---

* 作者简介:台钰山(1998年—),女,汉族,山东菏泽人,中国政法大学2023级同等学力研修班学员,研究方向为民商法学。

成的，不承担责任。"这一规定体现了对受害人权益保护的重视，同时也为经营者提供了一定的免责空间。

民用航空器造成损害可能涉及多种法律责任类型，包括但不限于侵权责任、违约责任、产品责任等。[1]侵权责任主要适用于航空器对第三方造成的损害，[2]如对地面人员或财产的损害，而违约责任则主要适用于航空器经营者与乘客之间的客运合同关系，产品责任则可能适用于因航空器设计、制造缺陷导致的损害。此外，不同类型的责任还可能涉及不同的诉讼时效、赔偿限额等问题，需要在具体案件中综合考虑。

二、民用航空器造成损害的归责原则

在民用航空器造成损害的案件中，不同归责原则的适用条件是司法实践中的关键问题。

（一）过错责任原则

过错责任原则是侵权法中最基本的归责原则之一，它要求责任主体只有在存在过错的情况下才承担侵权责任。在民用航空器造成损害的案件中，如果经营者违反了飞行安全规定、未尽到应有的注意义务等，导致他人遭受损害，那么经营者就存在过错，应当承担相应的侵权责任。然而，过错责任原则在航空领域的适用面临着特殊挑战，如航空事故的复杂性、技术性以及证据的难以获取等。此外，过错责任原则的适用还涉及过错认定的具体标准，如经营者的注意义务应达到何种程度，是否存在合理的操作标准等，这些问题都需要在司法实践中予以明确。

（二）无过错责任原则

无过错责任原则指的是责任主体在没有过错的情况下，也可能因为特定的事实状态而承担责任。在民用航空器造成损害的情况下，如果经营者不能证明损害是由不可抗力或受害人故意造成的，那么即使经营者没有过错，也可能需要承担侵权责任。因此，如何在保护受害人权益和维护经营者合法权

---

[1] 周友军：《论侵权法上的民用航空器致害责任》，载《北京航空航天大学学报》2010年第5期。

[2] 郝秀辉：《航空器致第三人损害的侵权责任研究》，吉林大学2009年博士学位论文。

益之间取得平衡,是无过错责任原则适用中需要考虑的问题。

(三) 公平责任原则

公平责任原则是指在双方均无过错的情况下,根据实际情况,由双方公平合理地分担损失。在民用航空器造成损害的案件中,如果经营者和受害人均无法证明对方存在过错,且损害的发生也无法归因于不可抗力或受害人故意,那么可以根据公平责任原则,由双方分担损失。公平责任原则的适用,有助于解决一些复杂的侵权案件,但同时也存在一定的不确定性,如损失分担的具体比例如何确定,是否考虑双方的经济状况等因素,这些问题都需要在司法实践中予以明确。

三、民用航空器造成损害的致害责任

民用航空器致害责任的构成要件包括责任主体、运营危险、损害事实和因果关系。[1]民用航空器致害责任主体通常是民用航空器的经营者。[2]民用航空器的运营危险和损害事实指的是对现实可量化的损害事实,包括对旅客人身和物品的损害事实,以及对地面第三人的损害事实。因果关系是指违法行为与损害事实之间存在直接的联系。[3]我国《民用航空法》第124、125条分别规定了旅客人身和财产造成损害时,经营人应当承担责任的情形。第157条对地面第三人受到损害的情况规定,"因飞行中的民用航空器或者从飞行中的民用航空器上落下的人或者物,造成地面(包括水面,下同)上的人身伤亡或者财产损害的,受害人有权获得赔偿"。

四、民用航空器造成损害的免责事由

免责事由的认定标准是决定责任主体是否能够成功免责的关键。在司法实践中,对于不可抗力、第三方过错和受害人故意等免责事由的认定,需要综合考虑案件的具体情况,包括事件发生的背景、责任主体和第三方的行为

---

[1] 王锡柱:《民用航空器侵权责任主体的相对性及其突破》,载《西南石油大学学报(社会科学版)》2015年第3期。

[2] 周星宇:《论民用航空器侵权——以〈侵权责任法〉第71条为视角》,吉林大学2017年硕士学位论文。

[3] 李强:《侵权责任法中补充责任法律适用问题研究》,载《法制博览》2018年第33期。

模式、受害人的行为意图等。此外，免责事由的认定还可能受到国际公约和国际惯例的影响。[1][2]如《蒙特利尔公约》第20条对国际航空运输中的免责事由规定："经承运人证明，损失是由索赔人或者索赔人从其取得权利的人的过失或者其他不当作为、不作为造成或者促成的，应当根据造成或者促成此种损失的过失或者其他不当作为、不作为的程度，相应全部或者部分免除承运人对索赔人的责任……"

（一）不可抗力

在民用航空器造成损害的案件中，不可抗力可能包括极端天气条件如强烈风暴、雷击、火山灰等，或是其他如战争、恐怖主义行为等情形。例如，《民用航空法》第160条规定，对于发生武装冲突或者骚乱，以及国家机关依法剥夺对民用航空器使用权的情况，经营者不承担责任。对于民用航空器的经营者而言，证明不可抗力的存在通常需要提供确凿的证据，如气象报告、安全记录等。不可抗力的认定标准较高，且其适用范围有限，经营者不能随意以不可抗力为由逃避责任。在川航3U8633事件中，根据调查结果，事件是由风挡玻璃破碎脱落造成的意外情况。因此，根据《民法典》第180条"因不可抗力不能履行民事义务的，不承担民事责任"的规定，在这种情况下，川航和机组人员可以主张免责或减轻责任。

（二）第三方过错

第三方过错是指损害的发生完全或部分由第三人的行为引起，从而可以免除或减轻责任主体的责任。由于民用航空器运营中的每个环节都要求最高的安全标准，经营者对第三方进行的审查和监督非常严格，其过错的认定往往涉及复杂的事实调查和责任划分。在某些情况下，即使损害是由第三方过错引起的，经营者也可能因为未能采取合理的预防措施而需要承担一定的责任。

（三）受害人故意

受害人故意是指受害人明知其行为可能导致损害却仍然进行，从而免除

---

[1] 林燕平：《民用航空侵权的法律适用及〈蒙特利尔公约〉对中国的影响》，载《华东政法学院学报》2006年第6期。

[2] 叶乃锋：《国际航空侵权责任的发展及对我国的启示》，载《兰州学刊》2009年第10期。

或减轻责任主体的责任。《民用航空法》第 161 条规定，由受害人或其受雇人、代理人过错造成的损害，经营者可以免除或者减轻相应的赔偿责任。在民用航空器造成损害的案件中，如果受害人故意实施了某种行为，如攻击航空器，导致事故发生，那么航空器经营者可以主张受害人故意作为免责事由。然而，受害人故意的认定并不容易，需要经营者提供充分的证据来证明受害人的行为是故意的，并且该行为与损害之间存在直接的因果关系。

论合作开发合同解除对项目公司存续的影响

贾亿心[*]

(中国政法大学 北京 100088)

摘 要：因房地产行业具有资金投入规模大、开发周期长、投资风险高等特点，土地、资金、技术均不可或缺，独立开发难度较大，越来越多的房地产开发企业选择合作模式进行房地产开发。其中，通过设立项目公司的形式对房地产项目进行开发建设的合作模式在实践中较为常见。包含设立公司及公司治理内容的合作开发房地产协议，往往涉及公司设立、不动产权属、行政许可、公司内部权力分配和后续公司运营管理等多方面事项，包含多重法律关系，具有股东治理协议的特征。在有关合作开发房地产合同的专门性、系统性法律文件缺失的情形下，大量合资、合作开发房地产合同纠纷涌现。本文旨在通过分析包含公司设立及公司治理内容的合作开发合同的法律性质与特征、合作开发合同与项目公司治理之间的关系，浅析包含公司设立及公司治理内容的合作开发合同解除对项目公司存续的影响，以及该类公司治理型合作开发协议解除的现实困境。

关键词：合资、合作开发房地产合同 股东治理协议 合同解除

一、合资、合作开发房地产合同概念的产生和发展

合资、合作开发房地产模式在实践中早已出现，但相关专门性、系统性法律文件长期缺失。直到 1995 年 12 月，《最高人民法院关于审理房地产管理法施行前房地产开发经营案件若干问题的解答》（已失效）才首次对"关于

---

[*] 作者简介：贾亿心（1998 年—），女，汉族，中国政法大学 2023 级同等学力研修班学员，研究方向为民商法学。

以国有土地使用权投资合作建房问题"作出司法解释。2000年,《民事案件案由规定（试行）》（已失效）将合资、合作开发房地产合同纠纷列入房地产开发经营合同纠纷案由。2005年,由最高人民法院审判委员会第1334次会议通过的《关于审理涉及国有土地使用权合同纠纷案件适用法律问题的解释》（以下简称《解释》）第14条规定了合作开发房地产合同的概念,但在合同法以及2021年1月1日起施行的《民法典》中仍未得以规定,有关合资、合作开发房地产合同的专门性、系统性法律文件仍处于亟待完善的状态。

二、包含设立公司及公司治理内容的合作开发房地产合同的法律性质和特征

（一）合作开发房地产合同的法律性质

部分学者认为,房地产合作开发是房地产领域不规范运行、不健康发展以及行政权力恶意介入的结果。[1]当下我国尚未形成有关合资、合作开发房地产合同的专门性、系统性法律文件,《解释》第14条并未清晰界定合作开发房地产合同的法律性质,该问题仍存在较大争议。部分学者认为,我国现实社会生活中主要存在六种房地产合作开发形态,根据不同合作形态产生的对合作开发房地产合同性质认定主要有承揽合同说、互易合同说、合伙合同说、买卖合同与承揽合同并存的混合合同说、附合合同说等。[2]另有部分学者认为,合资、合作开发房地产合同是独立于其他类型合同的一种特定类型合同,其与其他类型合同的关键区别在于合同各方当事人是否共同承担开发经营风险,应当依照合同的内容确定合作各方的法律关系,缺乏共同承担风险意思表示的合同性质可能被认定为土地使用权转让合同、房屋买卖合同等其他类型合同。[3]有关合作开发房地产合同性质认定的争议是由现实中房地产合作开发模式多样、形态各异造成的。合作开发房地产合同本身并不属于民法典合同编规定的19种典型合同,现有观点多是根据某一特定房地产开发形态的特征来认定合作开发合同的性质,并参照适用最相类似的典型合同的

---

[1] 刘俊:《房地产合作开发几个基本法律问题探讨》,载《学术论坛》2007年第2期。
[2] 范雪飞:《论房地产合作开发合同的法律性质》,载《商场现代化》2008年第12期。
[3] 王宏纲:《合作开发经营房地产合同的法律性质》,载《经济师》2005年第9期。

规定，但该类法律性质认定往往以偏概全，无法仅以一种典型合同的特征来涵盖合作开发房地产合同的全部形态。笔者认为，因合作开发房地产合同形态、模式多样，可根据房地产合作开发的模式与形态作出进一步划分，细化分析不同房地产合作形态下的合作开发合同是否具有某一类典型合同或者其他类型非典型合同的特征。

（二）包含设立公司及公司治理内容的合作开发合同的法律特征

包含设立公司及公司治理内容的合作开发合同具有股东治理协议的特征。所谓股东治理协议，是指全体股东所约定的，以公司内部权力分配和公司经营管理为内容，旨在约束公司、全体股东、董事、监事和高级管理人员的一种公司内部治理规则。该类股东治理协议虽具有协议的属性，但不同于一般的股东协议，其在内容上通常涉及公司内部治理事项，是对公司治理结构的重大调整，目的在于约束全体股东和公司的行为。[1]该类协议不再是简单的合同关系，而具有公司治理构造，不再仅仅具有相对性，而表现出极强的涉他性，对于此类协议的法律调整应当纳入公司组织法调整的范围。[2]在包含设立公司及公司治理内容的合作开发合同中，合同的各方即为项目公司的股东各方，所约定事项往往包含公司设立、公司内部权力分配、公司运营管理方式、公司结构、财务管理等多方面，应认定该类合作开发合同实质上系股东治理协议。项目公司成立后，合作开发合同并不会自动终止，其往往与公司章程并行，共同调整公司内部治理事项。实践中，大量存在项目公司股东按照合作开发合同约定治理公司的情形。

三、包含设立公司及公司治理内容的合作开发合同解除是否影响项目公司存续

虽然包含设立公司及公司治理内容的合作开发合同实质上为项目公司股东治理协议，对公司、全体股东、董事、监事和高级管理人员均具有约束力，应当纳入公司组织法调整的范围，但其性质仍属于合同，受民法典规范与调整，并非绝对不能解除。包含设立公司及公司治理内容的合作开发合同是否

---

[1] 王真真：《股东治理协议与股东会决议关系之辨》，载《清华法学》2023年第2期。
[2] 汪青松：《股东协议暗箱治理的公司法回应》，载《中国法学》2023年第5期。

能够解除，应根据合同履行过程中项目公司股东各方是否存在违约行为，或者是否存在合同约定的解除合同事由进行判断。[1]但是，由于设立项目公司共同运营是各方合作开发房地产的形式，成立项目公司的目的是履行合作开发合同，解除作为各方合作基础性法律文件的合作开发合同，应视为合同各方不再具有继续合作经营公司的合意，项目公司存在的基础丧失，其存续不再具有实际意义。在此情形下，应认定项目公司已出现《公司法》第231条规定的"公司经营管理发生严重困难，继续存续会使股东利益受到重大损失，通过其他途径不能解决的，持有公司百分之十以上表决权的股东，可以请求人民法院解散公司"的情形。

此外，现实中大量存在项目公司股东为规避公司法对公司自治的规范与限制，舍公司章程而利用合作开发合同约定来实现公司治理的现象。具有股东治理协议性质的合作开发合同取代公司章程成为规定项目公司内部权力分配和公司经营管理的基本文件，虽然对外无法约束债权人，却从实质上改变了项目公司的治理结构。该类公司治理型合作开发合同的解除可能会导致公司决策机制失灵，从而造成项目搁置、项目公司陷入僵局的情况，对项目公司存续造成影响。

结　论

包含设立公司及公司治理内容的合作开发合同解除虽然构成项目公司解散事由，但后续项目公司的解散、清算在现实中却经常难以实现。近年来，有关合资、合作开发房地产合同的专门性、系统性法律文件仍处于缺失状态，包含设立公司及公司治理内容的合作开发合同更是缺乏明确定位，既未在民法典中得以明确规定，也未被纳入公司法的调整范畴，形成法律上的"真空地带"，合资、合作开发房地产协议纠纷时有发生，大量房地产项目公司陷入运营僵局。笔者认为，合作开发合同不应成为规避法律强制性规定的工具，应当通过立法对不同形态的合作开发合同进行规范，将包含设立公司及公司治理内容的合作开发合同纳入公司法调整范围，对其功能和约定范围作出限制，对其与项目公司之间的内在联系进行发掘，使合作开发合同约定与项目

---

[1] 最高人民法院民事审判第一庭编：《最高人民法院民事审判第一庭裁判观点·民事合同卷》（上），人民法院出版社2023年版，第10~16页。

公司运营之间形成良好衔接,保障项目公司存续,从而从根本上减少和化解此类由公司治理型合作开发合同引起的合资、合作开发房地产合同纠纷。包含设立公司与公司治理内容的合作开发合同与项目公司之间的内在联系仍处于法学研究的"盲区",相关研究仍有待深入和扩展。

对劳务关系中侵权责任的实践反思

——以众包骑手劳务纠纷为例

成俊杰[*]

(中国政法大学 北京 100088)

摘　要：随着新就业形态的蓬勃发展，各种因劳务关系产生的侵权纠纷也呈现出逐年递增的趋势。目前司法实践中，对因劳务关系产生的侵权纠纷裁判展露出一些问题："因劳务"的界定不明、"代替责任"未作区分判断、过错责任严格落实、相关政策和法律实践的衔接不当，造成这些问题的原因在于新就业形态发展迅速，司法者对劳务关系中权利义务尚未能精准把握以及当事人的法律意识淡薄。国家应尽快完善相应的法律法规，最高人民法院也需要对相关政策衔接出台司法解释。司法者应当着重对劳务关系中的权利义务审查，在把握劳动者权益保障与合理确定平台企业责任中做到对立统一。当事人也必须提高法律意识，签订书面的劳务合同并约定详细的权利义务。

关键词：新就业形态　众包骑手　劳务关系　侵权责任

《国民经济和社会发展第十四个五年规划和2035年远景目标纲要》提出了"新就业形态"，其定义为新一轮信息技术革命特别是数字经济和平台经济发展带来的一种就业新模式，体现为劳动关系灵活化、工作内容多样化、工作方式弹性化、工作安排去组织化、创业机会互联网化。从新就业形态的定义不难看出，新就业形态劳动者和用人单位之间的管理因素较弱，实践中也存在大量的用人单位与新就业形态劳动者构建劳务关系。本文着力研究新就业形态背景下劳务关系的侵权责任纠纷的法律问题。

---

[*] 作者简介：成俊杰（1999年—）男，汉族，中国政法大学2023级同等学力研修班学员，研究方向为民商法学。

一、劳务关系侵权责任的实践现状

随着互联网平台经济的发展，各种新就业形态层出不穷。从事新就业形态的劳动者与平台企业或平台合作企业之间的用工关系，分为劳动关系与劳务关系。本文以最大的新就业形态劳动者群体——众包骑手为例，探讨新就业形态劳务关系中的侵权责任划分问题。根据《民法典》第1192条，劳务关系的侵权责任可以划分为两个方面：其一，对外侵权中，由接受劳务者代替提供劳动者造成的侵权责任；其二，对内侵权中，接受劳务者和提供劳务者按照过错责任归责。

（一）对外侵权中，劳务关系的侵权纠纷现状

1. 侵权行为是否与劳务有关界定不明

通过案例检索可知，司法实践中认为侵权行为是否与劳务有关分为两种观点：一种观点认为，侵权行为发生时，劳动者需正在从事劳务工作，方可认为侵权行为与劳务有关，反之，则不能认定侵权行为与劳务有关；该种观点实质上是将"因劳务"等同于职务行为的判断标准。[1]另一种观点认为，应当综合考虑劳动者当日的工作量、工作时间以及劳务产生的利益归属进而认定侵权行为是否与劳务有关。该观点源于《新就业形态劳动者休息和劳动报酬权益保障指引》中关于工作时间的认定标准，特别是关于"宽放时间"的提出。

2. 接受劳务者因劳务承担的"代替责任"未作区分判断

各地法院裁判在新就业形态背景下对外部侵权责任的来源和类型不加详细区分和判断，直接认定为接受劳务者的责任，导致接受劳务方承担的责任实际上超过了因劳务而造成的侵权责任。例如重庆众包骑手驾驶其自有的摩托车在配送外卖的途中与他人发生交通事故，经交通部门认定双方负同等责任，法院裁判与众包骑手存在劳务关系的平台用工企业承担交强险范围内的赔付责任和交通事故侵权责任。该案中，众包骑手驾驶的机动车是其自身所有，同时平台用工企业也没有对众包骑手的交通工具作出管理规定，法院直接裁判平台用工企业承担交强险赔付责任，有加重平台用工企业责任之嫌。

---

[1] 肖明明：《浅析职务行为的判断标准》，载 https：//www.chinacourt.org/article/detail/2013/01/id/809939.shtml，最后访问日期：2024年5月15日。

无独有偶，武汉有一名众包骑手在送餐过程中与他人发生争执，也被法院认定为用工企业的责任。可见，目前司法实践中缺失了对接受劳务者因劳务承担的"代替责任"的明确区分。

（二）对内侵权中，劳务关系的侵权纠纷现状

1. 各地裁判尺度不一，法官自由裁量空间较大

《民法典》规定，提供劳务者因劳务受到损害适用过错责任原则。从目前司法实践来看，在提供劳务者受到损害责任纠纷中，用工的企业和个人承担的责任大概为80%：10%，即使是案情相似、同一省份的不同地区，裁判尺度也大不一样。例如，湖北省的众包骑手在配送过程中发生损害的，宜昌法院认为平台用工企业应当承担70%的责任，武汉法院则认为平台用工企业没有明显过错仅需承担相应的补偿责任。缺乏统一的裁判标准，会导致劳务关系的双方对损害赔偿的纠纷变多，难以调解。

2. 政策和法律的衔接不当，造成了法律困扰

《关于开展新就业形态就业人员职业伤害保障试点工作的通知》规定，平台企业需为新就业形态劳动者参加新型职业伤害保障，新就业形态劳动者在执行工作任务时发生损害可以获得相应赔付。而在司法实践中，平台企业并不是新就业形态劳动者的直接用工单位，新就业形态劳动者是与平台用工合作企业建立的劳务关系，发生损害时新型职业伤害保障是否能抵扣平台用工合作企业的赔付责任，成为目前司法实践的一大困扰。如认为可以抵扣，则涉及不同主体的责任划分问题；如认为不能抵扣，但是新型职业伤害保障实际上起到了劳务关系中类似工伤保险的作用。

二、对劳务关系侵权归责现状之反思

目前，新就业形态的纠纷层出不穷，根源在于：其一，在立法层面，相关法律规定较少，政策更新频繁；其二，在司法层面，裁判者对新就业形态背景下的劳务关系把握不够严谨。

（一）立法缺失，且相关政策更新速度快

自《民法典》生效实施以后，原雇佣关系中的侵权责任划分已经被《关于审理人身损害赔偿案件适用法律若干问题的解释》删除，劳动关系中侵权责任划分明确的法律规定只有《民法典》第1192条，最高人民法院也没有作出相关

的司法解释。近些年来,《关于开展新就业形态就业人员职业伤害保障试点工作的通知》提出,"执行平台订单任务期间"指接受平台订单任务起至平台订单任务完成后1个小时内;《新就业形态劳动者休息和劳动报酬权益保障指引》提出,新就业形态劳动者每日工作时间包括当日累计接单时间和适当考虑劳动者必要的在线等单、服务准备、生理需求等因素确定的宽放时间。这两种对"因劳务行为"的规定实际上是冲突的,法院据此裁判会导致相似案情的裁判结果迥异。为此,国家应该加强立法工作,明确裁判依据,做到有法可依。

(二) 对劳务关系的把握不够严谨,易造成裁判结果上的不公平

部分学者认为《民法典》第1192条的适用范围仅限于劳务双方都是自然人,其他主体之间的劳务纠纷应当适用第1191条[1]。笔者认为,这种观点是值得商榷的。其一,劳动者与用工单位的关系应当是把握特殊主体侵权责任的重点,不同的用工关系下用工双方的权利义务不同,而主体类型的不同实质上影响的是承担责任能力的大小;认为只要不属于自然人主体,就应当按照第1191条承担责任,实际上是颠倒了侵权责任承担的因果关系,侵权责任的承担应当着重审查责任的来源——用工关系中的权利义务,而不是考虑主体承担侵权结果的能力大小。其二,目前司法实践,以劳务关系为认定用工主体责任的,裁判者引用的法律条文都是《民法典》第1192条。故而,笔者认为只要被认定为劳务关系,都应适用《民法典》第1192条调整。

劳务关系本质是民事合同关系,双方的权利义务来源于双方的合同约定。[2]在劳务关系对内侵权中,应当着重审理劳务双方是否尽到约定的义务,不能认为只要提供劳务者发生损害,接受劳务方就没有尽到"安全管理义务"。以众包骑手发生劳务纠纷为例,平台企业或平台用工的合作企业,仅是外卖配送过程中发放任务,规定送餐时间,对于交通工具及交通路线的选择并没有明确要求。众包骑手发生事故大多是因为自身的交通违法行为,用工企业对众包骑手的管理较弱,但是裁判结果往往认为用工企业没有尽到安全管理义务从而让用工企业需承担较重的侵权责任。[3]

---

[1] 尹飞:《接受劳务一方侵权责任适用的体系性思考》,载《国家检察官学院学报》2023年第5期。

[2] 杨德敏:《论劳动关系与劳务关系》,载《河北法学》2005年第7期。

[3] 韩煦:《外卖骑手致第三人损害的民事责任承担探析》,载《人民法院报》2021年6月10日。

所有权保留买卖合同的法律研究

谭宇利[*]

(中国政法大学 北京 100088)

摘 要:《民法典》出台前,《合同法》和买卖合同司法解释对于所有权保留买卖合同进行了规定,《民法典》实施后这项制度更加完善。《民法典》认可了买卖合同中所有权所具有的担保功能,并明确在涉及担保纠纷上可以适用担保制度司法解释。

关键词: 所有权保留 担保功能 实务上的思考

在日常商事活动中,存在一种交易模式,交易双方签订合同,约定卖方向买方交付所有权,但是卖方仍保留货物的所有权,待买方履行完义务后,所有权才转移给买方。所有权保留制度作为一项古老的担保制度,在买卖合同中有着举足轻重的地位,其所有的担保保障功能亦能更好地保障交易的正常有序进行。《民法典》的实施,使所有权保留买卖合同的担保功能更具有实操性,通过明确增强出卖方和买受方的权利,促使交易重新回到正轨,但是在实务作中仍有需要不断思考的空间。

一、所有权保留买卖合同初步了解

《民法典》第 641 条规定:"当事人可以在买卖合同中约定买受人未履行支付价款或者其他义务的,标的物的所有权属于出卖人。出卖人对标的物保留的所有权,未经登记,不得对抗善意第三人。"所有权保留制度在买卖合同中是对合同本身所制定的条款,是对出卖人与买受人利益的保护。其本身是

---

[*] 作者简介:谭宇利(1994 年—),女,汉族,湖南益阳人,中国政法大学 2021 级同等学力研修班学员,研究方向为民商法学。

在双方当事人约定的价款或者其他所附条件成就之前，出卖人享有标的物的所有权，而买受人可以对标的物行使占有、使用的权利。

卖方在买方付清货款前，先将标的物交付给买方使用，此种交付结合当时双方的所有权保留的意思表示，应当是使用权的交付，当交付条件成就之时，再适用简易交付完成整个标的物的所有权转移。

本制度的客体，通俗解释是哪些可以作为标的物。最高人民法院《关于审理买卖合同纠纷案件适用法律问题的解释》第 25 条规定："买卖合同当事人主张民法典第六百四十一条关于标的物所有权保留的规定适用于不动产的，人民法院不予支持。"该条排斥了对于不动产的适用，因此不动产以外的财产均可以适用本制度。其主要原因在于不动产买卖在完成转移登记后才会发生所有权的变动，此时再通过双方当事人的约定进行所有权保留的约定明显违反法律规定。再有，物权法中不动产制度的预告登记制度已经足以保护买卖双方的利益，满足双方的需求，无需再另行采用其他制度保护交易。

本制度的法律性质，大致有两种学术观点，一种是所有权说一种是担保权说。我国立法更为采纳附停止条件的所有权转移说：在停止条件成就之前，所有权并不转让给买受人。[1]《民法典》第 643 条规定买受人未在回赎期赎回标的物，出卖人可以以合理价格将标的物出卖给第三人，但仅仅是可以，并非一定出卖标的物，出卖人可以不出卖并继续保有标的物，即所有权不转移。

二、所有权保留买卖合同中对各方的保护

对于出卖人的保护主要体现在取回权。取回权是在标的物所有权转移前，买受人违约并给出卖人造成损害，除非有另行约定，否则出卖人有权取回标的物。主要依据在于《民法典》第 642 条、第 643 条。出卖人行使取回权后，买受人可以在指定回赎期内消除事由以回赎标的物，买受人逾期未能回赎的，出卖人可以另行出卖标的物。自出卖人取回标的物至回赎期满前，标的物的使用权处于停止状态。若买受人回赎标的物，则使用权仍然归属买受人使用。若买受人未能回赎标的物，出卖人有权再次出卖，但出卖所得价款扣除买受

---

[1] 吴文芬：《所有权保留制度的适用——以保留所有权的车辆分期付款买卖及挂靠经营合同纠纷为视角》，载《人民司法》2015 年第 7 期。

人未支付的价款和必要费用仍有剩余的，应当返还买受人，但若不足则由买受人清偿。当然，出卖人可以选择继续保有，此时应当解除合同，并适用《民法典》第566条的规定进行清算。[1]

对于买受人的保护主要体现在回赎权以及对出卖人取回权的限制。回赎权指的是在本制度中出卖人行使取回权后，应当给予买受人消除事由或者继续履行义务重新占有标的物的权利，即买受人在第一次未能履行所有权保留合同所规定之义务时的第二次机会。回赎权的目的在于使原来的交易回到正常的轨道，为维护买受人的期待利益，使其有机会重新占有标的物。对于出卖人取回权的限制主要在《关于审理买卖合同纠纷案件适用法律问题的解释》第26条，若买受人已支付75%以上的总价款，出卖人不得行使取回权。分期付款买卖与所有权保留条款经常结合在一起，为防止此类条款导致买受人有可能行使的利益不平衡的结果，通过司法解释对取回权的行使作适当限制。[2]

对于善意第三人的保护主要体现在善意取得制度。《民法典》第641条第2款规定，未经登记，不得对抗善意第三人。本条明确规定标的物的所有权保留只有出卖人在经过登记后，才具有公示效力，若未在签订合同时采取不同的配套登记措施，对于第三人的善意的行为应当认定为善意取得，从而获得标的物的所有权。

三、所有权保留合同的担保功能

《民法典》对担保制度进行了修改和完善，被学者认为是担保制度的现代化，其中对于所有权保留买卖为代表的权利担保相关制度的改革尤为亮眼。[3]

虽然在现行法律和相关司法解释中多次有提及所有权保留，且各规定所体现的性质也相互矛盾，但无论是从所有权的角度还是担保权的角度，所有权对于价款请求权的保障功能是毫无疑问的。

《民法典》第388条从功能主义的角度将所有权保留合同纳入担保合同的范围，最高人民法院《关于适用〈中华人民共和国民法典〉有关担保制度的

---

[1] 周江洪：《所有权保留买卖的体系性反思——担保构成、所有权构成及合同构成的纠葛与梳理》，载《社会科学辑刊》2022年第1期。

[2] 周江洪：《所有权保留买卖的体系性反思——担保构成、所有权构成及合同构成的纠葛与梳理》，载《社会科学辑刊》2022年第1期。

[3] 高圣平：《〈民法典〉视野下所有权保留交易的法律构成》，载《中州学刊》2020年第6期。

解释》也明确适用于所有权保留合同中涉及担保功能发生的纠纷。

四、所有权保留合同实务上的思考

(一) 回赎期的规定是强制性规范还是任意性规范？可否事先双方约定不适用该制度？

有观点认为所有权保留制度在于买卖合同部分，更为注重的是合同双方的意思自治，买受人有权放弃自己的权利，若双方同意即可以不再适用该制度。根据回赎期的规定，在回赎期内买受人可以放弃回赎期的权利，放弃重新取得标的物的权利，亦证明此项权利是可以放弃的。

但回赎权是立法机关在权衡出卖人和买受人之间利益后制定出来的一项制度，在于满足买受方对于取得标的物所有权的期待利益，促使交易回归正轨。同时因为在签订合同时交易双方的市场地位的不平等，若该项权利在签订合同时即可放弃，大部分买受人在签订合同时便不得不放弃此项权利，失去重新占有标的物的权利。

因此认为，该项制度应当强制适用，不能在事先便约定放弃，即便需要放弃也应该在回赎期内。

(二) 回赎期届满前，若标的物可能必要费用增加或者价值显著减少等情形如何处理？

依据《民法典》的规定，原则上应当等待回赎期届满后才能再次出卖标的物，但是若出现紧急情况会导致标的物价值减少或者必要费用过高等问题，是否无需等回赎期满就可行使出卖权？

从《民法典》第591条防止损失扩大的角度出发，出卖人应当采取适当的措施防止损失扩大，在此种情形中，应当允许出卖人无需等待回赎期满即可出卖标的物。

(三) 另行出卖的价款中，扣除的费用中是否包含违约金或损害赔偿金等？

出卖人另行出卖标的物后成功后，应当扣除买受人未付的价款和必要费用，再退还买受人余下价款。若当事人有约定且买受人违约造成标的物价值减少或者必要费用增加，买受人过错更大，但违约方买受人所需要承担的违约成本低。出于保护交易正常完成的目的，在买受人违约并造成损失时，应当适当约定违约金或损害赔偿金等列入扣除范围。

未成年人严重越轨行为的惩治和预防

王 亮*

(中国政法大学 北京 100088)

摘 要：我国现行法律对惩治和预防未成年人的违法犯罪行为起到了积极作用，但随着经济社会文化的发展，未成年人的违法犯罪行为出现了许多新问题，未成年人的严重越轨行为性质越发恶劣、后果越发严重，且出现低龄化和上升趋势。建议设立针对未成年人严重越轨行为的保安处分制度，予以弥补刑事法律和行政法律在规范未成年人违法犯罪行为等严重越轨行为方面的不足。

关键词：未成年人 严重越轨行为 保安处分

一、未成年犯罪行为概述

最高人民检察院2023年6月发布的未成年检察工作白皮书显示，未成年人犯罪总体呈上升趋势，低龄未成年人犯罪占比上升。2020年至2022年，全国检察机关受理审查起诉未成年犯罪嫌疑人数分别为54 954人、73 998人、78 467人。[1]刑事责任年龄是法律规定的行为人对自己的犯罪行为负刑事责任必须达到的年龄。规定刑事责任年龄的主要根据是：青少年心智成熟情况；国家对待青少年应采取的刑事政策。[2]各国刑法规定的刑事责任年龄并不一致，且一国的刑事责任年龄也在不断变化着。如英国14岁为完全负刑事责任年龄阶段，10岁以下为完全不负刑事责任年龄，10岁以上14岁以下为相对

---

* 作者简介：王亮（1986年—），男，汉族，山西省壶关县人，壶关县人民法院员额法官，研究方向为刑法学。

[1] 参见最高人民检察院《未成年人检察工作白皮书（2023）》。
[2] 参见曲新久主编：《刑法学》（第5版），中国政法大学出版社2016年版，第68页。

负刑事责任年龄段。近年我国刑法修正案对故意杀人、故意重伤害的刑事责任年龄从14周岁下调至12周岁。

对于未成年人其他的严重越轨行为，是否应当纳入刑法调整范围之中呢？如16周岁以下未成年人实施的故意伤害致人轻伤、决水、持刀抢夺、猥亵、运毒制毒、非法拘禁等行为，社会危害性不能说不严重。如果将上述未成年严重越轨行为纳入刑法中，从一定程度上对于惩戒和预防未成年人严重越轨行为将有直接作用，但是笔者认为，刑法作为最后保障法和最具严厉性的法律规范，对于未成年人严重越轨行为调整的范围不宜过大。其一，近代刑事古典学派认为"人在达到一定年龄时，除精神上有异状者与精神未充分发达者外，任何人都有为善避恶的意思自由。有自由意思的行为人能够避免实施犯罪而竟敢实施之，是出于自由意志的选择"。[1]对于心智不成熟的未成年人，很难认定其实施犯罪时是意志完全自由的，无法判断对于犯罪行为性质和后果是否具有完全认知的能力。未成年的好奇心和梦幻般的想法伴随着他的成长，经常预估不到行为的危害后果，如出于贪玩将柴堆点燃引发森林大火，自认为是超人有超能力与同伴从高空坠落等引发严重危害后果的事件时有发生。这些伤害事件，很难认定未成年在实施这些行为时是意志自由的，道义上也无法去谴责，更不能去追究他们的刑事责任。其二，刑罚惩罚会对未成年人的成长带来消极负面影响，不利于特殊预防。刑罚的惩罚犯罪记录会伴随着孩子的一生，可能使他无法正常生活工作，他会受到极大的自尊伤害，紧张不安会整日伴随着他，从而产生扭曲的人生观世界观，可能会实施更严重的犯罪。刑罚所惩罚的"坏孩子"越多，"坏孩子"标签就越贴越多。标签理论认为，贴标签是违法犯罪的催化剂。[2]他们不被社会、家人、学校所接受，持有相同思想和价值观念而处境相同的他们便聚集在一起，力图相互支持、相互保护以及相互满足其他需要，寻求一种与社会正统价值观不同但能够使自己感到有价值的生活方式，包括参加犯罪团伙和从事犯罪行为。在这个亚文化群中，犯罪是可以接受的，甚至是值得赞赏的。因此笔者认为，即使要扩大刑法调整未成年人严重越轨行为的范围，也应当慎之又慎，不是必要性、普遍性的严重危害性的越轨行为，无需由刑

---

[1] 参见李春雷、张鸿巍主编：《外国刑法学概论》，北京大学出版社2011年版，第27页。
[2] 参见许章润主编：《犯罪学》（第4版），法律出版社2016年版，第34页。

法进行调整。

二、未成年人违法行为

未成年人实施了刑法以外的违法行为,就属于法律规定的一般违法行为。不满 14 周岁的未成年人实施一般违法行为,不予处罚,但是应当责令其监护人严加管教。对于一般违法行为的处罚方式,包括警告、罚款、行政拘留。对于已满 14 周岁不满 16 周岁的违法行为,已满 16 周岁不满 18 周岁初次违法行为,不予执行行政拘留。从上述有关未成年人一般违法的规定来看,未成年人实施一般违法行为,是不会承担行政拘留法律后果的。未成年人没有经济来源,更不可能承担罚款的法律后果,最多只承担被警告的法律后果。那么这样的法律规定对于实施严重越轨行为的未成年人,能够起到多大的惩戒和预防作用呢?可想而知,应当是收效甚微。这也是目前导致校园霸凌现象愈演愈烈,无法根治的问题所在。

在这种法律制度下,家长们为了保护自己孩子的合法利益,被逼无奈下,只能告诉孩子打回去,一切后果由他们承担。这会导致什么后果出现,笔者相信是不言而喻的,暴力伤害充斥着校园,以牙还牙的同态复仇现象出现。目前对于未成年人的违法行为,法律制度出现了衔接上的问题,出现了对未成年人违法惩戒的真空区域。数年前笔者曾办理过这样一个案例,4 个初二学生因为琐事与另外一个同年级学生发生争执,在放学后该 4 名学生围殴了另一名学生,导致了该名学生胆囊摘除。报警后,公安机关依据法律规定对于实施侵害行为的 4 名未成年人也无法采取强制措施,只能把家长叫来进行调解,由于双方对于后续治疗赔偿数额达不成一致意见,受害者家属只能向法院提起民事诉讼请求损害赔偿。目前我国未成年人实施一般违法行为的处理现状,值得我们深思。法律对于未成年人的违法伤害行为,不仅仅是规定财产赔偿,还要能够安抚受害人及家属受伤的心灵,更重要的是要能够对违法少年进行一定程度的惩戒,从而预防其再次实施违法行为。

三、保安处分的适用

保安处分,是指以行为人具有的社会危险性为基础,为了维持社会治安,在对其进行社会保安的同时以改善、治疗行为人为目的的国家处分。保安处分作为刑罚的辅助性措施，主要着眼于特殊预防，通过矫治、医疗性处分、隔离性处分等方法使行为人改变危险性格并重新适应社会。对于未成年人的严重越轨行为，适用以教育、感化、矫治为主要内容的保安处分措施，更容易消除其人身危险性，也有利于保护未成年人的权利。未成年人一般都被各国立法作为保安处分的重点适用对象。

对于实施了严重越轨行为的问题少年，普通学校教育和家庭教育已经无力完全担负起教育、劝诫职责，通过一般感化教育无法制止约束未成年人的严重越轨行为。在此情况下，可以借鉴伟大的犯罪学家龙勃罗梭有关未成年人犯罪预防的保安处分理论"少儿教养院"，这是一种强制性的收容教育场所，只针对6岁至12岁的少年实行白日收容，这些少年已不再被一般的幼儿园或学校所接纳，并且由于不听话或者父母管教无方而失去一切教育手段。针对12岁以上的未成年人的严重越轨行为，可以建立青少年看管场所"教养院"或者"少年之家"，也是实行白日收容，但是孩子因家长疏于管教而犯罪的，家长必须从自己的工资中拿出一部分用于支付管教费用，这样家长就会比较注意对孩子的看管了。[1]

人类是趋利避害的动物，正常理性的人都有就愉快避痛苦、计较利害轻重的本性，在实施严重越轨行为前都会考虑得到的快乐（收益），也会考虑受到的痛苦，进而进行权衡抉择，未成年人亦是如此。只有国家立法设立强制教育机构，将严重越轨的未成年进行隔离式强制教育，心理疏导，予以一定限度自由惩戒，才能使问题少年存有畏惧之心，才会选择安分守己。强制教育的方式可以多样，如白天将问题少年送至强制教育机构进行学习，晚上由家长接回家里，或者全封闭式地在特殊教育学校进行学习一段时间（如周一至周五强制学习），然后周六日接回家中。对于实施严重越轨行为的未成年人，进行强制教育的年龄不设置下线，未满18周岁的未成年人，只要实施了法律规定的严重越轨行为，均可以依法进行强制教育。司法机关对于教育处分要设置一定期限，行为得到矫正的未成年人可以提前解除强制教育处分，对于脾性顽劣不服从管教的未成年人，可以取消其回家假期，予以一定惩处。强制教育的管理和科目设置，要符合强制教育的目的，坚持以教育、感化为

---

[1] [意] 切萨雷·龙勃罗梭：《犯罪人论》，黄风译，中国法制出版社2005年版，第340~356页。

主，惩戒为辅，另外管教师资水平一定要不低于正常教育机构，针对每一个孩子均应实施一对一的帮扶教育方式，因人因案施教。教育处分期到后，经过评估，能够真心悔改、行为得到矫治，没有人身危险性的未成年人可以回到正常学校学习。

基于退役军人服务保障体系构建退役军人法治宣传教育体系的研究与思考

严 瑶*

(中国政法大学 北京 100088)

摘 要：文章以退役军人法治宣传教育为研究对象，在深入分析现状问题的基础上，探索依托退役军人服务保障体系，从组织机构建设、内容建设、平台建设、队伍建设等方面，构建退役军人法治宣传教育体系，实现对象、内容、时间、载体"四个全覆盖"，在法治轨道上推进退役军人工作高质量发展。

关键词：退役军人 服务保障体系 法治宣传教育

退役军人为国防和军队建设作出过重要贡献，全国现有退役军人约4500万，是一个重要且巨大的群体。自2018年各级退役军人部门组建以来，退役军人领域法治建设进入了快车道。2022年12月，《退役军人事务部关于加强退役军人事务法治文化建设的实施意见》指出：各级退役军人事务部门指导退役军人培训中心、服务中心（站）等服务机构，广泛进行法律政策宣讲，营造尊法学法浓厚氛围。目前，全国共有63.5万个退役军人服务中心（站）挂牌运转，覆盖59.2万余个村（社区），为退役军人服务法治宣传教育延伸到基层"最后一公里"提供了有力支撑。[1]

---

* 作者简介：严瑶（1988年—），女，汉族，湖南株洲人，中国政法大学2022级同等学力研修班学员，研究方向为社会法学。

[1] 参见朱建勇、王萍：《关于高质量做好退役军人服务保障工作的思考——以烟台市为例》，载《中国军转民》2022年第21期。

一、当前退役军人法治宣传教育的现状

退役军人部门作为新组建部门,退役军人事务法治建设也经历了一个从无到有的过程,虽然取得了长足进步,但也存在基础薄弱、体制机制不够完善、相关支撑不足等问题,另外,退役军人领域涉法涉诉历史遗留问题较多,新时期退役军人法治建设面临新问题新挑战,主要存在以下几个方面问题。

第一,基础薄弱,宣教水平整体不高。部分领导干部对退役军人法治宣传教育认识不足,思想上重视不够,认为是司法行政职能部门的事,主体责任落实不力,只是被动参与,责任落实逐级递减,部分基层退役军人服务站作用发挥不明显,退役军人法治宣传教育处于空白状态。宣传教育方式简单、形式单一,更倾向于满足上级工作要求,较少关注退役军人思想心理状态和实际需求,形式主义和"一阵风"现象比较突出,实际效果不明显。

第二,定位模糊,内容建设不够完善。退役军人工作法规制度体系在顶层设计方面还有欠缺,除退役军人事务部下发关于加强退役军人事务法治文化建设的实施意见外,省级层面下发相应文件的较少,市、县级更甚,导致部分地区对退役军人法治宣传教育的定位、内容、形式等不明晰。目前对退役军人开展的法治宣传教育大多涵盖在思想政治教育中,内容建设不完善,缺乏独立性,课程设置不严密、不均衡的问题突出,多以灌输法律条文为主,法治宣传教育目的并没有落到实处。

第三,学用脱节,实践运用成效不显。存在学法和用法"两张皮"现象,普治脱节、重治轻普问题较为普遍,法治宣传教育脱离退役军人生活实际。部分退役军人法治意识、法治思维还要加强,信访不信法现象一定程度存在,个别因为安置就业、社会保障、优抚优待等的现状与个人预期不符,历史遗留问题难以解决,对政策理解有偏差或片面解读,进而上诉上访,引发社会关注。退役军人权益维护工作还要加强,基层退役军人诉求反映渠道有待进一步通畅,法律援助机制有待完善。

第四,支撑不足,相关保障难以到位。县乡村退役军人服务中心(站)作为退役军人法治宣传教育主阵地,在落实有机构、有编制、有人员、有经费、有保障"五有"要求方面还有差距,还存在覆盖不全面、落实不到位、区域不平衡等问题。有的只是简单挂牌,人员配备不到位或无专职人员,有

的市县两级地方配套不足，镇村级服务站很多没有专项经费、没有独立的办公和活动场所，有的地方服务中心（站）职能定位不清、工作人员业务生疏，难以满足退役军人法治宣传教育工作需要。

二、退役军人法治宣传教育体系构建途径

必须发挥好各级退役军人服务中心（站）主体作用，从组织机构建设、内容建设、平台建设、队伍建设四个方面着手，构建对象、内容、时间、载体"四个全覆盖"的退役军人法治宣传教育体系。

第一，组织机构建设方面。机构建设是根本，要依托服务保障机构打造能覆盖全体退役军人的网络体系。[1]强机构。严格按照"五有"要求，建设退役军人服务保障体系，重点加强基层服务站点建设，落实机构、人员、场地等方面要求，县级以上服务中心普遍建设法律援助或法律咨询机构，逐步形成横向到边，纵向到底，多层次"全覆盖"的退役军人法治宣传教育阵地。强保障。各级退役军人部门要积极争取同级政府和财政部门的支持，把普法工作经费列入单位预算并足额拨付，加强对普法经费的监督管理，最大限度发挥经费使用效益。强联动。纵向层面，要同步发挥好退役军人培训中心、军休服务管理机构、优抚医院、光荣院等服务机构作用，横向层面，联合司法行政机关、相关政府职能部门、基层自治组织、相关社会组织等，打造退役军人法治宣传教育"共同体"。

第二，内容建设方面。内容建设是核心，要根据退役军人群体点针对性制定宣传教育内容。对象全覆盖。针对重点优抚对象、参战老兵、退役士兵、转业干部、复员军人、军队离退休干部等不同身份的退役军人，或者根据退役军人年龄阶段、受教育层次、知识储备的不同，分层、分段、分类方式开展法治宣传教育，解决他们最关心的问题。内容全覆盖。主要是普法教育和专门法教育两方面。普法教育包括宪法、民法等基本法以及党内法规，专门法包括《退役军人保障法》《退役军人安置条例》《军人抚恤优待条例》《烈士褒扬条例》等退役军人工作法律法规。时间全覆盖。在"民法典宣传月""法制宣传日"等重大活动期间开展常规宣传，同时结合清明祭英烈、八一建

---

〔1〕 朱建勇、王萍：《关于高质量做好退役军人服务保障工作的思考——以烟台市为例》，载《中国军转民》2022 年第 21 期。

军节、"9·30烈士公祭日"、退役士兵返乡季、转业军人待安置期等节点，针对性开展宣传教育活动，建立长效机制。

第三，平台建设方面。平台载体是基础，要在丰富形式、载体、阵地等上下功夫，确保宣教实效。丰富宣传手段。线上线下结合，在各级服务中心（站）设置法律政策宣传栏，播放宣传片、发放宣传册，张贴法治宣传标语、横幅、展板，充分利用"互联网+"模式，通过"报网端微屏"等多种渠道公开政策文件，广泛进行法律政策宣讲解读。完善教育机制。将法治教育纳入退役军人适应性培训、岗前培训、就业创业培训、待安置期间党员教育内容，利用春节、"八一"走访慰问、退役报到安置、待遇领取等时间节点，开展政策法规宣传解读，增强尊法学法守法用法意识。强化阵地建设。对有条件的地区，推动退役军人法治建设元素融入法治主题公园等法治宣传阵地，以及双拥公园、双拥广场等拥军文化阵地。开展退役军人法治文化建设，打造群众性退役军人事务法治文化品牌。

第四，队伍建设方面。队伍建设是关键，要着力建设专业化法治宣传教育工作队伍。抓住"关键少数"。推进落实法治宣传教育"第一责任人"制度，将法治建设纳入领导干部年终述职和考核评价，领导干部带头学法用法普法。建强工作队伍。全面落实国家工作人员学法用法制度，把法治教育纳入全系统干部教育培训内容，加强基层服务保障机构法治教育负责人员法律知识和理论培训，引导全系统干部职工牢固树立法治观念，提高依法办事的能力和水平。引入社会力量。以"法治宣传、法务咨询、法律服务、矛盾调解、帮扶解困"等方面为着力点，通过政府购买服务或志愿服务等方式，为退役军人提供法律服务和法律援助，鼓励引导社会组织、志愿者和基层法律工作者参与退役军人法治教育，壮大法治教育队伍力量。

三、相关保障措施

第一，加强顶层设计。将法治建设纳入退役军人工作五年规划，把退役军人法治宣传教育作为重要组成部分，推进退役军人法治宣传纳入当地普法工作整体规划，各级退役军人部门要出台制定加强法治文化建设的实施意见或工作方案，指导各级开展退役军人法治宣传教育工作。

第二，强化责任落实。各级退役军人部门要高度重视法治建设，把法治宣传教育工作列入年度工作要点，严格落实普法责任制，明确普法宣传工作目标任务、重点内容、主要举措，推动法治宣教工作落实落细。退役军人事务部门法治工作机构立足职能职责，做好组织实施、指导督查工作。

第三，建立激励机制。各级退役军人服务中心（站）设立普法奖励基金，对在法治建设中作出突出贡献的个人和单位给予表彰和奖励，充分激发和调动各级各地加强法治建设的积极性、主动性和创造性。选树宣传退役军人尊法守法先进典型，发挥榜样的示范引领作用，引导退役军人做社会主义法治的忠实崇尚者、自觉遵守者、坚定捍卫者。

第四，严格考核评估。将退役军人法治宣传教育工作纳入示范型退役军人服务中心（站）考评、纳入各市、县、乡、村级服务中心（站）年度重点工作内容，坚持问题导向和效果导向，加强对法治工作的指导和监督，防止形式主义和官僚主义，确保法治教育工作顺利开展。

股权回购式对赌协议的法律效力研究

巫结红[*]

(中国政法大学 北京 100088)

摘　要： 本文旨在探讨股权回购式对赌协议的法律效力及相关法律问题。文章首先概述了对赌协议及股权回购式对赌协议的定义和特征，分析了该类协议的法律适用，包括法律依据和法律效力。其次深入研究了股权回购式对赌协议与公司法律关系的衔接问题，以及面临的风险与挑战。最后，文章提出了风险防范和应对策略，并总结了研究的主要发现。

关键词： 对赌协议　股权回购　法律效力

一、股权回购式对赌协议制度概述

(一) 对赌协议概述

对赌协议，或称估值调整协议，起源于投融资领域，特别是在私募股权投资中广泛应用。其核心目的是在投资方与融资方之间，基于未来某种不确定性或业绩目标，设定一种权利与义务的调整机制。这种机制允许双方根据未来事件或业绩的实现情况，对彼此的权益进行重新分配。[1]

在投融资活动中，投资方和融资方往往面临着信息不对称的问题。投资方可能难以完全了解目标公司的真实价值和潜力，而融资方则可能对自己的业绩和发展前景过于乐观。对赌协议作为一种平衡机制，既可以为投资方提供一定的风险保障，也可以激励融资方努力实现预定的业绩目标。此外，对

---

[*] 作者简介：巫结红（1984年—），女，汉族，广东广州人，中国政法大学2022级同等学力研修班学员，研究方向为经济法学。

[1] 参见凌尧帆：《股权回购型对赌协议的法律风险和监管》，载《北方经贸》2020年第10期。

赌协议还可以解决代理成本问题。在投融资关系中，投资方和融资方可能存在利益不一致的情况。对赌协议通过将双方的利益紧密捆绑在一起，降低了因利益不一致而产生的代理成本。

(二) 股权回购式对赌协议的特征和形式

股权回购式对赌协议是对赌协议中的一种重要形式，其主要特征在于当约定的条件（如业绩目标、上市时间等）未能实现时，投资方有权要求融资方或目标公司以约定的价格回购其持有的股权。[1]这种回购权通常是一种保护性的权利，旨在降低投资方因目标公司业绩不佳或未能按时上市而面临的风险。

除上述特征外，股权回购式对赌协议还具有以下特点：其一，灵活性。股权回购式对赌协议可以根据投融资双方的具体需求和情况进行定制。回购条件、回购价格、回购期限等关键条款均可以根据双方的协商进行调整。其二，风险与激励并存。对于投资方而言，股权回购条款提供了一种风险退出机制；对于融资方而言，这种协议也是一种激励机制，促使其努力实现约定的业绩目标，以避免触发回购条款。其三，法律关系上的复杂性。股权回购式对赌协议涉及多方主体（投资方、融资方、目标公司等）和多层法律关系（股权投资关系、债权关系、回购关系等），因此其法律处理和纠纷解决也相对复杂。

在形式上，股权回购式对赌协议可以单独作为一份协议存在，也可以作为投资协议的一部分或附件。在某些情况下，它还可能以补充协议的形式出现，对原有的投资协议进行补充和修改。无论采用何种形式，股权回购式对赌协议都应明确约定各方的权利和义务、回购条件、回购价格计算方式、回购期限等关键条款。

二、股权回购式对赌协议的法律适用

(一) 股权回购式对赌协议的法律依据

股权回购式对赌协议在我国虽无直接的法律规定，但其法律效力与合规性可以从多个相关法律中寻找依据，如《合同法》。尽管《合同法》已被

---

[1] 参见范晓双：《股权回购式对赌协议的效力研究》，载《市场周刊》2020年第1期。

《民法典》取代，但相关原则仍然适用，为合同双方提供了基本的法律原则，如诚实信用原则、公平原则等，这些原则同样适用于股权回购式对赌协议。此外，《公司法》中关于公司股份回购、增资、减资等规定，也间接影响了对赌协议的履行和效果。[1]特别是《全国法院民商事审判工作会议纪要》对于对赌协议的法律效力给予了明确的指导。该纪要指出，在不存在其他影响合同效力的因素下，投资方与目标公司股东或实际控制人签订的对赌协议是有效的。这为股权回购式对赌协议提供了一定的法律支持。[2]

（二）股权回购式对赌协议的法律效力

股权回购式对赌协议的法律效力主要取决于其是否满足合同生效的基本条件。首先，协议双方必须具备相应的民事行为能力，即双方都有权签订并履行合同。其次，双方的意思表示必须真实，不存在欺诈、胁迫等情形。最后，协议内容不得违反法律、行政法规的强制性规定，也不得损害社会公共利益。

在满足上述条件的前提下，我国法律认可股权回购式对赌协议的效力。但值得注意的是，对赌协议的履行可能受到《公司法》的限制。例如，公司回购股份必须符合法定的条件和程序，否则可能导致协议无法履行。

（三）股权回购式对赌协议与公司法律关系的衔接

1. 受到《民法典》合同编的约束

股权回购式对赌协议作为一种特殊的合同形式，其签订、履行和解释均受到《民法典》合同编的规范。这意味着协议双方必须遵守合同法的基本原则，如诚实信用原则、公平原则等。同时，合同的订立、效力、履行、变更和终止等也应遵循合同法的相关规定。

2. 与公司法相关交易行为的关联

由于股权回购式对赌协议往往涉及股权投资、债券投资等与公司紧密相关的交易行为，因此在处理相关纠纷时，应充分考虑并遵循《公司法》的相关规定和原则。例如，在股权回购过程中，应确保公司资本的充实和维持，

---

[1] 参见王红卫：《"对赌协议"法律效力的认定及股权回购责任的承担——对李某与T公司、刘某等人与公司有关纠纷案件的评析》，载《天津法学》2018年第2期。

[2] 参见杨晓航、骆小春：《对赌协议中股权回购之履行》，载《南京工程学院学报（社会科学版）》2023年第4期。

避免损害公司债权人的利益。

3. 公司决议的必要性

股权回购作为公司的一项重大决策，通常需要经过公司内部的决策程序。在签订股权回购式对赌协议之前，目标公司应按照公司章程和相关法律规定召开股东会或董事会，并就股权回购事项进行有效决议。这一程序确保了公司决策的合法性和有效性，也有助于保护公司及其股东的利益。

综上所述，股权回购式对赌协议在法律适用上需要综合考虑《民法典》《公司法》等多部法律的规定和要求。同时，由于其涉及公司内部的重大决策和复杂的法律关系，因此在签订和履行过程中应格外谨慎，以避免潜在的法律风险和纠纷。

三、股权回购式对赌协议的风险与挑战

（一）股权回购式对赌协议的法律漏洞与挑战

尽管股权回购式对赌协议具有一定的法律效力，但在实践中仍存在一些法律漏洞和挑战。例如，企业可能为了获得高估值融资而过度乐观地预测未来业绩，导致实际经营中无法实现承诺的目标。此外，协议双方可能存在信息不对称和道德风险等问题，这也增加了协议履行的风险。

（二）股权回购式对赌协议的风险防范和应对策略

为了防范和应对股权回购式对赌协议的风险，投资方应充分了解合作对象的经营情况、财务状况等信息后审慎选择合作对象；合理设定业绩目标以避免过度乐观预测；明确回购条款以确保在条件成就时能够顺利退出；同时，双方还可以考虑引入第三方担保或保险机构来降低风险。

结　论

本文通过对股权回购式对赌协议的深入研究和综合分析，揭示了这类协议在法律层面的有效性及其潜在的风险。笔者发现，尽管股权回购式对赌协议为投融资双方提供了一种灵活且有力的工具来调整彼此的权义，但同时也伴随着一系列复杂的风险和挑战。这些风险不仅源于协议本身的法律漏洞和模糊性，还与市场环境的不确定性、双方的信息不对称以及道德风险等因素有关。因此，当投融资双方在签订和履行这类协议时，必须秉持高度审慎的

态度。他们不仅需要全面了解合作方的实际情况，还需要对可能出现的风险因素进行深入剖析，并基于此制定出行之有效的风险防范和应对策略。只有这样，才能确保双方的合法权益得到充分保障，同时也为资本市场的健康、稳定和持续发展奠定坚实基础。

《公司法》违法减资制度研究

闫 慧[*]

(中国政法大学 北京 100088)

摘 要：本文围绕公司减资的合法性、减资过程中的权益保护、违法减资行为的法律后果以及公司违法减资制度的完善建议等方面展开。在研究内容上，对公司减资的概念、类型、程序等基本要素进行梳理和界定并分析不同类型减资的特点和法律要求；同时，还深入研究减资过程中涉及的权益关系，以及如何在减资过程中保护这些权益。在研究方法上，通过对比分析不同时期的违法减资制度，找出其中的优点和不足，为完善我国的违法减资制度提供借鉴和参考。

关键词：《公司法》违法减资 股东责任

在早期的公司法中，对于违法减资的规定相对较为简单，处罚力度也较轻。这导致一些公司为了逃避债务或谋取其他不正当利益，采取违法减资的手段，损害了股东和债权人的合法权益。随着市场经济的深入发展，公司法逐渐认识到了违法减资行为的危害性和严重性。在后续的公司法修订中，对于违法减资的规定逐渐加强。通过明确减资程序、加强监管和加大处罚力度，违法减资制度有效地遏制了违法减资行为的发生。通过不断完善和强化，能够更好地规范公司的减资行为、保护股东和债权人的权益、促进公司的健康发展以及维护市场的公平和秩序。

---

[*] 作者简介：闫慧（1984年—），女，汉族，辽宁大连人，中国政法大学2023级同等学力研修班学员，研究方向为民商法学。

一、违法减资制度概述

(一) 违法减资的概念

违法减资是指企业未经批准或违反法律法规的规定，擅自减少注册资本的行为。[1]减资行为受到法律法规的严格限制，其法定程序包括股东会决议等步骤。如果股东违反《公司法》规定的减资程序，可能会被认定为名为减资，实为抽逃出资的性质，减资股东应在其出资范围内对公司债务承担连带责任。

在《公司法》中，并没有直接对"违法减资"进行定义，但我们可以从相关法条中推断出其含义。减资是公司因资本过剩或亏损严重，根据公司经营的实际情况，决定减少注册资本的行为，这是符合法律规定的，但关键在于减资必须按照法定程序和条件进行。《公司法》规定，公司减资时应编制资产负债表及财产清单、通知债权人、在报纸上公告，债权人则有权要求公司清偿债务或提供相应担保。如果公司没有完成这些法定步骤，或者在债权人提出要求后未予履行，那么就构成了减资程序违法。因此，违法减资是指公司在减资过程中未遵守《公司法》规定的法定程序和条件，或者股东利用减资行为抽逃出资，从而损害公司或债权人利益的行为。

(二) 公司减资的种类

1. 形式减资与实质减资

形式减资主要涉及尚未缴足出资额的股权或股份的免除，或者因公司亏损而取消部分股权或股份，这通常只涉及公司资产负债表上的科目调整，并不导致公司净资产的减少；实质减资则涉及对已缴足出资额的股份或股权的部分返还，这会导致公司净资产的减少。值得注意的是，尽管操纵公司违反法定程序减资是股东抽逃出资的一种方式，但如果股东在公司减资过程中并未从公司抽回资产、未导致公司责任财产的减少，此种减资应属于形式上减资。

2. 定向减资与非定向减资

从减资的目的和对象来看，定向减资通常是针对特定股东或股东群体进行的，其目的可能包括消除特定股东的出资义务、弥补公司亏损等特定场景。这种减资方式可能会导致不同比例的减资，即部分股东减少出资，而其他股

---

[1] 孙殿凯：《我国公司减资制度研究》，东北财经大学2020年硕士学位论文。

东出资金额保持不变,因此减资后各股东的出资比例会相应调整。相应地,非定向减资则不针对特定股东,而是普遍减少公司注册资本额,不涉及资本外流。从税务处理的角度来看,定向减资和非定向减资的处理方式可能存在差异。由于定向减资可能涉及回购转让等特定场景,其税务处理可能被视为回购转让,投资者可以扣除原始投资成本。而非定向减资的税务处理则可能依据一般的减资规定进行。

(三) 公司减资的法定程序

公司减资需要经历股东会决议、编制资产负债表及财产清单、通知或公告债权人,以及办理变更登记等程序。首先,公司需要召开股东会,并作出减资的决议。该决议应明确减资后的公司注册资本、减资后股东利益安排、有关修改章程的事项以及股东出资及其比例的变化等。[1]特别需注意的是,公司减少资本后的注册资本不得低于法定的最低限额。公司必须编制资产负债及财产清单,以反映公司的资产和负债情况,确保减资过程的透明和公正。公司应当自作出减少注册资本决议之日起10日内通知债权人,并在30日内在报纸上公告。这是为了保障债权人的权益,确保他们能在减资过程中得到应有的关注和保护。债权人自接到通知书之日起30日内,未接到通知书的自公告之日起45日内,有权要求公司清偿债务或者提供相应担保。减资完成后,公司需要向登记机关办理变更登记,更新公司的注册资本信息,确保公司信息的准确性和合法性。

二、违法减资的法律后果

(一) 公司违法减资的股东责任

如果公司减资时未依法通知或公告债权人,导致债权人权益受损,股东可能需要对公司的违法行为承担连带责任。这是因为,按照法定程序减资是为了保护债权人的利益,如果公司未履行这一义务,股东作为公司的出资人,有义务确保公司的行为合法合规。如果股东在公司减资过程中存在抽逃出资的行为,股东应在其减资范围内对公司债务承担补充赔偿责任。股东还需注意,减资过程中同比例减资与不同比减资问题。同比例减资通常不会引发股

---

[1] 潘林:《创业投资合同与我国公司法制的适应性探讨》,载《证券市场导报》2013年第3期。

东之间的纠纷，但不同比减资可能会涉及大股东损害小股东利益的问题。因此，在进行不同比减资时，股东应确保减资决议的合法性和公正性，避免损害其他股东的权益。

（二）公司违法减资的公司责任

公司必须遵守《公司法》等法律法规中关于减资的法定程序。违法减资可能导致公司债权人的利益受损。在这种情况下，公司需要对其债务承担无限责任，如果因减资导致公司资本不足，无法清偿债务，公司应在剩余资产范围内对债权人进行赔偿。违法减资还可能损害公司声誉和长期发展。公司的减资行为被视为对其财务状况和运营能力的信号，如果这一行为违法或不透明，可能会引发投资者、供应商、客户等利益相关者的担忧，从而影响公司的业务合作和市场地位。

（三）公司违法减资的董监高责任

如果董监高未履行或未充分履行对公司减资的监督职责，导致公司减资程序违法，可能会被追究失职责任。董监高有义务确保公司减资行为符合法律法规的要求，并保障公司、股东及债权人的利益。如果未履行上述职责，可能会面临公司内部或外部的追责。董监高参与或默许了公司的违法减资行为，可能需要承担连带责任。如果公司因违法减资无法清偿债务，债权人可以追究董监高的个人责任。董监高还可能面临声誉风险和职业发展的负面影响。公司违法减资往往会引起公众和监管机构的关注，董监高作为公司治理的关键人物，其形象和信誉可能因此受损。

三、公司违法减资制度的完善

新《公司法》中，对违法减资的修订内容主要体现在以下几个方面：

首先，新法明确规定了减资的程序和要求。公司减资必须经过股东会或股东大会的特别决议，且需经过代表 2/3 以上表决权的股东通过。这一规定确保了减资决策的合法性和有效性，防止了违法减资行为的发生。其次，新法提升了对违法减资行为的处罚力度。对于未依法履行减资程序、损害股东和债权人利益的公司，新法规定了相应的罚则，包括罚款、限制减资等措施。此外，新法还强调了董监高在减资过程中的责任。董监高作为公司治理的重要主体，应当积极履行对公司的监督和管理职责。如果董监高未尽到相应的职责，导致公司违法减资，也将承担相应的法律责任。最后，新法还加强了对公司减资行为的监管。监管部门将加强对公司减资行为的监督检查，确保公司减资的合法性和合规性。

总的来说，新《公司法》对违法减资的修订内容旨在规范公司的减资行为，保护股东和债权人的合法权益，维护市场的公平和秩序。这些修订内容的实施将有助于减少公司违法减资的现象，促进公司的健康发展。公司违法减资制度的完善需要从规范程序、加大处罚力度、加强监管等多方面的入手，同时，还应加强投资者教育和权益保护。

浅析现代企业管理中的经济法

董丁漪[*]

(中国政法大学 北京 100088)

摘 要：随着我国改革开放政策的实施，我国的经济体制从计划经济体制逐步转变为市场经济体制，在经济全球化的推进下，我国经济得到了飞速的发展。经济法作为国家法律规范，在经济发展过程中发挥着至关重要的作用，它是调节经济关系的有效工具。经济法是调节经济关系的法律规范的总称，是政府调控与市场机制之间平衡的重要工具，随着全球经济的发展，经济法的地位和作用日益凸显。作为法律，其实施具有强制性，可以有效维护经济秩序，建立安全的经济环境，对企业的经营发展起到协调作用，可以帮助企业规避风险，可以更好地完善企业管理制度，促进企业现代化发展。因此，本文旨在对经济法在企业管理中的作用展开深入研究，以期为政策制定者提供有益的参考。

关键词：企业管理 经济法 现代企业

一、经济法概述

(一) 经济法的概念

经济法是调整现代国家进行宏观调控和市场规制过程中发生的社会关系的法律规范的总称。在现代社会中，经济法对于政府宏观调控具有一定的把控作用，同时也受到市场经济的影响，对于两者之间发生的社会关系进行调节，同时也有一定政策的前瞻性。

---

[*] 作者简介：董丁漪（2000年—），女，汉族，北京人，中国政法大学2023级同等学力研修班学员，研究方向为经济法学。

法律固然应当对社会事实中出现的问题进行调控，但也不能太过严苛，如果法律规范过分严苛，将会抑制市场经济的良性发展、影响市场在经济发展中所起到的重要作用，经济需要不断注入新鲜活力，法律对经济发展过程中出现的风险进行规避，并给市场留出一定自由和空间，让其在合理的规制范围中蓬勃发展。

（二）经济法的特征

就经济法的特征而言，最为显著的就是经济法在调节各类经济关系中所起到的重要作用。其一，经济法可以有效维护市场秩序。经济法通过规范市场主体的行为，打击违法违规行为，维护市场秩序，为公平竞争创造了有利条件。其二，经济法可以保护公平竞争。经济法通过实施公平竞争原则，鼓励创新，促进了市场主体的优胜劣汰，推动了市场的健康发展。其三，经济法能够保障社会公共利益。经济法主要着眼于社会公共利益，通过调节收入分配、促进就业、保护环境等措施，维护了社会公共利益，促进了社会和谐发展。

因此，我们应当充分认识到经济法在经济发展中起到的重要作用，加强经济法的实施与监督，以促进经济的健康发展。

（三）经济法的主要内容

在经济法这门庞大的学科中，还有很多可细分的具体的部门法，它们都在市场经济的运行中起到了关键的作用。

首先，如《反垄断法》《反不正当竞争法》，它们是经济法的重要组成部分，旨在防止市场垄断、打击各种不正当竞争行为，以保护公平有序的市场竞争，促进经济发展，它们对维护消费者权益、提高市场效率具有重要作用。市场经济中，消费者往往处于较为弱势的地位，因此，我国出台了《消费者权益保护法》，此法旨在保护消费者的合法权益，规范市场行为，促进经济发展，它对于提高消费者信心、维护市场秩序功不可没。除此之外，还有约束我国宏观经济的财税法，包括预算法、税收法等，旨在规范政府财政行为，促进经济发展。它们对于优化资源配置，提高财政效率具有重要作用。

总的来说，我国的经济法内容主要以保障市场竞争公平，维护消费者权益，促进经济发展为主，在促进经济发展和保障公平竞争中起到了重要作用。然而，我们也应当注意到，经济法的实施与执行仍面临着诸多挑战，如执法力度不够、法律意识淡薄等问题。因此我们需要进一步提升经济法的宣传教育，提高公众的法律意识，同时提升执法力度，确保经济法的有效实施。

二、经济法在现代企业经营活动中的应用

（一）现代企业市场竞争与反垄断法

现代企业市场竞争[1]日益激烈，企业在追求利益的同时，也必须面对反垄断法的约束。反垄断法旨在保护市场的公平竞争，防止企业通过垄断市场地位来获取不正当利益。因此，企业在市场竞争中，应遵守反垄断法的规定，避免采取不正当手段竞争，如虚假宣传、价格欺诈等。这样的行为不仅会损害其他企业的利益，还会影响企业的声誉和形象。

（二）现代企业财务管理与财税法

财税法是企业管理的重要组成部分，它涉及企业的税收问题。企业应了解并遵守财税法的规定，合理规划财务活动，以降低税收负担，提高企业经济效益。同时，企业也应当关注财税政策的变化，以便及时调整财务管理策略。

（三）现代企业劳动与用工法律关系

现代企业的劳动用工法律关系对企业的发展具有重要影响。劳动法是规范企业与员工关系的重要法律，企业应当遵守劳动法的规定，保障员工的合法权益，建立和谐的劳动关系。同时，合理的劳动用工制度也有助于企业财务管理的优化，降低人力资源成本，提升企业的经济效益。与此同时，企业也应当更加关注相关法律法规的变化，以便及时调整自身，实现可持续发展。

三、现代企业经营风险防范与经济法合规

（一）现代企业经营风险识别与分析

在现代企业经营中，风险识别与分析至关重要，面对复杂多变的市场环境，企业必须具备敏锐的风险感知能力，以应对可能出现的各种挑战。这不仅是因为违反法律法规会给企业带来严重的法律后果和经济损失，更因为合

---

[1] 参见陈世军：《经济法学视角下的中小企业管理模式》，载《市场周刊》2023年第12期。

规问题往往涉及企业的声誉和长期发展。其中，经济法合规管理是企业风险防控的关键环节，它对于保障企业稳健运营、维护市场秩序，促进经济发展具有重要意义。企业必须将合规管理纳入日常运营的各个环节，确保从战略制定到具体执行的每一个步骤都符合包括经济法在内的各部门法的法律法规的要求。

（二）经济法合规管理的重要性

合规管理是指企业在经营活动中，遵守相关的法律法规、行业规范、道德准则等，以确保企业行为符合社会公共利益和法律要求。合规管理的重要性在于，它有助于降低企业的法律风险，提高企业的市场竞争力，同时维护社会公共利益。其一，经济法有助于保障企业稳健运营：经济法合规管理有助于企业遵守相关法律法规，避免因违反法规而遭到处罚，降低企业声誉风险，从而保障企业稳健运营。其二，经济法可以维护市场秩序：经济法合规管理能够规范市场行为，促进公平竞争，防止不正当竞争行为损害企业利益和社会公共利益，维护市场秩序。其三，经济法能够促进经济发展：经济法合规管理有利于营造良好的法治环境，推动企业依法经营，促进经济发展。

（三）企业经济法合规管理实践

经济法合规管理[1]对于企业的发展至关重要。为了确保合规管理工作的规范化和制度化，企业应首先建立健全的合规管理制度，明确合规管理职责、流程和标准。同时，为了提高员工对经济法规的认知水平和增强合规意识，企业应定期组织法律法规的学习与培训。为了确保合规管理工作的有效实施，企业还需要建立内部监督与考核机制，对合规管理工作进行监督和考核。此外，企业应加强风险识别[2]、评估和应对，将经济法合规风险纳入风险管理框架，以确保企业稳健发展。企业还应积极培育合规文化，通过多种方式增强员工的合规意识和自觉性，形成全员合规的良好氛围。综上所述，企业应建立完善的合规管理制度，加强员工培训和教育，建立有效的沟通机制，并积极接受外部监督，以更好地应对法律风险，提高市场竞争力，实现可持续发展。

---

[1] 参见郑宇：《经济法在现代企业商务管理中的应用研究》，载《中国产经》2023年第6期。
[2] 参见胡隽雅：《浅析经济法在企业发展中的作用》，载《财富时代》2021年第11期。

《民法典》中的预约合同违约责任制度研究

李承赣*

(中国政法大学 北京 100088)

摘 要：随着市场经济的发展，预约合同完善了商业交易活动的过程，同时也补充缔约过失责任缺失的功能。《民法典》的颁布，让预约合同拥有了独立的法律形式。本文就《民法典》中预约合同的定义与意义，以预约合同的法律效力的讨论为基础，对预约合同违约责任的构成，以及违约责任的法律后果两个方面进行分析，深入探讨预约合同的违约责任制度。

关键词：《民法典》预约合同 违约责任 法律研究

预约合同有别于正式合同，是正式合同签订的预备性契约。随着社会经济的蓬勃发展，预约合同为市场交易的资金周转提供了非常重要的帮助。2021年1月1日，《民法典》正式生效，明确了预约合同法律形式的独立性，但是并没有对预约合同的违反预约等情况作出明确规定。在司法实践中，没有统一的司法标准对于预约合同的违约责任的判定存在着巨大的影响。因此，预约合同违约责任制度的深入研究对于司法实践具有非常重要的现实意义。

一、预约合同制度概述

(一) 预约合同的概念与构成

《民法典》第495条第1款规定："当事人约定在将来一定期限内订立合同的认购书、订购书、预定书等，构成预约合同。"根据《民法典》关于预约

---

* 作者简介：李承赣（1999年—），男，汉族，辽宁东港人，中国政法大学2023级同等学力研修班学员，研究方向为经济法学。

合同的定义，预约合同的成立需满足以下三个条件：其一，当事人双方对于将来订立合同的一致意思表示；其二，须有明确的履行时间来约束将来订立合同的缔约义务；其三，针对将来订立合同的约定条件或约定内容，当事人要予以明确。

(二) 预约合同的立法目的

随着市场经济的发展，预约在交易中发挥着越来越重要的作用。如何加强合同成立之前的过程规范，完善合同订立的每一个环节，成为新时代合同订立的重要议题。预约合同越来越多地应用在我们的生活中，例如，商品房的认购合同，农业领域的农产品的预定单等。这些都是我们社会经济发展顺应时代的产物。因此，对预约合同的相关立法是补充合同法的迫切需要，是法律保障市场交易公平的重要推手。

(三) 预约合同的法律效力

预约合同的法律效力在学界和实务界中的说法都存在较大的争议。但作为预约制度的关键，研究预约合同，就必须对预约合同的法律效力有比较清晰的认识。

在学界，主要存在以下两种比较流行的说法，分别是"必须磋商说"和"应当缔约说"。"必须磋商说"是指在预约合同签订后，预约合同的法律效力表现为当事人之间承担磋商义务，直至本约的订立。"应当缔约说"是指当事人在签订预约合同后，应该本着诚信原则，根据预约合同的内容，经过磋商，承担起签订本约合同的义务。其中，预约合同的法律效力就是指签订本约合同的义务。"必须磋商说"强调契约自由，忽略了预约合同的实质效果。"应当缔约说"强行缔结合同，没有注重当事人之间的磋商。针对以上两种预约合同的法律效力，各有优劣。在司法实践中，也有两种不同的裁判。

二、预约合同违约责任的构成

(一) 预约合同违约责任的法律特性

1. 区别于缔约过失责任

缔约责任是指当事人在签订合同的过程中，因为违背诚实守信的民法原则，而给对方当事人造成的信赖利益损失，所要承担的责任。[1]关于预约合同的违约责任和缔约合同的违约责任的区别，学术界和业界都有广泛的讨论。在订约失败的前提下，预约合同的违约责任与缔约过失责任存在着竞合。[2]在一般情况下，主要通过责任性质的差异化来进行区别。缔约过失责任不是合同责任，因为其在合同尚未成立时发生，而预约合同违约责任是一种独立的合同责任。这也是二者之间最大的区别。

2. 区别于本约的违约责任

关于本约的违约责任，《民法典》第 577 条规定："当事人一方不履行合同义务或者履行合同义务不符合约定的，应当承担继续履行、采取补救措施或者赔偿损失等违约责任。"关于预约合同的违约责任，《民法典》第 495 条第 2 款规定："当事人一方不履行预约合同约定的订立合同义务的，对方可以请求其承担预约合同的违约责任。"结合《民法典》对于二者违约责任的定义，相比于本约的违约责任，二者在强制性上面有很大的不同，预约合同责任具有更高程度的自由。

(二) 预约合同违约责任的构成要件

1. 预约合同成立并生效

预约合同是一种独立的合同形式，其不仅具有合同构成要件的一般性，还具有预约合同要件的特殊性。一般性是指作为合同，预约合同必然有两个具有民事行为能力的主体。其中两个具有民事行为能力主体不仅限于自然人，还包括法人或者其他非法人组织，并且合同的当事人也要针对合同内容达成合意。特殊性是指预约合同的主体和本约合同的主体要完全一致，保障合同签订过程中的主体一致性。同时，预约合同的内容要具有两个确定性：一方面，合同主体将来要签订本约合同的确定性；另一方面，合同主体对将来签订的本约合同主要内容进行确定。

2. 预约合同违约行为

《民法典》并没有针对预约合同的违法行为作出具体规定。但是《民法典合同编通则解释》第 8 条第 1 款规定：预约合同生效后，当事人一方拒绝订

---

[1] 参见王留彦：《缔约过失责任研究》，载《法制与经济》2020 年第 10 期。
[2] 参见尚晓茜、刘衍：《〈民法典〉中订约失败责任的二元体系——预约合同违约责任与缔约过失责任之竞合》，载《上海政法学院学报》2020 年第 5 期。

立本约合同或者在磋商订立本约合同时违背诚信原则导致未能订立本约合同的，人民法院应当认定该当事人不履行预约合同约定的义务。这说明了两种不履行预约合同的违约行为：针对"在磋商订立本约合同时违背诚信原则"的行为，应当充分考虑在磋商时提出的条件是否明显背离预约合同约定的内容以及是否已尽合理努力进行协商等因素。

三、预约合同违约责任的法律后果

预约合同作为一种独立的合同形式，其违约责任的承担方式固然可以沿用一般合同的认定方式，即继续履行、赔偿损失、支付违约金、定金罚则等形态。同时，也可以结合有过失规则、减损规则、损益相抵规则等相关规则进行确定。

（一）继续履行

预约合同的违约行为发生时，当事人是否要继续履行，学界和实务界的讨论从未停止。当前，主要有三种观点：[1]其一，"强制缔约说"。通过建立缔约的义务，在法院确定本合约的内容后，强制当事人双方履行合同。其二，"请求实际履行说"。当本约合同不当然成立时，非违约方的请求继续履行合同，由法院决定是否继续履行本约合同。其三，"继续磋商学"。即一方违约后，双方继续磋商，以决定是否订立本约合同，此情况并不会收到法律的强制要求。笔者认为，预约合同是为了约束签订本约合同而产生的，所以履行本约的签订是预约合同产生的本质。但是，鉴于司法实践中的情况比较复杂，可以根据预约合同签订后的实际情况进行判断，例如是否有不可抗力等因素，法院可以根据双方的磋商情况进行裁判。

（二）赔偿损失

作为合同的一种特殊形式，一旦涉及违约情况的发生，就可能对一方当事人造成很大的损失。所以，赔偿损失是违约责任的一种重要体现。但是预约合同的赔偿损失范围如何界定成为司法实践中的关键。学界有两种主要观点：一种是对预约化合同损害赔偿范围进行类型化讨论，即对预约合同进行

---

[1] 参见王利明：《预约合同若干问题研究——我国司法解释相关规定述评》，载《中国检察官》2014年第17期。

类型化的划分。然后对类型化下的预约合同的违约赔偿范围进行界定。[1]一种是将可预见性规则运用到赔偿损失界定当中,针对预约合同的违约可能造成的损失进行判断,并对可能造成的损失进行评估来界定赔偿损失范围。

结　论

在市场机制越来越完善的情况下,预约合同的作用被更加充分地利用,以此来加强市场交易的公平公正。法律对于社会实践具有一定的延迟性,所以关于预约合同的违约责任的立法还不明确。本文尽可能全面地论述预约合同的违约责任的构成要件和法律后果,为接下来的司法实践和相关法律的确立提供帮助。通过明确的法律规定,统一的司法裁判,完善预约合同的全过程,让预约合同的公平公正性得到充分的体现,进而促进市场经济的高质量发展。

---

[1] 参见杜泽毅:《〈民法典〉视野下预约合同的违约损害赔偿问题研究》,载《华章》2023年第9期。

《公司法》视角下我国民营企业治理结构完善研究

高少琴*

(中国政法大学 北京 100088)

摘 要：我国民营企业的公司治理存在产权不清晰、结构不明确以及股东压制等问题，在"股东权利至上"和股东会中心主义的影响下，公司治理结构异化而流于形式。新《公司法》的出台标志着我国公司法向董事会中心主义的转向，强化了法人的独立地位，对民营企业的治理结构有了新的启示。完善民营企业的治理结构需要从多个方面入手，包括完善所有权保护制度、重视董事会建设、健全董监高责任制度以及强化公司奖惩激励措施等。这些措施的实施将有助于提升民营企业的治理水平和竞争力，推动企业的长期稳定发展。

关键词：《公司法》 民营企业 治理结构

一、公司治理结构的内涵

(一) 公司治理结构的概念

广义的公司治理是指公司所有权的安排，狭义的公司治理则是指公司机关的功能、结构、权力分配的制度安排。[1]公司法意义上的法人治理，通常采用狭义的概念，在现代公司所有权和控制权分离的框架下，其内涵是指为

---

* 作者简介：高少琴，女，汉族，广东广州人，中国政法大学2023级同等学力研修班学员，研究方向为民商法学。

[1] 江正一：《公司目的与公司治理结构的现状、缺陷与改良》，载《上海法学研究》集刊2021年第22卷。

保障股东利益,就公司控制权在股东与管理层之间的分配所达成的制度安排。我国的公司治理结构包括股东会、董事会、监事会以及经理层。

(二) 我国民营企业公司治理结构的现状

中国民营企业公司治理的现状复杂多样,在国家的发展过程中,民营企业逐渐成为经济的重要组成部分,但在公司治理方面仍存在挑战,存在以下问题:

第一,家族企业产权结构不清晰。相较于国有企业,民营企业不存在"所有者缺位"的问题,但对于家族企业特别是小微型的企业和初创企业而言,一方面,单一的产权结构容易造成企业资产与家庭财产混合,含糊不清;另一方面,家族成员内部的产权结构也缺乏明确的契约拘束,纠纷发生后难以定分止争。

第二,公司治理结构不明确。在民营企业的管理中,通常存在合伙化问题,几乎所有股东都兼任董监高参与经营和管理,表现出强烈的股东控制,由此一来股东会、董事会、监事会的职能无法明确区分,将导致公司治理结构流于形式。

第三,股东压制和公司僵局。民营企业中,大股东通常亲自或委派亲信参与公司经营,加之治理架构的形式化影响,以及有限公司的人合性因素,股东间的争执、压制更容易爆发。当大股东利用其对公司的控制权排挤、损害小股东的利益时,小股东或选择忍受而留在公司,或引发公司僵局。

总体而言,在民营企业中,公司治理结构形式化容易异化为股东压制和公司僵局强调股东对公司的控制和索取权,忽视了法人独立人格对董事会经营公司的必然要求。

二、我国新《公司法》中的民营企业治理规范

传统的经济法与公司法理论认为,公司既以营利性为特征,便决定了公司只需为股东利益的最大化而服务,[1]此种"股东至上主义"的理念,已逐渐成为公司治理的主导性理论。我国公司法也同样规定股东(大)会享有大

---

〔1〕 朱慈蕴:《公司的社会责任:游走于法律责任与道德准则之间》,载《中外法学》2008年第1期。

部分甚至全部公司权力，而董事会只是股东会委派任机构，委托行使相关权限，[1]如原《公司法》第46条便规定了"董事会对股东会负责"。这样的观念对我国民营企业的公司治理有很深的影响。

新《公司法》在法人治理方面的变革，体现为向董事会中心主义的治理模式之转变，强化董监高勤勉义务的同时，一定程度上也反映出了保护相关利益者和体现企业社会责任的理念。新《公司法》删除了原《公司法》第46条"董事会对股东会负责"的表述，斩断了股东会对董事会的约束制衡，扩大了董事会的责任主体范围，意味着董事会不再仅仅为股东负责，而应全面保护公司作为独立法律主体的利益。新《公司法》第67条规定了"公司章程规定或者股东会授予的其他职权。公司章程对董事会职权的限制不得对抗善意相对人"。本款意味着赋予董事会充分的剩余权力，反映出该机构的主导或核心地位，有助于鼓励企业创业创新、繁荣资本市场，是我国公司治理规范化的一个里程碑。

相较而言，董事会中心主义有利于实现企业经营的效率化和专业化，更能适应复杂多变的商事环境。但不同公司治理模式各有所长，各有其短，没有尽善尽美的最佳治理模式，[2]对于规模较小、股权较为集中的企业，股东会中心主义或许仍是更为适合的道路。

三、民营企业治理结构完善分析

完善民营企业的治理结构需要从多个方面入手，包括完善所有权保护制度、重视董事会建设、健全董监高责任制度以及强化公司奖惩激励措施等。这些措施的实施将有助于提升民营企业的治理水平和竞争力，推动企业的长期稳定发展。

（一）完善民营经济的所有权保护制度

在信息化时代，数据信息合法有效收集、使用及保护将成为民营企业的核心竞争力。民营企业面临着越来越多的数据隐私保护挑战，为了保障企业

---

[1] 参见楼秋然：《股东至上主义批判——兼论控制权分享型公司的构建》，社会科学文献出版社2020年版，第16~17页。

[2] 赵旭东：《股东会中心主义抑或董事会中心主义？——公司治理模式的界定、评判与选择》，载《法学评论》2021年第3期。

的合法权益，一方面需要立法层面建立更加完善的隐私权保护法律制度，明确数据收集、使用、存储和传输的规范，加大对侵犯隐私权行为的惩罚力度。而企业自主层面则需要加强企业内部隐私权保护的制度建设和完善，加强内部数据管理和员工培训，增强隐私保护意识。

随着电子商务的快速发展，网络电商平台已成为民营企业重要的销售渠道。为了规范网络电商平台的运营行为，保障消费者和商家的合法权益，同样需要完善相关的立法规制。例如，提升对网络电商平台的监管和处罚力度，规范商家的经营行为，保障消费者的知情权、选择权和隐私权等。

（二）重视董事会建设

董事会作为企业的决策机构，对于企业的战略规划和日常运营具有重要作用。为了完善民营企业的治理结构，需要重视董事会建设，提高董事会的决策水平和独立性。具体而言，可以采取以下措施：首先，优化董事会结构。确保董事会成员具备多元化的背景和专业能力，提高董事会的决策质量。同时，保持董事会的独立性，避免大股东或管理层对董事会决策的过度干预。其次，加强董事会职能。明确董事会的职责和权利，确保董事会能够充分发挥其决策和监督职能。同时，加强董事会与股东、管理层和其他利益相关者的沟通与合作，形成合力推动企业发展。最后，提高董事素质。加强对董事的培训和引导，增强其专业素质和规范意识。通过制定董事行为规范、开展履职评价等方式，促进董事更好地履行职责。

（三）健全董监高责任制度

董监高作为企业的核心管理层，其决策和行为对企业的发展具有重要影响。为了保障企业的稳定发展，需要健全董监高责任制度，明确其职责和义务，并加大对董监高的监督和追责力度。具体而言，可以明确董监高职责，加强监督和追责。制定详细的董监高职责清单，明确其在企业中的职责和义务。同时，加强董监高的职业道德教育，增强其规范意识和道德水平。建立健全对董监高的监督机制和追责制度，对董监高的决策和行为进行监督和评价。对于严重违法违规的董监高人员，要依法追究其法律责任。

（四）强化公司奖惩激励措施

通过股权激励等方式强化公司奖惩激励措施，可以激发员工的积极性和创造力，提高公司的整体业绩。具体而言，可以采取以下措施：制定股权激励计划。根据企业的实际情况和发展目标，制定合理的股权激励计划。通过授予员工一定比例的股权或股票期权等方式，将员工的利益与企业的利益紧密联系在一起，激发员工的积极性和创造力。完善考核体系。建立科学的考核体系，对员工的工作绩效进行客观评价。根据考核结果，给予员工相应的奖励或惩罚，形成有效的激励和约束机制。

个人破产制度法律构建研究

周 锋*

(中国政法大学 北京 100088)

摘 要：个人破产制度在我国的发展方兴未艾。本文从个人破产制度的基础理论出发，对个人破产的内涵，与法人破产的区别和作用价值进行了分析，从必要性和可行性方面展开论证。在个人破产制度的法律内容方面，对个人破产制度的主体、失权与复权、余债免除等制度进行了探讨，以期为我国个人破产制度建设提供参考。

关键词：经济法 个人破产制度 债务免责

一、个人破产制度基础理论

(一) 个人破产制度的概念

通俗来说，个人破产制度是由个人承担破产责任的破产形态。[1]对于个人破产一词的法律内涵，学界有着不同理解：一种观点认为个人是指自然人，是从生物状态下诞生的人，无需考虑是否承担民事法律义务；另一种观点认为，个人不单单是自然人，还应当包括承担无限连带责任的自然人。上述两种观点是从破产主体即个人的解释出发，对破产主体进行限缩或扩大解释的观点。从目前我国市场经济发展的角度来说，为妥善处理好市场竞争下濒临困境的经济参与者，应当将破产主体尽量扩大化，让更多人有机会获得"重生"。

(二) 个人破产制度与法人破产制度辨析

从破产主体的角度看，个人破产和法人破产有很大不同。特别是，当个

---

* 作者简介：周锋，男，汉族，中国政法大学 2023 级同等学力研修班学员，研究方向为经济法学。
〔1〕 赵万一、高达：《论我国个人破产制度的构建》，载《法商研究》2014 年第 3 期。

人面临破产的时候，其法律主体地位仍然存在，仍可以参与到社会和经济生活中。但对法人来说，当其进入破产清算程序后，其作为法人的身份也随之终结。[1]个人破产的程序里，法院除考虑债权人保护之外，还要考虑债务人的生存和发展权。在破产规模上，个人破产所涉及的债务问题相较于法人简单、负担较轻，因此在破产程序设置上也会更为简易，从而推动个人破产问题的快速解决。

（三）个人破产制度的功能

通过建立个人破产制度，可以大大缓解债权人频繁提起诉讼的方式维护自身权益，可以最大限度地优化司法资源的分配，保证对债务问题的系统和集中处置，最终达到整体而彻底地解决债务的目的。从金融风险把控的角度来说，个人破产制度能够督促金融机构提高风险审核标准。根据央行的数据，信用卡逾期半年未还的总额超过了七百亿元，可见消费型的融资面临无法收回的问题，一旦出现极端事件，大批资金链薄弱的个人出现资不抵债情形，必然会产生违约率的大幅上升。为避免债务无法追回，金融机构面对个人破产制度的推出，必然提升其贷款审批程序，筛除不符合贷款资质的主体，从而有效提升金融市场的安全性。

二、建立中国个人破产制度之必要性与可行性

（一）浅析我国构建个人破产制度的必要性

债务人的生存和发展权是我国宪法所明确规定的人权内容之一，立法有必要在保证形式上的人格尊严的同时，在实质上制定相应的挽救制度。纵使债务人无法完全偿还到期债务，但仍应当从物质上和精神上保证生活的最低生活标准，这是对于人权尊严和权利的尊重。[2]反过来讲，如果没有相应的破产制度保障，在债务人无力清偿债务时，债权人催收行为往往处于灰色地带，甚至发生了恶劣的刑事案件。比如引发社会重点关注的于欢案，便是因债务催收清偿而引起，从更深层次原因思考，个人破产制度的创建是十分必要的。

---

[1] 汤维建：《关于建立我国个人破产制度的构想（上）》，载《政法论坛》1995年第3期。
[2] 杨显滨、陈风润：《个人破产制度的中国式建构》，载《南京社会科学》2017年第4期。

从完善市场竞争环境的角度来说,个人破产制度无疑可以填补市场参与者退出机制。完备的现代社会市场经济不光是有成熟的市场准入机制,还应当包括完善的市场退出机制,为市场参与者畅通退出通道,在市场竞争中无后顾之忧。

(二)浅析我国构建个人破产制度的可行性

2020年,深圳在全国范围内率先启动了"个人破产"的试点工作。根据深圳市中级人民法院的数据,自该条例实施以来,共有260件申请个人破产,但仅有8件正式受理。可见,市场对于个人破产制度的需求是巨大的,但司法机关在无先例遵循的情况下是十分谨慎的。[1]近年来,随着企业破产问题的暴露,许多企业主、股东为公司融资提供的担保责任问题也逐渐显现出来,市场上对于个人破产立法的呼声很大。与此同时,我国破产法立法不完备,适用范围狭窄、主体包含内容小等问题,导致个人破产制度的落地充满不确定性,仍然有待实践的进一步反馈和立法上的完善。

三、个人破产制度的法律内容

(一)个人破产制度的主体

为最大限度保护债权人的利益,法律应当在个人破除案件中对债务人资格作出限制。在德国、美国法律下,债务人如曾存在不诚信的破产欺诈行为,则不得申请破产,抑或是在破产宣告前的6年到10年间曾经因破产被免除过剩余债务等。其次,对于主体清偿率有一定的要求,如德国法律规定应满足最低35%的清偿债务的要求,否则不得进行和解。

关于谁有权申请自然人破产的问题,存在一定争议。一种观点认为,个人破产制度首要的价值取向为救济债务人,因此仅债务人可以启动破产程序,不应使债务人被迫接受破产救济,也防止债权人滥用破产程序。另一种观点认为,应当参照国际通行的债权人保护制度,使其有权向债务人提出破产的请求权。笔者认为,应当对上述观点采取更折中的处理方案,即允许债权人作为申请人,但对债权额限制一定标准,比如当地工资年收入的五倍,避免

---

[1] 白田甜:《个人破产立法中的争议与抉择——以〈深圳经济特区个人破产条例〉为例》,载《中国人民大学学报》2021年第5期。

小额债权人滥用破产程序。

(二) 个人破产中的失权与复权制度

就其内容而言,全球范围内的立法实践大致可以划分为三个主要类别:即与经营相关的职业资格限制、基于信誉的职业资格剥夺以及高消费行为的约束。[1]首先,经营性职业资格主要是指那些与商业运营和管理紧密相关的职位,如公司董事、高级管理人员等,为保证企业经营的稳定,防止财务风险,个人在破产或出现财务困难的情况下,有可能被拒绝任职。其次,基于信誉的职业资格剥夺,通常涉及那些需要高度专业性和信誉度的职业,如律师、审计师等。最后,高消费行为的约束,则是对个人破产后在某些高消费领域进行限制的措施。无论是经营型职业资格还是信誉型职业资格,如果破产人具备上述专业能力,并需要通过从事这些职业获取收入、重新开始生活,那么限制债务人的职业资格就是剥夺了其重新开始的能力,对于救济债务人、促进社会经济发展等均有不利影响。对于陷入债务危机的破产人,以限制高消费行为作为失权制度的内容较为合适。针对被执行人的高消费,参考执行程序的有关规定。例如,不能乘坐飞机、高铁等交通方式,不可到三星级以上酒店等消费场所,不能购置房车,禁止旅游等。

当免责期限满足后,债务人有权请求法院恢复其权利。法庭在认真审核后,如果确定债务人满足恢复权利条件,会作出恢复权利的裁定,并将该裁定正式告知债务人及有关辅助机构,由此开始债务人的信誉恢复程序。要更好激励债务人主动履行其所欠债务,债务人如果能够提前偿还一定数额债务,有权提出提前解除已有的债权限制。该制度的目的在于通过积极的激励机制,促进债务人积极履行债务偿还责任,并使债权人更早地实现自己的债权。

(三) 个人破产中的余债免除制度

余债免除制度与失权、复权制度一脉相承。余债免除是债务人以丧失一定期限的权利为代价,获取剩余债务的减免。[2]这不仅可以安抚受到经济利益损害的债权人,而且可以起到教育债务人的作用,防止其借助破产制度逃

---

[1] 李东风:《论我国个人破产失权与复权制度的构建》,载《中州大学学报》2022年第5期。
[2] 贺丹:《个人破产免责的中国模式探究——一个国际比较的视角》,载《中国法律评论》2021年第6期。

避债务，培养符合自身经济条件的适当生活方式。此外，免责制度仅能给予债务人直接的经济利益的救济，而债务人因陷入债务危机而受损的信用只能靠复权制度进行修复。简言之，债务人以失权为代价获取免责，失权期限届满后信用得到修复，从而通过破产程序获得经济效益和信用修复完整的救济。

由于个人破产制度所蕴涵的人文关怀以及对经济发展的考量已被广泛认同，而破产豁免是在某种程度上剥夺了债权人的权益，因此，应当区分给予诚信债务人破产免责，但同时对于不能免除的债务、不能免除债务的行为、考察期、撤销免责等配套制度进行完善，这样，就可以把有欺诈等不法行为的债务人从免责条款中剔除出去，避免债务人利用免责条款侵害债权人的利益。

我国金融监管体制变革研究

——以分业监管与统一监管的优劣势为例

方 菲[*]

(中国政法大学 北京 100088)

摘 要：我国金融监管体制自改革开放以来，历经中国人民银行统一监管时期、"一行三会"分业监管时期、"一委一行两会"监管时期，在2023年金融监管体制深化改革进程中转变为"二委一行一局一会"的混业监管模式。随着金融业态混业经营趋势日益突出，金融机构组织边界特征日益模糊，我国分业监管体制的滞后性和弊端日益凸显，向统一监管模式的逐步转变是对金融市场发展趋势的科学回应。顺应混业经营趋势，发展统一监管体制；重视宏观审慎监管，防范系统金融风险，是我国仍应继续坚持的金融体制改革方向。

关键词：金融监管体制改革 混业经营 分业监管 统一监管

为优化金融监管职能，2023年《党和国家机构改革方案》对我国金融监管体制作出深度改革，组建中央金融委员会和中央金融工作委员会；同时组建国务院直属机构国家金融监督管理总局统一负责除证券业之外的金融业监管，并撤销中国银行保险监督管理委员会。

一、我国金融监管体制的历史沿革与改革动向

（一）我国金融监管体制的历史沿革

自改革开放以来我国金融监管体制主要历经了以下几个阶段的变迁：

---

[*] 作者简介：方菲，女，满族，中国政法大学2023级同等学力研修班学员，研究方向为经济法学。

1978年至1992年："一行"统一监管时期。1982年，国务院确立中国人民银行的央行地位，由中国人民银行对金融市场进行集中统一监管。[1] 中国人民银行内设了不同的监管部门对银行机构、证券机构、保险机构进行监管，出现了基于金融主体的身份性质划分监管职责的机构监管模式的雏形。

1992年至2017年："一行三会"分业监管时期。1992年，中国证券监督管理委员会（证监会）宣告成立，1998年，设立中国保险监督管理委员会（保监会），随后中国银行业监督管理委员会（银监会）于2003年设立，形成了由中国人民银行、证监会、保监会、银监会组成的"一行三会"分业监管体制。[2]

2017年至2023年："一委一行两会"监管时期。2017年，第五次全国金融工作会议决定成立国务院金融稳定发展委员会，2018年3月，国家机构改革方案出台，将银监会和保监会合并为中国银行保险监督管理委员会（银保监会），银保监会负责银行业和保险业金融监管，审慎监管职责划给中国人民银行，形成"一委一行两会"金融监管格局。

（二）我国金融监管体制的改革动向

根据2023年《党和国家机构改革方案》，在党中央层面组建中央金融委员会和中央金融工作委员会，不再保留国务院金融稳定发展委员会及其办事机构。2023年5月18日，国家金融监督管理总局揭牌成立，将除证券业之外的各类金融业统一纳入监管，进一步提升集中监管的力度、提高监管效率；同时将中国人民银行对金融控股公司等金融集团的日常监管职责划入国家金融监督管理总局，有利于对该类金融控股公司进行穿透式监管。本次金融监管体制改革过程中仍将证监会作为独立的监管机构，并将其提升为国务院直属机构，以进一步落实健全资本市场功能的目标。有学者将我国现行的金融监管体制概括总结为"二委一行一局一会"的监管框架。[3]

---

[1] 曹凤岐：《改革和完善中国金融监管体系》，载《北京大学学报（哲学社会科学版）》2009年第4期。

[2] 李诗林：《我国新一轮金融监管体制改革的动因、考量与未来展望》，载《价格理论与实践》2023年第3期。

[3] 尹振涛：《中国金融监管的新动向与重要意义》，载《人民论坛》2023年第8期。

二、分业监管和统一监管的优势与劣势分析

(一) 分业监管

1. 分业监管的优势

根据前述我国金融监管体制的历史沿革梳理,自1992年以来我国金融业主要施行以"分业经营、分业监管"的架构,由多个金融监管机构分工负责,协调配合,共同承担金融监管责任。分业监管的优势体现在:其一,不同金融行业和金融产品之间拥有各自独特的经营方式和业务品种,监管机构可基于其监管目标的特点设立具有针对性的监管标准和要求,并采取更具指向性的监管手段和监管措施。其二,分业监管模式下,监管机构仅负责监管具体的金融机构类型或金融业务类型,因而可以充分发挥专业性的优势,提高该领域监管的专业化和精细化程度。

2. 分业监管的劣势

在金融业态混业经营趋势日益突出,金融机构组织边界特征日益模糊的背景下,分业监管的弊端也逐渐显现。其一,监管重叠或监管空白,跨市场的金融产品和金融机构不断涌现,分业监管容易引发监管机构之间相互推诿或扯皮的现象。其二,监管成本过高,分业监管意味着为银行、证券、保险等行业分设不同的监管机构,导致监管队伍庞大,监管成本较高。其三,分业监管体制不利于对金融机构的经营风险进行整体评估,对于金融控股公司,监管机构只能相应对其子公司的经营进行监督和审查,无法及时信息共享就会导致对金融控股公司整体风险的估计不足。

(二) 统一监管

1. 统一监管的优势

统一监管体制是伴随大型金融集团发展和混业经营趋势而出现的,属于混业监管,[1]具有如下优势:其一,统一监管具有更强的适应性,统一监管会随着金融业务创新适时调整监管手段和措施,适应金融市场混业经营的发展潮流和趋势,有效避免多头监管的真空或重叠,同时有利于识别和降低系

---

[1] 黄辉:《中国金融监管体制改革的逻辑与路径:国际经验与本土选择》,载《法学家》2019年第3期。

统性风险。其二,降低监管成本,避免金融行业监管机构的重复设置,降低信息成本实现规模效益。其三,统一监管顺应了混业经营趋势,随着金融自由化和金融业务多样化的快速发展,不同金融机构之间的业务关联性愈发紧密、趋同性愈发明显,只有对其进行统一监管才能顺应国际金融发展趋势的需要,促进我国金融机构的长远发展和金融市场的国际化进程。

2. 统一监管的劣势

统一监管同样存在其弊端:一方面,统一监管相较于分业监管将金融机构监管权力集中于一个监管机构,减少监管部门之间的竞争,容易造成权力垄断和寻租,降低监管效率。另一方面,统一监管无法避免大型监管组织的固有弊端即内部协调问题。[1]

三、金融监管体制改革的现状评析与路径展望

(一) 金融监管体制改革的现状评析

2018 年银监会和保监会的合并可看作我国分业监管机制的初步改良,2020 年《金融控股公司监督管理试行办法》的发布亦释放了混业经营发展初步探索的信号,2023 年金融监管体制改革则进一步明确体现了我国分业监管向统一监管的态度转向,实现了除证券业以外的金融行业的统一监管。[2]

此外,现行监管机构的职能配置更加合理、集中。由国家金融监督管理总局集中行使有关金融消费者保护职责,同时将中国人民银行对金融控股公司等金融集团的日常监管职责也划入国家金融监督管理总局,有利于统筹行使消费者权益保护职责,使得中国人民银行专注于宏观审慎监管、国家金融监督管理总局聚焦于微观审慎监管和行为监管。

(二) 金融监管体制改革的路径展望

1. 顺应混业经营趋势,发展统一监管体制

在混业经营已经成为全球金融市场发展趋势的时代背景下,统一监管体制也逐渐成为世界主流的监管模式。我国金融监管模式也应顺应实践发展和

---

[1] 崔琳、周方伟、李军林:《统一监管还是分业监管——基于不完全契约的视角》,载《金融评论》2019 年第 6 期。

[2] 魏革军:《我国金融监管体制改革的历史逻辑和实践逻辑》,载《清华金融评论》2023 年第 8 期。

市场趋势，从分业监管转变为混业监管，进一步完善统一监管体制。同时也要注意克服前述统一监管体制存在的弊端，即重视大型监管组织的内部协调机制，以及设立合理的权力监督机制以预防权力垄断和权力寻租现象的发生。

2. 重视宏观审慎监管，防范系统金融风险

审慎监管可分为微观审慎监管和宏观审慎监管，微观审慎监管着眼于个体金融机构，而宏观审慎监管则着眼于整个金融体系的安全。[1]2008年全球金融危机的爆发，使得宏观审慎监管的重要性得到国家和学界的重视。传统微观审慎监管聚焦于单个金融机构的安全，忽视了对于系统性金融风险的防范。本轮改革体现了将金融宏观调控和金融监管职能相分离的趋势，今后仍需进一步确保中国人民银行专注于货币政策和宏观审慎监管，保障金融系统的稳健发展。

---

[1] 黄辉:《中国金融监管体制改革的逻辑与路径：国际经验与本土选择》，载《法学家》2019年第3期。

严监管背景下违法发放贷款罪的实质违法性

郝栋梁*

(中国政法大学 北京 100088)

摘 要：违法发放贷款罪是刑法理论和司法实践中争议较大的罪名，尤其是关于违法违规行为法定界限的非明确性，实践中对本罪的定罪分析形成了相当的不确定性。既有理论研究侧重围绕"国家规定"外延进行讨论，对一般违法放贷行为与违法发放贷款犯罪界限的研究较少，易无意识地拘泥于构成要件的形式符合性。在当今金融严监管的大背景下，关于本罪实质违法性的理解，应当给予更多关注和研究。

关键词：国家规定 违法发放贷款罪 一般违法放贷行为

一、问题的提出

我国《刑法》第186条规定了违法发放贷款罪，"违反国家规定"系本罪行为判断的前提要件，然而在刑法理论与司法实践中也成了本罪的最大争议点。

(一)"违反国家规定"的传统观点争议

在刑法中，对明确规定了"违反……规定"的法定犯，在判断行为构成要件符合性和违法性时，须严格按相关规定进行。[1]《刑法》第96条和2011年最高人民法院《关于准确理解和适用刑法中"国家规定"的有关问题的通知》对"国家规定"的外延进行了明确和限缩。因此，有观点认为"国家规

---

* 作者简介：郝栋梁（1994年—），男，汉族，河南安阳人，中国政法大学2022级同等学力研修班学员，研究方向为经济法学。

[1] 刘艳红：《论法定犯的不成文构成要件要素》，载《中外法学》2019年第5期。

定"应严格限定在全国人大及其常委会和国务院的规定之内。[1]

商业银行法和银行业监督管理法关于贷款发放的规定较为原则和笼统,虽然分别规定了对借款用途、还款能力、还款方式、担保保证等关乎信贷资产安全的若干关键要素的严格审查和审慎经营义务,但缺乏实践操作性。而且,司法人员往往并非精通信贷业务领域的专家,在判断放贷行为违法性和构成要件符合性时便会出现十分宽泛的裁量空间。[2]考虑以上因素,有观点认为,部门规章是在法律授权之下对原则性规定的细化,故违反部门规章可以作为认定违反国家规定的"依据"。[3]

(二) 实践需要下合规义务的不断扩大

通常情况下,监管部门规章具有原则性,不够明确和细化,而是赋责于金融机构去健全自身的风险管理和内控制度,制定具有较强操作性的业务规则。有观点认为,可赋予其一定程度的准据法效力,作为认定违法行为的"参考"。[4]司法实践中亦不乏相关案例,如黑龙江某农村信用社主任违法发放贷款罪的判罚分析中即引用了机构内部的信贷管理办法。[5]

机构内部制度作为发放贷款行为违法性分析的依据或参照,按上述逻辑,似能够得出肯定结论。一是内部制度属于法律规章的"外规内化",一般不会形成违反或冲突。二是相关规定系具体业务操作流程的细化,属严格审查和审慎义务的直接画像。三是许多情况下仅靠监管部门规章依然无法对行为完成判断,内部操作细则的应用有现实需要。

(三) 补充的参照依据与模糊的刑事边界

关于"国家规定"的外延,实践渐习而成的思路体现出一定的按需原则和随适性特征,在不同案件中结合对具体行为的判断需求,参照不同层级的合规性文件,或直接统称为信贷管理相关规定。由此,可参照在行为合规性探究过程中无意识地层层下迁。同时,一个危险的倾向呼之欲出——数额达到标准,行为违反以上信贷管理相关规定,则构成本罪。充满不确定性的入

---

[1] 毛璟文、李文喜:《论违法发放贷款罪的犯罪构成》,载《中国律师》2017年第3期。
[2] 胡静:《违法发放贷款罪实务问题浅析》,载《湖北警官学院学报》2020年第2期。
[3] 王美鹏、李俊:《违法发放贷款犯罪问题研究》,载《人民检察》2017年第18期。
[4] 王美鹏、李俊:《违法发放贷款犯罪问题研究》,载《人民检察》2017年第18期。
[5] 黑龙江省黑河市中级人民法院[2015]黑中刑二终字第15号刑事判决书。

罪门槛，成了悬在每一个信贷人头上的"达摩克利斯之剑"。

二、构成要件形式符合性的思考

银行或其他金融机构工作人员，违反了以上信贷管理相关规定发放贷款，达到相关数额标准，便构成违法发放贷款罪。从构成要件符合性分析，以上推论似可成立，实际却极大地扩大了刑事追责的范围。

（一）本罪法益的辨析

法益的本质性深层次认识有利于犯罪构成的准确把握。刑法理论和司法实务对本罪的法益长期以来仅做了抽象的归纳和概述，导致无法发挥其解释机能，有必要重新阐述。[1]关于本罪的法益，传统的观点有国家贷款管理秩序说[2]和国家贷款管理制度说，[3]也有观点认为违法发放贷款罪的客体（法益）是"贷款管理秩序和金融机构自身合法权益"。[4]信贷业务中，金融机构的合法权益直接指向主要为信贷资金的安全，信贷资金背后是存款人的利益，及行业的系统稳定性。从深层次角度来看，机构资产负债业务的经营本质上是经营风险，信贷制度和秩序则在于保护金融安全。本罪法益的实质应在于通过维护信贷制度和管理秩序，进而防范风险以保护金融安全。

（二）贷款违规行为的多形态性

金融关系国民经济的安全和稳定，面临更严密的行业监管及内控合规制度，亦分别设定了相应的责任与处罚，其中有刑事责任、行政处罚以及内部追责，具有多形态性。同时，在责任追究措施上，根据违法违规行为的情节、后果和责任程度，设有诫勉谈话、通报批评、经济处罚等轻微或一般处理、警告直至开除的纪律处分及刑事追责，有其体系性和层次性。贷款违规行为的责罚亦是如此。形式理解本罪构成要件，易忽视一般违法放贷行为与违法发放贷款犯罪的区分，或简单认为界限仅在于数额。

（三）司法及监管实践对构成要件形式符合性之否定

最高人民法院案例库"张某违法发放贷款罪案"的裁判要旨中明确提出：

---

[1] 黄小飞：《违法发放贷款罪的构成要件行为新诠》，载《甘肃政法大学学报》2021年第3期。
[2] 李永升主编：《金融犯罪研究》，中国检察出版社2010年版，第341页。
[3] 任继鸿、陈英慧、王鑫磊：《贷款犯罪论纲》，吉林人民出版社2017年版，第134页。
[4] 曲新久：《金融与金融犯罪》，中信出版社2003年版，第229页。

"在办理违法发放贷款刑事案件时,对于违法发放的贷款系经过银行或者其他金融机构一系列内部程序审批后予以发放的,应当审查行为人的具体岗位职责、不履职行为方式、违法行为对贷款审批的作用程度、损害后果等,区分一般违法放贷行为与违法发放贷款犯罪的界限,准确认定犯罪。"[1]另外,参照国家和地方金融监管局发布的行政处罚案例,有大量因违法发放贷款问题受到处罚的机构和个人,包括经济处罚、警告直至禁止银行从业等,且不乏贷款或损失数额巨大的情形。以上司法和监管实践实为对本罪构成要件形式符合性的否定,应该正视违规违法发放贷款行为的多形态性。

三、实质违法性的展望

(一)"国家规定"层级与责任的辨析

从国家对犯罪的审慎态度来看,违反高层级的准用法律法规才构成犯罪是刑法谦抑性和宽容性的表现。[2]就规则体系而言,国家法律层级较高却具有一定的抽象性、概括性;部门规章、机构内部制度更加细化,但是其具体化周密化的过程既是规则的明确化,也可能伴随标准与要求的提高与严格化,且细密化本身即注意义务的增加。因此,标准与难度是正相关的关系,与责任形态则应该是一种负相关的关系。具体而言,细标准、严要求意味着高完成难度,应适用于轻处罚;宽标准、低要求意味着低完成难度,则可适用于重处罚。不同层级的规定与责罚至少应包括内部问责、行政处罚、刑事追责。

(二)严监管背景下的刑法谦抑性

在严监管背景下,鉴于放贷违规违法行为的多形态性与入罪门槛问题,应避免使用"放大镜"审视贷款违规行为,致使罪与非罪之间只有"一层窗户纸"之隔。实践中需警惕两种倾向,一是信贷资产发生损失或出现重大风险,便反向推断贷款发放过程中未履行严格审查义务,未有效识别业务潜藏风险,由果导因认定"贷前调查不充分""贷后管理不到位"等,细究规定动作的执行完整度与完美度。二是未严格执行各项信贷管理规定的操作细则,即未做到《商业银行法》规定的"严格审查",认定违反国家规定,以下位

---

[1] 山东省滨州市中级人民法院[2023]鲁16刑终54号刑事判决书。
[2] 李春阳:《违法发放贷款罪的修改评析》,载《金融法苑》2008年第1期。

法的标准推断上位法的结论。

（三）一般违法放贷行为与违法发放贷款犯罪的区分

既有的理论研究更侧重围绕"国家规定"外延的讨论，却导致了一般违法放贷行为与违法发放贷款犯罪界限的模糊性。在刑事理论与司法实践中，应更加重视二者的区分，充分考虑行为人主观恶性、贷款发放过程中的关键人与关键行为、道德风险与操作风险等因素，以更为审慎的态度对待本罪的入罪门槛。

国家出资公司董事会权能的更新与思考

薛文婷[*]

(中国政法大学 北京 100088)

摘 要:《公司法》修订后设专章规定了国家出资公司组织机构的特别规则,提升了国家出资公司在公司法中的地位,对国家出资公司组织机构特殊性的关注更甚,强化了对国家出资公司的管理,为其公司治理提供了更充分完善的制度安排,更好地回应了经济发展的现实需求。在此理念下,国家出资公司建立起分解股东会职权、强化董事会职权、审计委员会替代监事会等特殊治理机制和法律规则。

关键词: 国家出资公司 2023年《公司法》 董事会

国家出资公司对我国市场经济有重大影响,在我国公司型企业中占有重要地位。《公司法》深入总结国有企业改革成果,将现代公司治理结构引入国家出资公司,需要兼顾一般公司的治理结构与治理逻辑和国家出资公司治理的特殊需求,同时落实党和国家机构改革方案的要求,建立起分解股东会职权、强化董事会职权、审计委员会替代监事会等特殊治理机制和法律规则,但未对国家出资公司的审计委员会职责作出明确规定,尤其是未设立监事会的公司,审计委员会如何合理承继监事会的所有职能,尚待后续研究。

一、董事会的职能与分析

(一)董事会治理起源与发展

委托代理理论是现代公司治理基础理论中的经典理论,该理论认为公司

---

[*] 作者简介:薛文婷(1986年—),女,汉族,山西大同人,中国政法大学2023级同等学力研修班学员,研究方向为经济法学。

股东作为公司的所有者，在整个代理理论体系中是委托人角色，公司经理是经营者，承担代理人角色。股东委托经理经营公司，股东获得利益的目的能否实现，和代理人的行为表现息息相关，而公司的经营风险却是由股东承担。[1]委托代理理论强调股东利益最大化，遵循公司组织机构设置以维护委托人利益为原则，同时关注对代理人建立激励和监督、约束相结合的机制，以改善信息不对称带来的劣势。该理论强调通过设置有效的公司组织机构，使得董事会成为维护股东利益同时监督经理层合理行为的内部资源。

（二）公司治理模式

主流西方公司治理模式包括以英国、美国等国家为代表的外部控制模式和以德国、日本等国家为代表的内部控制模式。外部控制模式采取的是单层模式，公司治理结构包括股东会和董事会。单层制的公司可以设立独立董事，但是不设置监事会。内部控制模式采取的是双层制的公司治理结构，包括股东会、监事会和董事会。监事会是董事会的上位机构，可以对董事进行任免、决定董事的报酬以及对重大事项享有决策和监督等权利。自20世纪末以来，两种模式出现了趋同，[2]大陆法系国家纷纷引入了独立董事制度，英美法系出现了董事会独立化的趋势。2023年《公司法》修订前，我国公司治理结构设立股东会、监事会和董事会的双层制架构。

（三）董事会职权和职能

各国公司法关于董事会职权的规定方式有所不同，有的国家采取列举式，法律条文逐项明确规定董事会的各项职权；有的国家则采取排除式，规定由股东大会行使的权力以外的其他一切权力归属董事会。许多国家和地区规定除法律和公司章程规定的股东权利之外，其余权力归属董事会，使之集中享有公司的经营决策权，成为公司治理的核心。董事会的董事是依法选举产生的，代表公司行使经营决策权，是公司的常设机关。董事会是公司的法定机关，具有法律规定和公司章程所赋予的管理公司、决策经营活动以及对外代表公司的权力。董事受托管理公司的事务，通过集体决策或者个人决定的行为来表达公司的意志，带领公司在市场经济的环境中求生存、求发展，给股

---

[1] 甘培忠：《企业与公司法学》（第10版），北京大学出版社2021年版，第177页。
[2] 李建伟：《公司法学》（第5版），中国人民大学出版社2022年版，第283页。

东们创造所期望的利润。[1]

二、国有企业董事会权能的制度生成与立法考察

(一) 国有企业治理结构研究

我国国有企业改革前,企业主要治理结构是党委会、职工代表大会以及工会。1994年,国务院选择一批国有大中型企业进行现代企业试点,国有企业相继建立股东会、监事会和董事会。2015年,中共中央、国务院要求深化国有企业改革,健全公司法人治理结构,重点是推进董事会建设,建立健全决策执行监督机制。2017年,国务院要求进一步完善国有企业法人治理结构,健全以公司章程为核心的企业制度体系,强化权利责任对等,保障有效履职,完善符合市场经济规律和我国国情的国有企业法人治理结构。

(二) 国有企业董事会的角色与分析

2009年,国资委推进中央企业董事会试点,印发《董事会试点中央企业董事会规范运作暂行办法》,规定了国有独资公司董事会的职权。国资委根据国务院的授权履行出资人职责,国有独资公司的董事会执行国资委的决定,接受国资委的指导和监督,对国资委负责,向国资委报告工作。国有独资公司董事会经理通常由职业经理人等担任,董事会成员也可以兼任经理。国有独资公司的董事、高级管理人员秉着高度负责的精神经营管理国有独资公司,促进国有资产保值增值,董事、高级管理人员的兼职限制比一般竞业禁止的规定更为严格,适用的范围更广泛。

三、公司法修订后国家出资公司董事会权能的更新与思考

(一) 公司法修订对国家出资公司的引入的现实意义

国家出资公司对我国市场经济有重大影响,在我国公司型企业中占有重要地位。2023年《公司法》设专章规定了国家出资公司组织机构的特别规则,提升了国家出资公司在公司法中的地位,对国家出资公司组织机构特殊性的关注更甚,强化了对国家出资公司的管理,为其公司治理提供了更充分

---

[1] 甘培忠:《企业与公司法学》(第10版),北京大学出版社2021年版,第187页。

完善的制度安排，更好地回应了经济发展的现实需求。[1]2023年《公司法》选取统筹国有公司的全新概念，国家出资公司概念的外延适当缩小，排除了非公司制企业和国有资本参股公司，指国家出资的国有独资公司、国有资本控股公司，包括国家出资的有限责任公司、股份有限公司。2023年《公司法》以"国家出资公司"这一概念替换了"国有独资公司"，将国有资本控股公司纳入其中，从以往强调国家所有权与法人财产权的分离，到强调出资人所有权与控制权的分离，意义重大。[2]

(二) 国家出资公司董事会职权的思考

国有独资公司董事会根据公司性质适用2023年《公司法》关于董事会职权的规定职权，同时在履行出资人职责的机构授权范围内行使国有独资公司部分股东会职权。[3]国有独资公司的董事会成员来源于以下两个方面：一是由履行出资人职责的机构委派。这是国家作为出资人决定国有独资公司重大事项的体现，有利于维护出资人的合法权益。二是董事会成员中的职工代表由公司职工代表大会选举产生。这是国有独资公司性质特殊性的体现，也是国有独资公司完善公司法人治理，实行职工民主管理的要求，既有利于更好地发挥国有独资公司法人治理的作用，也有利于更好地发挥职工作用，维护和实现职工合法权益。[4]

(三) 国家出资公司董事会职权的改革与创新

将现代公司治理结构引入国家出资公司，需要兼顾一般公司的治理结构与治理逻辑和国家出资公司治理的特殊需求。国有独资公司只有国家一个股东，该股东不能直接行使其所有权；唯一股东有其自身的独立性，而国有独资公司的决策不能完全依附于另一主体。一般公司中股东会、董事会、监事会制衡的公司治理机制在国有独资公司中难以构建。因此，基于国有独资公司的特性，2023年《公司法》建立起分解股东会职权、强化董事会职权、审计委员会替代监事会等特殊治理机制和法律规则，由履行出资人职责的机构

---

[1] 赵旭东主编：《公司法讲义》，法律出版社2024年版，第387页。
[2] 赵旭东主编：《新公司法讲义》，法律出版社2024年版，第388页。
[3] 王翔主编：《中华人民共和国公司法释义》，中国法制出版社2024年版，第242页。
[4] 王翔主编：《中华人民共和国公司法释义》，中国法制出版社2024年版，第243页。

行使国家出资公司的重大事项决策权，董事会行使经营管理权并通过其内设的审计委员会承接监事会的监督权，经理辅助董事会行使业务执行权，但是对于国有控股公司没有强制的规定。[1]

---

[1] 赵旭东主编：《新公司法讲义》，法律出版社2024年版，第392页。

商业秘密的法律认定及其保护

秦 茜*

(中国政法大学 北京 100088)

摘 要：商业秘密是企业的核心竞争力，关系企业的竞争优势和经济利益。商业秘密一旦被他人非法获取继而公之于众，权利人将遭受巨大的损失。我国已经建立了以《反不正当竞争法》为中心的商业秘密法律保护体系。为了应对实际生活中不断涌现的新案例、新问题，既要提升法律对商业秘密的保护力度，也要加大企业对商业秘密的管理能力。内外部形成合力，为科技创新和产业创新提供助力。

关键词：商业秘密 侵权 法律保护

一、商业秘密的定义及认定

商业秘密是创新产业发展的核心竞争力。对初创期的创新型企业，商业秘密是企业的核心机密，关乎企业的生死存亡，保护商业秘密为产业创新提供了重要的保障。

(一) 商业秘密的特征及其认定

商业秘密的构成具有"秘密性""价值性""保密性"的基本特征。

1. 秘密性

秘密性是指技术信息、经营信息等商业信息不为公众所知悉。商业秘密的权利人通过承担一定的经济成本拥有了商业秘密，并且采取了一定的保密措施维护其对商业秘密的控制权，以保持其在市场竞争中的优势地位。如果

---

* 作者简介：秦茜（1979年— ），女，汉族，重庆黔江人，中国政法大学2023级同等学力研修班学员，研究方向为经济法学。

商业秘密被他人非法获取，则知悉该商业秘密的主体可以使用相关商业信息获取利益，侵害了商业秘密的权利人因其取得利益和竞争优势的权利。[1]

2. 价值性

价值性体现在商业秘密能给权利人带来经济利益，能使权利人保持竞争优势。商业秘密的相关立法目的是制止侵犯商业秘密的行为，加强商业秘密保护，保护商业秘密权利人和相关主体的合法权益，激励研发与创新，维护公平竞争、优化营商环境，促进社会主义市场经济健康发展。

3. 保密性

商业秘密的权利人应对商业秘密采取相应的保密措施，这是进一步寻求司法保护的前提。民事审判程序中，商业秘密权利人需要提供证据证明其已经对商业秘密采取了合理、明确、适当的保密措施，否则权利人所主张的商业秘密不符合法律意义上对商业秘密的定义。

（二）我国商业秘密法律保护体系现状

我国现行法律中没有专门的商业秘密法。我国对商业秘密的立法保护采用的是"非单独立法的、以《反不正当竞争法》为核心，以《刑法》《合同法》、劳动法、程序法及相关司法解释、行政法规、规章等为辅助手段的较为完整的法律体系的商业秘密保护模式"。[2]

1.《反不正当竞争法》

《反不正当竞争法》自1993年正式施行以来，先后于2017年和2019年进行了两次修改。2019年的修改主要集中于商业秘密相关条款：一是扩大了商业秘密的范围；二是扩展了商业秘密侵权主体的范围；三是扩充了侵权手段和侵权行为的内容；四是加大了对侵权行为损害赔偿的惩罚力度；五是新增商业秘密案件的举证责任分配条款。这次修改体现了我国立法对商业秘密的保护范围的扩展、商业秘密的保护强度的提升。

2.《刑法》

《刑法》明确侵犯商业秘密行为包括：一是以盗窃、利诱、胁迫或者其他不正当手段获取商业秘密；二是披露、使用或者允许他人使用以不正当手段

---

[1] 黄武双：《商业秘密的理论基础及其属性演变》，载《知识产权》2021年第5期。
[2] 李灿：《论我国商业秘密法律保护的完善》，载《中国集体经济》2018年第1期。

获取的商业秘密；三是违反约定或者有关保守商业秘密的要求，披露、使用或者允许他人使用商业秘密；四是明知或者应知上述行为，获取、使用或者披露他人的商业秘密。

3. 《合同法》

《合同法》规定，无论合同是否成立，合同当事人不得泄露或者不正当地使用在订立合同过程中知悉的商业秘密，否则应当承担相应的损害赔偿责任。即便合同的权利义务终止，合同当事人也应当遵循诚实信用原则，根据交易习惯履行保密义务。

4. 《劳动法》和《劳动合同法》

法条明确了劳动者对用人单位的商业秘密负有保密义务，用人单位可以在劳动合同中约定劳动者须保守用人单位商业秘密的有关事项。用人单位可以运用竞业限制条款，在合法合规的范围内，与劳动者约定竞业限制的范围、地域、期限。若劳动者违反合同约定的保密义务或竞业限制，给用人单位造成损失，应当承担赔偿责任。

5. 《民事诉讼法》和《刑事诉讼法》

法条为商业秘密的法律保护提供了程序支持：涉及商业秘密的案件，当事人申请不公开审理的，可以不公开审理。《民事诉讼法》对法庭出示证据、公众查阅发生法律效力的判决书、裁定书等环节涉及商业秘密的情况进行了规范。《刑事诉讼法》对刑事诉讼中证据的使用、采取技术侦查措施中知悉商业秘密的情况也进行了相应的规范。

二、我国商业秘密法律保护中的主要问题

我国建立了具有中国特色的涵盖行政法律保护、民事法律保护、刑事法律保护的商业秘密法律保护体系。商业秘密立法保护与我国的实际发展需求相比，目前还存在着一些问题和不足，仍需进一步完善。

（一）商业秘密保护立法体系较为松散

首先，《反不正当竞争法》对商业秘密定义的规定较为原则、宽泛，缺乏细致的行业标准或行业示例，对实际工作的指导性有限。其次，多层级立法、法出多门，商业秘密法律保护体系的法律文件虽多，但是商业秘密在这些文件中仅仅是被一笔带过的过客，涉及的篇幅有限，法律规则阐述的详细程度

与现实司法操作的需求存在一定差距。商业秘密是一种重要的知识产权,目前缺乏法律认可的统一的权属认定凭证。由于没有专门的商业秘密法,对其秘密性的审查与其他资产相比更加困难,在现实的法律体系中得到确认和执行的难度较大。

(二) 对侵权行为的民事责任处罚力度不足

我国《刑法》规定了侵犯商业秘密构成犯罪时应当承担的刑事责任,对商业秘密犯罪起到了一定的震慑作用。但是《反不正当竞争法》相关规定对我国惩处商业秘密侵权的民事责任处罚力度稍显不足。一是行政处罚限于罚款和没收违法所得,惩罚力度较轻。二是商业秘密权利人获赔偿的数额,按照其实际损失确定;实际损失难以计算的,按照侵权人因侵权所获得的利益确定。商业秘密经侵权后可能不再是秘密,权利人丧失了其未来取得利益和竞争优势的权利,法律并未对这部分损失的赔偿予以明确。

三、商业秘密法律保护的完善建议

商业秘密的重要性日益凸显,美国的《特别301报告》将商业秘密法律保护问题上升到了国家安全的战略高度。[1]为了推动国际贸易的稳步开展,我国需要结合本国国情不断完善和提升商业秘密保护力度。

(一) 提升法律对商业秘密保护力度的建议

我国不断修订与完善商业秘密法律保护体系的相关法律,目前已初步形成适应中国政治和法治特色的商业秘密立法与执法体系。[2]在保持以《反不正当竞争法》为核心的现行模式下,可考虑对相关一系列法律进行必要的修改完善。一是适当扩充商业秘密侵权行为的具体形式,有利于司法实践对实际的商业秘密侵权行为进行准确认定。二是逐步统一法律法规对商业秘密保护的法律要件的规定,如权利主体、侵权主体、侵权行为的认定。三是加大对商业秘密侵权行为的惩处力度,采用更严格的行政处罚手段,并适当提高惩罚性赔偿金额,从而增加侵权人的侵权成本,提高社会公众的守法自觉。

---

[1] 宋世勇、邢玉霞:《美国〈特别301报告〉商业秘密问题综述与中国对策分析》,载《法学杂志》2019年第5期。

[2] 马忠法、李仲琛:《再论我国商业秘密保护的立法模式》,载《电子知识产权》2019年第12期。

(二)提升企业商业秘密管理能力的建议

商业秘密具有重要的经济价值,企业在投入并形成创新成果后,也要持续关注创新成果的运用和管理。商业秘密的保护是一项系统工程,需要企业内部上下联动、紧密配合。一是企业内部营造诚实信用的企业文化,加强保密宣传和员工日常管理,将保密思想深植员工内心。二是制订商业秘密管理制度,建立商业秘密管理的组织体系和保密工作机制,通过内部监督对商业秘密管理情况进行日常监督检查,发现内部控制缺陷后及时加以改进。三是加强高级管理人员、高级技术人员和其他负有保密义务人员的管理,重视对上述人员的保密教育培训工作,采取适度的保密信息登记和隔离措施。四是谨慎选择合作伙伴和客户,在标准合同中设置商业秘密保护条款,明确约定合作伙伴和客户不得非法披露或使用其商业秘密等。

我国认缴制推出背景与制度评析

路 铭[*]

(中国政法大学 北京 100088)

摘 要：公司融资规则采用何种融资方式不仅与本国的基本情况相关，也与资本融资方式是否可以实用性地促进经济发展有关。从立法沿革的角度来看，我国实现了由认缴资本制度转为实缴资本制度，认缴资本制度的出台大大促进了经济发展和市场完善。但是从司法实践中认缴资本制度的发展来看，还存在着一定的难题，因此，本文对认缴制的概述和法律本质进行了细致的梳理，并提出资本制度改革的建议。

关键词：实缴制 授权资本 认缴制

资本制度的选择对于提升创业能力和促进经济发展具有重要意义，同时可以实现我国与国际商业接轨。但实践中认缴制的实施存在一些问题，如何完善认缴制便成为学界关注的问题所在。

一、"认缴制"概述、法律本质

(一)"认缴制"的概念和特征

认缴制度是公司法的独创性制度，指的是股东对本人所应缴纳的全部股本的承诺和认可，与实缴股本是相对的出资方式。认缴制度具有以下特征：其一，认缴制度更有利于创业的发展。实践中存在有的个体和大学生在进行商业活动时，并没有完善的资金开展经营活动，无法进入商事经营的门槛。认缴制度为打破这一"门槛"提供了制度上的保障，从而会更好地促进商业

---

[*] 作者简介：路铭（1986年— ），女，汉族，新疆乌鲁木齐人，中国政法大学2023级同等学力研修班学员，研究方向为经济法学。

的发展;其二,有利于更好地构建诚信信用长效机制。[1] 在认缴制度的本质下,公司股东(发起人)约定将认缴出资金额、出资方式和出资期限等记录在公司章程中,从而有效地构建诚信信用长效机制。

(二)"认缴制"的法律本质

认缴制本质在于出资义务向出资债权的转换,以往我国的资本市场制度一直实行的是完全实缴制度,在公司成立之前将资金全部出资到位,实缴制度在一定程度上阻碍了创业经济的发展,因此,认缴制度便应运而生。

所谓认缴制,实际上从原来的股东应该向公司缴纳资金转化为股东与公司在双方合意下所签订的债权,并约定出资期限。由于出资义务和债权债务的转化,公司无疑是担负着债权人的角色。认缴制的出资形式完全符合民事实体法的精神所在,在不影响公司发展的情况下,缴纳形式和出资期限完全由股东和公司在合同中约定,这不仅减轻了股东的压力,同时也促进了公司对内利用效率的兼顾平衡。

(三)国际现行的公司资本制度分类

通过文献研究法对各国对于公司资本制度进行深入性的考察,发现各国公司资本制度随着本国经济发展的变动和基本国情的不同发生了一定的转变。[2] 以德国和法国为首的大陆法系,由原来的法定资本制转为许可资本制,为了保障许可资本制可以得到充分的贯彻和实施,在程序上对增资程序进行"瘦身",使得公司的资本筹集具有更大的灵活性。

反观以海洋法系为代表的英美国家,实现了从授权资本制度到声明资本制度的转化。对授权资本进行沿革上的法律考察,授权资本制度是英美国家首创,并成为其他国家在立法之时的主要借鉴方案。但如今英美法系在公司法资本制度的发展进程中,却抛弃了"授权资本制",选择了"声明资本制"。所谓声明资本制,指的是在公司的章程中不再规定授权资本的上限,而是要求公司实事求是,声明其实际发行资本的状况。这在一定程度上有利于保护债权人的利益,同时也适应了英美两国公司内部的职权中心的转移,即

---

[1] 参见陈国富、田珺:《公司资本制度改革与债权人利益保护——基于偿债能力的考察》,载《南开经济研究》2021年第3期。

[2] 参见陈甦:《实缴资本的多重效用及其保障措施》,载《法学杂志》2014年第12期。

由股东大会向董事会进行职权转移的情况。

二、我国资本认缴制的发展历程

(一) 我国公司资本制度发展背景

资本制度是公司法在立法之时的难题所在,我国该采取什么样的资本制度,不仅关乎公司制度的发展,还关乎创业经济以及非逻辑性的商业实践。公司资本制度的立法背景,不仅受到资本制度本身繁复的技术规则和概念的影响,同时也受到厚重的历史迷雾以及不断更迭的立法竞争的影响。资本制度属于公司发展的基础性工程,对于促进经济的发展具有重要性的意义,同时横贯于公司发展的各个进程,也是公司的核心制度,因此公司资本制度该如何选择,是历次《公司法》修改的争议所在。

(二) 我国历次公司法对"认缴制"规定的变化

通过文献阅读法对我国资本制度的变迁进行深入的研究,本质上是政府管制和市场自治的权衡问题。认缴资本制更有利于促进市场经济的发展,实现民商法为经济保驾护航的本质目的。[1]实质上,我国《公司法》的立法正恰逢经济转型的特殊时期,此时服务国家的本位意识、实现国有企业改革的历史使命以及后计划经济时代浓重的管制色彩共同催生了最严格资本制度的出现。后来,随着经济的发展,1999年和2004年分别对《公司法》进行了条文上的变动,但是资本制度的管制仍然占据了立法主题。直到2005年,立法指导思想发生了一定程度的变化,《公司法》也采取了众多的措施以放松管制、更好地实现出资自由。2013年实现了从实缴资本制到认缴资本制的转变,资本制度由原来的严格管制转为激励公司进行自制,赋予公司更多的便利权,从而更好地促进经济发展。

(三) 我国实行限制完全认缴制的原因

2013年《公司法》修正完成之后,我国实现了实缴资本向认缴资本的转化,不仅提高了创业经济的发展以及资金使用效率,同时还在一定程度上起到了降低交易成本的重要作用,对于促进经济发展和实现社会的和谐稳定具

---

[1] 参见仇晓光:《公司债权人利益保护的法经济学分析》,吉林大学2010年博士学位论文。

有重要性的意义。但是司法实践中也存在一些问题，尤其是注册资本出现虚化，这使得资本在交易市场中出现了极大的不确定性，一些股东利用法律漏洞逃避出资义务，增加了债权债务关系的纠纷，于是限制完全认缴制被提上议事日程。

限制完全认缴制有利于对认缴制度进行宏观上的优化，也实现了制度上的保障，不仅设定了内部监督机制，同时还设置了股东逾期出资失权规则，这有利于维护公司资本信用，督促公司股东及时完成出资义务。

三、我国现行资本认缴制的评析

（一）我国认缴制现状概述

自 2013 年实施的认缴制度大大促进了市场的完善和经济的发展，认缴制度的实施不仅提高了公司和国家的诚信度和责任感，同时实现了公司治理的现代化。[1]但是认缴制度也带来了一些发展上的难题，例如司法实践中出现了大量巨额认缴公司以及超长认缴期公司，这些公司的存在在一定程度上增大了市场交易的判断成本；另外，有的企业利用虚报注册资本以及延长资本履行期限实现对投资者的欺诈，这些不利于建设诚信社会和保护市场公平。

（二）我国认缴制效果浅析

注册资本认缴制在我国发挥了重要意义，尤其是对促进打破创业门槛和促进经济发展，可谓厥功至伟。[2]另外，由于实施注册资本认缴制，验资程序的取消方便了企业的融资流程，大大降低了资本交易的成本，有利于我国的商业发展与国际进行实质上的接轨，对于促进中小微企业的发展和实现科技创新具有重要性的意义。

（三）对我国资本制度改革的建议

本文认为应当实现授权资本制下实缴制的回归，应当认识到认缴制和实缴制并没有实质的优劣之分，该采取什么样的资本制度形式，应该是根据我国的基本国情予以选择。选择实缴资本制并不是立法的倒退，而是要看实缴

---

[1] 参见黄延莉：《浅析我国的公司资本制度》，载《中国集体经济》2019 年第 2 期。
[2] 参见雷兴虎、薛波：《公司资本制度变革视野中的资本维持原则》，载《政法学刊》2015 年第 4 期。

资本制是否符合实用主义的精神所在，是否可以促进经济的发展。另外，授权资本制度可以发挥实缴资本的优势，这一点并不会因为实缴的回归而消失。实际上，授权资本制度下实缴制度的回归，实现了认缴制和实缴制优点的结合，保证了公司制度的纯洁，更好地简化了程序，从而促进公司资本制度的发展。

结　论

公司融资资本制度经历了认缴到实缴的转变，由原来的重视资本管理到扩大公司股东的权力，简化公司流程的设置，赋予公司更多的自主权，从而促进商业的发展。但是认缴制在实践的发展过程中带来了一些问题，例如出现了巨额认缴公司等，这都不利于现代信用体系的建设，也不利于公司的发展。本文经过系统研究，提出了授权资本制度下实缴制的回归，并保留了认缴制的优势，希望可以促进实践中公司资本制度的发展。

金融大模型中数据安全的法律风险防范

韩俊佳*

（中国政法大学 北京 100088）

摘　要： 2024年《政府工作报告》提出："大力推进现代化产业体系建设，加快发展新质生产力。"当前，以大模型为代表的人工智能技术已对产业变革产生深远影响。本文将围绕数据安全的三方面问题，分析大模型在金融领域运用中的三个关键主体——监管者、数据控制者和使用者在数据安全问题中的潜在责任，在推动技术进步时有效防范数据风险。

关键词： 金融模型　数据安全　法律风险

一、金融大模型的概述和数据安全规范

（一）金融大模型的概述

金融大模型通过对海量金融数据的深度挖掘与智能学习，构建起一个高度复杂且动态更新的算法网络，不仅能融合风险评估、信贷决策、投资策略等多领域的专业知识，还拥有自我进化能力，能够实时适应市场变化和需求演进。金融行业能够优化其服务流程、降低运营成本，并提升决策制定的科学性和前瞻性。[1]

金融大模型依赖于数据驱动，其训练和应用的基础是有效的数据管理和高质量的数据。[2]大规模的金融数据涵盖了历史价格、交易量、财务报表和宏观经济指标等，这些数据跨越不同市场和时段，共同构筑了一个复杂的数

---

* 作者简介：韩俊佳（1998年—），女，汉族，北京人，中国政法大学2021级同等学力研修班学员，研究方向为民商法学。

〔1〕 毕超：《加快发展金融大模型助力金融强国建设》，载《科技中国》2014年第1期。

〔2〕 张楠：《金融大模型助力全域风险管理》，载《软件和集成电路》2023年第8期。

据生态。通过深度学习技术，金融大模型能够从这些数据中提取有效信息，用于预测市场趋势、估计风险、优化投资组合等任务。

(二) 立法现状

我国在数据安全方面现有的法律法规，对数据的收集、处理、存储、传输和销毁等环节均提出了明确的要求。

	《网络安全法》	《数据安全法》	《个人信息保护法》
适用范围	在中国境内建设、运营、维护和使用网络以及网络安全的监督管理	在我国境内开展的数据处理活动及其安全监管，以及在我国境外开展数据处理活动，在损害国家安全、公共利益或者公民、组织合法权益情形下的法律责任	在我国境内处理自然人个人信息活动，以及特定情形下的在我国境外处理我国境内自然人个人信息的活动
数据主体权利	知情权、选择权、变更权、删除权等	知情权、参与权、知情同意权、更正补充权、表达权等，删除权、限制处理权、拒绝营销权等	知情权、参与权、知情同意权、更正补充权、表达权等，删除权、限制处理权、拒绝营销权等
相关原则	遵守合法、正当、必要的原则，公开收集、使用规则，明示收集、使用信息的目的、方式和范围等，采取技术措施和其他必要措施保障网络安全等	建立健全数据公开处理规则与安全管理制度，采取相应技术和其他必要措施保障数据安全等	遵守合法正当必要原则，建立公开处理规则、数据安全管理制度等
法律责任	第74条：违反本法规定，给他人造成损害的，依法承担民事责任。违反本法规定，构成违反治安管理行为的，依法给予治安管理处罚；构成犯罪的，依法追究刑事责任	第52条：违反本法规定，给他人造成损害的，依法承担民事责任。违反本法规定，构成违反治安管理行为的，依法给予治安管理处罚；构成犯罪的，依法追究刑事责任	第71条：违反本法规定，构成违反治安管理行为的，依法给予治安管理处罚；构成犯罪的，依法追究刑事责任

二、金融大模型中数据安全问题的产生

（一）金融大模型训练数据来源的真实性和合法性问题

金融大模型的训练数据主要来源于互联网，涵盖大量市场数据、财务报告、交易信息等。[1] 由于数据质量参差不齐，存在错误、虚假和误导性的内容，难以保证数据来源的真实性。此外，金融领域涉及大量敏感客户信息、商业机密等，若大模型在业务中出现误判，则会对金融机构和客户的利益造成重大影响。

（二）数据处理过程的可控性和安全性问题

金融大模型在训练和推理过程中需要对大量数据进行收集、处理和分析，整个生命周期中都存在被恶意篡改、窃取或泄露的风险。

金融大模型的决策逻辑是基于大量数据学习到的深层范式，虽能提升适应性和预测准确性，但也会存在如算法偏见、个性化歧视和信息筛选等安全隐患。这些问题可能会在特定情况下导致不公平或逻辑错误的输出，损害个人和公众的利益。同时，数据源偏见可能导致模型在处理金融数据时出现偏差，影响模型的公正性，进而威胁金融市场的稳定和客户的利益。

（三）数据输出结果的合法性和责任性问题

金融大模型在处理大量金融数据和复杂分析方面具有优势，能够分析市场趋势、交易数据和风险指标，以生成投资策略、报告等金融产品，被广泛用于金融领域的决策支持和业务分析。但算法的复杂性和模型的非线性决策过程，使得生成内容的知识产权和法律责任界定存在模糊性。

目前，对于大模型生成的金融产品的版权问题，还没有明确的法律规定和学术共识。开发者和使用者可能因输出内容违反市场规则、侵犯投资者权益或违背社会伦理标准而面临法律责任。此外，由于模型的决策和输出难以追溯至具体个人或团队，追责变得困难。

---

[1] 刘曙峰：《从大模型视角重新看金融科技》，载《新经济导刊》2023年第5期。

三、金融大模型中数据安全风险防范策略

（一）数据来源和用途的合规性

监管机构必须制定和实施严格的数据安全与隐私法规，规范企业的数据收集和使用行为。这包括要求第三方服务机构明确说明其数据来源和用途，确保数据获取方式的合法性，并防止其成为企业违法行为的协助者。这对监管责任、信息安全以及公众对政府和企业信任度的维护至关重要。[1]

数据控制者应增强合规意识，明确在数据生命周期中的责任和义务，并尊重用户隐私和版权。应通过实施数据加密、访问控制等措施来最大限度地减少数据泄露的风险。此外，数据控制者需要对员工进行数据安全培训，提高员工对数据风险的识别能力，并在使用模型时采取措施，如对重要数据进行加密、脱敏，降低泄露风险。同时，企业应严格审查和监管第三方合作机构，确保其安全措施和管理机制符合标准。

（二）数据安全和隐私保护

监管者需明确大模型的合法使用范围和标准。一是完善法律法规，确保其能够覆盖由大模型等新兴技术带来的安全和隐私问题。二是建立算法备案审查机制，要求算法开发者在新产品接入业务之前，向监管机构提交算法的详细信息，以便进行合理性审查，从而规范算法的应用并降低潜在风险[2]。三是设置风险预警机制，根据现有的监管规则和经验，为大型模型设定可量化的风险预警线，实时监控大模型的输入和输出结果，确保安全合规并采取适当的补救措施。

（三）数据透明度和可解释性

监管者应加强对人工智能技术的监管。一是设立面向人工智能技术应用的监管机构、加强生成式人工智能服务的安全评估和审查等。监管机构应负责对数据来源、模型训练过程与应用场景进行审核，要求开发者在接入业务前进行风险评估，并采取有效措施加以防范与控制，降低数据泄露的风险。

---

[1] 朱建明、杨鸿瑞：《金融科技中数据安全的挑战与对策》，载《网络与信息安全学报》2019年第4期。

[2] 杜跃进、郑斌：《大数据安全能力实践》，载《大数据》2017年第5期。

二是监管者还应细化重要数据法律法规，采取分类分级保护，便于数据持有者有效识别重要数据，使重要数据能自由安全流通，转化出更高的经济价值。三是加强内部管理与员工培训，在决定使用第三方产品服务前，全面评估第三方提供的产品数据来源与处理流程的合规性与透明度。

操纵证券市场的类型化分析研究

李思睿[*]

(中国政法大学 北京 100088)

摘 要：本文通过对操纵证券市场行为的类型化分析，旨在深入探讨不同类型操纵行为的特征、方法及监管对策。首先，通过文献综述和案例分析，梳理了当前证券市场中常见的操纵类型。其次，针对以上操纵类型，分别从操纵动机、实施手段、市场影响等方面进行了详细分析，并提供了实证研究和案例支撑。最后，针对不同类型操纵行为，提出了相应的监管对策和预防措施。本文对于加强证券市场监管、提升市场效率具有一定的理论和实践意义。

关键词：操纵市场 证券监管 内幕交易

证券市场是现代经济体的重要组成部分，也是社会主义市场经济体制和中国特色社会主义现代金融体系的基石。打击操纵证券市场行为是维护市场健康发展的关键。本文将通过对操纵证券市场行为的类型化分析，探讨这一问题的具体表现、成因及相应的解决措施，以期为立法和司法实践提供参考。

一、操纵证券市场的类型化分析

在操纵证券市场行为中，行为人利用资金、持股和信息等优势人为地改变市场供求关系，影响证券市场价格和交易量，阻碍资本的自由流动。[1]在当下 A 股的监管和市场环境下，操纵证券市场主要包括以下几个类型：

---

[*] 作者简介：李思睿（1993 年—），女，朝鲜族，黑龙江双鸭山人，中国政法大学 2023 级同等学力研修班学员，研究方向为经济法学。

[1] 参见郑佳宁：《操纵证券市场行为法律认定标准的实证研究与再审视》，载《政法论丛》2016 年第 5 期。

（一）价格操纵

价格操纵是指操作者通过大量买入或卖出特定证券，制造其价格在短时间内迅速上涨或下跌的假象，吸引其他投资者跟风交易。根据中国证券登记结算有限公司在其官网公布的最新一期统计月报，截至2023年8月，我国证券市场有自然人投资者22 088.03万，非自然人投资者53.55万，自然人投资者占投资者总数的99.76%。[1]当市场操纵者通过技术手段操纵股价时，个人投资者往往会跟风进行买入或抛售，部分机构投资者由于产品或账户的平仓线限制，往往也迫于净值压力和风控压力进行买卖操作。

（二）信息操纵

信息操纵是指利用未公开的、误导性或虚假的信息来影响证券市场，包括发布虚假声明、传播错误信息或隐瞒重要信息，以操纵市场预期和价格。信息操纵可分为上市公司主导、第三方主导以及上市公司与第三方联合进行的操纵行为。上市公司主导的操纵通常通过发布虚假的利润预测公告的方式进行。第三方主导的操纵主要通过媒体平台或论坛等散布虚假的利好消息。上市公司与第三方联合的情况即是以上两种具体做法的结合。

（三）连续交易操纵

连续交易操纵是指操纵者通过关联账户之间的大规模对敲交易，伪造特定股票交易活跃的假象，误导其他投资者跟进买入。

深交所网站投资者教育板块提供了一个典型的连续交易处罚案例：王某军操纵SST中纺股价案。该案中，王某军在2006年4月18日至2006年7月20日共51个交易日期间，利用其控制的67个证券账户，通过连续交易和对敲行为，累计买入中国纺机股票4233.46万股，卖出4152.47万股。[2]利用其实际控制的关联账户进行频繁交易，推高特定股份的交易量，误导其他投资者关注和买入。

---

[1] 参见《本月投资者情况统计表（2023年08月）》，载http://www.chinaclear.cn/zdjs/tjyb2d1/202309/5b3a50cbb60c4901ab13fcab97bc6985.shtml，最后访问日期：2024年5月15日。

[2] 参见《操纵市场的定义及案例》，载https://investor.szse.cn/warning/riskedu/t20120118_550491.html，最后访问日期：2024年5月15日。

二、操纵证券市场行为的成因

自中国证券市场设立以来,监管部门对操纵证券市场行为的打击就从未松懈,但操纵证券市场的行为屡禁不绝,笔者认为主要有以下几个方面的原因:

(一) 高额经济利益驱动

高额经济利益是操纵市场行为最直接和最重要的动机。在上述深交所提供的案例中,王某军在 51 个交易日期间违法所得高达 598.25 万元。在最高人民检察院通报的操纵证券市场案例中,以吴某为首的操纵证券市场犯罪团伙在两年多的时间内获利高达 5.3 亿元。[1]

(二) 监管压力和执法困难

操纵市场行为的复杂性和隐蔽性带来了监管的高难度与高成本。[2]尽管法律法规对操纵市场行为有明确的禁止和处罚规定,但由于市场复杂多变、技术手段进步快,监管部门在发现和查处操纵行为时存在一定的难度,有时会面临法律依据不足或说理不充分的问题。[3]例如,股权回购是上市公司被允许进行的一个正常操作,但对回购的滥用亦可以操纵市场。因为股份回购的消息本身就能产生正向的股价效应。[4]这种情形在实务中很难进行定性和有效的监管。

(三) 信息不对称

尽管当下中国证券市场有着严格的信息披露要求、程序和标准,但市场的信息不对称依然存在。操纵者依然可以利用信息优势、资金优势或传播渠道的优势影响市场价格,从中获利。在操纵者与上市公司联手的状况下,针对普通投资者的信息不对称会进一步加剧。

---

[1] 参见《股票市场成了提款机 获利5亿元后"黑嘴"被判刑19年》,载 https://finance.eastmoney.com/a/202305172724743744.html,最后访问日期:2024年5月15日。

[2] 参见董安生、郑小敏、刘桑:《我国操纵市场行为的监管:现状、反思与进路》,载《法学家》2005年第1期。

[3] 参见樊健:《禁止操纵证券市场的理论基础:法律与金融的分析》,载《财经法学》2022年第3期。

[4] 参见朱庆:《论股份回购与操纵市场的关联及其规制》,载《法律科学(西北政法大学学报)》2012年第3期。

三、操纵证券市场的监管应对建议

中国证券市场的法律监管体系主要包括《证券法》《刑法》以及中国证券监督管理委员会（以下简称"证监会"）发布的相关规定。《证券法》第55条明确禁止操纵市场行为，《刑法》第182条对操纵证券市场行为确定了罪名和刑责。此外，证监会发布的一系列规章制度也为打击操纵市场行为提供了具体的操作指南。在新的市场和监管环境下，笔者认为对操纵证券市场的监管可以从如下几个方面发力：

（一）引入新质工具和专业人员

在当下的复杂监管环境中，可以利用大数据、信息化平台和人工智能技术提高监管效率。在上文的分析中，我们已经掌握操纵证券市场最终要回到"价"和"量"这两个关键指标上来。因此，可以运用信息化的手段，在交易所和中国证券登记结算公司的电子系统中嵌入相应的价量监测程序，对疑似操纵证券市场的行为进行快速预警，并自动转交人工进行研判，同时，信息化系统可以帮助监管人员更好地跟踪和处理。另外可以通过对现有人员进行专业培训和引入具备专业知识的复合型工作人员来更好地进行监管。

（二）继续完善法律法规，构建处罚案例库

修订和完善现有法律法规，针对新型操纵市场行为制定具体的法律条文，使得相关案件的查办有法可依，提高法律的适用性和可操作性，最大限度地扫清一线办案人员的法理障碍。在此基础上，通过司法解释明确法律条文的具体适用范围和标准，减少法律适用中的模糊地带，提高法律执行的统一性和透明度。

在司法实践中，可以通过构建公开的处罚案例库，定期组织执法案例实务培训等方式，明确操纵市场行为的认定标准和处罚依据，为后续案件处理提供参考。

（三）加强投资者教育

通过证监会投资者保护局、交易所投资者教育平台、各地证监局和券商投教平台等，定期举办高质量的投资者教育活动和通报操纵证券市场典型手段及案例，帮助投资者尤其是中小自然人投资者形成良好的投资理念和习惯。

操纵证券市场行为不仅会严重扰乱市场秩序，还会对投资者的利益造成巨大损害。通过本文的分析，笔者发现操纵市场行为的成因复杂，解决难度较大，需要从工具、人员和法规等多方面入手，加强市场监管、完善法律法规、提升执法能力、加大跨部门跨地区合作，才能有效遏制此类行为的发生，保障证券市场的公平、公正与透明。只有在市场参与者各方的共同努力下，才能构建一个健康、稳定、可持续发展的证券市场。

AI 生成技术对版权治理的挑战与回应

翟相森[*]

(中国政法大学 北京 100088)

摘　要：人工智能（AI）技术的快速发展，对既有的版权治理规则带来了新的挑战。本文深入探讨了 AI 技术应用及其引起的复杂法律问题，包括训练数据的授权问题、AI 生成内容的原创性及版权归属等。本文分析了国内外的法律案例，评估现有版权法律框架是否能够有效应对由 AI 技术引发的版权问题。针对发现的缺陷，建议强化对平台的法律责任，确立平台在内容审核和版权保护中的角色，并推广版权教育，提高公众对版权重要性的认识，以此帮助公众和创作者更好地利用技术创新，同时保护创作原创性。

关键词：AI 技术　AI 生成物　版权风险　版权归属

引　言

在数字化和信息化快速发展的今天，人工智能（AI）技术已经成为推动文化创意产业变革的关键力量。特别是在短视频领域，AI 的广泛应用不仅极大地提升了内容的创作效率和多样性，而且也带来了一系列新的法律问题和挑战。

AI 在这一领域的应用主要体现在内容生成、编辑优化和个性化推荐等方面，这些功能极大地降低了创作门槛，使得更多非专业创作者能够参与到内容的创作中来。然而，这也引发了版权保护的新问题，尤其是关于 AI 生成内容的原创性、版权归属以及在未经授权的情况下使用受版权保护的作品作为

---

[*] 作者简介：翟相森（1985 年—），男，汉族，黑龙江哈尔滨人，中国政法大学 2023 级同等学力研修班学员，研究方向为知识产权法学。

训练数据等方面的争议。

一、AI 技术应用及版权风险

AI 技术在短视频制作中的应用日益普及，极大地提高了制作效率和内容质量。然而，这种技术进步也带来了不少版权风险，尤其是在内容生成和编辑优化等方面。

内容生成方面，AI 技术能够通过机器学习模型自动生成文本、图像和视频内容。例如，通过训练 AI 模型，可以自动创建剧本、生成动画，甚至创作音乐，这些都能显著提高创作的效率。然而，AI 的训练过程需要大量的数据输入，这些数据往往包括了大量版权作品。若未经授权使用这些作品作为训练数据，即便生成的新内容具有创新性，也可能侵犯原始作品的版权。

编辑优化方面，AI 在视频编辑中的应用包括自动剪辑、色彩校正和声音处理等。这些工具通过算法优化内容的视觉和听觉效果，使得视频更具吸引力。但问题在于，AI 可能会复制和利用受版权保护的视频片段和音乐，造成侵权行为。

个性化推荐方面，AI 还能根据用户的观看习惯和偏好，推荐相关视频，增强用户体验。然而，这种推荐算法可能推广含有侵权内容的视频，增加平台的版权风险。

二、AI 生成内容的版权归属

AI 生成的作品是否能够被认为是原创作品，其版权归属应当如何确定？这是法律界和学术界争论的焦点。观点主要分为两派。

观点一认为，AI 生成内容不应被认为是原创作品，因为这些内容缺乏必要的人类创意介入。这一观点强调，著作权保护的核心在于保护人类的智力劳动成果，而不是由计算机算法自动产生的结果。根据美国版权办公室的立场，由 AI 独立生成的作品，由于缺少"作者"的人类创意投入，不符合传统著作权法对"作品"的定义。

观点二则认为，即使是 AI 生成的内容，只要人类在创作过程中有明确的设计和指导作用，这些内容也应享有著作权保护。例如，一个艺术家设计了 AI 的创作指令并明确控制了创作的风格和表达，那么即使最终作品由 AI 完成，也应认为该作品具有足够的人类创意贡献，符合著作权保护的要求。

在探讨 AI 技术引发的版权问题时，国内外的案例提供了重要的法律参考和指导。以下分析几个关键案例，以展示法律框架如何应对 AI 创作带来的版权挑战。

美国"黎明的扎里亚案"（Zarya of the Dawn）涉及 Kristina Kashtanova 使用 Midjourney 服务生成图像的版权注册问题。此案引发了对人工智能工具与人类创作者权益在数字与生成艺术中界限的广泛讨论。美国版权局最终决定拒绝注册 Kashtanova 的作品。尽管她为 Midjourney 提供了文本提示，这些提示影响了 AI 生成的图像，但版权局认为这些提示并没有实际上形成图像的表现元素，也不构成图像背后的"主脑"。因此，这些图像不满足版权法对"作品"的定义，这表明在处理 AI 生成内容的版权归属时，需要明确的人类创意贡献。这一决定导致对原始版权登记的重新评估和部分取消，仅保留对人类明确贡献的元素的保护。

在我国 AI 生成图片著作权侵权第一案中，[1]北京互联网法院对 AI 生成的图片是否具有著作权属性作出了判定。法院认为，虽然 AI 技术参与了图片的生成，但图片的创作过程中包含了使用者的个性化选择和创意表达，因此判定图片符合著作权法的保护标准。这一案例在中国开创了 AI 生成内容版权归属的法律先例。

这些案例展示了全球范围内对于 AI 创作内容的版权问题的不同处理方式。从中可以看出，国内外法律框架都在试图适应技术创新的挑战，同时确保创作者和版权所有者的利益得到合理保护。随着技术的进一步发展，相关法律也需要不断更新和完善，以应对新出现的法律问题和挑战。

综上，需要明确的是，如果 AI 的创作过程中人的创意性投入极低，那么这些作品的版权归属可能无法界定为传统的"作者"所有。但如果在创作过程中表现了使用者的选择和个性化表达，应当认为著作权属于使用者。此种情况下，法律将更倾向于保护那些能够证明其在创作过程中有显著个人贡献的使用者。这种判定方法不仅适用于我国的案例，也符合国际上处理 AI 创作内容的版权问题的一般趋势。

---

[1] 李某诉刘某侵犯信息网络传播权纠纷案，北京互联网法院［2023］京 0491 民初 11279 号判决书。

三、对 AI 生成技术的法律改革建议及未来展望

随着 AI 技术的迅猛发展，传统的版权法律框架面临着前所未有的挑战。以下是几点改革建议，旨在更好地适应技术革新，同时保护创作者和使用者的权益：

第一，明确 AI 创作的法律地位和版权归属。建议法律明确规定，由 AI 生成的内容在何种条件下能够被视为享有版权的作品。建议立法时考虑 AI 创作的特性，明确在 AI 辅助或完全独立创作的情况下，作品的版权归属应当如何判定。例如，可以规定当 AI 的使用过程中包含显著的创意贡献时，相关作品应属于 AI 操作者或编程者。

第二，强化平台的版权保护责任。为了应对 AI 技术可能引起的版权纠纷，需要加强对平台在内容审核和版权保护方面的法律责任。平台应建立更严格的内容监管机制，如实施高效的版权识别系统，自动过滤侵权内容。此外，应鼓励平台与版权所有者合作，建立快速反应机制，及时处理侵权投诉。

第三，提高公众的版权意识。通过教育和公共宣传提高公众对版权法的了解，尤其是在学校和社区中增加关于 AI 和版权的教育。政府和社会组织应联合举办研讨会和公开讲座，普及版权知识，特别是在数字化和 AI 领域的新发展。

第四，推动国际合作和标准制定。由于 AI 技术和数字内容的全球性特征，国际合作在版权保护方面尤为重要。建议加强国际法律框架的协调和合作，共同制定适用于 AI 技术的国际版权标准和规则。

第五，关注技术发展对版权法的长期影响。随着 AI 技术的不断进步，版权法律亦需不断适应新的技术现实。建议设立专门的研究机构或小组，持续跟踪 AI 技术发展对版权法的影响，定期评估和修订现行法律，确保其适应性和有效性。

通过这些措施，可以更好地平衡技术创新与版权保护的关系，为创作者、使用者和社会整体创造更公平、更有利的环境。

结　论

本文主要探讨了 AI 技术的应用及其对现行影视作品版权保护法律框架的

影响。通过分析表明，AI 技术的广泛应用已经极大地改变了内容创作的方式，提高了生产效率，并丰富了创作形式。然而，这也带来了作品原创性的认定难度、版权归属的界定模糊以及平台在版权保护责任中的角色不明确等法律挑战。

对此，本文建议通过明确 AI 创作的法律地位和规范，修订版权法以适应新技术的发展，以及通过教育和合作机制强化平台的版权保护责任，可以为创作者、使用者和版权所有者构建一个更加公平和可持续的创作环境。

尽管本文提供了对当前问题的深入分析和解决方案的建议，但由于技术的迅速进步，以及法律环境和技术应用的地域差异，部分观点和数据可能很快需要更新。未来的研究应当考虑跨国法律框架和国际合作的可能性，以应对全球化技术应用带来的挑战，并应拓展到音乐、文学等其他艺术形式的版权问题，进一步丰富和完善版权法律的适应性和效力。

计算机软件领域专利的功能性特征探究

林韵英[*]

(中国政法大学 北京 100088)

摘 要: 由于计算机软件领域的特殊性,功能性特征的通常解释规则适用于该领域专利时存在技术特征描述、司法与行政协调等难点。解决上述难题的核心在于把握司法稳定性与计算机软件特殊性之间的平衡和公众利益与权利人利益之间的平衡。功能性特征对应的具体结构应采取更加灵活的解释方式,将功能性特征认定范围控制在合理水平上。除此以外,专利行政和司法执行标准的统一是当前专利权司法保护的重要发展方向。

关键词: 计算机软件领域专利 功能性特征 诺基亚诉华勤案 深圳世纪光速诉百度案

功能性特征(Means/Step Plus Function)的概念最早起源于美国,是指在发明专利的权利要求中,采用零部件或者步骤在发明中的作用、功能或者产生的效果来限定技术特征,[1]而不是使用产品结构、成分特征或方法步骤特征来限定技术特征。出现功能性特征的原因主要在于科技的迅猛发展,尤其是在计算机、通信等领域,用结构、成分或方法步骤特征无法全面描述发明的技术方案,大部分专利权人也愿意使用功能性特征来限定发明,以获得更大的保护范围。[2]

---

[*] 作者简介:林韵英(1982年—),女,汉族,福建福州人,中国政法大学2022级同等学力研修班学员,研究方向为知识产权法学。

[1] 谢曲曲:《浅谈如何撰写软件专利的产品权利要求》,载《2015年中华全国专利代理人协会年会第六届知识产权论坛论文集》。

[2] 马云:《功能性限定特征的解释和审查探讨》,上海交通大学2015年硕士学位论文。

一、功能性特征解释规则的演变

美国对"功能性特征"的认识和理解，经历了1952年之前的否定阶段、1952年至1994年的分歧阶段和1994年之后的统一阶段。1994年之后，美国联邦巡回上诉法院认为权利要求可以按照"实现特定功能的机构或步骤"的标准来撰写，而不必写出具体的结构、材料或实现动作，这相当于肯定了功能性技术特征的适用及解释原则。[1]与美国相比，我国对功能性特征的解释规则经历了从初期探索阶段到逐步成熟完善的阶段。

（一）功能性特征的引入与适用限制

国家知识产权局在《专利审查指南1993》引入功能性特征，《专利审查指南2001》进一步明确了功能性特征的表述。[2]为了平衡专利权人与社会公众的利益，《专利审查指南2006》将功能性限定的相关规定调整到"是否以说明书为依据"的章节之下，要求功能性限定必须首先以说明书为依据，从而在专利授权阶段对纯功能性的限定进行了严格限制。与之相应的，最高人民法院在2009年出台的司法解释中也再次强调了功能性特征的解释限于说明书和附图所述实施方式。[3]

（二）功能性特征解释规则的修正和完善

2016年，最高人民法院《关于审理侵犯专利权纠纷案件应用法律若干问题的解释（二）》第8条对功能性特征的解释规则进行了更加严格的限制，认为本领域普通技术人员仅通过阅读权利要求即可实现专利功能或实施方式的，不属于功能性特征的适用范围。北京市高级人民法院在《专利侵权判定指南（2017）》第18条中，对功能性特征的定义和例外的情况做了进一步的

---

[1] 参见毛祖开：《浅议功能性限定的解释规则》，载《专利法研究（2010）》。

[2]《专利审查指南2001》将功能性特征表述为：对于权利要求中所包含的功能性限定的技术特征，应当理解为覆盖了所有能够实现所述功能的实施方式。参见毛祖开：《浅议功能性限定的解释规则》，载《专利法研究（2010）》。

[3] 最高人民法院《关于审理侵犯专利权纠纷案件应用法律若干问题的解释》第4条：对于权利要求中以功能或者效果表述的技术特征，人民法院应当结合说明书和附图描述的该功能或者效果的具体实施方式及其等同的实施方式，确定该技术特征的内容。

明确，[1]列举了两种"一般不宜认定为功能性特征"的情形。[2]

二、计算机软件领域功能性特征的认定难题

计算机软件领域功能性特征的认定难题体现在两个方面：一是实体层面由计算机软件的特殊性导致的认定难题；二是程序层面由行政与司法不统一导致的认定难题。

（一）计算机软件的特殊性导致的认定难题

在传统的机械领域，对技术的实质性贡献点通常不在于提出某个功能或效果，而在于给出具体的能实现此功能和效果的机械零部件、连接关系等。例如，权利要求限定"一种散热部件，其配置为提高减速电机的散热效果"，本领域技术人员阅读该技术特征无法知晓如何具体实现该散热部件，因此需要从说明书中记载的具体实施中获知如何具体设计该散热部件。在计算机软件领域，发明的实质性技术贡献和价值往往在于提出某一种功能流程，例如根据某种特定的数据结构和其相应的算法等来描述某一个新的功能。至于这一功能流程具体的实现方式，如具体采用何种编程语言、如何编码等则是本领域技术人员完全可以根据其专业知识自行设计完成的。因此，关于功能性特征的一般解释规则在机械领域能较好地得到适用，但在计算机软件领域则面临诸多难题。

（二）行政与司法裁判标准的协调难题

《专利审查指南（2023）》与时俱进，规定对计算机程序的发明专利申请权利要求书可以写成一种方法权利要求，也可以写成一种产品权利要求，[3]该规定已经允许保护计算机程序产品。但是，相关司法解释仍把功能性限定解

---

[1] 北京市高级人民法院《专利侵权判定指南（2017）》第18条：对于权利要求中以功能或者效果表述的功能性特征，应当结合说明书及附图描述的该功能或者效果的具体实施方式及其等同的实施方式，确定该技术特征的内容。

[2] 张占江：《专利侵权诉讼中功能性特征的等同判定规则》，载《专利代理》2020年第2期。

[3] 《专利审查指南（2023）》第二部分第九章第5.2条规定，涉及计算机程序的发明专利申请的权利要求可以写成一种方法权利要求，也可以写成一种产品权利要求，例如实现该方法的装置、计算机可读存储介质或者计算机程序产品……如果全部以计算机程序流程为依据，按照与该计算机程序流程的各步骤完全对应一致的方式，撰写装置权利要求，则这种装置权利要求中的各组成部分应当理解为实现该程序流程各步骤或该方法各步骤所必须建立的程序模块。

释为说明书和附图描述的实现该功能或者效果的具体实施方式及其等同的实施方式,并未对计算机程序的功能性限定的保护范围进行明确的解释,这并不利于计算机软件领域中程序产品的专利保护。例如在"诺基亚公司与上海华勤通讯技术有限公司侵权发明专利纠纷案"中,一审法院固守司法解释中的限制性规定,认为涉案技术特征多数涉及的仍然是方法、步骤或者功能,而缺乏对装置本身的描述,因此,该权利要求的保护范围不清楚。二审法院基于相同的理由认为该权利要求的保护范围不清楚,驳回上诉维持原判。

可见,该案的两审判决直接否定了通过专利行政程序授权确权后的专利的有效性,认为其权利要求的保护范围不清楚,因而不管被控侵权产品的技术方案如何,专利权人的侵权指控均不能得到支持。法院和专利行政机关对功能性特征的认识和执行标准的这种不统一的局面容易造成专利权人和社会公众无所适从。

三、计算机软件领域功能性特征认定难题的解决方案

实际上,解决上述两方面难题的核心在于把握司法稳定性与计算机软件特殊性之间的平衡和公众利益与权利人利益之间的平衡。对于计算机软件领域专利中的功能性特征,美国的很多判例表明说明书必须描述与该功能性特征对应的具体结构,而对于"结构"的定义则不限于硬件实体结构,也可以是算法、流程图、数学公式等。我国司法审判实践中有借鉴美国经验的痕迹,对计算机软件领域专利的发明实质的理解也在不断地修正。

在"深圳市世纪光速信息技术有限公司等与北京百度网讯科技有限公司侵害发明专利权纠纷案"中[1],双方就"一种中文词库更新系统及方法"的发明专利产生纠纷,争议焦点之一在于权利要求1中的"同步模块"是否属于功能性特征。法院认为本领域技术人员阅读后即可知晓其特征,并通过阅读权利要求书即可直接、明确地确定实现该功能或者效果的具体实施方式时,则不认为该技术特征是"功能性特征"。[2]因此,"同步模块"的技术特征并不属于功能性特征。[3]

---

[1] 参见北京市高级人民法院[2018]京民终525号民事判决书。
[2] 章媛:《功能性限定权利要求保护范围研究》,华南理工大学2019年硕士学位论文。
[3] 张占江:《专利侵权诉讼中功能性特征的等同判定规则》,载《专利代理》2020年第2期。

在北京冠图信息技术有限公司等与北京市知识产权局行政诉讼二审中，二审法院认为涉案专利属于涉及计算机程序的发明，其权利要求1请求保护"一种内嵌于移动终端的手机地图移动终端平台"，且具体限定了该平台包括地图浏览器、接口模块等功能模块以及功能模块的功能和连接关系等，其显然属于通过功能模块架构方式限定的产品权利要求。而对于产品权利要求而言，实施涉案专利通常要求该专利权利要求中所记载的产品技术方案被实现，即该专利权利要求所记载的产品技术方案的技术功能得到了应用或者效果得以实现。二审法院直接将被控侵权的百度地图安卓版的功能与权利要求1中相应功能模块所能实现的功能进行比对，而不是根据说明书中描述的实现该功能或者效果的具体实施方式及其等同的实施方式去做比对，得出百度地图安卓版软件未落入涉案专利权利要求1的保护范围的结论。[1]

结　语

计算机软件产业的发展使得传统专利制度面临着前所未有的挑战。尤其是当面对功能性特征时，计算机软件专利领域的特殊情况使得理解和应用这些特征变得复杂。我们很高兴地看到，在2024年1月20日起施行的《专利审查指南（2023）》中已经明确可以将计算机程序产品作为保护的主题，明确计算机程序产品属于产品权利要求，这说明专利行政制度也在不断与时俱进，积极保护创新成果。但我国法律对于功能性特征在计算机软件领域的适用及认定标准尚缺乏明确的规定，希望相关法律能尽快出台，以将专利行政和司法执行标准统一起来，提高专利权的司法保护水平，同时也为专利权人提供更稳定、更有保障的法律环境。

---

[1] 参见［2019］京行终9号行政判决书。

软件专利充分公开标准之探究

刘艳春[*]

(中国政法大学 北京 100088)

摘　要：软件专利作为知识产权保护的重要组成部分，对于推动软件产业的创新与发展具有举足轻重的地位。软件专利在进行申请时，如何协调商业机密和专利技术的充分公开，如何利用专利公开促进技术创新，是企业和专利工作者需要探讨和研究的方向。在软件专利的申请中，需要明确"充分公开"是获得专利权的必要条件，只有充分公开的专利权才能更好地维持企业专利稳定性，促进企业技术更新。

关键词：软件专利　公开标准　商业机密

专利权是专利权人的无形资产，是"以公开换取保护"的一种权利制度，即在专利权期限内，发明人通过将具有新颖性、创造性和实用性的技术方案向社会公众公开，从而获得在该期限内的排他性权利。专利权利人获得专利权的前提是，将具有新颖性、创造性和实用性的技术方案，进行充分的公开，达到所属技术领域的技术人员能够理解并实施的程度。

引　言

充分公开标准是软件专利审查中的重要原则，其核心要求在于专利申请者在提交申请时必须详尽地披露技术信息，确保同行业的普通技术人员能够根据这些信息实现该技术。这不仅有利于维护专利权的公平性，还能促进技术创新在公众领域的传播与应用。一个明确且合理的充分公开标准，有助于

---

[*] 作者简介：刘艳春（1986年—），女，汉族，天津人，中国政法大学2023级同等学力研修班学员，研究方向为知识产权法学。

平衡专利权人的独占利益与社会公众获取和利用技术信息的自由。

在软件专利审查实践中，充分公开标准占据了举足轻重的地位。它是专利审查员判断专利申请是否符合授权条件的重要依据，也是公众监督专利制度是否公正、透明的关键指标。然而，由于软件技术的特殊性，如代码的非直观性、创新形式的多样性等，充分公开标准的制定与执行在实践中常常面临困境。目前，国内外学者对于软件专利充分公开的标准研究尚处于起步阶段，[1] 相关理论和实践成果尚不够丰富。因此，加强对软件专利充分公开标准的研究，不仅有助于提升专利审查的质量和效率，还能为软件产业的健康发展提供有力支撑。

一、软件专利充分公开标准面临的挑战与问题

（一）技术发展与公开标准的适应性

随着软件技术的不断创新与发展，新的编程语言、开发框架和工具不断涌现，这为软件专利的申请与审查带来了前所未有的挑战。一方面，技术的发展使得软件专利的技术方案日益复杂多样，传统的公开标准可能难以适应这种变化；另一方面，过于僵化的公开标准可能抑制技术创新的发展，导致专利制度滞后于技术进步的步伐。因此，如何制定一个既能适应技术发展需求、又能促进技术创新的公开标准，成为当前亟待解决的问题。

（二）公开标准与商业机密的平衡

软件专利中往往涉及大量的商业秘密和技术秘密，这些信息的公开可能会损害企业的商业利益。如何在确保软件专利充分公开的同时，保护企业的商业机密和核心技术，成为公开标准制定中需要平衡的关键问题。一方面，过于严格的公开标准可能导致企业不敢申请专利或选择不公开关键信息，从而抑制技术创新的发展；另一方面，过于宽松的标准则可能损害公共利益和专利制度的公正性。因此，制定一个既能保护商业机密、又能促进技术公开的公开标准至关重要。

（三）公开标准对创新的影响

公开标准对创新的影响具有双重性。一方面，合理的公开标准可以鼓励

---

[1] 陈欣：《专利联盟理论研究与实证分析》，华中科技大学 2006 年博士学位论文。

技术创新和专利申请的积极性，促进技术信息的传播与应用；另一方面，过于严格或过于宽松的公开标准都可能对创新产生负面影响。

充分公开是展示技术、实现技术效果、验证技术效果的重要保证，技术的充分公开是实现技术创新的基础，应该为技术创新保驾护航。

二、软件专利充分公开标准的改进建议

（一）提高公开标准的明确性与可操作性

专利的公开标准是以本领域技术人员能够实现为基础，站在本领域技术人员的技术高度，评价专利的公开标准很重要。本领域技术人员的技术高度应为申请日之前的普通技术知识、常规实验手段，是以本领域普通技术人员的常规技术手段为标准评判专利公开是否充分。

提高专利公开充分的可操作性可从两方面着手。首先，发明人本身是本领域的技术人员，其对本领域技术有着相对充分的了解，发明人应该明确现有技术和技术创新点，并使用本领域常用的技术术语表述技术内容，以便本领域普通技术人员能够清楚、正常地理解专利技术。其次，运用好权利要求书的技术保护和说明书的帮助理解专利技术的作用，在权利要求书中最大化专利权人的权利范围，同时在说明书中，对专利技术的实现或操作步骤，进行使用说明书似的展示，为技术方案的实现提供最为清楚、完整的技术方案，并利用实施例和对比例对技术方案所实现的技术效果，进行最优展示。

（二）加强公开标准与商业机密的协调

在信息化快速发展的今天，公开标准与商业机密之间的关系变得愈发微妙且重要。为了确保公开标准既能促进技术的共享与发展，又能保护企业的合法权益，我们需要在制定公开标准时，充分考虑企业的商业利益和技术秘密保护需求。

首先，企业的商业机密和技术秘密是企业最根本的核心竞争力，也是企业赖以生存和发展的基础。企业在申请专利时，对技术充分公开对于企业发展影响的担忧，也是合情合理的。但是，科技发展进步的步伐，是不会停歇的，技术的更新换代的速度也是很快的，随着技术的进步，企业的技术机密会被技术革新所淘汰，在处理技术领先地位时，利用专利权，抢占技术高峰，利用专利权这样的法律武器维护自身权利，才是企业生存之道。申请专利，

任何项目都可产生相同的折现利润，保护期限越长，专利利润越高。而在商业机密保护下，任何创新项目产生的折现利润都随涉密或失传风险的增加而下降。[1]

其次，公开标准是专利技术可实现的保证，只有专利技术具有可实现性，技术效果具有突出性和稳定性，审查员才能够确定专利技术具有新颖性、创新性和实用性，也只有通过了上述三性的验证，申请人才能获得专利权。公开标准也是申请人维护自身专利权的稳定性的基础，公开必要的技术方案，公开并验证技术效果，不仅可以快速获得专利权，还对后续专利维权和控告他人侵权十分重要。

综上所述，专利公开与商业机密看似矛盾，实则相辅相成，申请人以公开换取保护，获得专利权后，申请人以公开维持专利权的稳定性。保证专利技术的公开性，利用专利制度和法律，维护好申请人的权利，保护商业机密，才是保护企业合法权利的有效途径。

（三）以专利公开以促进技术创新

在当前的科技创新大潮中，技术创新和专利申请的积极性对于推动社会进步、经济发展具有不可估量的价值。如何在技术更迭中，利用专利技术的公开，推动技术进步，为企业和社会创造出更多的价值，才能进一步实现专利公开？

首先，加强对企业专利知识培训，增加专利知识公益讲座，让企业从多个方面接触专利知识，深化专利保护意识；使企业了解专利的申请程序、审查依据以及授权后如何利用专利法维护自身权利，对专利申请、专利保护进行普及性宣讲。

其次，加强产业界和学术界在专利技术上的沟通与合作，优化专利配置，将学术界中具有应用前景的专利，通过多种途径应用于产业界，让企业在专利的应用中，体会、得到专利技术充分公开的好处，推动企业的技术发展，在生产实践中进一步创新，推动专利技术、生产技术的革新。

结 论

《专利法》第26条第3款作出了规定，即"说明书应当对发明或者实用

---

[1] 寇宗来、周敏：《机密还是专利?》，载《经济学（季刊）》2011年第4期。

新型作出清楚、完整的说明,以所属技术领域的技术人员能够实现为准"。说明书的充分公开,实际上是对说明书撰写的基本要求和实质要求。专利的充分公开,是通过申请人公开其对社会有功效的技术方案,来换取专利权人对专利技术的独占权利。"充分公开"是专利申请中一个重要概念,它不仅是遵守专利法规定的必要条件,更是维护申请人自身利益和推动技术创新的重要手段。

通信领域公开充分标准研究

——以"小i机器人"发明专利权无效宣告请求行政纠纷案为例

叶方蔚[*]

（中国政法大学 北京 100088）

摘 要： 通信领域快速发展，该领域专利申请量、诉讼量也逐渐增多。针对案件是否充分公开的判断标准无法完全准确地确定，特别是在实践中存在适用困难的问题。目前，在知识产权快速发展的现阶段，大量获得授权的专利在维权时会面临无效、诉讼等反击手段，而是否公开充分是其常用的法律依据。站位通信领域的技术人员来对公开充分标准进行判断是首要的判断标准，进一步引入"创造性劳动"的判断方法更有利于实践中对于公开充分标准的把握。

关键词： 通信专利　公开充分标准　创造性劳动

一、公开充分标准概述

专利契约理论认为专利制度实际上是一种发明人与社会之间订立的契约。基于该契约理论所要平衡的权利和义务关系，发明人有义务将发明的内容公开，以换取社会对其专利权的承认。相应地，《专利法》第 26 条第 3 款明确规定了说明书应当对发明或者实用新型作出清楚、完整的说明，以所属技术领域的技术人员能够实现为准。

针对上述说明书充分公开的标准中出现了"清楚""完整"和"能够实现"这三个要件。其中，"能够实现"是从效果层面进行衡量的，这三个要件

---

[*] 作者简介：叶方蔚（1995 年—），男，汉族，福建福州人，中国政法大学 2022 级同等学力研修班学员，研究方向为知识产权法学。

间的关系为"清楚""完整"以达到"能够实现"的程度,而是否"能够实现"则是站位于"所属技术领域的技术人员"来进行判断。

我国的专利制度在制订时主要学习和借鉴了欧洲专利法,关于公开充分标准,《欧洲专利公约》第 83 条规定了欧洲专利申请必须以足够清楚和完整的方式公开发明,使熟悉有关技术的人员能够实施该发明。可见,两者的判断标准是相似的。而《欧洲专利审查指南》进一步明晰了"充分公开"的规定:"申请文件应当包括足够的信息使本领域普通技术人员根据公知常识在没有过度劳动和创造性劳动下实施该专利。"其规定了有关"过度劳动"的标准,在没有过度劳动的情况下,根据专利说明书记载的技术指导即可实施该专利。也就是说,欧洲专利应当满足在实施时,本领域普通技术人员依据说明书中充分公开的内容就能够重复实施该专利,并取得相应的技术效果。

针对通信领域,如何更行之有效地界定公开充分标准,明晰"清楚""完整"和"能够实现"的标准,准确站位"所属技术领域的技术人员",从而准确适用《专利法》规定的公开充分法条,是当前专利在复审请求、无效宣告等司法实践中迫切需要解决的问题。

二、"小 i 机器人"发明专利权无效宣告请求行政纠纷案之案例分析

以"小 i 机器人"发明专利权无效宣告请求行政纠纷案为例,该案是苹果电脑贸易(上海)有限公司(以下简称"苹果公司")与国家知识产权局、上海智臻智能网络科技股份有限公司(以下简称"智臻公司")发明专利权无效宣告请求行政纠纷案。涉案专利公开了一种聊天机器人,其所要解决的技术问题是现有的搜索工具提供广泛的搜索功能,在找到目标信息的同时也带来了很多垃圾信息,以及无法满足用户的情感需求和私人助手的需求等。其采用的技术手段包括:用户通过各种即时通信平台与聊天机器人对话;聊天机器人包含通信模块和过滤器。通信模块用来接收各种方式的用户语句和给用户回话;过滤器用来区分用户语句是否为格式化的命令式语句,或者自然语言;分别使用查询模块和对话模块来后续处理以生成回复信息或应答对话,并发送给用户,从而实现聊天、信息查询、私人助理、游戏互动,以及对即时通信平台功能的补充的技术效果。

苹果公司针对上述专利向国家知识产权局专利复审委员会提出专利无效

宣告请求。专利复审委员会在无效宣告请求审查决定中维持涉案专利权全部有效。苹果公司不服，向北京市第一中级人民法院提起行政诉讼。北京市第一中级人民法院作出一审判决认为，苹果公司关于涉案专利未充分公开如何实现游戏功能、涉案专利未充分公开如何区分格式化语句与自然语句、涉案专利未充分公开如何通过网络学习来扩充对话数据库、涉案专利未充分公开如何实现精确搜索功能、涉案专利未充分公开如何检索对话数据库以获得拟人化聊天信息，不能成立，据此判决维持被告国家知识产权局专利复审委员会的无效宣告请求审查决定。苹果公司不服判决，向北京市高级人民法院提起上诉。苹果公司依旧以涉案专利说明书公开不充分为由，提起上诉。二审法院认为，根据本专利授权历史档案，智臻公司认可游戏服务器功能是本专利具备创造性的重要原因，而说明书对于游戏服务器与聊天机器人的其他部件如何连接完全没有记载，未充分公开如何实现本专利限定的游戏功能，据此判决撤销一审判决和被诉行政决定。智臻公司不服判决，向最高人民法院申请再审。最高人民法院认为，本专利中的游戏服务器特征不是本专利与现有技术的区别技术特征，对于涉及游戏服务器的技术方案可以不作详细描述。[1]

针对上述案件判决中涉及的关键技术特征"游戏服务器"，权利要求1的一种聊天机器人系统中相关的内容如下："该聊天机器人还拥有查询服务器及其对应的数据库和游戏服务器……根据区分结果将该用户语句转发至相应的服务器，该相应的服务器包括人工智能服务器、查询服务器或游戏服务器。"而说明书第5页记载了"在机器人中我们特别倡导互动性，机器人可以实现以下互动游戏（智力闯关、智力问答、24点、猜数字等）"的实施方式。站位通信领域的技术人员可知，本专利发明首先要实现的是拟人化的对话，其次可实现查询信息和做游戏的功能，根据本专利说明书附图1和本专利说明书第3页的记载可知，用户通过机器人服务器能够连接到游戏服务器，从而利用游戏服务器提供与用户之间互动的游戏功能，这也是本领域技术人员根据其普通技术知识能够实现的。因此，该案件说明书充分公开了其技术方案，这与最高人民法院的判决是一致的。

---

[1] 苹果电脑贸易（上海）有限公司与国家知识产权局、上海智臻智能网络科技股份有限公司发明专利权无效宣告请求行政纠纷案，最高人民法院［2017］最高法行再34号行政判决书。

三、浅析通信领域公开充分标准

（一）站位通信领域的技术人员来判断

从专利法规定的充分公开法条上看，"清楚""完整"和"能够实现"这三要素均是从"所属技术领域的技术人员"的角度进行判断的。对上述案例中二审法院针对"游戏服务器"相关内容是否充分公开的观点与最高人民法院的判决结果不同进行原因分析，二审判决认为本领域技术人员能够实现的内容"还要有明确的指引和教导"，这样的标准忽略了站位本领域技术人员的宗旨，从而过度要求申请文件撰写的详细程度，这不应当作为充分公开的基本要求。作为专利申请文件，其在撰写时应当更重视对于技术构思的陈述是否充分，并将申请文件撰写到站位本领域技术人员的水平能够实现即可。根据上述专利所要达到的技术效果方面的记载，本领域技术人员可以将语言分析后与游戏相关的内容发送至游戏服务器，这也是本领域技术人员根据其普通技术知识能够实现的。因此，准确"所属技术领域的技术人员"是判断公开充分的首要标准。

（二）通过是否进行"创造性劳动"来判断

由于"所属技术领域的技术人员"是指一种假设的"人"，且不具备"创造性"。因此，在一些情况下，对司法实践来说，准确站位所属领域技术人员并不容易。这也就导致了对专利是否得到"充分公开标准"的判断出现困难。针对"小i机器人"发明专利权无效宣告请求行政纠纷案中的"游戏服务器"，在最高人民法院的判决中也提及审查员授权时是否基于"游戏服务器"所带来的创造性进行考量，从另一个侧面来判断基于"所属领域技术人员"是否能够实现"游戏服务器"的功能，即是否需要付出"创造性劳动"。

因此，通过引入"创造性劳动"来对专利公开部分的技术特征进行判断，通过其与最接近的现有技术、公知常识等进行对比，从而进一步确定该相应的技术特征是否具备创造性，即本领域技术人员根据该技术方案来实施本发明时，是否需要额外付出"创造性劳动"来判断专利申请是否公开充分。通过上述引入"创造性劳动"的方法更有利于实践中对于公开充分标准的把握。

滥用商标标识进行关键词推广的法律分析

余娌旦*

(中国政法大学 北京 100088)

摘　要：互联网信息时代不断改变着传统市场中的信息传播方式、交易模式和消费观念，市场中各主体对商标的使用行为也变得复杂、多元。某些商标使用行为呈现隐蔽性特征，比如将他人著名商标用在检索关键词中。这种与实际商品或服务分离的商标使用方式及其他隐性宣传手段大量出现，与市场一般商标使用方式存在明显区别，该类隐形商标使用行为因未实际对消费者显示出商标，未使相关消费者对商品或服务的来源产生误认，在法律层面应当认定构成不正当竞争而非商标侵权。

关键词：关键词推广　商标性使用　商标侵权　不正当竞争

在如今信息互通且爆炸的时代，商标一般为文字、图形及其组合，除了少部分无法作为商标使用或者注册的标识，商标本身具有多元化的特点。商标一般可以使用在产品、服务上，也可使用在任何合法商业经营过程中，但此类商标使用时，消费者能够直观地用视觉看到该商标具体的样式。但与一般商标使用行为不同的是，现在某些商标使用并不直观地显示给消费者，比如将该商标使用在检索关键词、域名、链接、网页标签中等。这种与实际商品或服务分离的商标使用方式及其他隐性宣传手段大量出现，与传统的商标使用方式存在明显差异，司法实践中对于是否构成商标侵权中的"商标性使用"，成为判定中的难点。[1]

＊ 作者简介：余娌旦（1997年—），女，汉族，浙江温州人，中国政法大学2022级同等学力研修班学员，研究方向为知识产权法学。

〔1〕 刘燕：《论互联网环境下商标侵权认定的标准及原则》，载《兰州大学学报（社会科学版）》2015年第1期。

一、关键词推广的概念和特点

关键词推广是一种网络营销方法,主要是通过搜索引擎优化和社交媒体推广,利用特定的关键词来帮助商家提高搜索引擎排名,从而提高网络曝光度,提升销售额和营销效果。[1]它通过搜索引擎将用户搜索的关键词与网站内容相匹配,使网站在搜索结果中位于前列,从而提高网站的曝光量和点击率,吸引更多的用户访问网站。这种推广方式不仅有助于提高网站的流量和转化率,还为企业的发展提供必要的支持。正确对自身品牌进行推广排名是允许的,但目前多数企业为了使自己的商业官方网站快速获得知名度和点击率,通过使用他人知名商标作为关键词进行推广。[2]如企业 A 从事行业与知名品牌同庆楼一致,在对其网站进行广告投放时,将"同庆楼"三个字作为关键词进行推广,用户 A 在百度网站上搜索"同庆楼",搜索结果中会出现企业 A 的官方网站的广告链接。

二、关键词推广中的商标滥用

传统商标使用是将商标用于商品、商品包装、容器等为消费者明显可见的位置。而大量企业将他人商标作为后台搜索关键词的行为与传统商标使用的方式明显区别,该行为是以消费者非直观感受的方式存在于服务提供者的后台服务器中。[3]

而企业将他人商标作为后台搜索关键词并想通过此种方式获得消费者注意力及市场交易机会,实际上该设置为关键词的商标并未直接面向消费者,消费者不能直观或者明显地看到该商标标识。企业目的是吸引消费者的注意力和市场交易机会,其网站通过设置知名商标曝光的方式吸引了消费者的点击和观看,但相关公众通过商标关键词进行搜索后,显示的各类排名靠前的推广数据和结果并未包含商标关键词,并未向相关公众指示了商品或服务的来源,因此未产生混淆误认的结果,据此,部分学者认为此类隐形化使用行

---

〔1〕 刘春霖:《论网络环境下的商标使用行为》,载《现代法学》2008 年第 6 期。

〔2〕 王莲峰:《论移动互联网 App 标识的属性及商标侵权》,载《上海财经大学学报(哲学社会科学版)》2016 年第 1 期。

〔3〕 姚志伟、慎凯:《关键词推广中的商标侵权问题研究——以关键词推广服务提供者的义务为中心》,载《知识产权》2015 年第 11 期。

为不构成商标意义上的"商标使用"。

但在"罗浮宫不正当竞争案"中,一审法院认为,被诉公司将包含原告注册商标"罗浮宫"的"罗浮宫家具"标识设置为后台推广关键词,相关公众在搜索网页中搜索"罗浮宫"时,因罗浮宫家具与罗浮宫商标极其相似,因此搜索结果中出现了被诉企业靠前的"红木家具品牌连天红高贵不贵……"的网站推广标题,故相关消费者认为被诉公司所提供的产品或服务是来源于原告公司,从而在被诉公司处购买了相关产品或服务,实际导致消费者的混淆误认,构成商标侵权。被诉公司上诉后,二审法院审查后未将该行为定性为商标性使用行为,商标使用行为是构成商标侵权的前提条件,如该行为非商标使用行为,那自然也不构成商标侵权了。但二审法院将行为定性为由《反不正当竞争法》规制的不正当竞争行为,是被诉公司不当搭乘知名商标的便车,使相关消费者对两者产生关联和联想,进行了误认、误购。被诉公司不合理地获取了原本属于原告公司的关注、点击率及交易机会,被诉公司设置关键词的行为违背诚实信用原则,构成不正当竞争。[1]而美国著名的"Google案"中,法官对网络服务提供者责任进行了侵权认定,将被诉公司出售原告知名商标给市场经营者作为其网站搜索关键字的行为认定为构成商标使用。[2]

三、滥用商标标识进行关键词推广的法律分析

(一)不宜认定为商标侵权

商标专有权人通常会认为搜索网络服务提供者提供关键词竞价的行为、企业使用商标专有权人商标的行为在法律层面上侵犯了其商标权利,因为在这种情况下,商标权人自己的交易机会被其他企业剥夺,损害了其利益,且实践中也存在判决是商标侵权还是不正当竞争的争议。在搜索网站后台设置关键词,相关消费者搜索出来的推广标题链接等结果实际上并不包含该商标的相关内容,消费者并未直观地看到该商标的具体样式,因此并不会认为该链接网站是属于商标所有人或者对该链接与商标所有人之间产生关联,故实

---

[1] 王太平:《商标法上商标使用概念的统一及其制度完善》,载《中外法学》2021年第4期。
[2] 殷少平:《论商标使用概念及其立法定义的解释》,载《法学家》2022年第6期。

际上并未产生识别商品和服务来源的作用，因此该行为不属于商标性使用，不构成侵害原告注册商标专用权的行为。

（二）认定为不正当竞争

企业将他人商标作为后台搜索关键词并想通过此种方式获得消费者注意力及市场交易机会，实际上该设置为关键词的商标并未直接面向消费者，消费者不能直观或者明显看到该商标标识，因此其行为不应定性为商标使用。但此类行为企业主观目的是攀附知名商标的声誉，希望通过他人知名度使得更多的消费者对他人知名商标进行搜索，以获得关注和点击率的行为，从而促进商品或服务的交易，本质上属于搭便车的行为，如故意设置关键词，并将该搜索链接接入自己公司网站，这势必导致商标公司部分潜在客户被抢走，恶意占据市场交易份额，扰乱了市场竞争秩序。因此即使不构成商标侵权，但因其竞争手段不正当，构成不正当竞争。

结　论

商标专用权人经过大量持续的使用，使得其商标凝聚了多年以来经营的商誉，因此知名商标具有较高的价值，在市场上能为消费者识别好的产品，降低交易成本，因此相关企业若想要进行使用，应当获得商标授权。在商标使用行为存在隐形化的今天，商标权人应当切实维护好自己品牌的利益，对隐形使用行为进行分类、识别，打击商标侵权行为。而对不正当将商标作为关键词的企业和网络服务提供者，应当合法合规地提供、使用推广关键词，避免不当使用关键词带来的法律风险。

死刑复核程序中法律援助的覆盖困境与改进思路

麻子荣[*]

(中国政法大学 北京 100088)

摘 要：当前我国刑事诉讼立法已确立死刑复核程序中的法律援助制度，然而司法实践中该制度实施仍然存在覆盖面不全、辩护效果不足和监督力量薄弱等问题。应从细化部门衔接机制、提高法律援助律师素质、重视辩护意见采纳、拓展内外部监督力量、明确各主体监督职能等方面，完善死刑复核程序法律援助制度，进一步强化对死刑案件被告人的生命权和辩护权的保障，凸显刑事司法活动的程序价值与人文关怀，让人民群众切实在死刑复核案件中感受到公平正义。

关键词：死刑复核程序 法律援助 法律援助律师 生命权 辩护权

一、死刑复核程序法律援助制度的规范内涵与立法现状

死刑复核程序法律援助制度是指针对死刑复核案件中没有委托辩护人的被告人，人民法院、人民检察院、公安机关应当通知法律援助机构指派律师担任辩护人，法律援助机构收到通知后，应当指派具有三年以上相关执业经历的律师担任辩护人。将法律援助覆盖到死刑复核程序中，切实保障了被告人的生命权和辩护权，落实了司法为民的服务理念。

2021年8月，全国人民代表大会常务委员会通过的《法律援助法》明确规定了死刑复核案件的被告人没有委托辩护人，申请法律援助的，应当为其

---

[*] 作者简介：麻子荣（1998年—），男，回族，内蒙古呼和浩特人，中国政法大学2023级同等学力研修班学员，研究方向为刑事诉讼法学。

提供法律援助。这是我国首次以高位阶立法的形式明晰死刑复核程序法律援助制度。为了贯彻上述规定，最高人民法院、司法部于2021年12月联合印发《关于为死刑复核案件被告人依法提供法律援助的规定（试行）》；最高人民法院、最高人民检察院、公安部、司法部于2022年10月联合出台《关于进一步深化刑事案件律师辩护全覆盖试点工作的意见》等。自此，我国死刑复核程序法律援助制度获得了充分的立法供给。

二、死刑复核程序法律援助制度的实践困境

（一）法律援助覆盖面不全

目前我国除《法律援助法》着重对死刑复核程序法律援助制度作出明确规定外，相关部门规定和意见尚处于结合实践状况而探索试行的阶段。由于法律规定未臻完善，容易导致司法机关及司法行政机关等各部门在行使职权时出现职责不明确、分工有冲突、协同无依据等问题，进而导致部门间衔接不够通畅，影响法律援助的及时有效适用。[1]

（二）法律援助辩护效果不足

其一，法律援助律师辩护质量难以保证。虽然《法律援助法》要求由法律援助机构指派符合办案年限和经验等条件的律师，但死刑案件辩护一般极为复杂，难度极高，难以保证援助律师具备相应水平的辩护能力。而在指派律师管理方面，法律援助的公益性和死刑案件辩护的高难度也容易使得援助律师对辩护不够重视，致使辩护流于形式。其二，法律援助律师辩护意见采纳率低。司法实务中，死刑案件在合议庭内部审议、提请审委会讨论等阶段是十分严谨的，辩护律师较难在定罪上产生较大实质性辩护效果，在量刑上也较难保证实现有效辩护，进而呈现援助律师的辩护意见采纳率不高的局面。[2]

（三）法律援助监督力量薄弱

实践中，死刑复核程序往往仅在司法机关及司法行政机关之间流转，仅当审判机关作出最终裁判时，案件信息和裁判结果才会向公众公开并接受公

---

[1] 孙晓萌：《死刑复核案件法律援助制度研究》，兰州大学2023年硕士学位论文。
[2] 娄倍倍：《死刑复核程序法律援助问题研究》，上海师范大学2022年硕士学位论文。

众监督，而在复核程序中却缺乏其他相关部门及系统的监督，这就容易出现复核不公正的情况。同时，虽然审判机关内部已经存在合议庭制度、审委会制度、案件阅核制度等内部监督程序，但是对于死刑案件这类切实涉及人民生命权的重大案件，显然审判机关内部监督的力量仍显薄弱，监督体系仍需进一步完善。

三、死刑复核程序法律援助制度的完善建议

（一）推动死刑复核程序法律援助制度全覆盖

一是要继续从立法层面细化完善死刑复核程序法律援助制度，保证死刑复核案件法律援助在纵向流转环节和横向传导环节都能实现有详法可依、有细法可依，保证不留法律死角，不留法律漏洞。要明晰司法机关及其他部门深入推动落实法律援助的职能职责，确保法律援助制度能够常态化覆盖整个刑事司法环节，能够扩大化延伸至复核程序的前段和末节，最大程度地保护被告人的生命权和辩护权。[1]二是要细化部门衔接机制。由于诉讼是一个涉及多方部门的环节性活动，合理优化各部门衔接方式、完善协作配合、加强组织联动是十分重要的。要确保各部门衔接工作都能够以被告人的生命权和诉讼权为中心，进一步提升司法效率。[2]

（二）提升死刑复核程序法律援助辩护质量

一是要提高法律援助律师素质。应针对死刑复核案件探索建立专门刑事辩护律师库，选拔经验较为丰富的死刑辩护律师纳入律师库，同时探索制定高质量补助补贴制度和奖励激励制度，既要提高律师辩护质量，又要提高其辩护积极性。同时，应联合政法机关、高校及律师协会开展死刑辩护律师常态化培训，引导律师队伍重视死刑复核案件，为高质量法律援助辩护培养更多后备力量。二是要重视辩护意见采纳。审判机关既要提高对援助律师辩护意见的重视度，又要给援助律师提供更多案件承办人见面机会，为查阅案卷和会见被告人提供更多便利，保证在以事实为依据、以法律为准绳的前提下，充分对被告人的生命权进行慎重考虑，对援助律师重要的辩护意见或证据予

---

[1] 刘浩：《我国死刑复核程序法律援助全覆盖研究》，燕山大学2022年硕士学位论文。
[2] 吴宏耀、王凯：《死刑复核案件的法律援助制度研究》，载《法学杂志》2022年第2期。

以充分查证和采纳，切实做到维护公平与正义。三是要优化法院复核环节。审判机关除应对被告人采取多次提讯、与援助律师加强沟通交流外，要探索改革复核环节，建立健全更多机制让辩护人及被告人的辩护意见均得到充分展示，让辩护的价值和作用得到充分发挥，切实为被告人生命权利的维护奠定夯实基础。[1]

（三）加强死刑复核程序法律援助内外部监督

一是要明确监督职能。应对检察机关、看守所、监狱等机关的监督职能予以进一步明确，确保被告人在各个司法环节和各个司法场所的辩护权以及援助律师的律师权利都能够得到充分保障。二是要增加监督部门。监督部门的选择不应局限于司法层面，还应延伸至政府和社会层面，如人大代表、政协委员、社会团体和社会组织等，充分发挥全社会各单位各群体对死刑被告人生命权和辩护权的保障作用。三是要强化审判内部监督。审判机关内部应探索建立更多自我监督制度，如死刑复核案件专项阅核制度、定期再复核制度、援助辩护跟进反馈制度等，确保审判机关内部能够进一步发挥自主监督作用，从复核源头上切实保障被告人生命权利和辩护权利，切实提高援助质量。[2]

结 论

审判是公正的最后一道关口，死刑是最严重的一类刑罚，而生命权又是公民最为重要的人权，如何有效平衡公正实现与人权保护，始终是时代重大课题和难题。令人欣慰的是，死刑复核程序正是保障死刑案件审判公正的"天平"，法律援助制度正是维护公民人权的"铠甲"，进一步推动死刑复核程序法律援助高质量全覆盖不单单是对公正与人权的尊重和保护，也是对中国式现代化建设和中华民族伟大复兴实现的强有力保障。囿于篇幅，本文偏重从司法实践角度进行分析和论证，期望本文的初步探索与思考能够为我国新时代法治现代化建设提供有益帮助。

---

[1] 穆远征：《死刑复核程序中律师辩护的困境与改革——以人权司法保障为视角》，载《法学论坛》2014年第4期。

[2] 陈光中、张益南：《推进刑事辩护法律援助全覆盖问题之探讨》，载《法学杂志》2018年第3期。

论刑事电子证据收集中的人权保障

耿春雷*

（中国政法大学 北京 100088）

摘　要：随着互联网和电子设备的广泛使用，电子证据在刑事诉讼司法实践中变得愈发重要。在解决信息网络犯罪问题时，电子证据会对查明案件真相、迅速解决案件起到决定性作用。我国现有制度对电子数据所承载的数据性基本权利及其取证中权利干预的新形态缺乏应有重视，由此可能引发电子数据取证的权利保障不足和合宪性危机问题。针对刑事电子证据收集中隐私权、通信权和言论自由权等人权保障不足的问题，应制定差异化的完善对策，以实现"尊重与保障人权"的基本价值理念。

关键词：刑事电子证据　隐私权　通信权　言论自由权

当前，电子数据已成为人工智能和网络信息时代的"证据之王"。[1]我国《刑事诉讼法》已将电子数据列为独立证据种类，但并未规定与其承载权利相适应的侦查取证程序。最高人民法院、最高人民检察院和公安部2016年9月颁布的《关于办理刑事案件收集提取和审查判断电子数据若干问题的规定》和公安部2019年1月颁布的《公安机关办理刑事案件电子数据取证规则》对电子数据收集取证作出了较为详细的规定。但这些规定侧重从办案机关视角明确取证程序要求，而对电子证据收集中涉及的人权保障问题关注不足。公民基本权利范围广泛、内容多样，有些基本权利通常不会受到电子数据取证活动的干预或侵犯，比如生命权、教育权、劳动权等；而有些基本权

---

* 作者简介：耿春雷（1980年—），男，汉族，河北唐山人，中国政法大学2022级同等学力研修班学员，研究方向为刑事诉讼法学。

〔1〕胡铭：《电子数据在刑事证据体系中的定位与审查判断规则——基于网络假货犯罪案件裁判文书的分析》，载《法学研究》2019年第2期。

利则可能会因电子数据取证活动而受到侵犯,比如财产权、隐私权等。本文针对刑事诉讼程序中电子证据收集与隐私权、通信权和言论自由权保障三项问题展开分析与论证,以期得出相应的完善对策。

一、刑事电子证据收集与隐私权保障

我国《宪法》没有明确规定隐私权,但《宪法》第38条规定的"人格尊严不受侵犯"包含了隐私权。我国《民法典》在人格权编中也设专章规定隐私权,并对隐私权与个人信息权予以区分。[1]在刑事案件中,隐私类电子数据也会大量出现,侦查机关收集电子数据可能侵犯公民隐私权,主要表现为:其一,非法监视和监听,即侦查机关在没有获得合法授权的情况下,对个人的通信内容(如电话、短信、电子邮件)等进行监视或监听。其二,非法搜查个人设备,即侦查机关未经合法程序或未获授权,擅自搜查公民个人电子设备(如手机、电脑等)的内容。其三,非法监控摄像,即未经公民本人同意,在私人领域或公共场所设置摄像头进行监控。其四,侵入个人私密空间,即未经公民本人允许进入其私密空间(如家庭住所、个人办公室等)进行搜查或监视。

在刑事电子证据收集的过程中,保障公民个人的隐私权至关重要。笔者认为,加强对公民的隐私权保障可以考虑从以下几点入手:其一,明确电子证据收集的必要性,注重事前的权利告知。侦查机关在收集电子证据之前,必须明确收集目的,并且确保收集的信息是实现该目的所必需的,避免不必要或过度收集个人信息。同时,侦查机关在收集涉及隐私权内容的电子证据时,应当告知相关当事人和被调查对象收集信息的目的、范围、方式和用途,确保他们了解自己的隐私信息将如何被使用。其二,确保电子证据中的数据安全。侦查机关对收集到的电子证据应当采取必要的安全措施,确保数据不被未经授权的访问或泄露。一方面,可以采用加密、访问权限控制等措施保护数据的安全性;另一方面,在可能的情况下,应当对个人身份和敏感信息进行匿名化处理或脱敏处理,以保护个人隐私不受侵犯。其三,严格确定数据保留期限。侦查机关须特别注意收集的电子证据只能在必要的时间内保留,

---

[1] 谢登科:《刑事电子数据取证的基本权利干预——基于六个典型案例的分析》,载《人权》2021年第1期。

过期或无关的数据应当及时清理，避免不必要的数据滞留和泄露风险。

二、刑事电子证据收集与通信权保障

我国《宪法》第 40 条将通信权确认为一项独立的公民基本权利。通信自由是公民通过书信、电话、电报或其他手段，根据自己意愿进行通信，不受他人干涉的自由。在刑事诉讼程序中，侦查机关对电子证据的收集往往会与通信权的尊重与保障发生冲突，比如在未经法定程序和授权的情况下窃听和监视个人通信的内容，或者在未经允许的情况下获取、截获或拦截个人通信的数据信息，再或者非法传播、分发和利用他人的通信内容。[1]

刑事电子证据收集与通信权保障密切相关，因为在电子证据的获取过程中，往往涉及对个人通信的监控和获取。在刑事电子证据收集过程中需要对通信权进行保障，可以从以下几个方面着手：首先，确保证据收集的合法性。任何对个人通信的监控或获取必须在法律框架下进行，并经过合法授权。应严格遵守相关程序，确保对通信权的干预是合法的、必要的，并符合法定条件和程序。在进行通信监控或获取时，必须明确监控的范围和目的。只能对与案件调查相关的通信进行监控或获取，不得擅自扩大范围或进行无关的监控。其次，严格保密和限制使用。在通信监控或获取过程中，应严格保密被获取的通信内容，并确保通信数据的安全。防止通信内容被未经授权的人员获取或泄露，以保障通信者的隐私权和个人信息安全。获取的通信内容只能在案件调查或司法审判中使用，且仅限于必要的范围。在案件结案后，应当及时销毁或停止使用通信数据，以避免不必要的侵犯和滥用通信权。最后，保障知情权和申诉权。被监控或通信内容被获取的个人应及时收到通知，确保其能够了解监控行为的目的、范围和程序，并告知其享有申诉的权利。如果个人认为通信监控或获取是非法的或不当的，应有权提出申诉，并接受独立、公正的审查和处理。

三、刑事电子证据收集与言论自由权保障

刑事电子证据对言论自由权的侵犯是一个敏感而复杂的问题。在某些情

---

[1] 谢登科：《论电子数据收集中的权利保障》，载《兰州学刊》2020 年第 12 期。

况下，搜集、获取或使用电子证据可能会对个人的言论自由造成侵犯：其一，过度监控个人的通信内容、社交媒体活动或其他在线言论，可能会侵犯个人隐私权和言论自由权。如果监控超出合理范围，涉及私人对话或观点表达，就会对言论自由产生不利影响。其二，在收集电子证据的过程中可能误解或错误理解个人的言论内容。如果被错误解释或断章取义，可能会导致对言论自由权的误判和侵犯。其三，有时候，搜集的电子证据可能被滥用于监控或打压言论自由。如果电子证据被用作压制异议、煽动舆论或限制表达自由观点，就会严重侵犯言论自由权。

在处理刑事电子证据时，需要特别注意保护个人的言论自由权，确保收集、使用和保管电子证据的合法性和合理性。首先，任何对个人言论的监控或获取必须在法律框架下进行，并经过合法授权。必须确保监控或获取言论的行为符合法定条件和程序，且只在法律允许的范围内进行。其次，尊重合法的言论内容和表达自由，在收集电子证据时必须尊重个人的言论内容和表达自由。只有在与案件调查相关的情况下，才能对言论进行监控或获取，不得擅自扩大范围或对无关的言论进行干预。最后，即使在刑事侦查中也需要尽量保护言论自由权利，避免过度干预和限制言论自由。言论监控或获取的行为应受到法律监督和审查，确保行为的合法性和合理性。相关机构和部门应负责对言论监控或获取行为进行监督和审查，防止滥用权力和侵犯言论自由。与此同时，还应当注重保障申诉权，被监控或言论内容被获取的个人应享有申诉的权利。如果个人认为监控或获取言论是非法的或不当的，应有权提出申诉，并接受独立、公正的审查和处理。

结　论

德沃金曾指出："法律是一种不断完善的实践，虽然可能因其缺陷而失效，甚至根本失效，但它绝不是一种荒唐的玩笑。"刑事电子证据的收集，不仅要关注惩罚犯罪的需求，更要坚守住人权保障的基本原则，有效保障电子证据采集和使用过程中关涉的隐私权、通信权和言论自由权等基本权利，对于维护国家法治秩序、保证执法与司法公信力具有重大的现实意义。

论正当防卫的证明责任分配

郑 虎[*]

(中国政法大学 北京 100088)

摘 要: 正当防卫属于出罪的违法阻却事由,其证明问题构成刑事诉讼中的特别一环。正当防卫的证明责任究竟分配给控方还是辩方未能得到准确界定,在一定程度上限制了正当防卫制度在司法实践中的合理应用。辩方提出存在正当防卫事由的争点仅属于程序性义务,仅需构成合理怀疑即可。控方需对辩方提出的合理怀疑加以证伪,证明责任仍归于控方而不发生转移,控方举证需达到排除合理怀疑的标准,否则法官应遵循疑点利益归于被告人的原则判决被告人无罪。

关键词: 正当防卫 证明责任 证明标准 无罪推定 合理怀疑

一、正当防卫案件中的证明责任争议问题

近年来,司法实践中反复多次出现的涉正当防卫刑事案件,使得正当防卫的认定及证明责任分配问题成为理论探讨和实务争论的热点话题。"于欢辱母杀人案""昆山宝马哥反杀案"等案件更是入选最高人民法院和最高人民检察院发布的指导性案例,可见司法机关尝试在典型案例中提炼法律适用规则以澄清正当防卫案件的疑难问题。在程序法上,当前认定正当防卫最突出的难点是证明责任的问题,究竟由辩方还是控方承担被告人是否具有正当防卫事由的证明责任莫衷一是。

根据"存疑有利于被告人"的原则,若无优势证据证明犯罪事实,则疑

---

[*] 作者简介:郑虎(1986年—),男,汉族,福建龙岩人,中国政法大学2022级同等学力研修班学员,研究方向为刑事诉讼法学。

点利益归于被告人，这决定了证明被告人有罪的责任归于控方，而被告人不用证明自己在案件中无罪，检察机关控诉被告人犯罪成立需要达到"案件事实清楚，证据确实充分"的证明标准。相较而言，正当防卫的证明问题却显得比较特殊，因为其并非作为犯罪的构成要件事实，而是作为出罪的违法阻却事由。[1]因此，正当防卫就成为刑事案件中事实认定的特殊一环，需要从理论上厘清对正当防卫的证明责任由谁承担、证明标准何以确定的关键问题。2020年，最高人民法院、最高人民检察院和公安部联合发布《关于依法适用正当防卫制度的指导意见》，尝试促进正当防卫案件的司法认定尺度，但却未能明确正当防卫的证明责任及其标准，这使得该问题更加具有研究意义和价值。

二、正当防卫的证明责任的分配方案

在大部分有关正当防卫的疑难案件中，当被告人或者辩护律师提出正当防卫的违法阻却事由，都会产生证明责任应该由谁来承担的问题。当案件存在疑点的时候，司法机关都必须进行取舍作出裁决，证明责任制度就是为了解决出现疑点时，应当如何判案的问题。证明责任包括提出责任和说服责任。提出责任就是要提出证据使自己的主张成为争议点的责任，说服责任就是使用符合法律要求的证据说服法官相信其事实主张的责任。在正当防卫的案件中当辩方提出正当防卫的辩解，就会出现由谁来承担说服责任的问题。目前来看，针对正当防卫的证明责任分配方案存在三种立场：

第一种立场是辩方举证说，即"谁主张谁举证"。理由在于既然辩护方提出了正当防卫的辩护理由，也应当由辩护方承担说服责任，要提出优势证据来证明提出的辩护理由，这包括证明面临不法侵害时，出于保护自己或他人的合法权益而采取了必要的防卫行为，证明防卫行为并未超过必要限度的证据。

第二种立场是控方举证说，即由公诉机关承担举证责任。理由在于在刑事诉讼中被告人面对的是国家，双方地位是不平等的，适用"谁主张谁举证"并不合理，代表国家的公诉机关理应承担更多的证明责任，辩方只需要提出

---

[1] 李蓉、宋家骏：《论正当防卫证明标准的确立——以阶层犯罪论为视角》，载《湘潭大学学报（哲学社会科学版）》2020年第6期。

让人产生合理怀疑的证据，而公诉机关就必须承担排除合理怀疑的举证责任。[1]

第三种立场为折中说，即辩护理由区分为违法阻却的正当化事由（如正当防卫等）和责任阻却的可得宽恕事由（如不满刑事责任年龄、精神病人等）。针对具有一定的客观性和一般性的正当化事由，应由公诉机关承担证明责任；针对具有很强的主观性和个别性的可得宽恕事由，则应由辩护方承担优势证据的证明责任。

笔者认为，正当防卫的举证责任不能一概而论，应当根据案件本身的情况来看，当辩方有足够证据来证明被告人在受到不法侵害时行使正当防卫的权利时，辩方就已经自然承担了举证责任。当辩方无法提出有力证据来证明时，就应由控方来举证，因为被告人在受到不法侵害时，精神一定是处于高度紧张，难以作出冷静的判断和收集证据，也可能受到现场环境等因素的影响导致被告人无法收集证据。这种情况下如果被告人提出正当防卫的主张形成合理疑点，就应该由公诉方提供优势证据来反驳正当防卫的主张，否则就应以"疑点利益归于被告人"的原则主张被告人正当防卫的成立。

三、正当防卫案中证明标准的确立思路

在刑事诉讼中，控辩双方的举证过程决定了案件事实和法律适用的准确性，控辩双方举证应达到的证明标准，是确保司法公正和效率的重要内容。就正当防卫而言，由辩方提出证据形成存在正当防卫事由的争点，由控方承担否定正当防卫事由成立的举证责任。在此过程中，需要进一步明确辩方争点形成责任的证明标准、控方证伪的证明标准以及法官对控辩双方举证过程的采信认证标准。

笔者认为，辩方争点形成责任的证明标准应设定较低，仅需举证使得是否存在正当防卫事由成立"合理怀疑"即可。这是因为辩方提出存在正当防卫事由的主张，属于刑事司法过程中推进诉讼的程序性义务，[2]仅因为辩方在主观层面更有动力提出正当防卫的理由和线索才要求其参与举证，但并不

---

[1] 马光远、王志远：《正当防卫证明的困境与出路——"谁主张谁举证"的刑事法纠偏》，载《法治社会》2019年第6期。

[2] 杨依：《正当防卫案件证明责任的分配逻辑》，载《中外法学》2022年第4期。

意味着控方的举证责任有所转移。故对于举证能力较弱的辩方而言，其仅需提供材料或线索使法官相信存在正当防卫的可能性。[1]而控方应对辩方提出的合理怀疑加以成功证伪，方能证明被告人犯罪成立，此时的证明标准仍应坚持《刑事诉讼法》第55条所设定的"排除合理怀疑"标准。若控方举证未能达到该较高标准，无法消除辩方提出的存在正当防卫事由的合理怀疑，法官即应作出无罪判决。[2]

此外，针对密闭空间防卫案件等特殊情形，需考虑案发现场无第三人在场、事后无法调取监控视频、被害人已死亡等特点，适当加重辩方的举证义务。由于无法借助书证和物证还原全部案件事实，辩方在提出正当防卫合理的主张后，单独依据被告人供述不可直接成立合理怀疑，如辩方提出的其他证据和控方搜集的证据均无法判定防卫事实是否成立，则被告人可能无法依据正当防卫事由出罪。[3]

结　论

正当防卫案件中的证明责任分配是一个复杂而重要的问题，需要结合案件的具体情况和相关法律规定来合理分配证明责任，并明确控辩双方在举证过程中应达到的证明标准。正当防卫的证明责任分配，事关善与恶的对立、罪与非罪的区分、惩治犯罪与被告人合法权益保护的平衡，也是促进法律适用结果与民众价值观相协调的关键一步，是刑事诉讼领域值得不断探讨的话题。

---

[1] 何家弘、梁颖：《论正当防卫案的证明责任》，载《中国高校社会科学》2021年第2期。
[2] 兰荣杰：《正当防卫证明问题的法律经济学分析》，载《法制与社会发展》2018年第1期。
[3] 王雯萱：《密闭空间防卫案件的证明责任分配规则研究》，载《交大法学》2023年第5期。

自动化行政处罚中的事实认定与相对人权利保护

肖梓槟*

(中国政法大学 北京 100088)

摘　要： 得益于大数据发展，各类行政执法活动在自动化转型中持续实现效能增益。然而"算法黑箱"导致对自动化行政处罚的疑问未能消解。行政处罚作为一种负担行政行为，相对人对其是否公正的感知来源于处罚事实的来源和认定及其标准。为保护行政相对人合法权益，应重视提升算法透明度、强化行政机关说明义务，同时完善相应体制机制，克服基层裁量怠惰困境。

关键词： 自动化行政处罚　算法黑箱　事实认定　权利保护

一、自动化行政处罚的法律依据与制度意义

（一）自动化行政处罚的法律依据

2021年修订的《行政处罚法》增设第41条，以"利用电子技术监控设备"实施的行政处罚为对象，确立了自动化行政处罚在事实认定方面的规范基础，并分别从事前审核公示、事中证据审核以及正当程序保障三个方面进行细化。[1]从制度供求角度看，增设第41条除是数字政府建设的必然结果之外，也是对执法实践需求的制度回应。自1997年深圳上线运行闯红灯电子警

---

* 作者简介：肖梓槟（1993年—），男，汉族，广东汕头人，中国政法大学2022级同等学力研修班学员，研究方向为宪法学与行政法学。

[1] 查云飞：《自动化行政中的事实认定——以〈行政处罚法〉第41条为中心》，载《行政法学研究》2024年第2期。

察系统以来，我国已有二十余年的自动化行政处罚应用经验。然而，自 2003 年《道路交通安全法》纳入交通技术监控以来，相关法律规范未得到进一步完善，交通技术监控的正当性、获取的证据何以成为处罚依据、相对人的程序权益如何保障等问题长时间处于模糊状态；此外，前述技术措施的适用范围仅限于道路交通领域，已不能满足当前社会治理多个领域广泛使用行政处罚自动化措施的需要。[1]

（二）自动化行政处罚的特征

自动化行政处罚是指行政处罚中的特定环节或所有环节由自动化系统代为处理，无需人工介入，实现部分或全部无人化的行政处罚。[2]自动化行政处罚属于"科技+行政治理"的产物，系自动化行政的下位概念。根据行政处罚程序构造，自动化主要可以从收集固定证据、案件事实认定和处罚裁量三个环节介入。在收集固定证据环节，行政机关利用电子技术监控设备发现违法行为，获取相关证据，取代传统人力执法工作。在案件事实认定环节，行政处罚法律依据预先被转化为计算机代码，待违法行为发生后，将获取的证据进行转码，使二者进行交互，得出案件事实认定的结果。在处罚裁量环节，将已经转化为计算机代码的案件事实与预先设计好的裁量规则进行交互，输出行政处罚建议，作为行政机关作出处罚决定的裁量参考，或者直接得出处罚结论并径行送达给相对人。[3]

（三）自动化行政处罚的制度意义

自动化应用极大提高了行政处罚效率。首先，不同于传统人力执法，自动化技术拓展了执法空间、延续了执法时间，实现了动态执法。[4]其次，自动化在算力上也具有显著优势，从发现违法行为到作出行政处罚的时间之短，亦是人力所不能及。最后，从 1997 年上线运行的闯红灯电子警察系统，到 2010 年南京环保局投入使用"行政裁量辅助决策系统"，自动化行政处罚从

---

[1] 周文清：《过程论视野下自动化行政行为的司法审查——以道路交通非现场执法时空情境分析为视角》，载《行政法学研究》2022 年第 1 期。

[2] 马颜昕：《自动化行政的分级与法律控制变革》，载《行政法学研究》2019 年第 1 期。

[3] 王青斌、翁明杰：《行政处罚中智能行政裁量的实践隐忧与进路调适》，载《北京行政学院学报》2023 年第 3 期。

[4] 李晴：《自动化行政处罚何以公正》，载《学习与探索》2022 年第 2 期。

道路交通执法领域向外延伸,不断实现"领域全面化""流程全面化"。[1]

二、自动化行政处罚中的事实认定与特征分析

(一) 自动化行政处罚中事实认定的手段

《行政处罚法》第41条从三个方面对自动化行政处罚中事实认定的手段加以规范。首先,对于基础事实的来源,该条第1款为行政机关设定了法制和技术双重审核义务和行政公开义务,对象是电子技术监控设备,要求必须符合标准、设置合理、标志明显,且应当公布设置地点。其次,针对利用电子技术监控设备形成的证据的特性,该条第2款在明确行政机关审核义务的基础上,要求经审核作为处罚依据的违法事实应当达到真实、清晰、完整、准确的标准。最后,该条第3款对行政机关告知义务和当事人程序权利的重申,不仅发挥出正当程序原则的独立价值,更是倒逼行政机关将其作为一项探明真相的核查手段,保障处罚决定的实体合法性。[2]

(二) 自动化行政处罚中的证据审核

受依法行政原理统摄,利用电子技术监控设备获取的证据必须符合"证据三性",但由于来源特殊,对该类证据的审查需要加以特殊考量。依据《行政处罚法》第41条第2款,行政机关在审查该类证据时,应当审查记录的违法事实是否真实、清晰、完整、准确。技术上,科技发展和应用水平是电子技术监控设备有效运作的基础,直接决定特定条件下取证能力的上限。受机器误差、现场环境等变量的影响,证据与客观事实可能存在偏差。实践中,电子眼误将挡风玻璃上的鸟粪当作驾驶员驾车吸烟等并非个例,这说明必须对证据记录的违法事实予以慎重审查,避免损害相对人的合法权益。

三、自动化行政处罚的"算法黑箱"与相对人保护

尽管由人工完成分析和决定环节的部分自动化行政处罚处于主流形态,但仍需警惕"算法黑箱"侵蚀相对人知情权和程序权利的风险,这不仅会损

---

[1] 王青斌、翁明杰:《行政处罚中智能行政裁量的实践隐忧与进路调适》,载《北京行政学院学报》2023年第3期。

[2] 周文清:《过程论视野下自动化行政行为的司法审查——以道路交通非现场执法时空情境分析为视角》,载《行政法学研究》2022年第1期。

害个别正义，还可能动摇自动化行政处罚的正当性基础。因而依据《行政处罚法》第41条第3款，认定案件事实后、作出处罚决定前，行政机关还应当告知当事人违法事实，并采取必要的措施保障当事人查询、陈述和申辩等程序权利。[1]

如前所述，自动化行政处罚将电子技术监控设备作为收集、固定违法事实的工具，部分执法实践还利用自动化替代特定环节中的人力参与，而自动化的本质是算法代码和案件事实、裁量规则的交互，运算不透明、可解释性差，潜在的技术壁垒催生"算法黑箱"，导致相对人合法权益受损。同时，大多数行政违法案件发生在基层，执法资源紧张、执法水平有限等因素在一定程度上会助长执法部门裁量怠惰的风气，纵容"算法黑箱"挤压行政处罚的正当性。

直面"算法黑箱"，要重视提升算法透明度。首先，要通过立法进一步明确技术公开的范围。尽管《行政处罚法》第41条第1款已经初涉技术公开，但其公开范围限于设置地点，对于自动化的运作规则、运算机理、算法交互等的披露程度尚显不足。相比于设置地点，让社会公众"知其所以然"更能提高自动化行政处罚的公信力。其次，要强化行政机关说明义务的变现机制，通过"应当记录在案"等方式，倒逼行政机关主动、全面履行说明义务，保障相对人的正当程序权利。[2]

同时，加强对行政相对人的保护也应完善相应体制机制，克服基层裁量怠惰困境。首先，要建立提级指导机制，在行政处罚决定作出之前，上级机关有权对拟作出的决定进行抽检，对决定机关在证据审查、事实认定、处罚裁量等方面提出指导意见，消解因层级差异导致的裁量怠惰情结。其次，要健全完善容错纠错机制，正向激励行政执法人员主动行使裁量权，为自动化行政处罚的个别正义拓宽空间。

结　语

新《行政处罚法》第41条为自动化行政处罚在事实认定和程序保障方面

---

[1] 马颜昕：《自动化行政方式下的行政处罚：挑战与回应》，载《政治与法律》2020年第4期。

[2] 赵鹏、张硕：《论自动化行政决定的说明义务》，载《山西大学学报（哲学社会科学版）》2024年第2期。

提供了实践规范,对自动化行政处罚的良性发展具有积极导向作用。但需要警惕"算法黑箱"尚未完全破除,并且在人工智能、大数据的持续作用下,"算法黑箱"还可能呈现出扩大趋势。应肯定自动化行政处罚带来的正面功效,以包容的心态引导其成长、健全和完善,如此才能跳出社会治理"舒适区",推动国家治理现代化取得实质性跃升。

行政执法权下沉的法律解析与优化方向

臧延静*

(中国政法大学 北京 100088)

摘 要：行政执法权下沉作为提升基层治理水平的重要举措，其性质应当是行政授权而不是行政委托。由于地方治理实践、镇街主体承接能力等原因，执法权下沉还面临下放无序、监管不到位、评估机制缺乏等问题，需要从主体、清单、责任、人事制度等方面进行优化，才能更好实现基层社会治理体系现代化目标。

关键词：行政执法权下沉　行政授权　行政委托

行政执法权下沉是推进基层社会治理体系现代化的重要举措，也是对新时代基层社会治理难题的有效回应。近年来，各地对行政执法权下沉的探索试点也取得了一定成效。本文拟重点探讨行政执法权下沉的性质和法律依据，梳理行政执法权下沉的实践运行情况，以期为该制度的优化适用提供参考建议。

一、行政执法权下沉的法律依据与实践状况

（一）行政执法权下沉的法律依据

行政执法权下沉的法律依据涉及行政职权的配置，也即所谓的事权划分。有学者认为，应从组织法和行为法两个角度剖析行政执法权下沉的法律理由，组织法上主要考察乡镇人民政府及街道办事处的职权范围是否涵括行政执法权，即上述主体能否具有执法主体资格，而行为法上则考察能否突破由"县

---

* 作者简介：臧延静（1982年—），男，汉族，江苏淮安人，中国政法大学2023级同等学力研修班学员，研究方向为宪法学与行政法学。

级以上"行政机关行使执法职权的层级下限。[1]《行政处罚法》第 24 条规定，省、自治区、直辖市根据当地实际情况，可以决定将基层管理迫切需要的县级人民政府部门的行政处罚权交由能够有效承接的乡镇人民政府、街道办事处行使。该条规定为行政执法权下沉提供了行为法上的依据。《地方各级人民代表大会和地方各级人民政府组织法》第 62 条规定，地方各级人民政府包括乡镇人民政府应当坚持依法行政，建设权责法定、执法严明的法治政府；第 86 条规定，街道办事处在本辖区内有依法履行综合管理、统筹协调、应急处置和行政执法等职责。上述条款为乡镇人民政府、街道办事处行使执法权提供了组织法上的依据。

（二）行政执法权下沉的实践状况

2019 年，中共中央办公厅、国务院办公厅出台的《关于推进基层整合审批服务执法力量的实施意见》（以下简称《实施意见》）明确强调，推进行政执法权限和力量向基层延伸和下沉，强化乡镇和街道的统一指挥和统筹协调职责。2021 年，中共中央、国务院发布的《关于加强基层治理体系和治理能力现代化建设的意见》进一步指出，根据本地实际情况，依法赋予乡镇（街道）行政执法权，整合现有执法力量和资源，同时推行乡镇综合行政执法公示制。目前，全国各地相继开启行政执法权下沉的改革，全面向乡镇、街道赋权已经成为常态。部分地方还通过地方立法的形式确认了行政执法权下沉的有效性，如《江苏省城市市容和环境卫生管理条例》第 69 条规定，本省街道办事处、乡镇人民政府承接市容环卫管理有关职权的，按照国家和省有关规定执行。行政执法权下沉，有助于解决乡镇、街道办事处在基层社会治理中权责不匹配的问题，对于提升基层管理效能和水平具有重要意义。

二、行政执法权下沉的性质界定

关于行政执法权下沉的性质，学理上有不同的认识：有学者认为，应当区分行政执法权下沉和行政处罚权下沉，行政处罚权下沉属于行政委托；[2] 有学者认为，行政执法权下沉的性质主要是行政授权，但不可忽略存在行政委

---

[1] 叶必丰：《执法权下沉到底的法律回应》，载《法学评论》2021 年第 3 期。
[2] 杨治坤：《行政处罚权下沉乡镇的性质定位——以〈行政处罚法〉第 24 条为分析对象》，载《法学》2023 年第 12 期。

托、职权确认等"多重模式"的可能;[1]有学者认为执法权下沉的本质是将上级行政机关的法定职权交由下级行政机关行使,包括授权和委托两种方式;[2]有学者认为行政执法权下沉不是行政执法权的授予或委托,而是执法事权的配置。[3]

笔者认为,行政执法权下沉应属于行政授权范畴。首先,行政执法权下沉是一种行政管辖权的移转,即行政执法权由县级政府部门移转给乡镇、街道,且该移转应由省级人大及其常委会或省级人民政府决定,这里面涉及行政权的"交与接"。其次,从执法行为实施及其法律后果承担来看,承接权力的乡镇、街道能够以自己的名义独立行使行政执法权,独立承担行政责任。《实施意见》明确提到,组建统一的综合行政执法机构,按照有关法律规定相对集中行使行政处罚权,以乡镇和街道名义开展执法工作。

三、行政执法权下沉面临的现实困境与制度回应

（一）行政执法权下沉面临的现实困境

第一,主体制度不健全。一是下沉方式混乱,如不少地方将下放分为委托下放和直接下放,也有的地方将委托和下放并列,还有的地方区分了委托、下放和服务窗口前移,这说明乡镇、街道对执法主体地位认识不清晰。[4]二是执法机构建设（特别是法制审核机构）不健全,难以有效发挥作用。三是权责不统一,县级部门"事下""人不下",乡镇、街道执法保障不到位。

第二,清单设置不科学。《行政处罚法》第24条中"基层迫切需要"和"能够有效承接"的标准较抽象,易造成赋权清单事项范围不够合理。下放事项过多和乡镇、街道承接能力之间的矛盾较突出。赋权清单评估和回收机制不健全,导致下沉行政执法权缺乏稳定性。

第三,下沉监管不到位。执法权下沉涉及县级政府多个部门,谁来统筹、如何监管均存在模糊之处,且县级部门与乡镇、街道同级,监管的约束力和

---

[1] Jiang Guohua, Sun Zhongyuan, "Research on the Legal Nature of the Devolution of Law Enforcement Power to Townships and Sub-districts", *China Legal Science*, 2 (2022), 3~29.
[2] 陈明辉:《行政执法权下放的地方实践及其法治优化》,载《行政法学研究》2023年第3期。
[3] 叶必丰:《执法权下沉到底的法律回应》,载《法学评论》2021年第3期。
[4] 陈明辉:《行政执法权下放的地方实践及其法治优化》,载《行政法学研究》2023年第3期。

有效性难以保证。同时执法权下沉突破了原有条线监管的约束，省、市一级主管部门监管难以覆盖乡镇、街道。

第四，人员管理不完善。乡镇、街道人员分布于各站所等内设机构，各条线都有相应的分管领导统筹，乡镇、街道综合执法机构难以整合现有条线执法力量以发挥最大效能。

(二) 行政执法权下沉的制度回应

第一，健全主体制度。首先，明确下沉决定主体。目前，《行政处罚法》仅规定了省、自治区、直辖市的下放决定权，在实践中各地规范性文件发布主体也不统一，建议由省级人大及其常委会或省级人民政府决定较为适宜。其次，统一赋权方式，明确乡镇、街道执法主体地位。执法权下沉应采取行政授权形式，执法权下沉不完全等同于执法重心下移，委托执法、窗口前移、派驻执法、联合执法等不涉及权力移转，不宜作为执法权下沉形式。最后，推进人权和事权、财权下放相统一，加强镇街综合执法机构及队伍建设，根据辖区大小、人口数量、管理难易程度合理配置执法力量。完善法制审核机制，配备具备法制审核条件的人员，建议明确由乡镇、街道司法所或法律顾问，以及公职律师担任法制审核人员。

第二，细化赋权清单。首先，合理确定赋权清单范围，征求省市县乡四级相关部门和乡镇、街道意见，并通过专家论证等环节，由省级政府决定并公布。其次，建立健全赋权清单评估和回收机制。明确评估期限、评估流程，公布评估结果。建立赋权事项回收机制，明确回收条件，回收流程，以及案件交接及处置的制度。坚持稳定性和灵活性相结合原则，以主体保持为主，局部调整为辅，避免因赋权清单频繁调整带来执法混乱。

第三，健全责任制度。建立"纵横结合，以横为主"的监督管理机制。纵向监管，明确国家、省、市、县四级政府及部门，特别是县级政府，对乡镇、街道的监管职责。横向监管即由县级司法行政主管部门统筹，各赋权部门共同参与进行监管。同时完善执法过错责任追究制度，对粗暴执法、不规范执法行为严肃追责。

第四，优化人事管理。行政执法权下沉经常伴随着执法力量的重心下移，乡镇、街道存在着多支不同性质的执法队伍，执法人员性质不同，有行政执法类公务员身份、参公事业单位人员、事业编制人员，甚至还有其他性质人员。一方面要加强人员统筹管理,落实奖惩考核机制,形成用制度管人管事的氛围;另一方面也要完善执法人员晋升机制,激发镇街综合执法人员积极性,促进镇街综合执法队伍良性发展。

结　论

行政执法权下沉作为基层治理的重要抓手,虽然存在主体、清单梳理、监管指导等方面有待完善的地方,但随着实践探索的不断深入,法律层面的不断完善,体制机制的不断优化,执法权的下沉必将为基层社会治理注入新的动力,更好服务群众需求,助力社会发展。

政府数据开放的法理阐释与制度构造

靖晓萌[*]

(中国政法大学 北京 100088)

摘 要：政府数据开放是基于公共利益需求，政府向公民、法人和其他社会组织公开政府掌握的数据信息。政府数据开放有助于优化政府服务，推进社会创新。在数据开放过程中，政府应注重数据采集、公开等环节可能产生的隐私风险，加强数据安全保护，建立脱敏机制，设立个人信息保护机构。同时，政府应注重数据授权运营的制度特征，以及授权运营收益分配的基本原则，建立一个全面、系统的政府数据开放体系，促进政府数据的合理利用，提升公众福祉，有效促进社会经济发展。

关键词：政府数据开放 隐私风险 个人信息保护 授权运营

当前，数字经济的发展日新月异，数据这一关键的生产要素早已成为人们日常生活的重要组成部分，受到社会各界广泛关注。随着经济、社会、文化等各个领域的信息融合，以及政府治理能力和水平的提升，政府在与行政相对人的接触过程中逐渐收集和掌握了海量的个人数据，并经过政府的分析和加工形成政府数据。在此基础上，民众要求政府数据的开放呼声不断提高，希望能够获取政府所掌握的具有经济价值的数据信息。

一、政府数据开放的法律属性与制度价值

政府数据开放是指政府部门将公共数据开放给社会，供公众使用，属于

---

[*] 作者简介：靖晓萌（1992年—），女，汉族，吉林延边人，中国政法大学2023级同等学力研修班学员，研究方向为宪法学与行政法学。

行政行为。其中开放的数据属于公共资源,任何个人和单位都有权依法使用。[1]《数据安全法》第 41 条规定:"国家机关应当遵循公正、公平、便民的原则,按照规定及时、准确地公开政务数据,依法不予公开的除外。"可以看出,政府数据开放与行政法治是紧密联系的,在政府数据开放的过程中须遵循相关法律法规。目前部分省份已对政府数据出台专门的地方性法规,如《贵州省政府数据共享开放条例》《重庆市公共数据开放管理暂行办法》《浙江省公共数据开放与安全管理暂行办法》《福建省政务数据管理办法》《上海市数据条例》等。

政府部门在数据开放中应承担数据开放的责任,确保数据的准确性、及时性和安全性。政府数据开放的核心目的是满足公众的信息需求,促进社会经济的发展和提升政府治理水平,是政府提供公共服务的一种形式,政府有责任提供高质量、高效率的数据开放服务,确保数据质量,进行定期更新和维护数据,提供准确、及时、可靠的数据,定期检查和评估数据开放的情况,及时调整和优化策略,不断提高数据开放的效果和效率。

政府数据开放有助于优化政府服务、促进社会创新。政府数据公开可以使公众更加方便地获取政府信息,促进政府行为更加透明。反过来,政府可以通过开放数据了解公众需求,制定更加科学可行的决策,提供更加精准和个性化的公共服务,更好地回应公众关切,实现政府与公众的良性互动。例如,在教育、医疗、交通、农业、建筑等领域,政府可以根据开放数据优化资源配置,提高服务质量,优化服务水平,加强政府治理能力。此外,政府数据开放避免了社会上冗杂数据的重复采集,既节约社会资源、降低社会成本,又为社会各界提供丰富的数据资源,有助于市场主体更好更快地对政府所开放的数据进行采集、加工、运用,创新出更好的产品和服务,推动科技创新和社会经济发展。[2]

二、政府数据开放过程中的隐私风险与个人信息保护

在数据开放过程中,政府有责任充分保护个人信息权益,避免数据泄露

---

[1] 李涛:《政府数据开放与公共数据治理:立法范畴、问题辨识和法治路径》,载《法学论坛》2022 年第 5 期。

[2] 丁晓东:《从公开到服务:政府数据开放的法理反思与制度完善》,载《法商研究》2022 年第 2 期。

和滥用。政府作为海量数据的拥有者,有责任确保数据开放过程中的数据安全,防止数据被非法获取和使用,保障数据的安全和完整性。政府数据开放创造出巨大的社会和经济价值,同时也伴随潜在的风险,主要包括:其一,数据泄露风险,即政府数据开放过程中,数据存储、传输、处理等方面的安全措施不足,可能导致的敏感个人信息泄露。其二,数据滥用风险,即政府数据开放后,数据可能被不法分子滥用,导致个人信息被恶意利用,如诈骗、恶意骚扰等严重损害公共利益的情形。其三,数据整合风险,即政府数据开放过程中,不同部门开放的数据可能存在重复、矛盾等情况,造成效率损失。其四,数据不当处理风险,即政府数据开放后,可能存在对个人信息的不当处理,如数据挖掘、分析过程中可能侵犯个人隐私的情况。[1]

我国《个人信息保护法》和《数据安全法》的出台实施,对政府平衡数据开放需求与个人信息保护之间的利益冲突提出了更高的要求。为此,政府应当注重完善数据开放过程中的信息保护制度,防范信息泄露带来的社会风险。首先,政府应加强数据安全保护,扩大数据安全保护技术的研究和应用,确保数据存储、传输、处理等环节的安全,防止数据泄露。其次,建立数据脱敏机制,在不违反国家法律法规的基础上,对涉及个人信息的数据进行脱敏处理,降低数据泄露的风险。最后,设立专门的个人信息保护机构,负责对政府数据开放过程中的个人信息保护工作进行监督和管理,制定严格的个人信息保护政策,明确数据开放的目的、范围、条件等,确保个人信息不被滥用;同时负责制定详细的个人信息保护指南,明确哪些个人信息可以开放、哪些需要保密,以及开放数据的使用条件和限制等。[2]

三、政府数据开放的制度进阶:授权运营与收益分配

政府数据开放过程中,授权运营与收益分配是两个关键问题。政府数据授权运营的制度特征主要包括合法性、透明度、安全性、目的性,其与政府数据开放的关系表现为相互促进、相互依存,共同推动政府数据治理的发展。数据开放是数据授权运营的基础,授权运营是数据开放的重要方式。数据开放推动数据授权运营的发展,数据授权运营提升数据开放的价值和效果,数

---

[1] 张涛:《政府数据开放中个人信息保护的范式转变》,载《现代法学》2022年第1期。
[2] 朱峥:《政府数据开放目录制度的问题及其应对之策》,载《情报杂志》2021年第12期。

据授权运营与政府数据开放共同推动政府数据的规范化、透明化和高效化。[1]

基于政府数据交易的"有偿性",政府数据授权运营环节的收费和收益分配应根据数据的稀缺性、价值和使用情况等因素进行合理确定。政府数据授权运营应遵循的基本原则包括公平性原则、合法性原则、透明度原则、创新能力激励原则、收益共享原则、资源配置优化原则、长期合作共赢原则、用户需求导向原则、动态调整原则、公共利益优先原则等。政府数据授权运营的收费和收益分配机制应是一个多元化、动态平衡的系统,既要确保数据资源的有效利用和合理回报,又要维护公共利益,最终目的在于实现数据资源的市场化配置,激发数据经济的活力,同时保证数据使用的公平性和合法性,促进社会经济的健康发展。[2]

结　论

政府数据开放的制度构造需要综合考虑政府数据开放的公共性、法定性、责任性等法律属性,在激发政府数据开放的增值价值的基础上,规避在数据开放中可能存在的数据泄露、滥用、整合、处理不当等隐私风险。我国应通过加强数据安全保护、建立数据脱敏机制、设立个人信息保护机构等方式,加强在政府数据开放中对个人信息的保护。同时,我国也应厘清政府数据开放和授权运营之间互相促进、互相依存、共同发展的关系,以及授权运营中收益分配的基本原则,以促进政府数据开放后的高效利用。同时,也需要根据实际情况不断调整和改进措施,以应对政府数据开放的新的挑战和需求。

---

〔1〕　沈斌:《公共数据授权运营的功能定位、法律属性与制度展开》,载《电子政务》2023年第11期。

〔2〕　胡元聪、龚家锋:《政府数据授权运营制度:理论跃升、问题检视与跃迁进路》,载《电子政务》2024年第4期。

《民法典》离婚冷静期条款的争议与解释论

郭晓燕*

(中国政法大学 北京 100088)

摘 要:《民法典》设置离婚冷静期条款的制度目的在于平衡婚姻的私人性与公共性、个人自由权利的保护与限制轻率离婚的社会风险控制之间的利益冲突。离婚冷静期为当事人提供了一种感情疏通机制,有助于夫妻双方冷静思考和沟通和解,可以有效预防轻率离婚。离婚冷静期的时长可根据个案情况进行灵活调整,对涉及家庭暴力等严重破坏婚姻基础的行为应缩短冷静期,而对涉及抚养、赡养等复杂关系的情况应延长冷静期,涉及一般感情冲突问题的案件可以维持冷静期。

关键词:离婚冷静期 限制轻率离婚 风险预防 弱势方利益

一、《民法典》离婚冷静期条款的规范内容

《民法典》第 1077 条规定:"自婚姻登记机关收到离婚登记申请之日起三十日内,任何一方不愿意离婚的,可以向婚姻登记机关撤回离婚登记申请。前款规定期限届满后三十日内,双方应当亲自到婚姻登记机关申请发给离婚证;未申请的,视为撤回离婚登记申请。"最高人民法院于 2018 年 7 月 18 日印发的《关于进一步深化家事审判方式和工作机制改革的意见(试行)》第 40 条规定:"人民法院审理离婚案件,经双方当事人同意,可以设置不超过 3 个月的冷静期。在冷静期内,人民法院可以根据案件情况开展调解、家事调查、心理疏导等工作。冷静期结束,人民法院应通知双方当事人。"可见,不

---

* 作者简介:郭晓燕(1985 年—),女,汉族,山西太原人,中国政法大学 2022 级同等学力研修班学员,研究方向为民商法学。

论是在协议离婚还是诉讼离婚中,我国均设置了离婚冷静期的制度。但两者又存在一些不同:首先,协议离婚只是单纯设定了离婚冷静期的时间限制,而诉讼离婚还设置有一些以法院为主导的干预方式,即法院必须先行调解。其次,诉讼离婚的条件是"夫妻感情破裂",这在司法实务中的举证难度较大,相较而言协议离婚只需夫妻双方协商一致即可。最后,诉讼离婚的程序更为复杂。对于判决不准离婚和调解和好的离婚案件,没有新情况、新理由,原告在6个月内又起诉的,人民法院不予受理;在人民法院判决不准离婚后,双方又分居满1年,一方再次提起离婚诉讼的,法院才会判决离婚。

二、《民法典》离婚冷静期的制度目的与利益平衡

(一) 婚姻的私人性与公共性

私人性与公共性是现代婚姻制度的两个重要方面。私人性体现在婚姻是基于个人情感和选择的结合,是两个人之间自愿建立的亲密关系。而公共性则体现在婚姻受到法律的规范和国家的管理(如结婚证和离婚证的发放),以及法律对夫妻权利和义务的规定(如忠实义务、扶养义务和财产关系)。婚姻的公共属性不仅在于法律的调整,还在于它对社会结构和秩序的影响。婚姻从古至今从未脱离国家的管制,国家的介入不仅仅是因为婚姻关系承载着社会生产方式,更因为以婚姻关系为基础的家庭及其相关政策是国家实现有序治理的手段之一。[1] 婚姻的社会性要求法律既要尊重个人选择和自由,也要维护社会稳定的公共利益,强调婚姻对社会结构、人口管理、家庭稳定和子女教育等方面的重要性。《民法典》离婚冷静期制度正是这种平衡的体现,它试图在个人权利与社会责任之间找到一个合理的平衡点。

(二) 个人自由权利的保护与限制轻率离婚的社会风险控制

离婚的个人自由是指在婚姻关系中,个人有权根据自己的意愿和情况选择是否维持婚姻关系。离婚的个人自由受到法律的保障,但同时也受到一定的限制。例如,女性在怀孕期间、分娩后1年内或终止妊娠后6个月内,男性不得提出离婚,这样的规定旨在保护妇女和儿童的权益,避免他们在最脆

---

[1] 郭峻维:《离婚冷静期制度实施中的价值冲突与衡平》,载《东北师大学报(哲学社会科学版)》2021年第6期。

弱的时候遭受婚姻关系的突然解体。总的来说，离婚的个人自由体现了个人对自身生活的自主权，但这种自由并非毫无限制，也考虑到家庭和社会的和谐稳定。一般而言，设置离婚冷静期的目的是减少冲动离婚和轻率离婚，试图保护婚姻家庭的稳定，亦在平衡离婚自由与婚姻稳定性之间的关系，它为夫妻双方提供了一个反思和考虑的时期，以减少因冲动或情绪化决定导致的离婚。这一政策的积极影响包括：其一，减少冲动离婚，冷静期的存在使得夫妻在决定离婚时有更多的思考时间，可能使一些原本冲动的决定得以重新考虑，从而降低因一时情绪而离婚的情况；其二，保护弱势群体，通过延长离婚过程，确保子女、老人等弱势群体权益得到保障；其三，提升婚姻质量，鼓励夫妻在面临分歧时寻找解决办法，而不是立即选择离婚。[1]

（三）离婚冷静期的制度目的与正当性

笔者认为，离婚冷静期的设置有利于预防轻率离婚，尽可能降低离婚对家庭的负面影响，其不仅可以为当事人提供一种感情疏通机制，更有利于创设互相尊重与和谐的家庭关系。其一，离婚冷静期制度的设立为夫妻双方提供了一个反思和沟通的机会，旨在防止因一时冲动或情绪化决定离婚，鼓励双方在决定离婚前尝试解决矛盾，增进理解和沟通，可以促进夫妻双方感情修复与沟通，从而维护婚姻的稳定性。离婚冷静期只是设置了一个离婚时间，并没有违背婚姻自由的理念，既尊重了个人的离婚自由，又通过设置一定期限防止双方轻率离婚，确保离婚决定是经过深思熟虑的，避免因短期情绪波动导致的不必要的家庭破裂。[2]其二，离婚冷静期也是对现有诉讼离婚制度的补充，旨在解决现有法律标准无法准确反映现实情况的问题，当事人在冷静期内可以收集"夫妻感情破裂"的证据，使法院在判决时更加客观公正。其三，离婚冷静期鼓励夫妻双方在面对冲突时以更文明、理智的方式处理，促进平等、和睦的婚姻家庭关系，符合我国婚姻法的价值取向。[3]其四，离婚冷静期有利于保护弱势方权益。协议离婚中，可能存在一方在决策时处于

---

[1] 马忆南：《离婚冷静期是对轻率离婚的限制和约束》，载《妇女研究论丛》2020年第4期。

[2] 张力：《〈民法典〉离婚冷静期条款的适用原理：内涵与外延》，载《法治研究》2022年第1期。

[3] 张剑源：《离婚是否真的需要冷静——对〈民法典〉第1077条的法理讨论》，载《法学家》2022年第3期。

弱势地位的情况，离婚冷静期可以防止一方趁另一方不知情而签署不公平的离婚协议，确保双方在作出决定时都有充分的时间和空间考虑自己的利益。综上所述，离婚冷静期制度的设立旨在平衡离婚自由与婚姻稳定性，促进家庭和谐，保护个人、家庭和社会的权益，是法律制度对现实需求的适时回应。

三、针对我国离婚冷静期制度的优化建议

实施离婚冷静期制度，旨在平衡个人自由与社会稳定，防止冲动决策带来的社会问题。然而，这种普遍适用的制度可能会对那些处于不健康婚姻关系中的个人造成困扰，延长痛苦，反而可能不利于社会关系的稳定和个体福利。对此，离婚冷静期制度应根据个案的具体情况区别对待，对于那些明显需要快速解决的离婚案件，应当避免冷静期可能带来的不必要延迟，保护弱势方权益；而对于尚有修复可能的婚姻，冷静期可以作为促进夫妻双方深思考虑与沟通和解的工具。[1]

具体而言，针对重婚、家庭暴力、虐待、遗弃、赌博、吸毒等严重破坏婚姻基础的行为，离婚冷静期可能反而加重了受害方的痛苦，这些类型的离婚冷静期是毫无价值的，应当进行缩减使其快速进入离婚程序。对于涉及抚养赡养等复杂社会关系时，适当延长离婚冷静期有助于双方更周全地考虑子女利益和财产分割，以减少负面影响。而对于因性格不合等非严重问题导致的离婚，现行的冷静期设置较为合理，既给予双方反思机会，又避免过度干预婚姻自由。[2]

结 论

离婚冷静期为当事人提供了一种感情疏通机制，也是对现有诉讼离婚制度的一种补充，其制度价值在于预防轻率离婚，促进夫妻双方感情修复与沟通，从而维护婚姻的稳定性。离婚冷静期并不违背婚姻自由的理念，只是确保离婚决定是夫妻双方经过深思熟虑而作出的，避免因一时情绪波动导致的不必要的家庭破裂。离婚冷静期的时长可根据个案差异进行灵活调整，针对

---

〔1〕 夏沁：《民法典登记离婚冷静期条款的解释论》，载《法学家》2020年第5期。
〔2〕 罗洪洋、徐肖艺：《论离婚冷静期法律价值的区别对待》，载《江海学刊》2022年第3期。

涉及严重破坏婚姻基础的案件应缩减冷静期，涉及复杂社会关系的情况可以适当延长冷静期，涉及一般感情冲突问题的案件可以维持冷静期，总体原则在于以维护家庭稳定和婚姻中弱势一方利益为重。

请托办事型诈骗行为的罪与非罪界分

王冬阳*

(中国政法大学 北京 100088)

摘 要：我国是典型的人情社会，请托办事行为十分普遍，极易产生请托事项未能办成后受托人是否构成诈骗罪的实务争议。此类行为罪与非罪的界分，应主要从行为人客观上是否存在诈骗行为、主观上是否具有非法占有目的两方面予以认定。前者涉及行为人是否具备履行能力、是否存在积极的履行行为，后者则涉及请托资金是否用于请托事项、行为人是否拒绝退还款项。

关键词：请托办事 诈骗罪 非法占有目的 履行能力 履行意愿

请托办事行为，即通俗意义上的"找关系""走后门"，是指行为人出资请他人帮忙疏通关系。我国是典型的人情社会，请托办事行为十分普遍，尤其以子女入学、工作调动、项目审批、申请司法救济等领域最为常见。而如若请托事项未达成，请托人遭受经济损失，受托人就有可能构成"拿钱不办事"的诈骗行为。学理上，已有诸多成果讨论了请托人是否有权主张返还不法原因给付的问题，[1]但就受托人是否就诈骗行为构成诈骗罪的问题却鲜有研究。故笔者以本人在实务中处理的典型案例为材料，分析请托办事型诈骗行为的罪与非罪界分，厘清其中划分民事纠纷与刑事犯罪间界限的关键考量因素。

---

* 作者简介：王冬阳（1998 年—），女，汉族，北京人，中国政法大学 2022 级同等学力研修班学员，研究方向为刑法学。

[1] 陈广辉：《"有偿请托"的私法定性及其司法规制》，载《中国政法大学学报》2020 年第 6 期。

一、请托办事型诈骗行为的典型案例

案例一：2021年11月，事主孙某报警称，自己在2019年通过其女儿的线下教辅培训班认识侯某，当时孙某女儿高考在即，侯某称自己有可靠渠道可为孙某女儿办理国内某985高校的入学资格，但需要先收取一定数量的"定金"。若高考成绩发布后，孙某的女儿能够取得符合条件的成绩，则能够顺利升学；若不能达到成绩，定金不退。侯某称自己的"渠道"此前已有成功案例，十分可靠。孙某相信，后以现金交付、银行卡汇款、微信转账的方式分三笔向对方共计支付10.5万元。后高考成绩公布，侯某以孙某的女儿成绩不达标、"渠道"已将入学名额给了其他家长等理由告知孙某其女儿不能顺利入学，且已收取的"定金"不退。孙某报警求助，经民警调查发现，侯某所谓的"渠道"仅是朋友圈看到的有人发布的高校入学广告，且仅询问过对方相应的流程、价格等信息，之后就回复孙某称此事无法操办了，并未实际就孙某女儿的具体情况联系对方。侯某的账户流水显示其收取孙某的"定金"后，并未转至任何他人账户，而是用于自己个人生活花销。后依照《刑法》第266条诈骗罪之规定，根据《刑事诉讼法》第82条之规定，公安机关对侯某采取刑事拘留，后移送检察机关。

案例二：2023年，事主周某报警称自己被诈骗，其称自己此前通过一个高端饭局认识伊某，伊某在饭局中与人谈论自己在最高人民检察院的关系。恰巧事主周某当时有一个由最高人民法院判决的经济案子，周某认为自己被少判了一千余万元及数十套房产，便主动联系伊某寻求帮助。后伊某介绍事主周某认识了自己在最高人民检察院的关系郭某，伊某联合郭某向周某收取"办事费"60万元，周某通过银行卡汇款的方式向伊某转账。后事情未办成，事主周某与伊某协商退款，伊某称其中一部分费用已用于办理此事的花销，故只退还周某48万元。事主周某报警，经民警调查发现，中间人伊某所谓的在最高人民检察院工作的关系人郭某真实存在，且郭某确为最高人民检察院某下属机构工作人员。郭某称自己从伊某处了解到周某案子的大致情况后，收取周某交给伊某60万元中的50万元用于办理此事，并向周某介绍了负责此类案件的律师，后在事情无法办成的第一时间将50万退回伊某账户，要求伊某退还给周某。伊某的说法与郭某类似，关于周某案情的具体情况，伊某和郭某二人并未有太多过问,伊某只将大致情况转述给郭某,将周某支付的60万元中50万转至郭某的账户,自己留下10万元用于此事应酬,在郭某就此事找相关人员组局吃饭时,伊某前往结账。二人在推进此事的过程中,因伊某在后期多次联系周某,对方均未有音讯,故此事搁置。伊某与郭某商议认为此事无法顺利开展,伊某收到郭某退款50万元后扣除自己就此事的花销,将剩余48万元转至周某的账户。伊某的银行流水信息与其陈述相符,但伊某未能提供自己所称用于请客吃饭的票据,其辩称是用现金结账,记录无法查询。综上,公安机关根据《公安机关办理刑事案件程序规定》第186条之规定,作出撤案决定,并告知周某该情况属于民事纠纷,可通过法院诉讼的途径进行解决。

二、案例对比分析

上述两个案例均为人情社会中常见的请托型办事,但二者性质却截然不同,前者为公安机关负责处理的刑事案件,后者则为民事纠纷,其主要异同点比较分析如下:

从事主(委托人)角度,两个案例中的委托人想要达成的目的分别为在孩子成绩尚未确定的情况下为孩子办理入学资格,以及为已有判决的案子翻案。这两个目的看似均不是通过大家熟知和认可的常规路径达成,但其本身并不是法律明确禁止的违法行为,且在请托人并不了解受托人通过何种渠道达成目标的情况下,不能称其就请托行为支付的价款为不法原因给付。[1]

从受托人角度,两个案例中的受托人均在受托过程中使用自己真实的身份信息,且与请托人保持沟通,但二人在办事能力与办事意愿上大有不同。前例中的侯某只是在朋友圈看到某院校入学广告,并不意味着其有能力办理入学一事,且其在收取价款后,并没有就请托人孙某孩子的特定情况进行问询并寻求帮助;加之侯某收到孙某的"定金"也未用于办事,而是用于日常生活。因此可以判断,侯某既无能力又无意愿为孙某办理受托之事项。案例二中的伊某则不同,其确认识最高人民检察院相关工作人员,又将请托人周某所需进行转告,且收取周某"办事费"实际用于办事。后因无法联系上请

---

[1] 王昭武:《不法原因给付对于认定财产犯罪的意义》,载《法学》2022年第12期。

托人周某,办理请托事项搁置,伊某将办事款减去已用于办事的花销的余额如数退还。故而可以判断,伊某就其受托"翻案"一事,具有办理意愿及一定的办理能力。

三、请托办事型诈骗行为罪与非罪的考量因素

笔者通过梳理相关案例发现,针对"请托办事型"的诈骗案件,司法实践中主要从以下几个考量因素对是否构成诈骗罪加以认定:

第一,行为人有无履行能力,即是否虚构身份或办事能力。如果行为人明知自身不具备完成请托事项的能力,但仍虚构身份、人脉及渠道,以各种理由骗取被害人财物,极易构成诈骗罪。相反,如果受托人并未完全虚构办事能力,自己确实认识有权限协助操作的办事人员,系基于真实办事的意图而对请托人作出承诺,即使受托人对办事能力存有一定程度的夸张,也不宜认定为诈骗罪。

第二,行为人有无履行意愿,即是否存在真实履行请托事项的行为。如果行为人具备完成受托事项的能力,但在受托后未进行任何实际行为,即收钱不办事,则极易被认定构成诈骗罪。而如果行为人真实实施过处理请托事项的客观行为,如找人沟通、出差办事、支付第三方办事费用等,即使最终事情未办成,也不宜认定构成诈骗罪。

第三,行为人是否具有非法占有请托资金的目的。具体分为两方面:其一,行为人是否将请托资金用于请托事项。如果行为人以疏通关系为由索要钱款,之后却未将资金用于请托事项,而用于个人挥霍,可推断其具备非法占有目的。如果行为人将收取的请托资金用以送礼、宴请等疏通关系之事,则证明行为人在积极操作请托之事,从客观行为可推断出行为人主观上对请托财物并无非法占有目的。其二,请托目的落空后,行为人是否拒绝退还款项。如果行为人采取拉黑删除、躲避失联等方式拒绝沟通,或是客观上有携款潜逃的行为,可以推知其不愿还款,进而被认定为具有非法占有目的;如果行为人一直积极表示偿还请托费用的意愿,或通过有效欠条约定还款时限,或意图通过协商等途径解决问题,则不宜认定行为人具有非法占有目的。

前述案例中,侯某虚构自己掌握办理高校入学资格的渠道,向孙某收取"定金"却未实际开展联系求助,也未将"定金"用于办理入学事项,而是

全部用于个人消费,故应当认定构成诈骗罪。伊某确实认识相关办事人员,实际为"翻案"进行过疏通联系,收取的"办事费"用于应酬交际,且在办事未果后积极退还剩余款项,故不宜认定为诈骗罪。

结　论

请托办事型诈骗行为涉及典型的刑民交叉问题,针对该类型案件的行为人是否构成诈骗罪的认定,客观上可从行为人是否具备履行能力、是否存在积极的履行行为来判断其是否存在诈骗行为,主观上可从请托资金是否用于请托事项、行为人是否拒绝退还款项来判断其是否具有非法占有的目的。

刑民比较视角下的正当防卫认定研究

孙 周[*]

(中国政法大学 北京 100088)

摘 要：正当防卫被视为阻却违法的合法行为。但是，民法与刑法、民事侵权与刑事犯罪之间的本质区别，决定了正当防卫在民法和刑法上的认定不可能完全等同。立足法秩序统一性，关于刑法与民法中防卫过当认定应坚守一元论，即民法应优先参考刑法规定作为认定基准，当防卫行为已逾越了制止不法侵害所需的合理范围，并因此导致了重大损害时，即可被认定为防卫过当。

关键词：刑民关系 正当防卫 防卫限度 法秩序统一性

一、我国刑法与民法中正当防卫条款的规范内涵

《刑法》第 20 条对正当防卫的限度条件进行了明确规定，要求防卫行为不得"明显超过必要限度造成重大损害"。2020 年，最高人民法院、最高人民检察院、公安部在《关于依法适用正当防卫制度的指导意见》中详细阐述了防卫过当的判定标准，即需同时符合"明显超过必要限度"和"造成重大损害"双重条件：①在认定是否"明显超过必要限度"时，应全盘考量不法侵害的性质、手段，以及正当防卫的时机、方式和强度等因素，同时结合社会普罗大众认知。若防卫措施过当，与不法侵害相比存在失衡，则可视为"明显超过必要限度"。②"造成重大损害"明确指防卫行为引发重伤或死亡的结果。故此，即便防卫行为逾越了必要限度，但未引发重大的损失，亦不

---

[*] 作者简介：孙周（1995 年—），女，汉族，广东深圳人，中国政法大学 2023 级同等学力研修班学员，研究方向为民商法学。

能轻易认定为防卫过当。在"防卫过当一元论"的视角下,《刑法》第 20 条中的"明显"和"重大",实质上是为了对防卫过当的证明与认定标准进行更为明确的强调和具体化,进而提示司法实践者注意,只有当防卫行为被一般人无可争议地认定防卫行为已逾越必要限度并引发不应有损害时,方可认定为防卫过当。[1]

与刑法对正当防卫限度的具体规定相比较,民法在此方面的立法规定则相对保持不变。尽管在 2009 年审议的《侵权责任法(草案)》中,曾有意将正当防卫的限度条件改动为"明显超过必要限度且造成不应有的损害"。然而,最终颁布实施的《侵权责任法》及现行《民法典》仍沿用了 1986 年公布的《民法通则》第 128 条,即防卫行为如"超过必要限度,造成不应有的损害",则视为过当。这一差异彰显了刑法与民法在如何界定正当防卫限度上的"显著区别":相较于刑法,民法对正当防卫的合理限度设定得更严格,这意味着在民法上被认定防卫过当的可能性更高,旨在防止平等主体间滥用防卫权。

二、刑民防卫限度的理论争议与实务问题

刑法中的犯罪与民法中的侵权,在不法构成上具有形式的重合,故刑法与民法存在相互交织的共同课题,理论成果以及开发的分析工具往往溢出各自的界限而相互分享与借鉴。[2] 在刑民防卫限度的理论争议中,存在"防卫过当一元论"和"防卫过当二元论"两种观点。一元论与二元论之争,揭示了刑民存在多元解释的可能。[3]

一元论坚守刑法与民法在正当防卫限度上的统一理解,基于法秩序的一致性原则,它主张不同法律领域应维护内在的逻辑连贯性。然而,一元论面临实践挑战,因为刑法和民法在调整对象、目标及手段上存在本质区别,这可能导致在某些情境下统一标准显得不合时宜或造成不公。尽管如此,一元论仍坚守刑民在正当防卫限度上的共通性。

---

[1] 陈璇:《防卫过当中的罪量要素——兼论"防卫过当民刑二元化"立法模式的法理依据》,载《政法论坛》2020 年第 5 期。

[2] 孙国祥:《民法免责事由与刑法出罪事由的互动关系研究》,载《现代法学》2020 年第 4 期。

[3] 于改之:《刑民法域协调视野下防卫限度之确定》,载《东方法学》2020 年第 2 期。

相比之下，二元论看似采取了一种更为灵活的立场，它强调刑法与民法在防卫限度上应有所区分，以反映两者在规制目的和价值取向上的差异。在刑法中，为了严惩犯罪、维护社会公共利益，防卫的限度相对宽泛；而在民法中，更侧重保障个人权益与维护社会秩序稳定。但二元论亦有缺陷，如在不同法律领域之间产生冲突和矛盾等。

在云南省楚雄彝族自治州中级人民法院［2015］楚中刑终字第144号刑事附带民事判决书所载案例中，王某持刀追击鲁某，鲁某在受伤后进行反击，造成王某轻伤。经过一审和二审法院的审理，判定鲁某的行为系正当防卫，不成立故意伤害罪，但应对王某经济损失进行赔偿。上述判决无疑是基于二元论的立场，即通过限制民法中正当防卫的成立范围，以实现平衡当事人权利义务的目的。然而，此做法可能涉嫌违背比例原则中的均衡性原则。[1]对此，一元论的优势在于能够确保法律体系的统一性，避免出现法律适用混淆，而其劣势在于可能无法充分考虑刑法与民法在规制目的与价值取向上的差异。

三、刑民交叉视角下防卫限度认定的协调路径

（一）防卫限度一元论之坚守

立足违法相对论，少数见解采取了防卫限度二元论，认为民法和刑法就防卫限度采取了不同的判定标准。[2]而学界主流思潮更倾向于支持防卫限度一元论，它基于违法一元论的角度，倡导在刑法和民法中对于防卫限度的判定应遵循统一标准。防卫限度二元论在理论架构上存在瑕疵，相较之下，防卫限度一元论展现出更为严谨的逻辑性和理论的合理性。

从违法相对论的角度出发，防卫限度一元论强调，刑法与民法在追求各自立法目的时，所采取的手段与目的必须保持合理的比例，即不得显著违反比例原则。而防卫限度二元论则认为，刑法和民法的规范目的存在差异，致使刑民防卫限度的判定标准不同。[3]若从二元论的视角来审视防卫限度，即在民法范畴内被视为正当防卫的行为，在刑法审视下或许会构成犯罪；与此

---

［1］康子豪：《法秩序统一性视野下民刑防卫限度之协调》，载《法学》2022年第10期。

［2］高铭暄、王红：《刑民交叉视角中的防卫过当》，载《贵州大学学报（社会科学版）》2020年第3期。

［3］陈航：《"民刑法防卫过当二元论"质疑》，载《法学家》2016年第3期。

相反,在刑法范畴内被视为正当防卫的行为,在民法中却有可能被视为构成侵权。

(二)法秩序统一原则下的协调路径

法秩序统一原则强调不同法律部门在解释和适用法律时应保持内在逻辑的一致性和连贯性,以确保整个法律体系和谐统一。刑法和民法上的防卫限度应采取统一的认定标准,在先的刑事裁判会对在后的民事裁判产生一定的拘束力,法院不必再花费时间和精力去查明案件的事实和真相。[1]

刑法和民法在防卫限度认定上的共同基础在于保护合法权益免受不法侵害。因此,在判断防卫行为是否过当时,应首先考虑防卫行为是否出于保护合法权益的需要,以及正在进行的不法侵害是否被防卫行为所针对。因此,在判定防卫行为合理性时,"明显超过必要限度"和"造成重大损害"双重标准应被一致采纳,即该标准不仅应适用于刑法,也应适用于民法。民法可以参照刑法关于防卫限度的评判标准,将"明显超过必要限度"阐释为防卫行为显著超出合理范围,与所遭不法侵害之间呈现出显著失衡;同时,"造成重大损害"则可被解释为导致重伤或死亡的结果。

在构建完善刑民防卫限度认定体系时,首先,应对刑法第20条关于正当防卫限度的规定进行修订和补充,以便更准确阐释"明显超过必要限度"和"造成重大损害"的具体内涵与判断标准;其次,应据此对民法中关于正当防卫限度的法律规范进行相应的调整和修改,以确保其与刑法中的关于正当防卫限度的规定保持协调一致。

结 论

从刑民视角对正当防卫的认定进行比较研究,考察刑民防卫限度认定上的差异与冲突,笔者得出结论:一元论更加契合法秩序统一原则的内在要求,也更有助于实现法律目的的统一与平衡。为实现刑民防卫限度的协调统一,笔者主张对于认定防卫过当的问题在刑法与民法中应坚守一元论,即无论是从刑法还是民法的角度出发,都应遵循统一标准。只有当普罗大众毫无争议

---

[1] 高铭暄、王红:《刑民交叉视角中的防卫过当》,载《贵州大学学报(社会科学版)》2020年第3期。

地判断，防卫行为已显著逾越了制止不法侵害所需的合理限度，且因此导致了重伤或者死亡的严重后果时，才可视作该防卫行为显著过当。在具体认定时，应优先参考刑法规定，而民法则只是侧重判断防卫行为引发的损害赔偿标准。此认定与正当防卫的立法宗旨及演进逻辑紧密相连，符合适度放宽防卫限度的政策趋势。它同时反映了刑法与民法在各自范畴内的功能定位，旨在促进民事责任对损害的弥补效果，并有助于社会资源的合理分配，从而实现法律的公正与效率。

论股权代持的识别与利益平衡

付艳洁[*]

(中国政法大学 北京 100088)

摘 要：《关于适用〈中华人民共和国公司法〉若干问题的规定（三）》在承认股权代持协议法律效力的同时，为处理股权代持实务争议划定了基础的规范框架。实际出资人非经显名化程序不能取得股东资格，仅可依据代持协议向名义股东主张股权上的财产性权利，股权上的人身性权利仍归于名义股东享有。名义股东转让代持股的行为属于有权处分，即使转让行为未经实际出资人同意，善意的第三人仍可完整受让股权。遵循商事外观主义原则和公示主义原则能够较好地平衡各方的风险和利益，在保护实际出资人利益的同时兼顾效率与公平，维护公司的人合性。

关键词：股权代持 利益平衡 名义股东 实际出资人 外观主义

一、股权代持的性质界定与特征分析

股权代持，是指实际出资人和名义股东通过签订股权代持协议或者其他方式约定，由实际出资人履行出资义务并最终获取投资收益，但名义股东代实际出资人以自身名义在公司中行使权利、履行义务。在市场经营活动中，实际出资人选择股权代持的投资方式，主要是为了规避有关持股信息公开的相关法律规定，隐藏自身的身份信息和投资状况，这给商事外观主义原则和利益相关方权益保护带来了挑战。但股权代持也可以保护实际出资人的个人隐私，提高投资积极性，为公司获取更多融资支持，优化社会资源配置。因

---

[*] 作者简介：付艳洁（1984年—），女，汉族，河南漯河人，中国政法大学2021级同等学力研修班学员，研究方向为民商法学。

此,股权代持的法律问题处理需要在鼓励投资兴业与维护交易安全之间找到平衡点。

学理上,股权代持的法律性质一般可被认定为委托持股、信托持股、持股会持股三种模式。[1]其中,委托和信托的区别在于,名义股东是否获得来自实际出资人转让的财产权,并以自己的名义对财产进行管理和处分。而持股会则主要针对的是公司内部员工将所持股份交由统一的持股会代为管理,此种法律关系也可以理解为信托。笔者认为,将股权代持认定为委托持股或持股会持股具有一定的局限性,为保护实际出资人的利益,使用信托关系解释股权代持更能使得逻辑自洽。首先,受托人的受信义务,为受益人利益最大化而持有股权。其次,股权作为信托财产独立于受托人自身财产。最后,股权登记在名义股东名下,符合信托的外部特征。实际出资人应该是该股权完整意义上的权利人和受益人。

股权代持涉及实际出资人、名义股东、其他股东、公司、外部债权人等内外部多方主体。从公司的外部关系来看,由于公司工商登记的公示信息并不包含股权代持关系和实际出资人,故交易对手方或债权人很难获知实际出资人的身份,更难以获知股权代持关系的具体内容。从公司的内部关系来看,股权代持协议的内容仅约束名义股东和实际出资人,不能对公司产生对抗效力,应当推定公司对股权代持安排是不知情的,确保外观主义原则得以遵循。同时,为保护善意第三人的合法利益,新《公司法》采取一种"双重外观构造"的方式,从公司内部与公司外部区分股东之身份,内部之外观标志为"股东名册"的记载,外部之外观标志为"股东的公司登记",在进行必要的商事外观审核、履行注意义务和风险责任后,外部债权人可以推定为善意第三人,其合法权益应得到保护。[2]

二、股权代持协议的法律效力:以《公司法》及其司法解释为中心

股权代持协议作为一种合同,其效力判定的法律依据主要是《民法典》第140、143、144、146、153、156条的规定。原则上,基于意思自治,股权

---

[1] 葛伟军:《股权代持的司法裁判与规范理念》,载《华东政法大学学报》2020年第6期。
[2] 刘俊海:《论股权代持的法律性质和效力》,载《河北大学学报(哲学社会科学版)》2021年第5期。

代持协议不存在违反法律、行政法规的效力性强制性规定的法定无效情形，股权代持协议即为有效。

具体而言，股权代持协议是否违反效力性强制性规定，可以根据公司的类型和性质展开分析。其一，由于法律、行政法规并未针对有限责任公司和非上市公司的股权代持作出禁止性规定，因此上述两类公司的实际出资人与名义股东之间的股权代持协议原则上有效。其二，金融类公司的实际出资人与名义股东之间的股权代持协议，如违反金融管理相关法律、行政法规的效力性强制性规范则应认定为无效。[1]例如，我国针对商业银行和保险公司的股权管理法规均明确，商业银行和保险公司的股东不得委托他人代持股权，必须以自身来源合法的资金投资。其三，上市公司的股权代持，原则上无效。新《公司法》第140条第2款规定："禁止违反法律、行政法规的规定代持上市公司股票。"同时，根据《证券法》及有关上市公司发行股票信息披露法规的规定，如果上市公司存在隐匿真实股东的情况，则公司首次发行股票将被终止，这是为维护金融市场安全秩序而要求发行人股权清晰的规定。[2]

三、股权代持关系中的利益平衡：以隐名股东显名化与第三人善意取得股权为例

《关于适用〈中华人民共和国公司法〉若干问题的规定（三）》明确了隐名股东如何取得股东资格的问题。如实际出资人欲取代名义股东而"显名化"，可以直接向公司主张取得股东资格，条件是需获得半数以上股东同意。具体而言，有限责任公司在订立合同时知道实际出资人与名义股东之间的代理关系的（如实际出资人出席公司会议、参与公司决策等情形），应当适用《民法典》第925条的规定，该合同直接约束实际出资人和公司。合同订立时有限责任公司和其他股东对实际投资人不知情的，应适用《民法典》第926条的规定，在向公司及其他股东披露实际投资人后，公司或其他股东具有选择权，若其他股东过半数选择实际出资人为相对人，则实际出资人取得股东

---

[1] 吴越、蒋平：《论股权代持违反强制性规定之效力》，载《重庆大学学报（社会科学版）》2022年第2期。

[2] 王莹莹：《〈证券法〉2019年修订背景下股权代持的区分认定》，载《法学评论》2020年第3期。

资格。反之，过半数选择名义股东作为相对人时，则名义股东继续维持股东身份并享有股东权利。上述规则认定股权代持协议的效力原则上仅及于实际出资人与名义股东之间，不对公司产生对抗效力，并将实际出资人"显名化"的决定权赋予公司其他股东，是对有限责任公司人合性的尊重和保护，有助于维持公司治理结构的相对稳定。[1]笔者认为，显名股东根据投资合同履行受托义务，以自己的名义签订股权认购协议，将自己的名义记载于股东名册和企业信息公示系统，在整个订约过程中意思表示独立、真实，并且履行了出资义务（资金的来源既不妨碍其意思表示的真实性，也不影响法律对其行为效力的评价），故显名股东的股东资格应受公司法的保护。对此，有观点认为，实际出资人仅可向名义股东主张分红权、剩余财产索取权等财产性权利，表决权等人身性权利仍旧归显名股东所有。[2]

《关于适用〈中华人民共和国公司法〉若干问题的规定（三）》同样针对名义股东对外转让股权的善意第三人保护问题作出了规定。根据隐名投资合同的约定，实际投资人只拥有向名义股东主张投资权益的权利，无对抗第三人的效力。名义股东及其股权一旦纳入登记便产生公信力，具有推定真实的效力，善意第三人受让名义股东转让股权的信赖利益应受法律保护。从实务现状来看，根据对最高人民法院裁判文书的分析，针对名义股东与实际出资人之间股权代持关系而言，法院裁判一般区分内部关系和外部关系处理：就实际出资人与名义股东之间的投资权益纠纷，法院依据合同法相关规范和原理并结合股权代持协议的具体内容作出判决，基本上尊重当事人之间基于意思自治而签订的商事契约。就名义股东与第三人发生股权交易或公司与债权人之间发生纠纷，法院一般坚持外观主义原则，将善意第三人对工商登记中名义股东身份信息及其持股状况的合理信赖加以优先保护，实际出资人如因此受到损失可依据代持协议再向名义股东追偿。[3]

---

[1] 王湘淳：《隐名出资中的股权共享：利益协调与解释路径》，载《经贸法律评论》2023年第2期。

[2] 徐佳咏：《上市公司股权代持及其纠纷之处理》，载《中国政法大学学报》2019年第3期。

[3] 王毓莹：《隐名股东的身份认定及其显名路径——基于最高人民法院76份裁判文书的实证分析》，载《国家检察官学院学报》2021年第2期。

结 论

综上，针对股权代持的法律争议，应首先考虑股权代持协议是否存在违反法律、行政法规的效力性强制性规定的内容，尤其应审查金融类公司和上市公司等涉众公司中股权代持行为可能衍生的公共风险。而对于股权代持行为在名义股东、实际出资人、公司以及第三人之间发生的争议，应遵循"内外有别"的处理原则：就名义股东与实际出资人之间的投资纠纷，按照意思自治原则结合代持协议加以处理；就实际出资人要求"显名化"的纠纷，要考虑到有限公司的人合性特征，尊重其他股东的选择权，在符合简单多数决的条件下方允许实际出资人"显名化"，同时注意保护实际出资人的财产性权利、维护名义股东的表决权等其他人身性权利；就涉及外部第三人的纠纷，坚持商事外观主义原则，优先保护第三人基于对股权公示信息的信赖而作出的交易行为，避免因公司内部投资安排而将善意第三人的利益置于不恰当的风险之中。

行政复议前置的设定逻辑与改革路径

马润兰[*]

(中国政法大学 北京 100088)

摘 要：行政复议制度具有便捷性、专业性和审查强度的优势，同时也存在对抗性缺失、程序失范弱化的劣势。行政复议前置的设定逻辑在于，以尊重当事人的救济选择权为首要考虑，以充分和精准发挥复议前置制度优势为标准来划定前置范围。我国应继续坚持"以自由选择为原则，以前置为例外"的思路，充分尊重当事人的选择权，同时以发挥行政复议制度优势为标准适度扩张行政复议的前置范围，并配套以必要的行政复议体制改革。

关键词：行政复议前置 救济方式选择权 专业性 便捷性

一、我国行政复议前置设定的法律规范内容

2023年修订的《行政复议法》第23条本着发挥行政复议化解行政争议的主渠道作用的立法目的，扩宽了行政复议前置案件的范围。具体包括：①对当场作出的行政处罚决定不服；②对行政机关作出的侵犯其已经依法取得的自然资源的所有权或者使用权的决定不服；③认为行政机关存在本法第11条规定的未履行法定职责情形；④申请政府信息公开，行政机关不予公开；⑤法律、行政法规规定应当先向行政复议机关申请行政复议的其他情形。

针对经简易程序当场作出的行政处罚，其违法事实确凿、处罚内容轻微（对公民处以200元以下、对法人或者其他组织处以3000元以下罚款或者警

---

[*] 作者简介：马润兰（1986年—），女，汉族，西藏山南人，中国政法大学2023级同等学力研修班学员，研究方向为宪法学与行政法学。

告），由行政复议机关先行处理有利于争议的快速解决，也有利于及时保护当事人权益。针对行政机关对自然资源权属纠纷作出确权处理决定的行政裁决案件，此类争议一般是人民政府的专属职权，对自然资源的权属争议往往争议时间长、情况复杂，解决此类争议的专业性、政策性也较强，由行政机关先行复议，有利于行政机关积极履行职责，解决矛盾、平息纠纷。针对行政机关未履行法定职责的不作为行为，由行政复议机关通过内部监督予以纠正，有利于行政机关及时纠错，督促依法行政的实现。针对涉"不予公开"的政府信息公开案件，因具备相当专业性，将其作为行政复议前置范围，更易发挥行政复议机关的专业能力和监督功能，也能够发挥行政复议的便捷性优势。[1]

除《行政复议法》列举的情形外，其他复议前置情形主要包括：①《税收征收管理法》第88条第1款规定的纳税争议；②《反垄断法》第65条第1款规定的反垄断执法机构禁止经营者集中的决定、附加减少集中对竞争产生不利影响的限制性条件的决定所涉争议；③《价格违法行为行政处罚规定》第20条规定的价格主管部门作出的处罚决定所涉争议；④《电影产业促进法》第58条规定的电影公映许可争议；⑤《城市居民最低生活保障条例》第15条规定的民政部门作出的不批准享受或者减发、停发低保的行政处罚所涉争议；⑥《外汇管理条例》第51条规定的涉外汇管理机关争议；⑦《广告管理条例》第19条规定的涉广告管理处罚决定争议；⑧《宗教事务条例》第75条规定的涉宗教事务部门争议。

二、复议前置制度的制度目的与理论争议

一般而言，行政复议前置的制度目的在于，相关类型的争议具有较强的专业性和政策性，行政机构在处理这些问题时，比法院更具有优势。如果先让法院进行程序性的审理，然后再让行政机构进行实质性的处理，不如直接让行政机构来作出专业的技术性或政策性的判断，这样可以更有效地避免司法程序的无效运转。[2]相应地，行政复议前置也因限制了当事人对权利救济

---

[1] 叶必丰：《行政复议前置设定的法治实践》，载《法学评论》2024年第1期。
[2] 章志远：《行政复议与行政诉讼衔接关系新论——基于解决行政争议视角的观察》，载《法律适用》2017年第23期。

手段的选择权而被质疑，进而形成针对行政复议前置范围设定的两种争议观点：

其一，主张突破我国行政复议领域"以当事人自由选择为原则，复议法定前置为例外"的一贯思路，改为"以复议法定前置为原则，为当事人自由选择例外"。此观点契合了当前我国强调"发挥行政复议化解行政争议的主渠道作用"的政策导向，同时有利于充分发挥行政复议在行政机关内部自我纠错的高效率优势，快速化解矛盾，降低行政相对人的程序负累。

其二，主张继续坚持"以当事人自由选择为原则，复议法定前置为例外"的立法思路，具体又可分为基于行政复议的便捷性、专业性和审查强度的优势而主张适度扩张复议前置范围的观点，以及基于行政复议的对抗性缺失、程序失范弱化的劣势而主张限缩复议前置范围的观点。[1]此类观点的共通之处在于，以尊重当事人的救济选择权为首要考虑，以充分和精准发挥复议前置制度优势为标准来划定前置范围。

修订后的《行政复议法》仍坚持了"以自由选择为原则，以前置为例外"的传统，但与此同时也适当扩宽了复议前置的范围，有助于将大量案件"导流"进入行政复议程序，是行政复议主渠道功能定位的"硬措施"。行政复议前置类案件范围的扩宽，通过制度约束将当事人的救济意愿劝留在行政复议程序中，依托行政机关处理行政争议的专业性和技术性优势，能有效发挥行政复议的监督功能，高效准确处理行政争议，从源头化解行政争议。此次扩围的基本逻辑在于，将行政执法中的常见事项统摄列入复议前置范围，包含专业性较强的案件、复议机关具备解决争议优势的案件等。

三、"化解行政纠纷主渠道"背景下复议前置制度的改革路径

修订后的《行政复议法》正式确立了化解行政争议的主渠道作用，强调了行政复议在实质性地解决争议和推动源头治理方面的重要性，这意味着行政复议在行政争议多元化解体系中的作用得到了法律上的明确和强化。具体来说，行政复议不仅要解决表面的问题，还要深入探究争议的根源，以彻底解决行政机关与行政相对人之间的矛盾。在确保行政复议公正合法、保障相

---

[1] 周玉超：《行政复议前置范围再讨论》，载《华东政法大学学报》2023年第4期。

对人权益的基础上，应尽可能提高行政争议解决的效率，减少不必要的程序延误，确保矛盾能够迅速得到妥善处理。在此背景下，笔者认为行政复议前置制度的改革路径可以从以下要点展开：

第一，继续坚持"以自由选择为原则，以前置为例外"的思路，充分尊重当事人的选择权，同时以发挥行政复议制度优势为标准适度扩张行政复议的前置范围，并配套以必要的行政复议体制改革。有必要通过修法来扩展制度容量，进一步增强行政机关在行政行为上的初步判断权，适当扩大复议前置的适用范围，逐步将行政专业性较强或通过行政复议解决可能更有效的行政争议纳入复议前置的范畴，以更有效地利用行政复议的优势。[1]相应地，应考虑到前置范围扩大给复议工作人员带来的压力，逐步开展由地方各级政府统一行使行政复议职责、聘请相关领域专家学者等外部人员进入行政复议委员会的改革，提升执法办案的权威性与公正性。

第二，逐步减少并最终全面清除复议终局案件，以提升行政复议化解争议能力为前提促进其主渠道功能实现。理论上，复议终局的制度设定剥夺了当事人在经过行政救济程序后再寻求法院救济的权利，并不利于司法公正的实现。因此，尽管复议终局案件可能涉及政治性专属事件，但也应逐步清除对行政相对人诉权的不当限制。[2]相应地，如欲将此类纠纷尽可能控制在行政程序内部解决，就应以提升行政复议公正性和透明度为主线加强体制机制改革，促进相关争议得以在复议程序中妥善解决。

结　论

行政复议作为"化解行政争议主渠道"这一目标的提出，标志着对行政复议与行政诉讼之间关系的重新界定，这在我国行政争议解决机制领域开启了一次意义深远的制度变革。扩大复议前置的范围，实际上是构建行政复议主渠道地位的举措之一，这不能通过简单地增加复议前置的法定列举情形来实现，而应结合行政争议的性质、复杂程度以及行政复议机构的能力和资源

---

〔1〕 黄学贤：《"化解行政纠纷主渠道"定位下的行政复议与行政诉讼之新型关系》，载《上海政法学院学报（法治论丛）》2022年第1期。

〔2〕 刘权：《主渠道视野下行政复议与诉讼关系的重构》，载《中国政法大学学报》2021年第6期。

加以逐步推进,既要提高行政复议的效率和效果,发挥加强行政复议的主渠道作用,又要充分考虑我国当前行政复议工作的实际状况,确保行政争议能够在法律框架内得到公正、及时的解决。

我国罪错未成年人分级处遇制度的优化路径

赵 曦[*]

(中国政法大学 北京 100088)

摘 要：罪错未成年人分级处遇制度的核心价值在于，教育、救助和矫正未成年人，预防未成年人犯罪。我国未成年人罪错行为分级标准应从"三分法"转向"四分法"，以符合未成年人犯罪行为演变发生的规律，构造分级处遇措施的创制空间。在具体干预措施方面，应注重明晰各干预主体的职责，发挥各级政府的统筹功能、专门教育指导委员会的基础作用以及未成年人家长的监护职责。

关键词：未成年人罪错行为 罪错行为分级 分级处遇措施

一、罪错未成年人分级处遇的制度内涵与功能价值

2021年6月1日，修订后的《预防未成年人犯罪法》开始施行。本次修订将未成年人罪错行为划分为不良行为、严重不良行为和犯罪行为三种类型，在我国未成年人专门法律法规中率先确立了罪错未成年人分级处遇制度。

分级处遇中的"处遇"一词来源于西方，原用于医学领域，是指对病人的处置和治疗；后随着社会运动的发展和刑罚体系的细化，"处遇"被用于表示以教育、救助和矫正犯罪人为核心理念的犯罪预防和处置模式。顾名思义，分级处遇就是根据罪错行为的类型采取不同的处置措施。分级处遇制度反映了我国对待未成年人一以贯之的"教育为主，惩罚为辅"的价值理念，以及对联合国《儿童权利公约》提出的"儿童利益最大化"原则，同时也反映了

---

[*] 作者简介：赵曦（1993年—），女，汉族，四川泸州人，中国政法大学2023级同等学力研修班学员，研究方向为刑事诉讼法学。

我国在罪错未成年人的预防矫正和刑罚处罚上的"因人施策"导向。

二、未成年人罪错行为分级标准的优化方向

关于未成年人罪错行为的分级标准存在争议，其中主流观点是"三分法"和"四分法"。我国《预防未成年人犯罪法》采"三分法"的观点，构建从不良行为到严重不良行为，再到犯罪行为的连续性分类体系，分别对应不利于未成年人自身健康成长的行为、违反刑法规定但因不满法定刑事责任年龄不予刑事处罚的行为以及特定的严重危害社会的行为、违反刑法且应当受到刑事处罚的行为。[1]本质上，"三分法"源自基于风险控制的三级预防理论，针对未成年人从实施不良行为到实施犯罪行为的风险，以预防犯罪为目标导向对行为类型进行划分处理，容易忽略对罪错未成年人个体特殊情况的考虑。

相较而言，"四分法"在借鉴域外未成年人立法经验的基础上，将未成年人罪错行为划分为四个层级：不良行为、违警行为、触刑行为和犯罪行为。"四分法"主张将"三分法"的严重不良行为细分为两种独立的罪错行为：①违警行为是未成年人实施的违反《治安管理处罚法》的行为。此类行为的法益侵害程度一般，尚未达到刑事犯罪的客观违法标准，仅需承担行政处罚或其他非刑事的法律后果。②触刑行为则指未成年人实施的已经触犯《刑法》的罪错行为，但因未成年人未达到刑事责任年龄，其行为缺乏非难可能性，而被免除刑事责任。此类行为的主观恶性与危害后果显著，应在罪错分级上加以单独区分，并匹配更为精准严格的干预措施。[2]笔者认为，我国未成年人罪错行为分级标准的优化方向可以尝试转为"四分法"，原因在于："四分法"不仅贴合未成年人犯罪行为演变发生的规律，也避免了罪错行为之间存在概念外延交叉重复的情况，有利于分级处遇措施的精准细化适用，提升对罪错未成年人的教育矫治效果。

---

[1] 姚建龙：《未成年人罪错"四分说"的考量与立场——兼评新修订〈预防未成年人犯罪法〉》，载《内蒙古社会科学》2021年第2期。

[2] 朱良：《解构与建构：未成年人罪错行为分级制度研究》，载《学习与实践》2022年第4期。

三、未成年人罪错行为干预措施的域外经验与本土借鉴

（一）未成年人罪错行为干预措施的域外经验

日本建立了少年法体系，既有少年罪错认定机制，又确立了保护处分的构成要件，保护处分的构成要件包括"非行事实"和"需保护性"。"非行事实"意即少年法中规定的虞犯行为、触法行为、犯罪行为三种，要求的是行为事实的客观性。"需保护性"要能反映未成年人对罪错行为的认识、是否有再犯的可能。只有满足"非行事实"和"需保护性"两个条件，才能由国家介入少年罪错行为矫正甚至适用保护处分措施。日本少年法采取罪错保护处分的目的是分流，也是为了不宽纵或不严罚罪错未成年，具体操作模式为：相关部门对少年的罪错行为调查结束后，根据少年实体法中的构成要件进行研判，如果符合构成要件，将对此类少年适用保护处分程序；将不符合保护处分程序适用条件的少年移送检察机关，检察官通过一般的诉讼程序进行定罪。这种程序设计有利于实现少年罪错构成与普通犯罪构成的良好衔接，也即形成保护处分措施与刑事处罚的二元干预结构。[1]

（二）未成年人罪错行为分级处遇规则的优化路径

最高人民检察院在《2018—2022年检察改革工作规划》中提出，要深化涉罪未成年人的教育感化挽救工作，探索建立罪错未成年人临界预防、家庭教育、分级处遇和保护处分制度。最高人民检察院在《2023—2027年检察改革工作规划》关于完善未成年人检察制度任务中进一步明确提及，我国将建立罪错未成年人分级干预工作机制。结合我国罪错未成年人分级处遇制度的发展趋势，笔者认为该制度可以从以下方面进行优化：

第一，以罪错行为为中心重建《预防未成年人犯罪法》体系，将《预防未成年人犯罪法》"少年法化"。一是针对罪错行为之间概念外延交叉重复的情况，划定更加合理的边界，以明晰各干预主体的职责。二是明确区分和整合临界预防、家庭教育、保护处分等具体措施，并根据罪错未成年人的行为严重性、矫正难度和心理状况等因素，合理划分福利类、矫治类和刑罚类措施的层次效果，以实现分级处遇的科学性和有效性。三是加快制定一部兼容

---

[1] 尹琳：《日本少年法研究》，中国人民公安大学出版社2005年版，第140页。

实体法和程序法,即全面涵盖未成年人保护、教育、矫治和处罚的未成年人罪错行为专门立法。

第二,应充分发挥各级政府的统筹功能,以及专门教育指导委员会的基础作用。《预防未成年人犯罪法》指出,预防未成年人犯罪应在各级政府的组织下实行综合治理。各级政府在预防未成年人犯罪方面的工作职责是制定计划、协调部门、提供政策和经费保障。专门教育指导委员会涵盖部门广,组成人员丰富,其职责为研究确定专门学校教学、管理等相关工作。由于专门教育指导委员会系各部门协同履职,易出现职责不清、权责不明的现象,国务院等部门应加快专门教育方面立法,以实现专门教育对罪错未成年人分级干预的良好效果。

第三,督促罪错未成年人家长履行监护职责,必要时由国家进行亲职教育。调查表明,罪错未成年人特别是触刑和犯罪未成年人的行为,诱发原因主要是家庭问题。大部分走向犯罪道路的未成年人是留守未成年人,他们缺乏正确的价值观指导,容易受外界诱惑,在萌生不良行为时也没能得到及时纠正。因此,国家在出台未成年人相关法律规范时,也应当明确失职监护人的法律后果,只有在法律的威慑下,普通民众才能对抚养教育子女责任重大有更为深刻的意识。国家作为后盾,在未成年人出现触刑或犯罪行为,而家长不能也不愿履行其教育职责时,可以代替监护人对罪错未成年人进行预防干预或教育矫治。

结 论

罪错未成年人分级处遇制度的建立完善,对于预防未成年人犯罪、保护未成年人权益具有重要意义。尽管我国罪错未成年人分级处遇制度仍存在一些不足,但司法是一个持续发展的过程,法律的完善也是如此。在司法推动和实践需求的驱动下,我国对未成年人罪错行为的分级和相应的干预措施将更加有效,更符合实体正义和程序正义的要求。

关于违约方合同解除权的认定

王雅君*

(中国政法大学 北京 100088)

摘 要：违约方是否享有合同解除权，在学界一直都有较大的争议。传统观点认为合同的法定解除权属于守约方，认为赋予违约方合同解除权将有违合同严守原则，增加道德风险等。本文将从理论、立法和实践三个方面对违约方享有合同解除权进行认证，以期为在合同僵局情况下，违约方解除合同提供支持。

关键词：违约方 解除权 合同僵局

《民法典》第580条第2款引起了学界的广泛争议，争议的焦点即为违约方是否享有合同解除权。违约方合同解除权是借鉴英美法系效率违约理论形成的制度，是指在符合法定的条件下，违反合同约定的一方可以解除合同，不继续履行合同义务。

一、违约方合同解除权的理论认定

目前，学界关于违约方是否享有合同解除权存在支持和反对两种主要观点。支持者认为作为合同的当事人，违约方和守约方的私法权利是平等的，不应该区别对待；应当借助英美法系的"效率违约"理念承认违约方有解除权，[1]允许违约方解除合同在符合民法的诚实信用原则的同时，也体现了合同领域的效率、正义与公平。反对者则表示，赋予违约方合同解除权与私法领域中公平正义理念、诚实信用原则、合同严守规则等价值不相符合，还容

---

* 作者简介：王雅君（1983年—），女，汉族，北京人，中国政法大学2022级同等学力研修班学员，研究方向为民商法学。

[1] 参见熊丙万：《中国民法学的效率意识》，载《中国法学》2018年第5期。

易引发道德风险,且作为救济手段的解除权应当由非违约方享有。[1]然而违约方应享有合同解除权,原因如下:

第一,违约方合同解除权是契约自由原则的具体体现。合同法中一项最基本的原则就是契约自由,这项原则被各个国家以不同的方式,不同程度地在法律中予以确立,在我国的《民法典》中,契约自由原则也有具体体现。守约方和违约方共同作为合同的当事人,应该平等地享有契约自由原则,其中既包括缔结合同的自由又包括解除合同的自由,且"法不禁止即自由",既然当事人在之前的缔结合同时享有自由的权利,那么在之后的解除合时同样享有自由的权利。解除权是自然法所赋予的权利,所以无论是守约方还是违约方都应当自然地享有合同解除权。

第二,违约方合同解除权是效率违约的价值体现。在支持违约方解除权的观点中,最强有力的论点就是"效率违约"原则。在"效率违约"中,存在两种情形导致违约比履约带来的效率更大:一为履约成本大于违约成本;二为违约收益大于履约收益。违约方解除权认定的本意是在真正合同僵局案件中为合同关系的清理结算提供准据,高效率地促进社会资源重新配置,进一步增加社会财富,与此同时减少一方当事人免受重大损失的可能。在合同僵局的情形下,仍然要求违约方履行合同是不经济、不效率、不合理的,应当赋予违约方选择违约解除合同的权利,并且支付违约赔偿金。这种观点已被部分国家立法所采用,《美国合同法重述》(第2版)对该观点就有具体体现。

第三,违约方合同解除权中的"违约"是法律上的判断。"违约"是一个法律上的概念,是否违约、何人违约,应该进行司法判断,最终应由法院判定何方为违约方。违约方,即违反合同义务的一方,是在某种法律关系中有过错的一方,过错的来源可能是法律上的过错,也可能是道德上的过错,抑或二者均有。在民法领域当中,有过错的一方当事人不能解除法律关系的是少之又少的。比如,在婚姻法律关系中,有过错的一方,如重婚者、家庭暴力者等,是可以提起离婚的。在物权共有法律关系中,共有人中存在过错的一方,也是可以提出终止共有协议、分割共有物的;组织体关系中,如合

---

[1] 参见马俊驹、余延满:《民法原论》(第4版),法律出版社2010年版,第605页。

伙法律关系中，有过错的合伙人也同样享有解除合伙协议退伙的权利。同理在合同法律关系中，有过错的一方即违约方毋庸置疑可以解除合同，享有合同解除权。

二、违约方合同解除权的立法认定

第一，违约方合同解除权的立法依据。《全国法院民商事审判工作会议纪要》第48条规定，在符合相关条件时，违约方起诉请求解除长期性合同的，法院可以予以支持。此外，为使当事人在合同出现僵局时从无实质意义的合同中解脱出来，立法机关为适应经济社会发展和全面深化改革的要求，根据司法机关在合同审判实践中提炼的裁判规则，形成了《民法典》第580条第2款关于解除权的规定，该条规定的主体是"当事人"，自然包括违约方，这是我国对违约方解除权的立法表达。

第二，违约方合同解除权的行使条件。从上述立法机关的意见可以得出违约方合同解除权的行使条件极其严格：一是客观上出现合同僵局。判断合同是否僵局的主要标准即实际履行的排除和合同目的不能实现，其合同目的不能实现为核心条件，是指在合同履行过程中，因主客观原因一方不能或不愿履行合同，提出解除合同而对方拒绝所产生的僵局状态。二是主观上违约方不存在恶意违约的情况，而守约方违背诚信原则拒绝解除合同。三是程序上需要通过诉讼或者仲裁程序解除合同。为兼顾交易安全与效率价值，防止违约方滥用合同解除权，我国立法在守约方与违约方解除合同的方式上是区别对待的，为违约方解除合同设定了一个更高的门槛，即通过诉讼或者仲裁程序才能解除合同。

三、违约方合同解除权的实践认定

违约方合同解除权最早可溯源至人民法院公报案例"新宇公司诉冯某梅商铺买卖合同纠纷案"[1]，自此之后，在审判实践中陆续出现了系列违约方解除合同的司法案件，而法院关于违约方解除合同的诉请也经历了从最初的

---

[1] 参见《中华人民共和国最高人民法院公报》2006年第6期。

否定到越来越多的肯定变化[1]。笔者通过对相关案件裁判观点进行分析总结和概括归纳，为认定违约方享有合同解除权提供司法实践支持。

第一，《民法典》出台后，部分法院将《民法典》第 580 条第 2 款作为违约方解除合同的依据，参见［2021］京 03 民终 19560 号、［2021］沪 0106 民初 10650 号、［2022］闽 01 民终 2714 号、［2023］沪 73 民终 112 号等民事判决书。人民法院在符合下列条件时，依法支持违约方起诉解除合同，一是合同存在僵局；二是主观方面违约方不存在恶意违约的情形；三是守约方违反诚实信用原则，拒绝履行合同。四是继续履行合同对违约方显失公平。法院判决支持违约方解除合同的，其应承担违约赔偿责任。

第二，在《民法典》出台前，部分法院以原《合同法》第 94 条和第 110 条为违约方解除合同的依据，参见［2017］青 01 民终 1373 号、［2014］连民终字第 0035 号、［2016］鄂 01 民终 7144 号等民事判决书。原《合同法》第 94 条规定了合同解除的法定条件，然而法律并没有禁止违约方行使合同解除权，所以违约方和守约方作为合同的当事人应同等地享有合同解除权。原《合同法》第 110 条规定了违约方行使抗辩权的情形，部分人民法院将违约方履行抗辩权理解为合同解除，认为既然违约方已经不能实际履行合同，而守约方仍然要求继续履行的请求不会得到法院支持，已经形成合同僵局，法院只能判决解除合同。

第三，司法实践中更加注重合同效率价值和对守约方的损害赔偿。部分法院认为在已然形成合同僵局的情况下，如不解除合同既不符合法的效率价值，又不能够促进社会资源合理配置，同时还会极大地消耗社会成本，所以法院裁定解除合同，参见［2017］浙民申 45 号民事裁定书和［2017］鲁民申 251 号民事裁定书。部分法院还认为合同解除并不能免除违约方损害赔偿和支付违约金的义务。订立合同的最终目的都是获得合同履行后的期待利益，在合同未履行的情况下，违约方对守约方的期待利益进行充分的填补，同样能达到订立合同的目的。因此，在［2016］宁 0181 民初 3426 号、［2015］广汉民初字第 1702 号、［2017］鲁 0792 民初 547 号等民事判决书中，法院认可违约方解除合同，并用损害赔偿代替实际履行。

---

[1] 陈耀东、沈明焱：《论买卖合同中违约方的解除权及适用范围》，载《中国应用法学》2017 年第 5 期。

结　论

我国的理论学说和司法实践对违约方解除权一直高度关注，尤其是在"新宇公司诉冯某梅商铺买卖合同纠纷案"之后，经过理论学说和司法实践的不断努力，我国立法即《民法典》第580条第2款赋予了违约方解除权，但这在学界引发了较大争议。在《民法典》的背景下，违约方的解除权的认定就变为一个极其重要的问题，本文通过理论、立法和实践三个方面的分析，论证了违约方解除权的合理性、合法性，为违约方合同解除权的适用提供了有力的支撑。

浅析同时抗辩权的程序保障

胡 芮*

(中国政法大学 北京 100088)

摘 要:《民法典》第525条规定了同时履行抗辩权,同时履行抗辩权以及对待给付判决的概念、适用以及历史沿革在学界一直有诸多争议与讨论,在《关于适用〈中华人民共和国民法典〉合同编通则若干问题的解释》第31条配套了对待给付判决的适用情形,理论转化为现实,没有先后履行顺序之分的双务合同当事人的合同履行得到了程序保障。

关键词: 同时履行抗辩权 对待给付判决 强制执行

一、同时履行抗辩权概述

同时抗辩权在《民法典》第525条明确规定:当事人互负债务,没有先后履行顺序的,应当同时履行。同时抗辩权是建立在双务合同的基础之上,是对自古以来的"一手交钱,一手交货"商业规则的延展,强调双方对等履行义务状态,即"你给我我就给你,你不给我我就不给你"。同时履行抗辩权作为双务合同当事人私力救济手段之一,具有"避免授予信用"和"增施履行激励"的双重功能。[1]

(一)同时履行抗辩权的概念界定

要区分同时抗辩权与当事人享有的其他抗辩权,主要是借由以下五个条件予以界定。

---

* 作者简介:胡芮(1993年—),女,苗族,贵州麻江人,中国政法大学2023级同等学力研修班学员,研究方向为民商法学。

[1] 韩世远:《构造与出路:中国法上的同时履行抗辩权》,载《中国社会科学》2005年第3期。

一是当事人双方约定的合同为双务合同彼此负担债务，且双方债务具备对待给付关系。也就是说，单务合同和不完全双务合同当事人不具备同时履行抗辩权的适用条件。同时，适用同时履行抗辩的双务合同须是互为依存、互为因果，有牵连关系。二是当事人双方之间的债务没有前后的履行顺序。《民法典》第 525 条明确写明了"没有先后履行顺序的"，就已经赋予了合同当事人履行债务的状态应当为"同时"。三是当事人双方之间的债务均已达到清偿期限。四是对方没有履行债务或履行不符合约定致使合同目的无法实现。不符合约定的判断方式，例如权利瑕疵，张三向李四购房，总价 100 万元，在首期支付 30 万元后，发现该房屋已被设定有抵押权，李四没有完成无负担所有权转移义务，那么就产生了权利瑕疵，张三可以行使同时履行抗辩权中止支付尾款。总之，在各种违约行为场合，当事人都可能行使同时履行抗辩权。不过，违约行为与产生同时履行抗辩权并非能够直接推导的因果关系。大致来说，只有当一方的违约责任性质较为严重时，另一方才能行使同时履行抗辩权。如果一方的违约行为在性质和后果上不产生实质影响，则另一方行使同时履行抗辩权，拒绝受领并拒绝履行自己的义务，是违反诚信原则的。〔1〕五是对方履行该债务有期待可能性。

（二）同时履行抗辩权的历史沿革

同时履行抗辩权概念第一次在我国法律中的具体体现是 1999 年 10 月 1 日施行的《合同法》第 66 条之规定，现行《民法典》的第 525 条是其文本表述略作变更，其本质内容无重大变化。无论是《合同法》还是《民法典》，都只对同时抗辩权进行了概括性规定，并未作出对待给付判决的指导性规则。在司法实践中，一旦当事人约定的双务合同因履行问题产生诉讼请求，同时履行抗辩权的适用情形一旦出现，常规来看会有数种不同的判决结果：一是驳回原告的诉讼请求；二是规定时间内同时履行；三是原告履行的同时被告也向原告履行。第一种判决结果有让当事人的请求无法得到保障的风险，既然法院有可能判决驳回起诉就等同于败诉，仍要全额承担诉讼费，这种极其浪费成本的方式会让当事人无法坚定选择该方式，从而无法达到保障当事人合法权益的目的。而同时履行债务这类判决从客观情形来说本身无法实现，

---

〔1〕 李永军主编：《中国民法学》，中国民主法制出版社 2022 年版，第 268 页。

"同时"是没有先后顺序之分的，一旦作出此类判决，如何达到"同时履行"的标准以及如何执行将成为横亘在实践程序中的一大难题。对于抗辩方来说，其目的也是要对方履行债务，如果法院机械地驳回诉求，那么什么目的都不能实现，形成双方当事人双输的局面，该规定也变成了一纸空文，哪一方的权利都没有得到应有的程序保障。

二、对待给付判决的引入

（一）对待给付判决的理论基础

对待给付判决是指法院要求原告向被告对待给付之后才可对被告进行强制执行的判决，又被称为交换给付判决、同时履行判决，附对待给付判决。[1]此种判决方式在其他国家也有类似的规定，比如《德国民法典》第322条，在一个未被履行的双务合同中，债权人提起诉讼请求债务人给付，如果债务人针对其所应当负担的义务提出抗辩，主张债权人履行给付之前自己拒绝给付，那么法院将作出同时履行判决。[2]

（二）对待给付判决的现实意义

对待给付判决的价值功能恰恰体现在其能有效兼顾实体公正和程序公正要求，实现二者辩证统一。能够有效破解在交易中合同履行的僵局。对待给付判决否定了驳回原告起诉的裁判方式，促进了程序法与实体法的衔接，对争议纠纷的一次性解决有极大推动作用。更重要的是，该解决方式符合商业逻辑，保障了当事人合法权益，鼓励当事人主动向法院提起诉求，破解交易僵局。

（三）对待给付判决的历史沿革

自同时履行抗辩权规定以来，我国的对待给付判决一直处于理论状态，没有明确的对待给付判决裁判指导规则。这就会导致因为指导规则的缺失，审判员的自由心证显得尤为重要。审判员对该权利的不同理解让此类案件判决产生了多种结果，这种法律风险不可控的审判模式是滞后且缺失保障的。

---

[1] 肖建国、张苏平：《附对待给付义务的诉讼表达与执行法构造》，载《北方法学》2023年第1期。

[2] Christoph Brömmelmeyer, Schuldrecht Allgemeiner Teil, 2. Aufl., 2020, S. 76.

所以，关于同时抗辩权与对待给付判决的学术研究一直是百家争鸣，在实践方面也是颇具争议，直到《关于适用〈中华人民共和国民法典〉合同编通则若干问题的解释》发布，实践中至少有了一个明确的解决方案，让双方当事人实现目的的途径有了程序保障。

三、对待给付判决的适用

从我国《民法典》第525条的规定可以看出，同时履行抗辩权属于当事人"需要主张的抗辩"，[1]但《民法典》并未在其发布的同时配套了对待给付判决的裁判规则。最高人民法院在《民法典》颁布之后发布的《关于适用〈中华人民共和国民法典〉合同编通则若干问题的解释》第31条统一了该争议出现时的裁判规则，即"当事人互负债务，一方以对方没有履行非主要债务为由拒绝履行自己的主要债务的，人民法院不予支持。但是，对方不履行非主要债务致使不能实现合同目的或者当事人另有约定的除外。当事人一方起诉请求对方履行债务，被告依据民法典第五百二十五条的规定主张双方同时履行的抗辩且抗辩成立，被告未提起反诉的，人民法院应当判决被告在原告履行债务的同时履行自己的债务，并在判项中明确原告申请强制执行的，人民法院应当在原告履行自己的债务后对被告采取执行行为；被告提起反诉的，人民法院应当判决双方同时履行自己的债务，并在判项中明确任何一方申请强制执行的，人民法院应当在该当事人履行自己的债务后对对方采取执行行为。当事人一方起诉请求对方履行债务，被告依据民法典第五百二十六条的规定主张原告应先履行的抗辩且抗辩成立的，人民法院应当驳回原告的诉讼请求，但是不影响原告履行债务后另行提起诉讼。"该司法解释规定了对待给付判决适用的两种情形：一是对方不履行的行为导致合同目的不能实现；二是同时履行抗辩成立时，被告是否提起反诉的两种判决形式和强制执行规则。该解释同样也规定了不作出对待给付判决的情形，即被告抗辩原告有先履行义务且抗辩成立的，人民法院应当驳回原告的诉求并在不影响原告履行债务之后另行起诉。

---

[1] 崔建远：《合同法》（第4版），北京大学出版社2021年版，第156页。

结 论

我国的法律进程从借鉴西方成型的法律模式，到结合国情以及现实案例衍生的法律法规，从模糊到具体，从概念到落实，每一步都在落地时打磨理论并进化，现如今中国特色社会主义法律体系初具雏形，理论与实践的强强联合功不可没。而同时履行抗辩权与对待给付判决正是该进程中诞生进化出的亮眼的一部分。从原《合同法》的第一次明确规定，再到《民法典》以及《关于适用〈中华人民共和国民法典〉合同编通则若干问题的解释》的出现，从规则确定到指明裁判方向，既保障了当事人的合法权益，又体现了极大的司法进步。该解释不仅是长期司法实践经验的总结，也是民法典合同编的一大亮点，必将对鼓励交易、维护交易安全和秩序发挥重要作用。[1]

---

[1] 王利明：《对待给付判决：同时履行抗辩的程序保障——以〈民法典合同编通则解释〉第31条第2款为中心》，载《比较法研究》2024年第1期。

浅论预约合同的违约救济制度

陆嘉梁*

(中国政法大学 北京 100088)

摘 要： 预约合同是交易阶段化的产物，既区别于交易意向，也区别于本约。为保障交易安全，对违反预约合同的救济虽然不应包括继续履行，但在计算损害赔偿时，可以一方面要求法官根据预约合同的交易成熟度在信赖利益与本约的履行利益之间进行酌定；另一方面为特殊种类的本约的预约合同设立专门的违约救济制度，以能够促进公平司法和高效裁判，实现交易安全与契约自由的价值平衡。

关键词： 预约合同 违约损害赔偿 交易成熟度

预约合同最初确立于《拿破仑法典》，其设立目的是克服要物契约必须在转移物品后方能成立的缺陷。[1]但随着时代发展，预约合同的适用范围逐渐扩大到所有的契约。这是因为究其本质，预约合同乃是民事主体之间订立的约定在一定期限内订立本约的合意，除因其特性而无法适用于预约合同的特殊契约以外，预约合同当然地适用于所有的契约。我国《民法典》第495条对预约合同的构成要件和违约责任均作了概括性规定。

一、预约合同的违约责任

区别于大部分典型或非典型合同，预约合同在缔结后会对订约双方施加缔约义务，以限制相对方缔约自由的方式来增强交易安全、提高交易成功率。虽然这种由预约合同成立所产生的义务也具备合同义务的属性，但从功能本

---

* 作者简介：陆嘉梁（2000年—），男，汉族，江苏扬州人，中国政法大学2023级同等学力研修班学员，研究方向为民商法学。

[1] 赵静：《预约合同履行效力之探究》，载《职工法律天地》2018年第20期。

质上说，该义务是相对方在缔结本约时所负担的一种前合同义务。因此，《关于适用〈中华人民共和国民法典〉合同编通则若干问题的解释》规定了预约合同须"能够确定将来所要订立的合同的主体、标的等内容"，而在"当事人一方拒绝订立本约合同或者在磋商订立本约合同时违背诚信原则导致未能订立本约合同"时，即可视为违约。

关于预约合同的违约责任，《民法典》既规定了继续履行和赔偿损失这两种违约责任承担方式，也针对继续履行规定了事实或法律上无法履行等除外情形。据此，针对继续履行可否成为预约合同的违约责任承担方式，学界出现了两种主流学说：一方认为继续履行可以适用于预约合同，由于预约合同的标的是缔结本约，在一方违约后，法院可以裁定违约方与守约方基于诚实信用原则继续磋商直至订立本约合同；〔1〕另一方则认为预约合同适用于继续履行的除外情形，这是因为预约合同的继续履行必然会导向强制缔结本约的结果，有违缔约自由原则。〔2〕

在司法实践中，大部分法院均赞同后一种观点，认为预约合同的违约责任承担方式应适用赔偿损失。

二、预约合同违约的损害赔偿范围

《民法典》第584条规定了合同的损害赔偿以该合同的履行利益为限。具体到预约合同上，有学者将预约合同的履行利益解释仅包括为信赖利益，即随着预约合同的订立而产生的对本约可能订立的正当期待；有学者则认为预约合同的履行行为是订立本约，可以将预约合同的履行利益等效于本约的履行利益；还有学者认为预约合同所产生的义务属于方式性义务，不应苛求必须产生订立本约的结果，故而该合同的损害赔偿范围应当仅包括信赖利益和机会利益。但是，由于不同种类本约的履行利益相异，各自所属的预约合同的履行利益也不尽相同，而上述观点均采用静态视角来划定预约合同的损害赔偿范围，因而在实践中往往会遇见难以适用的情形。〔3〕

---

〔1〕 沈伟、于宝露：《预约合同责任的"诚实信用"进路及法经济学解构》，载《苏州大学学报（法学版）》2015年第1期。

〔2〕 朱广新：《预约合同及其违约责任》，载《社会科学研究》2024年第1期。

〔3〕 陈峻阳：《论预约合同的违约责任》，载《河南大学学报（社会科学版）》2021年第2期。

相对的，在采用动态视角，即动态缔约观，来考察预约合同的违约责任时，可以通过衡量预约合同在发生违约情形时的交易成熟度来将预约区分为最低合意型预约、主观障碍型预约、客观障碍型预约、完全预约这四个阶段。

在最低合意型预约的阶段下，预约合同的内容仅包括当事人、标的和数量这三个法定要件，其他重要条款均待后续进行磋商和拟定，交易成熟度最低，此时应当将违约责任限缩为仅包括信赖利益损失；在主观障碍型预约的阶段下，相对方在预约合同中就部分交易条款达成合意，但仍有部分重要条款未能够达成一致需要等待后续磋商，交易成熟度稍高，所以此时的违约责任应当包括信赖利益损失和部分机会利益损失；在客观障碍型预约的阶段下，虽然预约合同相较于本约依旧缺失部分重要条款，但这部分重要条款只需等待客观障碍消除后就能达成合意，交易成熟度高于主观障碍型预约，此时的违约责任可以包括全部的机会利益损失；在完全预约的阶段下，相对方已在预约合同中就全部条款达成最终协议，也同意立即受这些条款的约束，但同时建议以一种更完整或更确切但在效力上无差异的形式重述该等条款，〔1〕交易成熟度在四个阶段中最高，应当进一步包括部分本约的履行利益损失。

三、几种典型预约合同的违约救济制度

在司法实践中，可以依据各个预约合同所对应的本约的种类来对事涉预约合同的违约纠纷案件进行区分。由于不同种类的本约合同所涉及的履行利益相异，为了更好地解决事涉部分特殊种类合同的预约合同纠纷，大部分国家和地区都会专门创设一些法律规定或者司法判例。

（一）商品房买卖预约合同

商品房作为一种特殊的商品，由于其买卖合同具备标的价值高、缔约与交付之间的时间跨度长等特点，缔约主体在缔约时会更为慎重。因而在实践中，为了固定交易机会、降低交易难度，开发商会通过与购房者签订商品房买卖预约合同来保障后续本约合同的顺利签订。

由于商品房买卖预约合同通常为开发商提供的约有定金的格式合同，所以在现实纠纷中，大部分法院都会依据《民法典》第 587 条判定商品房买卖

---

〔1〕 谢鸿飞：《预约合同认定的理论难题与实践破解》，载《国家检察官学院学报》2024 年第 1 期。

预约合同的损害赔偿范围以定金为限。其中部分法院认为预约合同中约定的定金属于立约定金，违约时当然适用定金罚则。另一部分法院认为预约合同中约定的定金属于违约定金。若开发商在预约合同中擅自约定诸多不合理条款，导致购房者因要求修改这些条款遭到拒绝而无法缔约时，对购房者适用定金罚则明显有违公平。

当然在实际裁判中，也出现过未将预约合同中约定的定金作为损失上限，支持违约方赔偿部分商品房差价损失的判例。[1]

(二) 职业足球工作预约合同

在国际职业足球领域，球员与俱乐部正式签订职业足球工作合同前，为了固定谈判成果、限制双方缔约自由，通常会根据磋商进程签订预约合同。随着谈判深入，缔约双方的权利义务被细化和明确，这类预约合同与正式的职业足球工作合同之间的内容差距也会不断缩小。所以在实际纠纷中，部分预约合同会被认定为职业足球工作合同，违约方承担无正当理由解除职业足球工作合同的法律责任。

以国际转会合同纠纷为例，这类纠纷大部分由国际体育仲裁院进行审理。为了更好确定纠纷中争议合同的性质，国际体育仲裁院构建了职业足球工作合同认定标准。根据该标准，当争议合同中包含当事人姓名、当事人角色、劳动期限、球员薪酬和当事人签字这五项基本要件时，可以将争议合同视为职业足球工作合同；反之，则将争议合同视为预约合同，违约方仅需承担违约金的赔偿责任。

结　论

在构建预约合同的违约救济制度时，一方面需要依据交易成熟度将预约合同区分为不同类型，并依据分类确定违约责任和损害赔偿范围；另一方面也需要为一些特殊种类合同的预约合同纠纷的解决设立特殊制度，以构建一个完备的违约救济制度体系，继而为司法裁判中判定预约合同的效力及违约责任的承担方式提供基于合同内容的判断路径，实现交易安全与契约自由的价值平衡。

---

[1] 参见周小兴与深圳融发投资有限公司商品房预约合同纠纷案，[2018] 粤民申 4043 号。

民法典视野下合同无效的强制性规范认定

刘 颖*

(中国政法大学 北京 100088)

摘 要：2020 年 5 月 28 日，第十三届全国人民代表大会第三次会议通过了《民法典》。作为我国第一部以"法典"命名的法律体系，其整体性、系统性更加明显。在民法典中，合同法占据较大篇幅，内容更加完善，但其中仍旧存在争议，合同无效的强制性规范认定还存在模糊问题。本文研究过程中，主要从民法典角度出发，简述民法典下合同无效的强制性规范认定，对强制性规范认定的含义特征加以简单分析；深入探索民法典下合同无效的强制性规范的认定内容，介绍法律条文的适用以及在实践中判断强制性规范的方法。

关键词：合同效力 合同无效 强制性规范认定 民法典

《民法典》在我国原有的民事法律基础上，进行了优化创新，形成了更加完善的法律法规体系。《民法典》的颁布为我国的民事法律提供了新的发展空间，塑造了新的民事法律格局，但也还存在一些学界困惑，其中便包括合同法。在民法典视野下，合同法中有关于合同效力的认定还比较模糊，且部分要求规定并未论定。

一、民法典下合同无效的强制性规范认定简述

(一) 强制性规范认定含义

从法学领域分析来看，针对强制性规范认定，所形成的别称较为丰富，

---

* 作者简介：刘颖（1986 年—），女，汉族，贵州贵阳人，中国政法大学 2023 级同等学力研修班学员，研究方向为民商法学。

包括但不限于强制性、强制、强行性。从表面角度来看，这些别称大体相同，但在内涵本质方面存在细微区别，如强制指的是政治性的强制手段，而强行指的是以强制的形式进行某项行为开展某项活动。[1]针对规范、规定，两者之间的区别相对较明显，其中前者的范围要明显大于后者，指的是约定成俗或具有明文规定的标准，而后者某种程度上代表的是规范的后半部分范围。

众所周知，中国是社会主义法系国家，法律体系、法律规定建设过程中，参考了诸多德国的立法经验。其中德国所形成的强制性规定，对我国的立法规定形成了深刻影响。德国主流学说认为，民法体系中的规定可划分为两类，分别为任意性规定与强制性规定。其中任意性规定指的是当事人双方可根据自己的意愿，任意性排除的法律规定；而强制性规定则与之完全相反。因此针对强制性规范认定的含义，可以总结为以下内容，指的是不能遵循合同当事人意愿排除变更，民事主体必须遵循且不可违反的，否则会受到法律否定性评价的规范认定行为。

(二) 强制性规范认定特征

一是国家意志保障的强制性。在适用强制性规定条款的前提下，双方当事人所订立的合同需无条件适用该条款。强制性规范认定的强制性特征，鲜明体现于国家对私人领域的干预，但这一干预并非盲目任意，而是能够给予私人自治充分的秩序保障；二是行为客体的多样性，强制性规范认定的行为客体可划分为两部分，分别为事实行为以及意思表示。其中事实行为通常会涉及行政制裁与行政处罚，而意思表示类别的强制性规范限制往往会体现在民事部门法方面。

二、民法典下合同无效的强制性规范的认定

(一) 法律条文的适用

1.《民法典》第 153 条的适用

作为一部法典，民法典具有较强的原则性与概括性。但是结合《民法典》第 153 条的内容分析，其在司法实践中的可行性相对偏低，且适用范围比较

---

[1] 牛安琪：《合同效力认定中强制性规定的司法适用研究》，吉林大学 2021 年博士学位论文。

局限。因此需要从司法解释角度出发,对该法条的适用条件与适用范围加以进一步的规范。立足于实践性角度分析,自民法典实施以来,第153条便与其他诸多法条形成了有效关联,在联合使用下,生成具备合同效力的法条。这一类法条的特征主要体现在法条已明确规定某类合同无效时,适用第153条。司法解释角度需对此加以进一步的细化,切实强化法条的强制性与完善性,将该法条转化成为具有实用性的法条。

2. 公序良俗条款的适用

为促进民法典下合同无效的强制性规范认定发展,需有意识提高合同法的公序良俗条款兜底功能。作为民法的基本原则之一,公序良俗原则与强制性规定之间具有稳定的互补关系。在法律适用的前提下,如若有明确的强制性条款,需先适用公序良俗这一原则,避免条款的适应性偏低,导致出现条款逃逸的情况,或引发法律体系逻辑混乱问题。[1]原合同法针对强制条款与公序良俗间的关系进行了深入讨论,认为公序良俗与强制条款间具有完全平等的关系,换言之两者之间并不存在优先级。但在此基础上,民法典对此进行了一定的更新,认为公序良俗与强制条款应紧密整合,且公序良俗条款应具有一定的兜底功能,相比于原合同法,民法典所形成的规定更完善,转变了合同法的内容与性质。综合来看,在民法典中公序良俗与强制条款间存在并列关系,且两者须在平等位置上,同等处理,不可厚此薄彼。另外,应充分体现公序良俗条款的兜底性功能,将其排除在非强制性条款之外,以充分体现条款的积极作用。

(二) 实践中判断强制性规范的方法

1. 经济学上的负外部性标准

立足于经济学角度分析,在一项有法律效力的合同中,主体所承担的直接费用可以被看作合同费用,而其所获得的利益则为合同利益。通常情况下,订立合同的根本目的在于追求利益,维护双方当事人的基本权益。而在这一目标的影响下,追求极低合同成本的现象便极容易产生。当类似情况出现,就会引发合同成本转嫁社会成本的情况,自然而然地引发合同外部性问题。而之所以要体现法律的限制性作用,约束合同效力,从经济学角度来看,根

---

[1] 何林:《民法典视野下违反强制性规定的合同效力研究》,河北经贸大学2023年硕士学位论文。

本原理在于合同具有明显的负外部性特征。针对合同所产生的外部性问题，政府与法律均不宜过多干预，而是应由合同当事人以私下解决的方式处理。通过这一手段，仍旧可以实现社会资源的有效分配，但实际上因各种客观因素或主观因素的影响，私人谈判成本会逐步提高，致使私下谈判解决行为无法继续。此时，具有较低成本特征的法律规则，便体现出明显的应用价值。换言之，为消除合同负外部性所造成的影响，法律的介入具有极高的必要性，而这一现象也代表着合同效力强制性规定的形成。

2. 利益衡量标准

法律角度上的立法目标具有较明显的复杂性特征。法理学中法律的解释也较为繁琐，既包括体系解释、文理解释，也包括历史解释等。结合实践分析，类似的解释方式会存在自由裁量的弊端，若不对此加以有效控制，将会直接引发较大的法治危害。因此，在民法典视野下，为提升合同无效的强制性规范认定力度，需要对多种不同的法律解释方式加以有效整合，在主客观相统一的基础上判断法条的立法意图。[1] 在此基础上，还需有效整合个案当事人的实际情况以及需求，融合国家政策与大政方针，尽可能在认定考量中，考虑立法者的立法理由，立足于多元角度解读立法目的。若在司法认定中，法官认为涉案合同与民法典中的立法目的相背离，就需作出无效的判断。通过这一举措，将以适当比例原则推进个人合同的利益衡量，对法官的自由裁量权加以适当限制，以切实达成使用目的解释的根本目标。

结 论

从强制性规定的定义、特征所进行的阐述与分析来看，本文形成了以下结论。当前，我国在违反强制性规定的合同效力方面虽形成了较高的关注度，但仍旧存在一些薄弱点，制约了合同效力制度的深入落实与作用体现。为促使这一问题有效解决：一方面，需立足于立法视角，对合同编司法加以进一步的解释，更加深入且全面地建立违反强制性规定的合同效力制度，活化强制性规定；另一方面，需立足于司法视角，有效整合法学与其他学科，通过跨学科，突破法学理论的局限性问题。

---

[1] 刘麒：《民事强制性规定司法适用研究》，南华大学 2022 年硕士学位论文。

总而言之，当前我国关于合同法的立法理念在不断创新，立法体系也在不断完善，但因违反强制性规定的合同效力本身具有较高的抽象性与复杂性，所以在实践过程中，仍旧会产生诸多问题。在民法典视野下，必须要加强立法、司法之间的关联，以实践经验推动合同无效的强制性规范认定精准性。

论 AI 绘图作品独创性的认定

丁功成[*]

(中国政法大学 北京 100088)

摘　要：AI 绘图作品的独创性属于人工智能创作物著作权研究的基础理论范畴，本文以 AI 绘图著作权纠纷案例为视角，针对 AI 绘图作品进行独创性构成要件的探讨。根据 AI 绘图的技术原理和特殊的表现形式分析 AI 绘图独创性构成要件除需要具备"独立创作和最低限度的创造性"要求以外，还需要"创作者个性化地选择和判断，能够体现人的精神活动和创作意图"。

关键词：AI 绘图　独创性　构成要件

当我们在判断传统创作领域作品的独创性时，通常会考虑其是否具有足够的原创性和创造性。但随着人工智能（AI）的出现，独创性标准面临新的挑战。判断 AI 绘图是否具有独创性，分析其独创性的构成要件成了学界关注的问题。

一、AI 绘图的技术原理与方法

AI 训练模型分为三个步骤：首先，收集示范数据，给出提示和结果，监督训练成一个基本模型；其次，利用基本模型针对问题赋予对应的答案，从而形成一个"数据集"，训练出一个奖赏模型，对模型所输出的结果进行由高到低的评价和反馈，为进行下一步优化做准备；最后，采用近端策略优化，该优化是直接学习并及时更新的策略，可生成随机提问的回答，并使用第二步的奖赏模型作为奖励函数对所给出的回答打出分数，从而调整学习基线，

---

[*] 作者简介：丁功成（1994 年—），男，回族，福建晋江人，中国政法大学 2022 级同等学力研修班学员，研究方向为知识产权法学。

达到不断迭代和升级 AI 模型的效果。最终强化学习模型，得到更符合具有使用者偏向的有效结果。[1]

基于上述步骤，使用者通过与 AI 进行沟通，输入关键词并得到图片，在得到不理想的图片后及时修改或增加关键词，最终得到符合使用者心意的图片。从中可看出，AI 绘图的结果在很大程度上受使用者的影响，AI 会根据使用者输入的关键词进行调整，在奖赏模型和近端策略优化算法的机制下，使用者对 AI 绘图的结果具有一定的可预测性。

二、AI 绘图著作权问题之梳理

（一）相关学说的比较

目前学界对 AI 生成物的独创性有肯定说、否定说和折中说。肯定说认同人在"AI 创作"过程中的主观作用，其理论基础是更新后的 AI 技术，与过去的 AI 技术相比，在学习模型方面有了进一步发展和提升，更新后的 AI 技术大多接受了基于人类反馈的强化学习训练，这能够使得 AI 生成物融合人类的主观倾向，体现人类创作意图、精神活动和智慧成果。[2]否定说认为 AI 创作不属于"独立创作"，部分学者认为 AI 技术本质上是大型的语言模型，AI 生成物并不属于人的创造成果。[3]折中说认为，AI 生成物需要能够体现人的精神活动，且需要根据事实判断该精神活动是否能够被评价为著作权法上的创作行为。[4]

（二）国内外案例分析

近年来，在 AI 绘图著作权纠纷案例中，关于 AI 绘图独创性的问题所占比例较高，而判定 AI 绘图是否具有独创性的核心要点是"个性化表达"。然而，AI 绘图是否具有个性化，目前的司法实践多依据行业专家从专业的角度

---

[1] 参见吴昊天：《人工智能创作物的独创性与保护策略——以"ChatGPT"为例》，载《科技与法律（中英文）》2023 年第 3 期。

[2] 参见丛立先、李泳霖：《生成式 AI 的作品认定与版权归属——以 ChatGPT 的作品应用场景为例》，载《山东大学学报（哲学社会科学版）》2023 年第 4 期。

[3] 参见王迁：《再论人工智能生成的内容在著作权法中的定性》，载《政法论坛》2023 年第 4 期。

[4] 参见黄玉烨、刘云开：《ChatGPT 版权争议何解？来听专家怎么说》，载《中国知识产权报》2023 年 4 月 4 日。

具体问题具体分析。

在"北京菲林律师事务所诉北京百度网讯科技有限公司著作权侵权纠纷案"[1]中，法院认为，虽然侵权图片在图形形状上存在一定的差异，但该差异是基于选择数据的不同而产生的，并非基于创作产生的；针对相同的数据，只要使用者利用常规方式展示数据，其表达也是相同的，故不符合独创性的要求。在"艾伦案"中，杰森·艾伦使用 AI 绘图工具生成图像《太空歌剧院》，在为该图申请版权登记时，因图像含有过多的人工智能生成内容而被拒绝。在美国版权局审查委员会看来，虽然艾伦在生成最终图像之前输入了大量修改和文本提示，但该 AI 绘图工具不能将提示文本作为特定表达结果的具体指令，因为其所使用的 AI 绘图工具不能理解语法、句型或指令，故而即使艾伦输入了提示词，但却不能对生成的图像进行创意控制。在"李某诉百家号博主 AI 绘图案"[2]中，法院认为原告通过输入提示词、设置相关参数，并在后续继续增加提示词、修改参数，通过多次修正和调整，最终获得涉案图片，这一过程体现了原告的审美选择和个性判断，体现出了原告的个性化表达，涉案图片具备"独创性"。

上述案件的区别为：在"北京菲林律师事务所诉北京百度网讯科技有限公司著作权侵权纠纷案"中，原告只选择了数据，对生成后的图片的形状、线条和颜色等没有做进一步的个性化调整（未提交证据予以证明），即只输入了数据却没有图形调整指令输入的步骤，缺乏了个性化的表达。在"艾伦案"和"李某诉百家号博主 AI 绘图案"中，虽然都进行了多次的指令输入与修改，但区别在于"艾伦案"中使用的 AI 绘图工具缺乏对图像的创造性控制，即使输入了提示词，也不能对生成的图像进行有效的创意控制，AI 生成图像的过程不具有人的主观倾向。

三、AI 绘图独创性要件之认定

王国柱教授认为，AI 生成的图像究其本源仍属于人利用 AI 技术所产出的对象，如果能够从 AI 生成物中发现某种创作意图，该创作意图只能来源于人，而非 AI 本身，"AI 工具论"的观点并没有过时；若人在使用 AI 技术时

---

[1] 参见北京互联网法院［2018］京 0491 民初 239 号民事判决书。
[2] 参见北京互联网法院［2023］京 0491 民初 11279 号民事判决书。

付出了一定的创造性智力劳动,那么这种使用与人对摄像器材的使用并无本质区别。[1]通过对 AI 相关案例分析可知,判断 AI 绘图是否具有独创性,取决于该图片是否由自然人的创作活动直接产生,其中的色彩、线条和造型是不是由自然人有意图进行选择和调整出来的,针对 AI 绘图独创性要件的认定可以从以下几点进行理解。

(一) 须为独立创作

这意味着 AI 绘图应该是创作者独立完成的,参数或关键词的选择不能直接复制他人的现有成果,或在他人的现有成果上只做了很少的修改。生成物的外在表现需与现有作品存在一定程度的差异,且需要能够体现创作者个性化的创作意图。

(二) 体现出最低限度的创造性

需投入人的智力劳动,体现出最低限度的创造性。AI 绘图过程中需要有人的干预或控制,由 AI 完全自行生成的图像不具有独创性。例如"北京菲林律师事务所诉北京百度网讯科技有限公司著作权纠纷案"中当事人只选择了数据,后续图像完全由 AI 自行生成,没有证据证明其有做进一步的个性化调整,也就无法证明其具有一定的创造性。

(三) 需具有个性化选择和判断

AI 绘图的特定表现形式须源于创作者个性化的选择与安排。参考摄影作品中拍摄器材、拍摄手法、拍摄对象和拍摄目的等人为因素的个性化选择,AI 绘图的个性化选择可以分为两类:一类是文生图的关键词选择,包括但不限于主体词、细节词、构图词、背景环境词、风格类型词、拍摄媒介词和参数词等;另一类是图生图的关键词和输入图的选择,除关键词的选择以外,图生图中输入图片的选择也是个性化考量的关键。若输入的图片原本就是使用者自我拍摄的成果,则个性化程度较高。若输入他人现有的作品,则需要从关键词的选择和作者创作意图两方面进行判断,并考察其与现有作品是否存在差异。另外,也可以判断 AI 生成图的个性化程度,程度可分为三类:细节调整,风格仿制和全新创新。其中细节调整与现有作品的差异性较小,可

---

[1] 参见王国柱:《人工智能生成物可版权性判定中的人本逻辑》,载《华东师范大学学报(哲学社会科学版)》2023 年第 1 期。

认为不具有独创性。

(四) 须能够体现人的精神活动和创作意图

创作者的个性化选择须能够对 AI 生成图进行创意控制，即 AI 生成图须融合人类的主观倾向，需要体现人的创作意图、精神活动和智慧成果。创作意图和精神活动通过人在使用 AI 时所作出的判断、构思、安排和选择等创造性贡献体现出来。在 AI 技术上的表现为，软件需接受基于人类反馈的强化学习训练，可以强化学习模型，得到更符合具有创作者偏向的有效结果，AI 生成图不能完全随机生成，创作者对 AI 绘图的结果需具有一定的可预测性，需能进行有效的控制。

专利等同侵权中可预见性规则研究

陈 晓[*]

(中国政法大学 北京 100088)

摘 要：专利侵权中的等同原则允许专利保护超出权利要求的字面意义，以覆盖实质上相同的发明。可预见性规则限制了该原则的应用，即若专利权人在申请时能预见到某技术特征但未将其包含在权利要求中，则不能基于等同原则主张侵权。对美国与中国相关实践做比较研究可知，可预见性规则存在争议，需要谨慎适用，以平衡专利权人和实施者的权益。

关键词：专利侵权 等同原则 可预见性规则

专利权保护范围的界定较为复杂，等同原则的适用更是一项挑战。本文将深入探讨专利等同侵权原则及其与可预见性规则的关系。通过分析国内外司法实践，揭示这些原则如何影响专利权权利要求的解释，以及如何在保护发明人权益与防止不公平竞争之间寻求平衡。

一、等同侵权与可预见性规则的缘起

为了避免对一项发明的权利要求的字面侵权，侵权者可以添加非实质性改变，从而复刻一项发明，这表面上遵守了专利法。[1]为了防止这种复刻，"等同原则"将专利保护延伸到权利要求书的字面范围之外，以涵盖与专利发明无明显著差异的装置。

美国司法实践中最早提及等同原则（Doctrine of Equivalents）的案例可以

---

[*] 作者简介：陈晓（1988 年—），男，汉族，北京人，中国政法大学 2022 级同等学力研修班学员，研究方向为知识产权法学。
[1] See Festo Corp. v. Shoketsu Kinzoku Kogyo Kabushiki Co., 122 S. Ct. 1831, 1833 (2002).

追随到 1814 年的"Odiorne 诉 Winkley 案"[1]。本案的争议集中在用于制造钉子的机器的专利上。原告基于被告的机器与专利发明之间的相似性主张侵权。该案法官提出,"仅仅似是而非的差异或轻微的改进不能动摇原始发明人的权利。例如假设手表首先由一个人发明,仅标记小时,并且另一个人添加用于标记分钟的装置,并且第三人添加用于标记秒的装置;它们都使用与第一个人相同的组合和操作模式来标记小时。在这种情况下,这些二手发明人不能获得包含其他方的发明专利的权利"。该案对所发明的机器的些许改进依旧视为在专利的保护范围中,确立了等同原则的雏形。

可预见性规则是指,如果专利权人在撰写专利申请时清楚地知道或者充分预见到某项技术特征,但该技术特征并未纳入权利要求的保护范围,则在侵权分析时不能对该技术特征适用等同原则。可预见性规则的萌芽可见于 1950 年具有影响力的"Graver Tank & Manufacturing v. Linde Air Products 案"。美国最高法院重申了等同原则在保护专利免受非实质性变更方面的作用。该专利要求保护的焊剂由碱土金属硅酸盐(例如镁)组成。被指控侵权的焊剂由硅酸锰组成。虽然锰不是碱土金属,但法院根据等同原则认定侵权。需要注意的是,专利的书面说明和现有技术参考文献中都披露了硅酸锰是一种可行的助焊剂成分,也就是说,该技术方案在撰写专利时已经预见到了。这在一定程度上影响了法院的判决。[2]该案表明,特定等同方案的可预见性证据有助于防止没有要求保护的等同方案根据等同原则被解释到权利要求的保护范围中。

二、可预见性规则的国内外法律依据

(一) 美国

Rader 法官在 1997 年"Sage Products, Inc. v. Devon Industries 案"[3]中开始阐明可预见性在限制等同原则方面可能发挥的作用。

Rader 法官在 2002 年"Johnson & Johnston v. R. E. 案"[4]中提出了可预

---

[1] See Odiorne v. Winkley, 18 F. Cas. 581, 582 (C. C. D. Mass. 1814).
[2] See Graver Mfg. Co. v. Linde Co., 339 U. S. 605 (1950).
[3] See Sage Products, Inc. v. Devon Industries, Inc., 126 F. 3d 1420 (Fed. Cir. 1997).
[4] See Johnson & Johnston Associates Inc. v. R. E. Service Co., Inc., 285 F. 3d 1046 (2002).

见性规则,该案涉及 Johnston 主张 R.E. 侵犯了其美国专利,陪审团认为,根据等同原则,R.E 侵犯了该专利的权利要求 1 和 2。然而该案法官认为"等同理论不能用来帮助申请人重新获得其本来在申请中可以合理预见并写入权利要求而没有写入的可专利客体,只能适用于申请时不可预见的等同物,这样既可以强化权利要求的公示作用,又可以保护专利权人的权利"。可以看出,如果在撰写专利时有能力预见到一种技术方案,但是却没有写入权利要求中,则不能在以后再主张该技术方案的等同侵权。可预见性规则实质上构成了对等同侵权的一种限制。

随后 2002 年"Festo v. Shoketsu Kinzoku Kogyo Kabushiki 案"表明,在讨论禁止反悔规则时,在不能合理地将权利要求的修改视为放弃特定等同方案的情况下(例如,如果在申请时等同方案是不可预见的,或者修改背后的理由与等同方案无关),专利权人可以通过证明在修改权利要求时不能合理地预期本领域技术人员会起草实际上包含所声称的等同方案的权利要求来反驳禁止反悔关于等同方案的推定。

(二)中国

我国《专利法》和司法解释没有对可预见规则作出明确规定。北京市高级人民法院出台的《专利侵权判定指南(2017)》(以下简称《指南》)第60条规定:"对于发明权利要求中的非发明点技术特征、修改形成的技术特征或者实用新型权利要求中的技术特征,如果专利权人在专利申请或修改时明知或足以预见到存在替代性技术特征而未将其纳入专利权的保护范围,在侵权判定中,权利人以构成等同特征为由主张将该替代性技术方案纳入专利权的保护范围的,不予支持。"可以看出,《指南》对预见性规则的概念和适用作出了明确的规定。对于该条款的理解和适用,北京市高级人民法院知识产权审判庭认为,引入"可预见性规则"可以堵住实践中可能出现的通过缩减说明书公开内容来规避捐献规则的漏洞,这样,"捐献规则"从专利文件内部的角度,"可预见性规则"从专利文件外部的角度,分别对等同原则的适用空间予以合理限缩。[1]

---

[1] 参见北京市高级人民法院知识产权审判庭编:《北京市高级人民法院〈专利侵权判定指南(2017)〉理解与适用》,知识产权出版社 2020 年版,第 248~258 页。

三、可预见性规则法律适用困境及其应对

（一）现有困境

在我国司法实践中，在适用可预见性规则时还是存在着一定的摇摆。

一方面，最高人民法院在很多案件中适用可预见性规则对等同原则进行限制。例如，在"孙某义与任丘市博成水暖器材有限公司、张某辉、乔某达侵害实用新型专利权纠纷案"[1]中，最高人民法院认定，专利权人在申请涉案专利时将其要求保护的技术方案限定为进水套的上表面呈锥面，而不是平面，锥面或平面均是涉案专利在申请时本领域普通技术人员普遍知晓的技术方案。因此，专利权人将权利要求中该技术特征限定为锥面是将平面排除在涉案专利权的保护范围之外。再如，在"青岛唐古拉精密仪器有限公司与江苏林工电气有限公司案"[2]中，最高人民法院认定，专利权人在撰写专利申请文件时已明确知晓技术特征、技术手段，却并未将其写入权利要求的保护范围，则在进行侵权比对时，不能再适用等同规则将该技术特征、技术手段纳入保护范围。

另一方面，最高人民法院在某些案件中也排除适用可预见性规则。例如，在"深圳某公司与上海某公司、广州晶东贸易有限公司侵害专利权纠纷一审"[3]中，广州知识产权法院认定，就双方分歧的被诉侵权产品的限位块的限位平面的横向宽度（L）是束环夹内径的 0.45 倍，与专利方案限定相应数值区间为"0.5 倍~0.8 倍"的技术特征是否等同的问题，两者不相同也不等同。根据涉案专利说明书［0018］段的记载，L 与束环夹内径的比例为 0.6 可以获得最佳效果，数值太大，影响外观；数值越小，定位效果越差，被诉侵权产品的 L 是束环夹内径的 0.45 倍只是未达最佳效果，但技术效果和手段是等同的。也就是说，一审法院基本上认为 0.45 这个数值是专利权人可以预见到的数值，但是没有将其写入权利要求中，因此适用可预见性规则不能将权利要求解释成包括 0.45 这个数值。然而最高人民法院在本案二审[4]中作出了

---

[1] 参见最高人民法院［2015］民申字第 740 号民事判决书。
[2] 参见最高人民法院［2021］最高法知民终 1924 号民事判决书。
[3] 参见广州知识产权法院［2019］粤 73 知民初 1399 号民事判决书。
[4] 最高人民法院［2021］最高法知民终 985 号民事判决书。

相反的认定。首先，涉案专利争议技术特征"限位块的限位平面的横向宽度（L）为束环夹的内径的 0.5 倍~0.8 倍"并非涉案专利发明点。其次，数值比例差值仅为 0.05，差值范围在 10% 以内，对于本领域技术人员而言，显而易见二者所采用的技术手段基本相同，而且所实现的功能和达到的效果实质相同，故应认定二者构成等同技术特征。也就是说，虽然专利权人能够预见到 0.45 这个数值且未写入到权利要求中，依然能够适用等同原则。最高人民法院也明确了该特征不是发明点，属于次要特征。

（二）解决方案

"可预见性规则"作为对等同侵权的限制，起到了限制专利权利要求解释范围的作用。诚然，对"可预见性规则"的适用需要具体情况具体分析，若运用过于激烈，则会导致专利权人的抗议。专利权人会说，无法对全部技术特征的全部已知等同技术特征进行穷尽的罗列，更不可将这些等同特征罗列至权利要求书中。若在等同侵权时不考虑运用"可预见性规则"，又会造成权利要求的范围被解释得过大，造成对专利实施人权益的损害。因此"可预见性规则"在学理和实践中一直存在较大争议，也未能"升格"为正式的法律规则。在没有法律法规或者相关的司法解释将"可预见规则"固定下来的前提下，要考虑可预见规则的弊端和优点，综合判断，谨慎适用。

专利法中公开不充分条款应用研究

——以宁德时代专利无效案为例

王明玥[*]

(中国政法大学 北京 100088)

摘　要：公开不充分作为专利法制度中重要的无效条款之一，在无效实践中通常与其他条款组合适用，较少作为法律依据单独适用。本文通过对以公开不充分无效条款作为唯一法律依据作出的最新无效案例进行深入分析，探讨该条款在专利无效案件中的审查难点，明确"是否充分公开"的判断标准与要素，为专利申请和无效实践中提供借鉴意义。

关键词：专利权　无效宣告程序　公布不充分条款

引　言

近年来新能源领域专利诉讼频发，电池相关专利无效案件数量逐年递增。因电池领域公开不充分条款的过往无效成功案例较少，且相关涉案专利申请文件记载的技术方案均出现明显技术错误，案情相对简单，参考价值不高，社会公众更偏好利用新颖性或创造性条款与公开不充分条款组合进行无效请求。本文通过对专利局复审和无效审理部基于公开不充分条款作出的最新无效决定进行深入分析，探讨公开不充分无效条款作为唯一无效理由在专利无效案件中的审查方向及难点，以期在专利申请和无效实践中获得借鉴意义。

---

[*] 作者简介：王明玥（1995年—），女，汉族，湖南邵阳人，中国政法大学2023级同等学力研修班学员，研究方向为知识产权法学。

一、公开不充分条款在专利无效案件的应用情况

公开不充分条款通常指《专利法》第 26 条第 3 款。[1]专利法的核心价值在于"以公开换保护",基于此,《专利法实施细则》将公开不充分条款作为专利无效的理由,保证公众与专利权人的利益平衡。[2]

以电池领域为例(检索数据库:粤港澳知识产权大数据综合服务平台,检索区域:中国;分类号:H01M),截至 2024 年 5 月 1 日,以《专利法》第 26 条第 3 款(以下简称"公开不充分条款")作为无效法律依据之一的无效案例共 53 项,占比约 20.73%,但以公开不充分条款作为决定要点的无效案例仅 30 项,无效成功案例仅 5 项(含材料领域案例 3 项)。尽管社会公众有意识地去应用公开不充分条款作为无效理由,但因基于该条款请求专利无效成功的案例远少于其他类型的无效案例,在大部分无效案件中,请求人更偏好将公开不充分无效条款与其他的无效条款组合使用,构建更为合理、更有把握的无效策略。

二、从一起案件说起:宁德时代专利无效案简介

案例涉及专利名称为"正极极片及电池"的发明专利(申请号 2018××××957.2,无效案件编号 4××××609,以下简称"案件一")以及专利名称为"锂离子电池"的发明专利(申请号 2019××××365.4,无效案件编号 4××××529,以下简称"案件二"),无效宣告请求人分别于 2022 年 6 月 27 日以及 6 月 28 日,以《专利法》第 26 条第 3 款作为唯一无效理由对两项涉案专利提出无效请求。在案件一中,无效请求人认为,涉案专利记载的实验数据为虚构或编造,与公知常识矛盾,导致说明书公开不充分。在案件二中,无效请求人认为,涉案专利未能公开如何精准控制 VOI 值,以及试验数据与理论基础相矛盾,进而导致说明书公开不充分。针对上述两案中请求人提出的争议,专利局复审和无效审理部认为,上述两项涉案专利循环性能测试方法不明确,且测试条件不明导致技术手段、技术效果难以确定,同时所属技术领域的技

---

[1] 该条规定,说明书应当对发明或者实用新型作出清楚、完整的说明,以所属技术领域的技术人员能够实现为准;必要的时候,应当有附图。

[2] 参见《专利法实施细则》(2024 年 1 月 20 日起施行)第 11 条、第 69 条第 2 款。

术人员也无法仅根据现有技术推演得到经验规律和预测技术效果，最终依据《专利法》第 26 条第 3 款，分别于 2023 年 7 月 31 日以及 8 月 3 日对两项涉案专利作出全部无效的决定。

三、公开不充分条款在专利授权确权案中的应用

（一）在专利申请实践中的应用

电池领域材料相关的技术方案是否可以实施往往难以预测，必须借助实验结果加以证实。目前，中国国家知识产权局在审查相关领域专利申请时，对化学领域专利的充分公开的要求如下：①对于化学产品发明。说明书中应当记载化学产品的确认、化学产品的制备以及化学产品的用途。②对于化学方法发明。其一，无论是物质的制备方法还是其他方法，均应当记载方法所用的原料物质、工艺步骤和工艺条件，必要时还应当记载方法对目的物质性能的影响，使所属技术领域的技术人员按照说明书中记载的方法去实施时能够解决该发明要解决的技术问题。其二，对于方法所用的原料物质，应当说明其成分、性能、制备方法或者来源，使得本领域技术人员能够得到。[1]

基于上述审查标准，企业在进行专利申请时，应当针对权利要求记载的内容进行充分公开。案件一与案件二为材料领域典型的参数专利，技术方案为通过合理控制某一材料的特定参数，以使材料发挥较好的性能或具备特定的功能。通过查看涉案专利的实施例数据可以发现，申请文件自身所记载的实验数据并未自相矛盾，并且可对技术效果进行完美佐证。但是，申请文件记载的实验数据却与外部证据及公知常识矛盾，本领域技术人员无法按照说明书中记载的方法得到相应的实验结果，无效请求人利用上述漏洞，最终使得涉案专利全部无效。

因此，在材料领域的专利申请实践中，对于如何确定说明书是否公开充分且足以支撑权利要求，可从以下角度考虑。

第一，实验数据是否足以证实技术效果。为满足说明书充分公开的要求，材料领域的专利一般应当对应设置相关实验数据（含定性实验数据），且相关实验数据要能证实所要保护的技术方案的技术效果，且可以解决对应的技术

---

[1] 参见国家知识产权局制定：《专利审查指南 2023》，知识产权出版社 2024 年版，第 308 页。

问题。如果没有相关数据的支撑,文字记载的技术效果很可能被认定为断言性的记载,从而导致专利的驳回。

第二,实验数据是否符合本领域技术人员的认知。申请文件记载的实验数据不仅需要实现"内部自证"的目的,还不能与公知常识及本领域技术人员的常识相悖。以案件一为例,涉案专利实施例11、29、30NCM分体OI值小于等于1,明显与公知常识相矛盾,且全部实施例的实验数据与本领域技术人员的常识、专利权人在后专利及市场已有产品相矛盾。如果实验数据与已有公知常识不符,且无法提供相应证明,也容易产生说明书公开不充分的问题。

第三,实验数据的测定方法应当具有可预见性。测定方法是本领域技术人员得到说明书声称技术效果的主要路径,说明书实验所用方法和相关数据均应在说明书中予以详细说明,若现有技术中存在导致不同结果的多种测定方法,则应当指明,若为特殊方法,应当予以详细说明,给出足够的技术信息,使所属技术领域的技术人员能够实施该方法,并将实施该方法得到的数据与现有技术相比较,以确定发明技术效果。[1]如案件二中的专利,在本领域技术人员的认知中,PD 1.9g/cm3的石墨负极无法实现3C倍率充电,1C倍率放电,全充放4000圈以上的循环寿命,且在申请日前NCM/石墨电池循环无法达到4000圈以上。尽管申请人提供了部分反证,但并不足以证明测试方法为公知常识。并且,专利说明书中仅公开"满充满放"的定性条件,本领域技术人员无法利用相同方法重现测试且得到相应结果。因此,若测定方法非公知常识或本领域技术人员的常识,或者说通过公知常识或本领域技术人员的常识无法对相关数据进行测定或者无法得到相关实验数据,应当在说明书中明确记载所属技术领域的技术人员可参考借鉴的测试方法,以期得到相关数据结果,确定技术方案可以实现的技术效果。

(二)在专利无效实践中的应用

2024年1月20日施行的《专利法实施细则》新增第11条作为新的无效宣告理由,对《专利法》第20条第1款规定的"申请专利和行使专利权应当遵循诚实信用原则"进行加强补充。上述新增无效理由可考虑与公开不充分

---

[1] 参见国家知识产权局制定:《专利审查指南2023》,知识产权出版社2024年版,第309页。

条款进行组合使用，两种无效理由均是为保证专利权人与社会公众的利益平衡而设立的无效条款，更能降低案件争议性。

在上述案件中，无效请求人实际提交了相关无效证据，但合议组未作出相关认定（涉案专利申请日早于新法实施日），仅按照实验数据的测试方法公开不充分作出无效决定。事实上，申请人在涉案专利的同一时间段先后提交了数件关联专利（如2018×××××616.3的发明专利，已视为撤回），且不同专利申请文件中记载的实施例实验数据相互矛盾，明显不符合相关公知常识，违反了《专利法》第20条第1款规定的"诚实信用原则"。

专利公开的本质是为了促进技术的发展，[1]上述案件中的技术方案披露并不能对社会技术的增量作出实质性贡献。因此，在无效实践过程中应当加强《专利法》第26条第3款以及第20条第1款的应用，尊重技术规律，实现专利权人和社会公众之间的最佳利益平衡，推动社会技术进步。

---

［1］参见郭鹏鹏：《由小 i 机器人案再议专利充分公开制度》，载《知识产权》2016年第8期。

非正常专利申请研究

莫冬丽*

（中国政法大学 北京 100088）

摘 要：随着知识产权保护意识的提升，专利申请数量逐年增加，但同时也伴随着非正常专利申请的出现。本文旨在探讨非正常专利申请的内涵、表现、危害及其成因，分析规制非正常专利申请的现有规范及其困境，并提出相应的完善建议，提高专利授权确权质量。

关键词：非正常专利申请 诚实信用原则 权威机关 市场主体

一、非正常专利申请的基本问题

（一）非正常专利申请的内涵与表现

非正常专利申请是指，不符合专利法律法规规定的专利申请条件或程序，或者明显违反法律、道德或公共利益的行为。这些申请往往不以保护创新为目的，不以真实发明创造活动为基础，而是追求其他不正当的利益，如获取政策优惠、骗取政府资助和奖励、追求市场优势、申报职称等。非正常专利申请主要体现为：其一，基于专利审查制度的漏洞，通过编造、伪造、抄袭或采用计算机等相关技术随机生成的大量低质量专利申请来干扰正常的专利审查流程；其二，滥用专利权，通过不正当手段获取专利权益，压制竞争对手等。

（二）非正常专利申请的危害与成因

非正常专利申请对知识产权制度和创新环境造成了不容忽视的影响。首

---

* 作者简介：莫冬丽（1990年—），女，汉族，广西来宾人，执业专利代理师，中国政法大学2023级同等学力研修班学员，研究方向为知识产权法学。

先，非正常专利申请违背了专利法的立法宗旨，从而严重扰乱了正常的专利申请以及审查秩序。其次，我国专利审查资源有限，大量的非正常专利申请占用了大部分的专利审查资源，同时，由于多数非正常专利申请均为规避专利审查的设计，因此大大增加了审查的难度，增加了审查的工作量，从而严重影响了对正常专利申请的审查效率。再次，非正常专利申请严重破坏了市场竞争的公平性，使得真正致力于创新研究的企业和个人难以得到公平的对待。最后，大规模的非正常专利申请对于整个社会的创新环境造成了严重的负面影响，大大降低了公众对知识产权保护制度的信心。

造成非正常专利申请现象的原因是多方面的。一方面是利益驱动，部分申请人为了追求短期利益，不惜采用不正当手段进行专利申请；一些地方政府为了政绩和形象工程，过度追求专利申请数量，使得专利数量成为企业科研技术实力的重要标准，从而助长了非正常专利申请的风气。[1]另一方面是制度漏洞，专利审查制度的不完善以及公众知识产权保护意识的缺失也是导致该现象的重要原因。

(三) 非正常专利申请的规制必要性

为促进科技创新和公平竞争，对非正常专利申请进行规制是非常必要的。首先，通过打击非正常专利申请行为，可以净化专利审查环境，有助于减少审查资源的浪费，使审查员能够更专注于高质量专利的审查，提高审查效率和准确性。其次，规范非正常专利申请有助于营造良好的创新环境，推动地方经济的创新发展，提升地方知识产权保护的整体水平，同时有助于引导申请人提交更高质量的专利申请，维护专利申请的公平竞争环境，防止恶意抢注、抄袭等行为，进而激发企业和个人的创新热情。最后，加强非正常专利申请的规制还能提升公众对知识产权制度的信任度，为科技创新和经济发展提供良好的法治环境。[2]

---

[1] 徐棣枫、孟睿：《规制专利申请行为：专利法第四次修改草案中的诚实信用原则》，载《知识产权》2019年第11期。

[2] 唐代盛：《非正常专利申请行为法律规制现状、反思与重构》，载《科技进步与对策》2019年第22期。

二、规制非正常专利申请的现有规范与困境

(一) 规制非正常专利申请的现有规范依据

目前,我国已经建立了一系列法律法规来规范专利申请行为。例如,2024年1月20日正式实施的《专利法实施细则》引入了实用新型明显创造性审查和外观设计明显区别审查,以利于进一步从源头上提高专利质量。同时就申请专利和行使专利权应当遵循诚实信用原则作出明确规定,规定各类专利申请应当以真实发明创造活动为基础,不得弄虚作假,并将其作为驳回和无效条款,还增加了申请人或专利权利人违反诚实信用原则的行政处罚等,用于对非正常专利申请行为进行规范。再如,国家知识产权局于2023年12月21日印发的《规范申请专利行为的规定》明确定义了8种非正常专利申请行为。同时,其还在第3条采用"违反诚实信用原则、扰乱专利工作正常秩序的其他非正常申请专利行为"作为兜底条款对未来可能出现的非正常专利申请行为进行统一概括,以确保能够对非正常专利申请行为进行行之有效的规范。

(二) 规制非正常专利申请现有规范之困境

尽管目前已有相关法律法规对非正常专利申请进行规制,但是在具体实施中仍存在较大的困境。具体原因主要包括:其一,《规范申请专利行为的规定》虽然明确定义了8种非正常专利申请行为,但是这个定义还是相对模糊,缺乏明确的标准和指引。这会导致在执行时存在一定的主观性和不确定性,由此使得部分非正常专利申请成为漏网之鱼而通过审查并获得专利权,而部分正常专利申请却被殃及进而影响其正常申请。其二,目前,对于非正常专利申请的判定及后续处理工作一般都被分配至各地方知识产权局,由于非正常专利申请量较大,同时,部分地方知识产权局对于专利申请质量的判断能力不一,因此地方知识产权局在判断非正常专利申请时往往不从专利本身出发,而是从申请人出发,进而导致个人申请人以及医院申请主体成了非正常专利申请的重灾区。并且,一般为了达到非正常专利申请撤回率,一旦被认定为非正常专利申请,各地政府通常不同意申请人提出申诉。这大大打击了真正进行研发创新的申请人。其三,部分企业和个人对于知识产权保护意识的薄弱也是导致非正常专利申请行为无法得到有效规范的主要原因。

三、规制非正常专利申请的具体完善建议

对非正常专利申请行为进行有效规制，让专利申请制度回归专利法的立法初衷任重道远，且需要各政府部门、专利代理机构以及申请人多方共同努力。

（一）对权威机关的建议

第一，从立法的角度来看。目前，虽然已有《专利法实施细则》对于专利申请过程中需要遵循诚实信用原则进行规定，同时还有《规范申请专利行为的规定》对于非正常专利申请行为的具体形式进行定义，但是由于这些规定的边界不够清晰，因此仍然存在较多漏洞。同时对于被认定为非正常专利申请的后续处理也没有明确的规定。因此建议可以从专利审查指南对于"专利申请过程中需要遵循诚实信用原则"以及被认定为非正常专利申请的后续处理进行明确的配套规定，从而使得执法人员在对非常专利申请行为的判定以及后续处理有明确的、客观的依据。[1]

第二，从执法的角度来看。各地方知识产权局在对待非正常专利申请的判定时应当以公平公正的态度来看待，对于确实为非正常专利申请的行为严惩不贷，并建立黑名单制度，对于多次进行非正常专利申请的企业或个人进行记录，并采取相应处罚措施。但是对于被误判的正常专利申请也应该给予申请人正常的申诉机会。

（二）对市场主体的建议

非正常专利申请的源头在于申请人以及专利代理机构。因此，除政府发文要求申请人和专利代理机构遵循相关法律法规，规范自身的专利申请行为之外，还需要进一步地通过各地方政府部门、各相关协会等对申请人以及专利代理机构进行培训引导，提高申请人和专利代理机构对于知识产权保护的认识和重视程度，同时对于非正常专利申请量较大的地区应成立专利的知识产权培训调研小组，对该地区进行调研、宣传和培训，从根本上解决非正常专利申请的源头。

---

［1］ 程秀才等：《非正常申请专利行为治理现状及对策研究》，载《中国发明与专利》2023年第1期。

结　语

非正常专利申请行为是知识产权领域的一大顽疾，严重破坏了知识产权制度的公平性和有效性，对科技创新和经济发展产生了负面影响。因此，为了维护知识产权制度的健康发展，需要政府、企业和社会各界共同努力，加强监管和自律管理，提高公众的知识产权保护意识。只有这样，才能为科技创新和经济发展提供良好的法治环境和市场氛围。

药物临床试验数据使用权属研究

秦 智*

(中国政法大学 北京 100088)

摘 要:药物临床试验数据开发过程复杂,涉及方参与者众多,对开发的数据及其衍生知识成果的权属没有明确清晰的界定。同时,研究者(医护人员)和监管当局对临床试验数据的使用披露需求是迫切的。因此,确立临床试验数据权属划分模式是迫切且必要的。

关键词:药物临床试验 数据 使用权 权利归属

临床试验,是指以人体(患者或健康受试者)为对象的试验,意在发现或验证某种试验药物的临床医学、药理学以及其他药效学作用、不良反应,或者试验药物的吸收、分布、代谢和排泄,以确定药物的疗效与安全性的系统性试验。[1]在试验过程中产生的各项数据(包括原始的基本数据和收集加工后的数据)是制药企业、研究团队以及管理当局非常重要和关键的知识成果。在当下,临床试验数据的使用权没有明确的归属界定。随着药物临床试验行业的蓬勃发展,药物临床试验数据保密越来越重要,数据披露会给制药企业带来不小的冲击;而对于研究团队,临床试验数据的使用是在职继续研究、丰富临床治疗方案及个人晋升的必经之路;作为关系药品安全有效性的重要数据,药企为获得药品试验数据付出了不菲的成本投入,故《与贸易有关的知识产权协议》第 39.3 条要求各成员国对该类数据予以保护,即政府不

---

* 作者简介:秦智(1995 年—),女,汉族,湖北宜昌人,中国政法大学同等学力研修班 2023 级学员,研究方向为知识产权法学。

[1] 参见《药物临床试验质量管理规范》第 11 条。

得披露药企所提交的用于上市申请的药品试验数据,以防止不正当的商业利用。[1]探索合法合理可持续发展的临床试验数据使用权归属分配模式是必需且紧迫的。

一、药物临床试验数据的开发与使用实践

(一)临床试验数据开发的复杂性

第一,药物临床试验数据开发参与方众多。纵观临床试验数据开发过程,可将其分为数据的产生、数据的收集和数据的加工(即数据管理和统计分析)三部分,在三个步骤中涉及众多角色人员的参与。以下介绍几个临床试验数据开发中的关键角色职责以串联药物临床试验数据开发流程:临床试验项目经理总体负责整个临床试验的安排和管理,临床试验数据产生于临床试验中心(即临床试验机构备案平台备案在册的医院科室),在此过程中主要依靠参与临床试验的医生、护士、药师将最原始的生命体征、人口学信息、医学检验检查、医学判断等数据记录在病历、护理记录单等医疗文件中。临床试验协调员将医院端产生的关键/主要数据录入至 ED(electronical data caputure)系统,临床试验监查员同步在 EDC 系统中进行 SDV(source data verification)以保证数据收集的准确可靠性;与此同时,临床试验数据管理员利用系统和人工的两种比对核查方式对收集的数据在线提出疑问,医学监查员也在系统中发出医学相关疑问,临床试验协调员或者研究医生接收到疑问后在线回复疑问,直至所有疑问全部被关闭,所有数据点收集完成即完成数据的收集工作,锁定的数据库被传输到生物统计师进行最终的数据分析,最终得出试验药物的安全性疗效性数据。总之,药物临床试验数据开发涉及的参与人员众多,增加了数据开发的复杂性。

第二,药物临床试验数据开发流程复杂。不同药物临床试验方案设计有所不同,整体来讲药物临床试验数据开发流程是复杂的。因为药物特性及治疗领域的不同,在临床试验方案设计上会有各不相同的方法,包括但不限于对照的设计,随机化的设计以及盲法的设计等,为实现不同试验设计的临床

---

[1] 参见刘宇飞:《论政府数据开放视域下的药品试验数据强制披露》,载《甘肃政法大学学报》2024 年第 1 期。

操作，会耗费更多人力物力和时间。

第三，药物临床试验数据开发监管严格。药物临床试验数据开发是在严格监管下执行的，不同国家地区的监管也有所不同，申请在哪个国家注册上市就必须遵循该国的监管要求；而临床试验的数据开发不仅要满足地区范围内的药品注册上市相关的监管要求，还需要严格遵守当局药品生产运输买卖等一系列监管规则，以我国为例，一个药物临床试验的数据开发过程不仅需要满足《药物临床试验质量管理规范》的规定，还需要遵循《药品管理法》《药品注册管理办法》等一系列法规。在《药物临床试验质量管理规范》的要求下，在药物临床试验数据开发过程中，研究者应当确保所有临床试验数据是从临床试验的源文件和试验记录中获得的，是准确、完整、可读和及时的。源数据应当具有可归因性、易读性、同时性、原始性、准确性、完整性、一致性和持久性。源数据的修改应当留痕，不能掩盖初始数据，并记录修改的理由。以患者为受试者的临床试验，相关的医疗记录应当载入门诊或者住院病历系统。临床试验机构的信息化系统具备建立临床试验电子病历条件时，研究者应当首选使用，相应的计算机化系统应当具有完善的权限管理和稽查轨迹，可以追溯至记录的创建者或者修改者，保障所采集的源数据可以溯源。[1] 上述监管要求体现了临床试验数据开发的独特性，也为临床试验数据开发过程带来了挑战。

(二) 临床试验数据使用的困境

目前在行业中没有明确规范明确临床试验数据的归属权，申办企业与研究团队在药物临床试验数据使用权属的问题上存在认知差异，可能会导致无法快速合理协商一致；而一般在试验前各方签署的临床试验合同/协议对临床试验数据使用权的归属也未做明确规定。

常见的协议中对具体数据权属分配的约定相对模糊，一般有以下三点要求和定义：其一，除试验药物成果外，因研究团队进行研究与试验药物上市许可注册无关的探索性的研究（未包含在试验方案中）而产生或者开发的数据、信息、文档、发明和发现（其他成果）由双方按各自的智力贡献来分享。双方可自主决定使用，开发或普通许可上述其他成果中的权利而无需向对方

---

[1] 参见《药物临床试验质量管理规范》第25条。

支付任何费用,但未经对方书面同意不得向任何第三方发放独占许可或转让上述其他成果的权利。其二,试验开展过程产生的任何涉及试验药物安全性和有效性的所有数据包括衍生数据和信息应始终为申办企业的专属财产。在试验进行期间,研究团队成员因提供本试验服务所产生的任何发明、发现、创造和改进,需立即报告申办企业,并且其所有权归于申办企业。其三,对试验的试验方案,病例报告表和其他方案要求的数据,申办企业独有其所有权,研究内容及结果的知识产权归申办企业所有。

基于相关规定的缺位以及常规协议的模糊性,这给对方主体造成了一定的困境。其一,过早过多信息披露对企业的影响。原始创新对于企业发展来说可谓举足轻重,为了能够做到原始创新,企业就必须防止临床试验信息过早过多披露;由于同类药物开发上市的竞争,无论是在药物临床试验进行过程中还是在药物临床试验临床部分已完成且未完成注册申报阶段,有关试验的安全性有效性数据,甚至方案设计相关的信息披露都会对企业造成或大或小的影响;正因如此,政府部门对临床试验数据设置保护期,根据药品临床试验数据保护期内是否发生符合法定披露情形,有相应的数据开放要求。药品试验数据保护期满后,药品监管部门控制下的药品试验数据应当归于无条件开放的政府数据。当药品试验数据独占期满后,法律默认药企已经对试验数据的商业价值进行了充分利用,故数据保护权利人不再享有试验数据的独占权,此时药品监管部门控制下的药品试验数据可以向社会公众无条件开放。[1]其二,临床研究人员对数据使用发表的迫切需要。对于临床医护人员而言,使用药物临床试验产生的数据分析总结尽早发表使用的需求是迫切的;药物临床试验周期长数据量大,严格等到药品注册上市后使用相关数据发布科研结果或其衍生物是不及时不合理的。其三,监管当局信息公示共享的利弊。监管当局对药物临床试验信息的公示共享是可以加速整个药物研发领域进程的,适当的信息公示共享将引导药物研发科学家们规避掉不安全疗效不佳的方向;但由于市场竞争等复杂的环境因素影响,当局如对临床试验信息过早过多曝光,会对企业和学界带来巨大冲击。

---

[1] 参见刘宇飞:《论政府数据开放视域下的药品试验数据强制披露》,载《甘肃政法大学学报》2024年第1期。

二、药物临床试验数据使用权的具体分配

（一）临床试验数据使用应当征求企业认可

临床试验数据的使用是需要征求申办企业认可的，在整个临床试验数据开发中申办企业的投入最大，而药物本身的专利亦为申办企业所有；整个试验中数据的收集方案、收集形式也来源于申办企业，故临床试验原始数据的使用权应归申办企业。但考虑到试验参与人员的复杂性、参与深度与专业性以及知识发挥应用的最大化目标，研究医生和护士是可以在征求申办企业认可后使用临床试验相关数据的。

（二）衍生知识产权应归开发者所有

利用临床试验原始数据发明创造出的知识成果权应属开发者，但因其利用了临床试验原始数据，这部分的使用是需要争取申办企业同意的，如未经同意而开发研究得到的衍生成果，权属问题将很难定义。而对于利用临床试验数据生成创造的出版物版权应归创造者所有，若申办企业过多介入甚至修改可能影响出版物的科学性和及时性；但申办企业对所使用临床数据的范围是有决策权和知情权的。

商标法征求意见稿第十四条第二款之解读与去留

项琳琳[*]

(北京万慧达知识产权代理有限公司 北京 100873)

摘　要：我国商标注册与使用等各个方面仍存在许多问题，有待规范。为解决这些问题，国家知识产权局于2023年公布了《商标法修订草案（征求意见稿）》。学界与实务界对该征求意见稿第14条第2款的规范含义存在分歧。本文认为，该款应解读为禁止重复注册申请，而非禁止联合商标注册。该条款应在此次商标法修订中予以保留，但在措辞上应做修改。

关键词：商标法征求意见稿　第14条第2款　重复注册申请　联合商标注册

引　言

目前，商标法正在进行第五次修改。2013年1月13日，国家知识产权局发布了第五次《商标法修订草案（征求意见稿）》，涉及法条很多，引起了广泛关注。其中，第14条在现行《商标法》第9条的基础上新增了第2款"除另有规定外，同一申请人在相同商品或者服务上应当只注册一件相同商标"。目前，对于该征求意见稿第14条第2款的理解争议较大，对其立法意义、实践价值、是否删掉、如何修改等各个方面都存在较大分歧，值得探讨。

---

[*] 作者简介：项琳琳（1999年—），女，汉族，辽宁人，中国政法大学2022级同等学力研修班学员，研究方向为民商法学。

一、第14条第2款的两种解读

对于第14条第2款的理解主要存在两种观点：第一种认为禁止重复注册申请；第二种认为禁止联合商标注册。

（一）禁止重复注册申请

重复注册申请是商标所有人在相同商品或服务上注册完全相同的商标。第一种禁止重复注册申请的观点将重点放在"相同"二字，认为在相同商品或者服务上的相同商标应当为一件，但在相同商品或者服务上不相同的或者近似商标的数量不受限制。同一申请人在相同商品或服务上可以注册近似但不相同的商标，只禁止重复注册申请，不禁止联合商标注册。

（二）禁止联合商标注册

联合商标是指，商标所有人在自己生产或销售的相同或类似商品或服务上注册的几个相互近似的商标，即将与注册商标近似的商标注册于相同或类似商品或服务上形成的相互联系的商标。[1]第二种禁止联合商标注册的观点将重点放在"一件"二字，而"一件"商标必然"相同"，"相同"只是对"一件商标"的描述，认为同一申请人在相同商品或服务上应当只注册一件商标，即一标一类原则，相当于物权法意义上的"一物一权"。因此不仅禁止重复注册申请，还禁止在相同商品或者服务上注册近似商标，即联合商标注册。

二、应解读为禁止重复注册申请

笔者支持第一种禁止重复注册申请的观点，可以从文义与目的两个角度论证。

第一，从字面意思看，同一申请人在相同商品或者服务上应当只注册一件相同商标。两件近似的商标不相同，因此两件近似但不相同的商标各自均为一件相同的商标，从而推出同一申请人可以在相同商品或者服务上申请注册两件近似的商标。第14条第2款并不禁止联合商标注册。

第二，从立法目的看，第二种观念认为第14条第2款为一标一类原则，严格限制商标数量，不仅禁止联合商标注册，还禁止在相同商品或者服务上

---

[1] 冯晓青：《联合商标策略》，载《企业活力》2000年第10期。

注册不近似的商标。禁止联合商标注册本身就是不合理的，商标权的边界是不确定的，通过注册联合商标可以确定权利范围。企业根据经营需要申请联合商标进行防御，这是企业维护自身商标权和商誉的必要手段，禁止联合商标注册是对企业经营不正当的干预。禁止相同商品或者服务上注册不近似的商标就更加荒谬。申请人出于商业目的在同一商品或服务类别上申请注册完全不近似的文字和图形两个商标，均有正当的使用目的，该行为无可厚非，属于申请人的权利，不应当被禁止。若按照第二种观念理解第14条第2款，申请人的正当权利则被剥夺。第二种观念理解的一标一类原则显然限缩了禁止的范围，曲解了征求意见稿的立法本意。

若按照第一种观点理解，同一申请人可以在相同商品或者服务上申请多个不近似或者近似商标，可以申请注册联合商标，从而进行商标布局和防御，只是不能在相同商品或者服务上申请注册两个完全相同的商标。重复注册申请在实践中通常表现为：驳回复审后的备份申请以及为避免因连续3年不使用而被撤销，申请人在相同商品或者服务上申请同一商标。

第一种情形是指，申请人的注册申请因近似性等原因被驳回，申请人申请驳回复审并对驳回的引证商标采取措施，但复审审理期限通常要短于对引证商标异议、无效、撤销连续3年不使用的审理期限，因此首个注册商标驳回复审审理时，引证商标的障碍未能移除，驳回复审裁定仍为输，申请人的注册申请未能通过。为避免引证商标措施审理期长于复审审理期限，申请人通常会在注册申请被驳回后提交相同商品或者服务上相同商标的备份申请，等待并迎合对引证商标采取措施的审理结果。另外也是希望两次相同的注册申请在面对不同审查员时能获得不同的审查结果，寄希望于第二次驳回复审的理由相较于第一次注册申请能够更容易解决。但目前实践中，驳回复审审理期限短于对引证商标采取措施审理期限这一问题在逐步改善，国家知识产权局在引证商标状态待定的情况下，逐步倾向于中止审理、等待审理结果，从国家知识产权局发布的《评审案件中止情形规范》就可以看出。《评审案件中止情形规范》规定了7种明确应当中止的情形，其中包括情形5，即"引证商标涉及的案件已有结论等待结论生效或者执行生效判决等待重裁的"，与情形7，即"所涉及的引证商标权利状态必须以人民法院正在审理或者行政机关正在处理的另一案件的结果为依据的,且申请人明确提出中止审理请求的"。[1]驳回后的备份申请本质上是对商标资源的浪费,在商标驳回的绝对和相对理由没有解决的情况下仅仅为了拖延程序重复注册申请毫无意义。

第二种情形是指,商标注册人连续3年在没有正当理由的情况下不使用注册商标,无法提供使用证据,被撤销的风险很大。商标注册人索性放弃撤销风险很大的商标,在相同商品或服务上重新申请注册一个完全相同的商标。如此一来,旧的注册申请就算被撤销,商标注册人仍然可以通过新的注册申请享有商标权。然而,撤销连续3年不使用注册商标申请的立法目的就是督促商标注册人的使用,充分发挥商标功能,避免商标资源的浪费。如果重复注册申请被允许,商标注册人将不通过使用维持商标注册,而通过不断地重复注册申请维持商标权。商标注册人通过重复注册申请规避撤销连续3年不使用注册商标申请,撤销连续3年不使用注册商标申请将在一定程度上被束之高阁,这显然违背了撤销连续3年不使用注册商标申请的立法本意。综上,重复注册申请会造成商标资源的浪费,禁止重复注册申请具有一定的立法意义,而禁止联合商标注册显然是不合理的。由此可见,第14条第2款禁止的是有争议的重复注册申请,而非意义和价值重大的联合商标注册。

三、第14条第2款的去留问题

为了避免商标资源的浪费,第14条第2款十分必要,应当保留。但为避免上述歧义,该条款在措辞上应有所修改。歧义产生的原因主要为"一件相同商标"的重点是"一件"还是"相同"。因此为强调禁止重复注册申请的立法目的,应当删除条款中"一件"的措辞,而删掉后为"同一申请人在相同商品或者服务上应当只注册相同商标",条款含义大相径庭。在不显示数量"一件"的情况下,允许句无法表达正确的立法意图。因此,笔者建议将该条款改为禁令句"同一申请人在相同商品或者服务上禁止重复注册相同商标",既有效避免歧义,又能还原立法意图。

---

[1] 参见《〈评审案件中止情形规范〉解读》,载 https://sbj.cnipa.gov.cn/sbj/ssbj_gzdt/202306/t20230613_27700.html,最后访问日期:2023年6月13日。

结 论

联合商标注册在实践中具有重要意义，而重复注册申请具有争议，在一些情形下会造成商标资源的浪费。因此，无论从字面意思还是立法意图来看，笔者倾向于将第 14 条第 2 款理解为针对更具有争议的重复注册申请行为。为避免商标资源浪费并规范重复注册申请行为，新增的第 14 条第 2 款在修改措辞、避免歧义的情况下应予以保留。

商业秘密侵权诉讼中举证责任研究

何 涛[*]

(中国政法大学 北京 100088)

摘　要：随着市场竞争环境日益激烈，商业秘密作为重要的知识产权类型，已成为企业核心竞争力的重要组成部分。由于商业秘密的权利外观不清晰，商业秘密侵权诉讼中不仅要证明侵权诉讼行为、损害及行为与损害的因果关系等侵权事实，还需要证明权利自身的合法性。在商业秘密侵权诉讼中，权利人面临着举证难的困境，这也是商业秘密司法保护的难题。

关键词：商业秘密　侵权诉讼　举证难　举证责任分配

商业秘密作为重要的知识产权类型，在日益激烈的市场竞争中为企业带来了显著竞争优势。然而，商业秘密的侵权行为也日益严重，商业秘密侵权不仅会给企业造成较大的经济损失，也可能给企业带来较大的声誉损害。商业秘密需要满足"秘密性""价值性"和"保密性"三项要件才能获得保护。[1] 在商业秘密侵权诉讼中，权利人面临着举证难的困境。商业秘密侵权诉讼中的举证责任规则是破解商业秘密保护难题的核心。

一、商业秘密侵权诉讼中举证难的表现

（一）商业秘密保护客体难以证明

商业秘密的界定是判断商业秘密侵权行为的基础。在商业秘密侵权诉讼中，权利人主张其商业秘密被侵犯，需要确定权利人主张的信息是否构成商

---

[*] 作者简介：何涛（1989年—），男，汉族，河南夏邑人，中国政法大学2023级同等学力研修班学员，研究方向为知识产权法学。

[1] 参见李希梁：《游走在权利人与侵权人之间——对商业秘密侵权诉讼中"秘密性"证明责任分配的思考》，载《成都理工大学学报（社会科学版）》2021年第6期。

业秘密。从权利基础角度看,权利人主张的信息构成商业秘密,是其诉讼请求能够得到法院支持的前提。在商业秘密侵权诉讼中,权利人不仅要证明拥有商业秘密、商业秘密具有秘密性、被诉侵权人使用了实质相同的信息,还需要证明被诉侵权人获取、利用或披露的信息源于权利人。[1]在商业秘密侵权诉讼中,商业秘密的认定建立在商业秘密具体内容明确的前提下,权利人需要明确商业秘密的具体内容,才能证明商业秘密权利的存在。然而,在实际操作中,如何确定某项信息是否符合商业秘密,以及保护范围如何界定,常常比较困难,权利人自身对其商业秘密的管理往往也不够规范。

(二) 商业秘密侵权行为难以证明

在商业秘密侵权诉讼中,权利人需要证明被诉侵权人存在商业秘密侵权行为,如非法获取、披露、使用或者允许他人使用商业秘密。被诉侵权人的商业秘密侵权行为通常比较隐蔽,权利人往往较难掌握商业秘密侵权的直接证据,这就导致"谁主张谁举证"无法适应商业秘密维权需要,进而导致无法实质上保护商业秘密权利人的利益。有观点认为,在侵犯商业秘密案件中,权利人在取得证据方面往往处于被动地位,如果机械地要求权利人举证,则不利于体现反不正当竞争法的立法宗旨,不利于对商业秘密的保护,因此,由离证据相较权利人更近的侵权人承担举证责任适用举证责任倒置,与反不正当竞争法的宗旨是相符的。在法院认定权利人要求保护的信息构成商业秘密之后,法院需要认定被诉侵权人所实施的行为是否侵害了权利人的商业秘密,即认定被诉侵权人所实施的行为是否构成侵权行为,这是商业秘密民事侵权案件事实认定的难点所在。这使得权利人在商业秘密侵权举证过程中面临较大的困难。

---

[1] 参见陈勇:《商业秘密侵权行为认定要素及相关案件证明责任》,华东政法大学2009年硕士学位论文。

二、商业秘密侵权诉讼举证规则的演变

(一) 商业秘密侵权诉讼举证规则的演变历程

第一，初始阶段："谁主张谁举证"。"谁主张谁举证"是民事侵权诉讼中举证责任分配的一般原则。[1] 1993年《反不正当竞争法》首次确立了"商业秘密"的概念，但是关于商业秘密侵权诉讼中的举证责任，该法并未予以明确。因此，商业秘密侵权诉讼应遵循民事侵权诉讼中的"谁主张谁举证"的一般原则。

第二，发展阶段："谁主张谁举证"与举证责任倒置。商业秘密的秘密性特点导致权利人证明存在侵权行为较为困难，相关证据往往由被诉侵权人控制，权利人往往难以获取，[2] 故"谁主张谁举证"原则无法很好地适用于商业秘密侵权案件。根据国家工商行政管理总局颁布的《关于禁止侵犯商业秘密行为的若干规定》第5条第3款的规定，商业秘密侵权部分举证责任倒置规则首次在行政执法层面得到确认。[3] 但是，最高人民法院《关于审理不正当竞争民事案件应用法律若干问题的解释》（已失效）第14条并未采纳举证责任倒置的规定，而是按照"谁主张谁举证"的原则。[4]

第三，新设规则阶段：举证责任的重大变化。为合理分配举证责任，现行《反不正当竞争法》第32条确立了商业秘密侵权诉讼新的举证规则，第32条包括两款，分别规定了商业秘密的构成要件和侵犯商业秘密行为的举证规则。根据《反不正当竞争法》第32条的规定，权利人证明其已经采取保密措施且合理表明商业秘密被侵犯的，被诉侵权人应当就争议客体不构成"商业秘密"举证，该条款减轻了权利人对其商业秘密是否存在以及侵权行为是否成立的举证责任，属于减轻权利人举证责任而加重被诉侵权人侵权风险的举

---

[1] 参见武晓：《论民法典第16条中的"等"——以我国胎儿利益保护制度为中心》，南京师范大学2021年硕士学位论文。
[2] 参见喻志强、戈光应：《商业秘密侵权诉讼举证新规则的适用》，载《人民司法》2020年第19期。
[3] 孔祥俊主编：《最高人民法院知识产权司法解释理解与适用》，中国法制出版社2012年版，第259~260页。
[4] 参见孜里米拉·艾尼瓦尔：《试论反不正当竞争法修正案的商业秘密条款》，载《科技与法律》2020年第2期。

证责任分配规则。[1]

(二) 现行商业秘密侵权诉讼举证规则的分析

《反不正当竞争法》第 32 条主要涉及商业秘密权利基础的举证责任分配。有观点认为,权利人应提供初步证据证明"保密性"并"合理表明商业秘密被侵犯",之后"不符合商业秘密构成要件"的举证责任就转移到被诉侵权人,如果被诉侵权人不能完成举证责任,则权利人所主张的商业秘密就会被认定为符合法律规定。也有观点认为,商业秘密权利人对商业秘密的三个构成要件即秘密性、价值性和保密性负举证责任,第 32 条仍坚持权利人对三要件负举证义务,只是并未要求必须逐一举证,但可就三要件一并举证。针对第 32 条的性质,学界与司实务界也存在分歧。有学者表示该条款实质正是举证责任倒置规定,也有学者认为理解该条款应当与中美经贸协议的第 1.5 条结合,该条款应当解释为我国少见的举证责任移转规则。对此,目前尚没有进一步的司法解释进行说明,但不可否认的是,《反不正当竞争法》第 32 条增设侵犯商业秘密举证责任相关条款,有利于改善商业秘密"举证难"的难题。

三、商业秘密侵权诉讼举证规则的完善

(一) 明确商业秘密的界定及保护范围

法院在审理商业秘密案件过程中,对侵犯商业秘密的界定通常考虑两方面,一是商业秘密本身的界定,即是否有符合条件的商业秘密的存在;二是侵权行为的界定,即是否有侵犯商业秘密的行为的存在。法院在审理商业秘密案件过程中,应结合具体案情,明确商业秘密的界定及保护范围,为相关方提供明确的诉讼指引。同时,法院还可以总结、发布裁判规则及典型案例,统一司法实践中的认识和标准,降低相关方在举证过程中的难度。

(二) 明确举证责任分配

法院在审理商业秘密案件过程中,采取《反不正当竞争法》第 32 条新设

---

[1] 参见王艳芳:《侵犯商业秘密举证责任的规范分析》,载《知识产权》2023 年第 7 期。

侵犯商业秘密举证责任条款，将降低商业秘密权利人的举证难度，但对于涉及商业秘密权利人己方的事实，权利人仍然具有一定的证明义务，举证责任与要保护的权益相适应。法院还可以积极探索诉讼禁令与先行判决制度的实践运用，提高司法救济的及时性。

论显著性在商标侵权判断中的作用

孔祥鹏*

(中国政法大学 北京 100088)

摘　要：显著性不仅是商标注册的核心条件，还为商标侵权判断提供了重要支持。本文以"青花椒"案为线索，对商标显著性的概念与认定、显著性对于商标侵权认定的作用及其实现机制进行研究。在明确显著性在商标侵权判断中作用的基础上，可进一步提升商标的辨识度，使商标充分发挥独特性优势。

关键词：显著性　商标侵权　描述性标志

引　言

商标的显著性表现为突出商标权的独特性，不仅使商标拥有更高的辨识度，还会在一定程度上有效避免商标被非法侵犯的风险。商标的显著性制度以商品或服务彼此间的区别性为依据，国内学术界将商标显著性作为"来源识别性"实际上是一种理论层面的误读，理论层面的误读造成显著性、来源识别性制度体系混乱冗杂在一起，导致显著性被误认为是一种创造性。在商标侵权诉讼中，显著性对于法院认定商标侵权具有重大价值。

一、"青花椒"案之简介与分析

（一）"青花椒"案简介

2021年12月发生的"青花椒"案是对商标权裁定的一次考验。上海万

---

*作者简介：孔祥鹏（1986年—），男，汉族，辽宁沈阳人，中国政法大学2023级同等学力研修班学员，研究方向为知识产权法学。

翠堂餐饮管理有限公司（以下简称"万翠堂餐饮"）以其"青花椒"商标被侵为由提出上诉。万翠堂餐饮分别在2016年4月、2016年9月、2018年6月获得3种不同形式的"青花椒"字样商标。万翠堂餐饮所注册的一系列呈现形式不同的"青花椒"商标均属于第43类核定服务项目，且适用范围仅限于万翠堂餐饮并处于合法有效期。

万翠堂餐饮在2021年9月向成都市中级人民法院提起诉讼，被告人为五阿婆青花椒鱼火锅店（以下简称"青花椒鱼锅"），诉讼内容为青花椒鱼锅侵害本公司的"青花椒"商标权益。法院一审判决表示，青花椒鱼锅确实对万翠堂餐饮依法获得的"青花椒"商标权造成侵害，因此要求青花椒鱼锅停止使用"青花椒"作为招牌内容，同时赔偿万翠堂餐饮经济损失30 000元。青花椒鱼锅并不认同成都市中级人民法院的判决结果，因此向四川省高级人民法院提出上诉。

（二）"青花椒"案件裁定分析

四川省高级人民法院受理青花椒鱼锅上诉并认为：万翠堂餐饮持有的"青花椒"注册商标有效无效并非民事侵权诉讼审理的范畴。万翠堂餐饮所持有的"青花椒"商标专有权保护范围应与其对应的显著性表现出一致性，商标的基础功能是帮助消费者识别、选择相应的商品或服务，不同的商标应当具有独有特性，而这种独有特性被定义为商标的显著性。[1] 同时商标的显著性与消费者对相应的商品或服务识别的效果存在正相关关系，商标的显著性越高，相应的商标专有权保护拥有更大的范围，相应的他人注册该商标所产生的侵权风险更高。鉴于《现代汉语词典》当中对青花椒的解释为一类植物果实以及在此基础上制作得到的调味料，同时餐饮行业与菜品调味料存在联系，因此认定万翠堂餐饮的"青花椒"商标的显著性大幅下降。四川省高级人民法院最终认为，青花椒鱼锅使用"青花椒"一词作为招牌内容可继续正常使用。原因是：其一，青花椒鱼锅同时拥有并使用了其他注册商标，即"邹鱼匠"，且招牌青花椒、鱼火锅字体均保持一致，并不存在单独突出使用的情况，更未出现抄袭万翠堂餐饮所注"青花椒"商标的字样。其二，青花椒鱼锅招牌中所提及的青花椒单纯指该店菜品特有的青花椒口味，同时也

---

[1] 郑海味、王坤：《论商标的促销功能及其法律意义》，载《浙江学刊》2024年第2期。

指代菜品中使用的青花椒调料，被认为是一种单纯对菜品的描述，并非商标内容。

二、显著性的概念及其认定

（一）商标显著性的概念

显著性原本是一种统计学概念，特指零假设为真且拒绝零假设的情况下所应当承担的风险水平，而民事诉讼中的显著性认定依据为某种事物的显著特征。商标的显著性不仅是为了给消费者提供识别商品或服务的便利，还是为了防止商标占用通用性标识的功能，例如"青花椒"商标与青花椒鱼锅，前者的"青花椒"是一种具有显著性的商标，而后者的青花椒则单纯指代烹饪调料。前者的"青花椒"为消费者提供识别商品或服务的功能，后者的青花椒为消费者提供阐释说明的功能。商标显著性并非特指来源识别性，还包括与商品或服务存在的区别性。[1]

（二）商标显著性的认定

商标与商品或服务间存在的区别性，同时符合显著性的立法构造比较分析、显著性的制度目的。某一商品或服务的通用名称事实上难以与商品或服务清晰区别。为了最大限度保护名称标志的正常使用，其并不具备商标显著性当中所提出的区别性。

需要明确的是，在商标侵权诉讼中，对显著性的判定，无需商标拥有创造性的设计，需要商标所有人在使用商标对其"识别力"发挥的作用与效果。同时，尽管民事诉讼中的显著性实质上是一种"识别力"，但是理论上区分的"固有显著性"与"获得显著性"也并非一无是处。商标授权确权阶段，因采取注册主义而无需商标已经实际使用，鉴于此产生一种具有假定功能的区分，具体表现为固有显著性的更容易产生识别力。不具备固有显著性且已经投入使用的商标产生第二含义、获得显著性的，同时被允许注册。商标侵权诉讼阶段，法院判断商标侵权以商标的识别力、原告有无实际使用其注册商标为重点。

---

[1] 参见常育铭：《互联网环境下地理标志证明商标商标性使用认定标准问题研究》，载《河北企业》2024年第1期。

三、显著性对于商标侵权认定的作用

（一）显著性制度本身在商标法上的价值

商标法以保护商标专用权、商标权持有者的合法利益不受侵害为基本价值，同时能够避免商标识别区分功能模糊、商标识别区分体系破坏。从洛克劳动财产理论角度出发，商誉是经营者长期经营劳动获得的成果，使经营者的竞争优势得到提升，展现出显著的市场竞争作用、经济价值，应当受到法律的保护。商标作为商誉的载体，使商誉的价值应当在商标识别区分功能支持下被转化为实际的竞争优势、效益。由此可见，保护商标权持有者的商誉应当以设立商标专用权为商标识别区分功能保障的支持。商标的识别区分功能与商标权持有者的合法利益有关，还与消费者利益密切相关。

（二）商标侵权认定中显著性作用的体现

"青花椒"案原告的"青花椒"实质上是一种描述性标志，在获得商标授权的情况下即认定其具有显著性，而这种显著性与其经过长期实际使用产生"第二含义"有关。因此在"青花椒"案中对原告所注册的商标是否具有"第二含义"，成为判定本案的重点内容。[1] "青花椒"是一种描述性标志，自身缺少固有显著性，且原告未举证表明在实际使用中赋予"青花椒"商标较强的识别力，鉴于此，原告的"青花椒"保护范围、强度相应减小。

从理论上来看，商标侵权构成要件包括商品相同或类似、商标相同或近似、商标性使用、混淆可能性。商标侵权认定中的显著性，从理论角度出发将其分为固有显著性、获得显著性，而无论固有显著性还是获得显著性均离不开"识别力"。基于此，显著性对于商标侵权认定的作用体现在：其一，显著性对于商标相同或近似认定的意义。注册商标具有更强的显著性，相应消费者联想该商标的程度越高，越增加了商标的认定近似。其二，显著性对于商标性使用认定的意义。注册商标自身固有显著性越弱，相应地，在他人使用情况下，构成指示性使用、描述性使用的概率越高，此时并不构成商标性

---

[1] 参见易玲、石傲胜：《非物质文化遗产商标注册与使用：制度机理、现实困境及规范路径》，载《知识产权》2023 年第 12 期。

使用，构成侵权的可能性越低。[1]其三，显著性对于混淆可能性认定的意义。最高人民法院认为，认定混淆可能性应当充分考虑"商标的显著性与知名度"，且显著性越强与发生混淆的可能性成正比。

结　语

商标权的保护范围与强度与商标的显著性呈正比例关系。具言之，在商标侵权纠纷案件中，显著性对于商标标志近似要件、商标性使用要件、混淆可能性要件的认定都具有重大意义，原告的注册商标越具有显著性，上述要件被认定成立的可能性就越大，被告构成侵权的可能性也就越大。反之，若原告的注册商标本身是通用名称、描述性标志，其固有显著性较弱，那么被告的行为很有可能构成合理使用，不成立商标侵权。

---

〔1〕　参见谢晴川：《商标"显著特征"之内涵重释》，载《法学研究》2022年第4期。

专利侵权诉讼中鉴定问题的研究

吕 鹏*

(中国政法大学 北京 100088)

摘　要：专利侵权诉讼的核心在于对技术性事实的准确认定，这通常涉及复杂的技术比对和分析。在此类诉讼中，鉴定作为一种专业技术手段，对于事实的查明和法律的适用具有决定性作用。本文旨在探讨专利侵权诉讼中鉴定的相关法律问题，包括单方委托鉴定与司法鉴定的区别、效力及其在实务中的运用策略。

关键词：专利侵权诉讼　单方委托鉴定　司法鉴定　证据效力

知识产权案件常常涉及复杂的技术问题，[1]尤其是技术性较强的专利侵权诉讼常使得法院在事实认定上面临挑战。法官虽精于法律，却未必通晓专业技术。因此，专利侵权诉讼中往往需要借助司法鉴定机构的专业知识和技能，以查明案件中的专业技术问题。[2]

一、问题的提出：从美的与格力案说起

在"广东美的制冷设备有限公司（以下简称'美的公司'）与珠海格力电器股份有限公司（以下简称'格力公司'）侵害发明专利权纠纷案"中，鉴定意见对案件结果产生了重大影响。格力公司为完成证明被控侵权技术方案落入其涉案发明专利权利要求保护范围的举证责任，提交了北京国威知识

---

* 作者简介：吕鹏（1988年—），男，汉族，辽宁丹东人，中国政法大学2023级同等学力研修班学员，研究方向为知识产权法学。

[1] 参见林广海、李剑、吴蓉：《系列解读之三〈最高人民法院关于知识产权民事诉讼证据的若干规定〉的理解与适用》，载《法律适用》2021年第4期。

[2] 参见石必胜：《知识产权诉讼中的鉴定范围》，载《人民司法》2013年第11期。

产权司法鉴定中心出具的《司法鉴定（咨询）意见书》。一审法院认为，该《司法鉴定（咨询）意见书》属于单方证据，且美的公司不认可该鉴定结论并要求重新进行司法鉴定（后又书面要求撤回），故对该《司法鉴定（咨询）意见书》不予采纳。为更加稳妥地处理纠纷和科学地判定技术权益，准确查明案件事实，一审法院根据格力公司申请，依法委托工业和信息化部软件与集成电路促进中心知识产权司法鉴定所进行司法鉴定。一审法院认为，该所作出的司法鉴定报告客观、真实，依法可作为本案证据使用。[1]

格力公司提交的单方委托鉴定意见未被一审法院采纳，而法院依法委托的司法鉴定意见则成为关键证据。这一案例引出了专利侵权诉讼中鉴定意见的性质和效力问题。

二、单方委托鉴定意见的性质和效力

（一）单方委托鉴定意见的性质

单方委托鉴定意见虽然是司法鉴定机构出具的书面鉴定意见，但其不应属于民事证据的"鉴定意见"范畴，而应属于"书证"。《民事诉讼法》第66条规定，证据包括：①当事人的陈述；②书证；③物证；④视听资料；⑤电子数据；⑥证人证言；⑦鉴定意见；⑧勘验笔录。在我国，法院是司法鉴定启动的唯一法定主体。[2]单方委托鉴定意见，尽管也是由专业机构出具，但由于缺乏中立性监督，其科学性、权威性、客观性存疑。在实务中，单方委托鉴定意见往往难以直接作为定案依据，其证明力相对较低。因此，单方委托鉴定意见在证据分类中应视为书证，而非鉴定意见。

（二）单方委托鉴定意见的效力

单方委托鉴定意见的效力，需要结合具体案情具体分析。具体而言，主要取决于鉴定意见的科学性、客观性，以及与其他证据的一致性。在鉴定机构具有鉴定资质、鉴定程序符合法律规定、鉴定结论能够与案件的其他证据相互佐证，且另一方当事人也无法举证推翻该结论，亦未申请重新鉴定的情况下，对于当事人单方委托的鉴定意见，人民法院可以采信，但其证明力小

---

[1] 参见广东省高级人民法院［2011］粤高法民三终字第326号民事判决书。
[2] 参见曹云清、钟琳：《司法鉴定启动主体之法理探析》，载《江西社会科学》2006年第11期。

于民事诉讼证据中的鉴定意见。反之,若该鉴定结论与其他证据相矛盾,则不应被采信。在"日亚化学工业株式会社与亿光电子(中国)有限公司、北京都城亿光电子器件销售中心、北京都城亿光贸易有限公司侵害发明专利权纠纷案"[1]中,法院认定,根据最高人民法院《关于民事诉讼证据的若干规定》第41条的规定,一方当事人自行委托有关部门作出的鉴定结论,另一方当事人有证据足以反驳并申请重新鉴定的,人民法院应予准许。据此,当事人单方委托有关部门所作鉴定意见,在对方当事人没有反驳证据且无新的鉴定意见予以推翻的情况下,可以作为认定案件事实的依据。但由于该规定为重新鉴定的充分不必要条件,故即使重新鉴定,亦不意味着单方委托鉴定的相关意见必然不成立。

三、司法鉴定意见的性质和效力

(一) 司法鉴定意见的性质

与单方委托鉴定意见相对,司法鉴定意见在法律上具有明确的定位和较高的证据效力。根据《民事诉讼法》的规定,司法鉴定意见被列为八大证据类型之一,这在证据体系中占据了重要位置。司法鉴定意见的制作通常遵循严格的程序和标准,由具备法定资质的鉴定机构和专业人员进行,确保了鉴定过程的专业性和权威性。

司法鉴定意见的证明力之所以高于一般物证、书证等证据类型,主要原因在于其科学性、客观性和权威性。司法鉴定意见通常基于科学的鉴定方法和程序,对案件中的专门性问题进行分析和判断,其结果更具说服力。此外,司法鉴定意见的制作过程中,鉴定人员需遵循职业道德和法律规定,保持中立,不受当事人意志的不当影响,这进一步增强了其客观性。

(二) 司法鉴定意见的效力

法院通常会采信法院委托的鉴定机构的鉴定结论。尽管最高人民法院2001年《关于民事诉讼证据的若干规定》这篇法规在2019年修正时删除了原第71条"人民法院委托鉴定部门作出的鉴定结论,当事人没有足以反驳的相反证据和理由的,可以认定其证明力",但在司法实践中,人民法院通常仍会

---

[1] 参见北京知识产权法院[2016]京73民初130号民事判决书。

认可司法鉴定意见的证据效力，即，除非当事人能够提出足以反驳的相反证据和理由，否则人民法院可以认定其证明力。这就对当事人提出了挑战，即如何有效反驳司法鉴定意见。这要求当事人具备一定的专业知识和证据意识。在法院委托的鉴定机构作出鉴定意见之后，各方可以对该鉴定意见发表质证意见，在需要时，鉴定人应当出庭作证。在一方针对鉴定报告提出的质疑有道理时，鉴定机构也可以对鉴定报告进行补正。如果当事人对鉴定意见的疑问涉及较为专业的问题，法院通常会直接采信作出鉴定报告的鉴定人的意见，并将其鉴定结论作为裁判依据。

四、实务中的经验与策略

在实务中，当事人对于于己不利的司法鉴定意见并非无计可施。根据最高人民法院《关于民事诉讼证据的若干规定》第40条，当事人对人民法院委托的鉴定部门作出的鉴定结论有异议申请重新鉴定提出证据证明存在下列情形之一的人民法院应予准许：鉴定机构或者鉴定人员不具备相关的鉴定资格、鉴定程序严重违法、鉴定结论明显依据不足等。

因此，当事人可以从以下几个方面寻找突破口：①鉴定所依据的材料。审查鉴定所依据的材料是否真实、准确、完整。若存在瑕疵，可申请重新鉴定。②鉴定机构的选择。评估鉴定机构的选择过程是否公正，是否剥夺了一方当事人的选择权。③鉴定程序。检查鉴定程序是否合规，是否存在应回避而未回避的情形。④鉴定资质。考量鉴定人员是否具有所述专业的技术专业能力。⑤鉴定方法及分析过程。分析鉴定方法是否科学、合理，鉴定分析推理过程是否符合逻辑。⑥鉴定结论。评估鉴定结论是否超出鉴定的范畴，是否越权进行法律认定，鉴定结论是否具有科学性。⑦鉴定结论的法律关联性。鉴定结论仅是对事实部分的认定，而鉴定结论的法律关联性是分析鉴定结论与待证事实之间是否具有关联性。⑧鉴定人出庭。根据法律规定，鉴定人出庭作证是其法定义务。当事人对鉴定意见有异议或者人民法院认为鉴定人有必要出庭的，鉴定人应当出庭作证。经人民法院通知，鉴定人拒不出庭作证的，鉴定意见不得作为认定事实的根据。

结　论

专利侵权诉讼中的鉴定意见对于事实的查明和法律的适用具有重要作用。

单方委托鉴定和司法鉴定各有其特点和适用场景,当事人应根据实际情况选择合适的鉴定方式。同时,当事人应重视鉴定过程中的每一个环节,确保鉴定结果的准确性和合法性。在面对不利的鉴定意见时,当事人应积极寻找突破口,通过合法途径维护自身权益。

解构与嵌合：我国刑事庭前会议制度研究

王美锟[*]

(中国政法大学 北京 100091)

摘 要：刑事庭前会议制度自2021年司法解释修改后正式进入我国的刑事诉讼流程。庭前会议作为衔接庭前审查与正式庭审的中间程序，理应为集中审理清扫程序性障碍。但法律文本中效力与约束力的缺失、地方司法实践的标准不一等问题皆是庭前会议制度实现其目的的阻碍。因此，有必要解构庭前会议制度功能，把握其内在的适用逻辑结构，进而将其发挥最大作用并嵌合至我国的刑事诉讼流程。

关键词：庭前会议 制度功能 结构性阻碍

庭前会议制度是2012年刑事诉讼法修改后新增的一项制度，该制度对可能影响庭审公正审判的问题进行预先准备，处于庭前准备程序体系中的核心环节，从其诞生之日起便被理论界寄予厚望。《关于适用〈中华人民共和国刑事诉讼法〉的解释》在既有制度基础上再次增修。单独设立"庭前会议与庭审衔接"一节，修改和新增8个条文，[1]强化刑事庭前会议与庭审程序的嵌合衔接机制。然而，自2012年至今，庭前会议的实效似乎与其制度构想相去甚远。本文旨在深入解构和嵌合我国刑事庭前会议制度，通过全面剖析庭前会议的程序功能和司法实践中所呈现的实体状态，旨在解决现阶段庭前会议制度面临的问题，促进司法公正与效率的双赢。

---

[*] 作者简介：王美锟（1998年—），女，满族，北京人，中国政法大学2021级同等学力研修班学员，研究方向为刑法学。

[1] 张斌、罗高洋：《刑事庭前会议制度纂修的检视——以2021年〈刑诉法解释〉为视角》，载《河南警察学院学报》2024年第1期。

一、庭前会议的功能解构

目前关于庭前会议制度的探索不可谓不深入，但直至今日在实践中的收效也难称达到其制度预想，因此有必要重新梳理解构庭前会议制度的相关问题。

（一）制度概述："保守"条文与"开放"实践

庭前会议属于程序性裁判范畴，不得损害被告人实质的审判权。无论从刑事诉讼的公正价值层面，还是刑事诉讼程序内部结构的协调统一来看，作为程序性问题的解决制度不能僭越至实体问题的处理中，伴随司法实践的深入，庭前会议的模式可以归纳为以下两种。

第一，合意模式。强调控辩双方通过协商、谈判等方式，就案件中的相关问题达成一致意见。法官在其中充当中立的角色，引导控辩双方通过平等协商沟通的方式达成合意，以此来减少不必要的、程序性的事项争议。该模式避免了庭审中的对抗和争议，体现了对当事人权益的尊重，可以提高司法效率。

第二，决定模式。由法官根据案件事实和法律规定，就庭前会议中的相关事项作出对控辩双方具有约束力的决定。该模式下法官的决定具有强制性，体现了法官在司法活动中的权威地位。决定模式通常涉及正式的庭审程序，法官需要按照规定的程序进行审理和裁决。

上述两种模式在主体、性质、结果等方面存在不同，且各有其特点和区别，二者在司法实践中相辅相成，共同促进庭前会议制度的完善和发展。

（二）制度功能解构

以宏观视角观之，庭前会议设置的目的可以概括为："程序性问题的汇总解决"和"案件事实证据材料的整理明晰"。[1]可从法律条文中看出，[2]庭

---

[1] 魏晓娜：《庭前会议制度之功能"缺省"与"溢出"——以审判为中心的考察》，载《苏州大学学报（哲学社会科学版）》2016年第1期。

[2] 《刑事诉讼法》第187条第2款规定："在开庭以前，审判人员可以召集……了解情况，听取意见。"《关于适用〈中华人民共和国刑事诉讼法〉的解释》第228条进一步细化了庭前会议中可以讨论的事项，诸如是否对案件管辖有异议、是否申请有关人员回避、是否申请不公开审理、是否申请排除非法证据等。

前会议主要解决庭审中可能遇到的程序性争议，与定罪量刑无关，不宜将实质审判问题前置于庭前会议。但同时也应注意到庭前会议在程序性事项的汇总解决功能，若在庭前会议上"议而不决"，主审程序频频被打断，则难称该项制度的功能得到了有效发挥。我国庭前审查部分，检察院侧重起诉必要性及形式要件之考察。在一定程度上存在着可能使证据不足的案件流转进入法院审判系统。庭前会议是对公诉案件庭前审查程序的另一种有益补充，即在开庭前进行"法院形式审"，间接起到过滤不当起诉的功能。

从微观视角观之，庭前会议有助于实现程序所具有的繁简分流，[1]具体可以通过以下几个方面：一是明确案件争点。庭前会议中，控辩双方可以就案件中的争议焦点进行充分讨论，明确各自的立场和观点，有助于法官了解案件的核心问题，还能为后续的审判活动提供明确的指导方向。二是实现控辩双方信息交换。通过庭前会议信息交换，双方可以就案件中的证据、事实等进行充分沟通和交换，从而消除信息不对称现象，确保审判公正性和效率性。三是被告人认罪认罚。法官可以向被告人充分解释认罪认罚从宽制度相关规定，引导被告人正确认识自己的罪行和法律责任。被告人也可以在充分了解案件情况的基础上，自愿选择是否认罪认罚。对于认罪认罚的被告人，法庭可以依法从宽处理，这不仅有助于保障被告人的合法权益，也有助于促进社会的和谐稳定。

司法实务领域中庭前会议适用率极低，有法官提出在"案多人少"的实践背景下，庭前会议制度缺位和效力不明时，适用该制度的必要性不大。对此，早在21世纪初以法经济学理论进行该制度分析的文章便已指出，司法效率价值没有真正地贯彻落实在庭前程序与庭审程序二者的衔接之中，导致庭前会议的收效甚微。[2]

第一，庭前会议的适用率不高。虽然庭前会议制度在理论上具有诸多优点，但在实际运行中适用率并不高。这主要是由于部分法官和律师对庭前会议制度的重要性认识不足，以及在实践中缺乏有效的激励机制。

第二，庭前会议内容过度扩张。部分庭前会议将过多的非程序性问题纳

---

[1] 步洋洋：《审判中心语境下的刑事庭前会议制度新探》，载《河北法学》2018年第7期。
[2] 参见唐磊：《效率与效益：刑事庭前准备程序的法理分析》，载《四川大学学报（哲学社会科学版）》2003年第4期。

入讨论范围,导致庭前会议的功能被过度扩张,甚至取代了庭审的部分功能。这不仅违反庭前会议制度的立法初衷,也影响庭审的实质审查。

第三,对被告人诉权保障不足。庭前会议对被告人的出庭并未作硬性规定,这导致部分被告人的诉权被剥夺。如果允许审判人员对存在程序性争议的问题在庭前作出决定,在正式庭审中就该决定不得提出异议的,显然是违法限制了各诉讼参与人在法庭上的权利。[1]

二、庭前会议的困境原因剖析

庭前会议在实践中出现的尴尬之处在于其制度运行恰好成为其目的实现的阻碍,进一步成为刑事诉讼流程中的结构性阻碍。庭前会议效力的缺失与制度运行缺乏[2]约束造成了该制度置于庭前程序中的结构性阻碍。

一方面,刑事诉讼法司法解释的修改[3]削弱了庭前会议对庭审重要事项的决定效力,片面理解为对程序性事项作出决定便是对实体权利的侵害。这种修改的结果便是庭前会议变成了解决不了争议、组织不了庭审、提高不了诉讼效率的"衔接"制度。既然庭前会议所讨论的事项在庭审中还要重复一遍,那么无论是法官还是控辩双方都不愿使用此制度。在此情况下,为了提高效率、减少耗费而设置的制度,其实行反而成了减慢效率、增加耗费的制度。

另一方面,庭前会议制度欠缺约束性的制度设计。缺乏约束性,无益于诉讼效率的提升以及辩方权利的保障。[4]上文提到庭前会议适用率不高,"三项规程"出台后虽然适用率逐年提高,但总体适用率仍只有0.47%。[5]庭前

---

[1] 莫湘益:《庭前会议:从法理到实证的考察》,载《法学研究》2014年第3期。

[2] 方锁柱:《刑事庭前会议制度设计和实践运行的偏差与校正》,载《河南警察学校学报》2024年第3期。

[3] 具体是指《人民法院办理刑事案件庭前会议规程(试行)》(已失效)第10条规定:"对于前款规定中可能导致庭审中断的事项,人民法院应当依法作出处理,在开庭审理前告知处理决定,并说明理由。控辩双方没有新的理由,在庭审中再次提出有关申请或者异议的,法庭应当依法予以驳回。"而在《刑诉解释》第228条规定中做出修改,强调"庭前会议后依法作出处理"。

[4] 李小猛:《刑事庭前会议制度的功能异化及其因应——以证据展示和调取及争点整理功能为中心》,载《西南民族大学学报(人文社会科学版)》2023年第2期。

[5] 方锁柱:《刑事庭前会议制度设计和实践运行的偏差与校正》,载《河南警察学校学报》2024年第3期。

会议一般不公开进行，被告人可以参与，庭前会议还可以进行认罪认罚与程序的繁简分流，在刑事诉讼中律师不是奢侈品而是必需品。庭前会议程序若缺乏约束性规范与对辩方的倾斜保护，在实践中有特殊的利益冲突风险，容易变成法院、检察院联手压制侵害的被告人的诉讼权利。

三、未来展望：庭前会议完善的具体路径

为完善庭前会议制度：

首先，提高庭前会议的适用率。通过宣传和培训，提高法官和律师对庭前会议制度重要性的认识。建立有效激励机制，鼓励法官和律师积极适用庭前会议制度。

其次，明确庭前会议的功能定位。庭前会议应主要解决与审判相关的程序性问题，如管辖、回避、非法证据排除等。对于非程序性问题，应尽量避免在庭前会议中讨论，以免混淆庭前会议与庭审的功能。

再次，加强被告人诉权保障。在庭前会议中，应明确规定被告人的出庭权利，确保被告人能够充分参与庭前会议，保障其诉讼权利。同时，对于因故不能出庭的被告人，应建立相应的替代机制，如通过视频等方式参与庭前会议。

最后，优化庭前会议程序。过优化庭前会议的程序，提高庭前会议的效率和质量。例如，可以建立庭前会议记录制度，记录各方在庭前会议中的观点和决定内容，便于日后查阅和参考。同时，可以引入专业的庭前会议主持人，确保庭前会议的顺利进行。同时，应当注意若要让庭前会议真正成为庭前审查与正式庭审的有效衔接程序，便要加强对辩方的权利保护，让其具有程序性救济的权利。

结　论

庭前会议制度意义重大，但庭前会议在实践中出现的尴尬之处在于其制度运行恰好成为其目的实现的阻碍，进一步成为刑事诉讼流程中的结构性阻碍。若要真正激活庭前会议的制度功能，需要审慎地为其中添入效力与约束性"桥梁"，告别庭前会议"议而不决"的尴尬之处。

受贿罪中"利用职务上的便利"的认定研究

陈 琪[*]

(中国政法大学 北京 100088)

摘　要： 利用职务上的便利，是受贿罪的基本特征之一，但其内涵不断呈现出多样化、复杂性的特点，有必要对其概念内涵进行廓清。通过将其划分为垂直型、监督型、水平型，可以为司法实践中的准确适用提供有益参考。

关键词： 受贿罪　利用职务上的便利　类型　认定

《刑法》第 385 条规定，国家工作人员利用职务上的便利，索取他人财物的，或者非法收受他人财物，为他人谋取利益的，是受贿罪。利用职务上的便利，是受贿罪的基本特征之一，加强"利用职务上的便利"概念和类型研究，有助于区分罪与非罪、此罪与彼罪，对认定行为人是否构成受贿罪具有十分重要的意义。

一、受贿罪"利用职务上的便利"的概念界定

理解"利用职务上的便利"，首先就要对其内涵有一个深入、全面的理解。

第一，关于"利用"的内涵。"利用"的本意是"使事物或人发挥效能"，[1]在受贿罪中，行为人使自身拥有的职权或者是他人的职权发挥效能，而从中谋取不正当利益，以此来获取权力的对价，破坏职务行为的不可收买性。

---

[*] 作者简介：陈琪（1986 年—），男，汉族，山东枣庄人，中国政法大学 2023 级同等学力研修班学员，研究方向为刑法学。

[1] 中国社会科学院语言研究所词典编辑室编：《新华字典》（第 11 版），商务印书馆 2011 年版，第 394 页。

第二，关于"职务"的内涵。通常意义上理解，"职务"解释为"职位规定应该担当的工作"，[1]在受贿罪中，对于"职务"的理解，既有观点分为法定职权说和实际职权说，法定职权说认为对"职务"的认定，应当限定在法律确定的职权范围内，而实际职权说认为应当根据实际的职权进行认定，正如有的学者所说，"应该对受贿罪中的'职务'作宽泛的理解"，[2]结合工作实践，笔者也认为实际职权说更加符合我国国情，很多情况下国家工作人员身兼数职，在权力行使过程中形成了相互影响、相互作用的现实状况，斡旋、利用影响力受贿的形式越来越常见，如果把"职务"限制在法定范围内，很多法益将得不到有效保护，因此更应当以行为人的实际职权为准。

第三，关于"便利"的内涵。便利的含义是指较正常的事务进展而言，少了困难和阻力，对于受贿罪来说，这种优势条件源自"职务"的因素，因此在实践中要弄清楚"便利"的表现是什么，还要结合行为人的具体职务情况以及行为方式实际来分析具体的"便利"的内容。

二、受贿罪"利用职务上的便利"的类型与认定

《关于人民检察院直接受理立案侦查案件标准的规定（试行）》把"利用职务上的便利"限定在利用本人职务范围内。《全国法院审理经济犯罪案件工作座谈会纪要》将"利用职务上的便利"既包括本人职务范围内的权力，也包括利用职务上有隶属、制约关系的其他国家工作人员的职权。可见，法律规定对该要件的认定逐步变宽，而理论界也存在多种观点，有的从"纵"和"横"两个方面进行分析，[3]有的从本人、隶属、监管、无隶属以及往来关系等多个方面细致分析，[4]笔者结合工作实践认为从垂直型、监督型、水平型三个方面进行归纳分类更加直观、简洁。

第一，垂直型。不论是本人主管、负责、承办事务的职权形式，还是利用职务上有隶属关系的其他国家工作人员、单位，都可以归为垂直型。比如，

---

[1] 中国社会科学院语言研究所词典编辑室编：《现代汉语词典》（第5版），商务印书馆2005年版，第1750页。

[2] 孙国祥：《受贿罪"利用职务上的便利"新论》，载《法学论坛》2011年第6期。

[3] 参见陈兴良：《受贿罪"利用职务上的便利"之探讨》，载《中国人民大学学报》1994年第1期。

[4] 参见杨超：《论受贿罪之利用职务便利》，载《法制与社会》2014年第27期。

利用自身在公共事务审批、人事任免等环节中利用决定权来谋取利益，还有利用上级对下级行政领导的职能，要求下级工作人员执行事务从而换取个人利益，都是受贿人通过本人职权直接实施或者通过职权产生的制约效果来实施，这种类型较为典型和常见。

第二，监督型。具有监管职能的国家工作人员利用对被监管部门的制约关系，要求相关人员利用职务行为来给自己换取利益，这就是"利用自己居于监管地位所形成的对被监管对象的制约力"，[1]也是利用职务上的便利的一种方式。比如，在国资管理部门对国有企业的管理中，在市场监督管理部门对市场主体的管理中，国家工作人员利用被监管者的忌惮心理，形成了职务的便利条件，通过被监管者的行为自己谋取利益。

第三，水平型。这种类型不像垂直型、监督型显而易见，因为在实际中很多受贿人的职权与发挥作用的职权并无直接的隶属、管理、监督等制约关系，有的是出于未来利益交换的目的而帮助获取利益，有的则是利用自身特殊的国家工作人员的职权地位形成的优势。比如，A县法院院长受甲委托并收受甲的好处，协调B县法院院长在某民事案件中施加影响作出有利于甲的判决，此时，A县法院院长与B县法院院长并无隶属、管理、监督等关系，A县法院院长此时符合斡旋受贿（间接受贿）的构成要件。

三、受贿罪"利用职务上的便利"的特殊情况

《刑法》第388条规定，国家工作人员利用本人职权或者地位形成的便利条件，通过其他国家工作人员职务上的行为，为请托人谋取不正当利益，索取请托人财物或者收受请托人财物的，以受贿罪论处。以上刑法中关于受贿罪的规定，体现了权钱交易中的"利用职务便利"这一客观要件的重要性，笔者认为只要国家工作人员收受或者索要的财物与职务行为有关，符合三种类型化的分析，即可以认定利用职务上的便利，但在认定过程中，还要着重区分好三种特殊情况。

第一，要区分好受贿罪与贪污罪以及其他罪名中的"利用职务上的便利"的区别。实践中对行为人是构成受贿罪还是构成贪污罪通常会进行反复比较，

---

[1] 孙国祥：《受贿罪"利用职务上的便利"新论》，载《法学论坛》2011年第6期。

因而对"利用职务上的便利"的探讨会更加激烈而细致，通常认为，受贿罪中对"利用职务上的便利"的理解更为宽泛，不能仅限于本人的职权范围，比如利用所管理的下级单位人员为他人谋利的情形，而贪污罪中的职务仅限于主管、管理公共财物的职务，[1]对于职务也只能是现在的职务，而不能是过去或者将来的职务。此外，在职务侵占罪中，关于"利用职务上的便利"也是仅限于基于职务或者业务占有了本单位财物，这与在受贿罪中关于"利用职务上的便利"的认定存在不同。

第二，更要细致区分一般受贿与斡旋受贿、利用影响力受贿。在当前大力正风反腐的高压态势下，受贿行为逐渐趋向复杂化，与一般受贿行为相比，斡旋受贿通常是不同部门之间的国家工作人员接受请托而谋取利益，而利用影响力受贿则出现国家工作人员亲属、特定关系人的介入，这都使得精准认定受贿罪的难度越来越大，使认定"利用职务上的便利"更加紧迫。

第三，要排除几种特殊的情况。一是不应当包括利用他人的职务便利的情况，而是行为人自身职位的权力；二是不应当包括未来可能的职务便利或者是已经离职的职务便利，因为当事人收受财物或者允诺时并不具备该职务；三是不应当包括利用劳务、工作的便利，劳务、工作的实质是个人的工作，利用工作便利侵犯的法益是单一的，职务的实质是公权力，利用职务便利侵犯的法益是复合的，因此二者不能等同。

结 论

受贿罪侵害的法益是国家工作人员职务行为的廉洁性，通过厘清"利用职务上的便利"的基本概念，并对其进行类型化区分，可以加强对于受贿犯罪的精准认定，有助于严厉打击贪污贿赂犯罪。

---

[1] 参见张明楷：《论刑法中的利用职务上的便利》，载《法治社会》2022年第5期。

大数据杀熟中消费者公平交易权保护探究

成 璐*

（中国政法大学 北京 100088）

摘 要：大数据技术的发展和应用对人们的生活产生了巨大影响。通过分析和利用海量的数据，我们能够更精准地满足消费者的需求，提供更个性化的服务。然而，一些不法商家却利用大数据技术来实施"大数据杀熟"的行为，故意提高特定消费者的购买价格，严重损害了消费者的利益。为了有效遏制大数据"杀熟"，我们需要逐步完善相关法律法规。

关键词：大数据 算法 公平交易权

一、大数据杀熟的基本概念与现状

（一）大数据杀熟的基本概念

大数据、云计算、算法和人工智能等技术的广泛应用，已经给商业环境带来了巨大的变革，消费方式也从传统的线下转向了线上。然而，这些技术的应用也为平台商家设置价格歧视提供了机会，引发了不公平竞争和市场垄断的问题。然而，对于"大数据杀熟"这一现象，目前我国尚未明确进行法律定义，学界对其也存在着不同的观点。其中一种观点认为，大数据杀熟是指平台商家利用大数据算法针对同种物品给予不同消费者不同价格，即所谓的"同物不同价"的价格歧视。另一种观点认为，大数据杀熟是指商家对不同用户进行差异化定价，以谋求自身最大利益。此外，也有人认为商家故意

---

* 作者简介：成璐（1992年—），女，汉族，浙江人，中国政法大学2023级同等学力研修班学员，研究方向为民商法学。

提高老用户的价格,是一种欺诈行为。[1]

(二)大数据杀熟的现状阐释

有消费者在网上分享交通出行中被"割韭菜"的经历,"我和妻子同时打车,同时发起,同样的起止点,我的定价每次都会贵一些,因为我每天都要打这个路线的车,我妻子只是偶尔会打"。这种现象引起了人们对大数据"杀熟"现象的关注,不仅在交通出行领域,在网络购物、旅游住宿、电子票务、订餐外卖等生活消费领域也普遍存在。

"杀熟"现象让人们感到不公平,同样的商品或服务,老客户可能会看到比新客户更高的价格。有时候即使是平台会员,也会发现商品价格比普通用户更高。除了明显的价格歧视,大数据"杀熟"还存在更隐蔽的算法价格歧视。根据消费者所在地区、页面浏览次数等因素,平台可能会制定不同的价格。

二、大数据杀熟侵犯消费者公平交易权的成因分析与具体表现

(一)大数据杀熟侵犯消费者公平交易权的成因分析

第一,平台经营者通过互联网相较于线下经营者掌握了更全面的消费者信息,能够利用消费者的消费能力、消费频率、消费地点等信息来进行个性化定价。对于经常进行高消费、购买能力强的用户,平台往往认为他们对价格变动不太敏感,因此这部分客户常常成为"大数据杀熟"的主要受害者。

第二,大部分网络平台要求用户提供地点信息,根据消费地点的特征来设置歧视性价格。例如,城市中心的消费者更容易接受高价格,而农村地区或学生群体则更容易接受低价格。

第三,经常在网络平台消费的用户即消费频率较高的老用户,由于对特定平台的黏性较高且价格敏感度较低,平台会设定较高的价格来获得更高的利润。而对于新用户,平台则采取低价吸引的手段来吸引其消费。[2]

(二)大数据杀熟侵犯消费者公平交易权的具体表现

第一,借助信息失衡侵犯。大数据杀熟通过信息失衡来侵犯消费者的权

---

[1] 参见许冰冰:《"大数据杀熟"现象的法律规制问题研究——以消费者权益保护为视角分析》,载《产业创新研究》2022年第10期。

[2] 参见张云云:《大数据"杀熟"行为的法律规制研究》,载《智库时代》2018年第49期。

利。企业可以利用消费者的个人信息和购买历史来定制价格和服务，从而导致消费者在同一产品或服务上支付不同的价格。信息失衡不仅损害了消费者的利益，也违反了公平交易的原则。

第二，借助算法价格侵犯。大数据杀熟还可以通过算法定价来侵犯消费者的权利。通过分析消费者的行为和偏好，企业可以使用算法来调整价格，使得消费者往往无法准确预测产品或服务的实际价格。

三、大数据杀熟下对消费者公平交易权保护的实现路径

（一）增加法律救济途径，完善相关法律法规

1. 明确对于"价格歧视行为"的判断标准

我国《价格法》规定经营者在提供相同商品或服务时不得对具有同等交易条件的其他经营者实行价格歧视。然而，该法律对于同等交易条件的界限并不清晰，实践中对经营者在使用大数据进行"杀熟"行为时是否构成价格歧视仍存在争议。因此，要明确对于"价格歧视行为"的判断标准。判断价格歧视行为通常涉及以下几个方面的考量：

第一，客观差异：价格歧视通常基于消费者之间存在的客观差异，如收入水平、购买力、需求弹性等。企业应当明确这些差异，并确保其与价格差异化的合理性相符。

第二，歧视意图：企业在制定价格策略时，是否存在明确的歧视意图也是判断价格歧视行为的重要因素之一。如果企业有意将不同的价格应用于不同的消费者或消费群体，而这种差异不能被客观差异所合理解释，那么就可以认定其存在价格歧视行为。

第三，社会效益：价格歧视行为是否对整个社会产生积极的效益也需要评估。如果价格歧视能够促进资源的有效配置、提高市场效率、激发消费活力等，从而带来整体利益的增加，那么可以认为该行为在一定程度上是合理的。

2. 完善《消费者权益保护法》以规制大数据杀熟行为

《消费者权益保护法》在规制大数据"杀熟"方面具有显著作用。通过明确价格歧视行为的判断标准、保护消费者的权益以及规定相应的违法责任，可以有效地遏制大数据滥用，维护市场的公平竞争环境，促进消费者权益的

保护。

首先,《消费者权益保护法》应当要求企业在价格制定过程中公平合理,不得歧视消费者。企业在运用大数据分析进行个性化定价时,必须遵循公平原则,不能基于个人信息或消费模式歧视某些消费者。

其次,《消费者权益保护法》应当规定消费者的知情权和参与权。消费者有权知晓企业是否采用了价格歧视策略,以及针对自身的个性化定价依据。

最后,《消费者权益保护法》应当对价格歧视行为的违法责任进行明确规定。一旦发现企业存在价格歧视行为,消费者可以向相关部门投诉举报,并依法获得维权。

(二) 加大监管力度,严密监管法网

1. 建立健全监管机制,加强检查和处罚

监管部门应建立健全的监管机制,加强对涉嫌大数据杀熟行为的企业监督检查和处罚。通过加强对企业数据收集和使用的监管,规范企业行为,防止其滥用消费者数据获取不正当利益。

2. 加大调查力度,打击潜在违法行为

监管部门应提升对大数据杀熟行为的调查力度,监管部门可以利用数据分析和监测技术对市场上的价格差异化和个性化推销行为进行监测和分析,发现潜在的大数据杀熟行为,并及时采取相应的监管措施。

(三) 强化对算法技术的治理

随着算法技术的不断发展和普及,其潜在的风险和挑战也日益凸显,对算法技术的治理也显得尤为重要。监管部门在这方面扮演着关键的角色。应加强对算法技术的审查和评估,确保其公正、透明和可解释性。

(四) 完善对消费者权利的救济

1. 加强监管部门与消费者权益保护组织的合作

监管部门与消费者权益保护组织之间的合作应该更加紧密。消费者权益保护组织通常具有更丰富的经验和资源,能够为消费者提供更专业的帮助和支持。监管部门可以与这些组织建立长期合作机制,共同制定并推动相关政策的实施,以更好地保护消费者的权益。

2. 建立投诉举报渠道

监管部门应当建立便捷的投诉举报渠道，让消费者能够方便地向相关部门反映问题。这不仅可以帮助监管部门及时了解市场情况，还可以增强消费者的维权意识。

3. 加大对相关法律法规的宣传力度

监管部门还应加大对消费者权益保护法律法规的宣传力度，提高消费者的法律意识和维权能力。通过开展法律知识宣传活动，向消费者普及相关法律法规，并指导消费者维护自己的权益，有效提升消费者的法律素养，增强他们在市场中的话语权和维权能力。

结　语

随着大数据技术的不断发展和应用，民众的生活得到了极大便利。然而，一些经营者为了谋取利益，利用大数据技术来损害消费者利益，破坏市场竞争秩序，导致了"杀熟"这一社会问题的出现。为了有效规制大数据"杀熟"行为，我们应该逐步完善《价格法》《消费者权益保护法》以及相关网络信息类法律法规。这些法律法规需要跟上大数据时代的步伐，明确规定经营者不得利用大数据技术歧视消费者，不得操纵价格，保护消费者的合法权益。

刑事证人在线作证制度研究

马 季*

（中国政法大学 北京 100088）

摘 要：刑事证人在线作证是证人通过远程在线方式陈述案件事实的一种作证方式。线上作证突破了作证空间的限制，使得证人可以跨地域进行远程作证，但证人在线作证网络信号不稳定、环境较为随意，公诉人以及辩护人很难对证人进行有效的交叉询问和质证，会使作证效果大打折扣。同时，证人在线作证也面临着正当性、可行性、必要性的疑问，这就需要制定新规则对刑事证人线上作证加以规制和保障。

关键词：刑事诉讼 线上作证 法理探析 制度完善

一、刑事证人在线作证制度概述

（一）刑事证人在线作证的概念

刑事证人在线作证系与刑事证人线下作证相对，是指在刑事诉讼中利用信息技术，使证人通过远程在线方式跨地域进行言辞陈述以证明案件事实的作证方式。2021年实施的《人民法院在线诉讼规则》对刑事案件的在线诉讼进行了规定，该规则规定，刑事速裁程序案件，减刑、假释案件，以及因其他特殊原因不宜线下审理的刑事案件，在经当事人同意以及技术条件允许的情况下可以通过在线诉讼的方式进行。但该规则对于刑事案件证人作证制度有所保留，仅规定在法律和司法解释另有规定的情况下才允许证人线上作

---

* 作者简介：马季（1989年—），男，汉族，黑龙江人，中国政法大学2023级同等学力研修班学员，研究方向为刑事诉讼法学。

证。[1]

应当注意的是在线诉讼不能等同于在线作证,即便刑事案件采取在线诉讼,一般也要求证人、鉴定人出庭。刑事诉讼法司法解释仅规定了证人在身患严重疾病或者行动不便等极特殊情况下可以采取视频作证。[2]

(二)刑事证人在线作证的特征

与传统证人线下作证相比,刑事证人线上作证具有跨地域性、远程性特征。[3]所谓跨地域性是指证人在线作证时,其与审判员、公诉人、辩护人等处于不同的地域空间内,如刑事审判活动在北京市某法院进行,而证人的作证行为则发生在黑龙江省的某县城内。所谓远程性是指在审判活动进行的同时,证人可以通过远程实时在线的方式进行证言陈述,证人在线作证是审判连续活动中的一部分。

二、刑事证人在线作证的困境分析

刑事证人在线作证作为一种新型作证方式,将会对传统的诉讼原则、诉讼理念带来冲击,当前刑事庭审远程视频作证面临着可行性等多种疑问,使其在适用的过程中存在一定局限。我国《刑事诉讼法》第 64 条为证人在线作证提供了框架支持,该条规定对于严重的特殊犯罪案件中的证人和鉴定人,法院、检察院和公安机关应当采取不暴露外貌、真实声音等出庭作证措施。[4]该条款在一定程度上允许证人在线作证。虽然现有法律框架内能够实现刑事证人的在线作证,但必须看到刑事证人在线作证仍然面临多种困境。

首先,对于作证空间的突破。传统线下作证的空间系在人民法院的法庭内,具有一定的严肃性和保密性。在线作证要求证人在特定时间内,在不特

---

[1]《人民法院在线诉讼规则》第 37 条第 2 款第 3 项。
[2] 最高人民法院《关于适用〈中华人民共和国刑事诉讼法〉的解释》第 253 条。
[3] 参见谢登科:《在线诉讼中证人出庭作证的场域变革与制度发展》,载《法制与社会发展》2023 年第 1 期。
[4]《刑事诉讼法》第 64 条第 1 款规定:"对于危害国家安全犯罪、恐怖活动犯罪、黑社会性质的组织犯罪、毒品犯罪等案件,证人、鉴定人、被害人因在诉讼中作证,本人或者其近亲属的人身安全面临危险的,人民法院、人民检察院和公安机关应当采取以下一项或者多项保护措施:(一)不公开真实姓名、住址和工作单位等个人信息;(二)采取不暴露外貌、真实声音等出庭作证措施;(三)禁止特定的人员接触证人、鉴定人、被害人及其近亲属;(四)对人身和住宅采取专门性保护措施;(五)其他必要的保护措施。"

定空间内进行证言陈述。以笔者通过互联网参加的民事诉讼的体验来看，各诉讼参与人参与庭审时，周围环境大多为日常环境，声音较为嘈杂，甚至还会有其他不相干的人出现，这很容易对庭审效果产生不必要的干扰。刑事审判活动对保密性和严肃性的要求使得刑事诉讼对于证人在线作证的作证空间要求更为严格。

其次，对于技术的依赖。传统的线下作证方式只需要证人前往人民法院接受个别询问，人是必备的要素，而线上作证除人的要素外，对于技术的依赖也是必不可少的。目前来看线上作证的客观条件不完善，线上作证空间实况难测，环境信号无法控制，作证效果难以把控。

最后，也是最重要的是对刑事在线证人证言的认证问题。刑事诉讼法规定了公诉人、当事人或者辩护人、诉讼代理人对证人证言有异议，且该证人证言对案件定罪量刑有重大影响，人民法院认为证人有必要出庭作证的，证人应当出庭作证。换句话说，一旦要求证人出庭作证，那么该证人证言能够影响案件走向，其重要性可见一斑。

证人证言系证人通过对过往自身经历回忆的提取，凭借言辞陈述对案件的待证事实进行证明。自古以来，言辞证据都是刑事诉讼证据体系中较为重要的部分。言辞证据本身具有不稳定的特征，这就需要审判人员对言辞证据的证明力进行去伪存真的判断。古代西周时期就有辞、色、气、耳、目五听之法对言辞证据进行判断，近代更发展为通过观察陈述人的微反应来判断言辞证据的真伪。无论是五听之法还是微反应的运用，其本质都是对陈述人施加刺激与压力，通过对陈述人应激反应进行观察以此来判断言辞证据的真实性。这些刺激与压力是在一定的空间环境内通过言辞等要素形成的能量场，如为保证更好的讯问效果，讯问犯罪嫌疑人必须在特定的场所而不能是随意的场所。证人虽不会被采取强制措施，但询问证人原则上不允许证人随意活动。线上作证拉开了证人与审判员、公诉人、辩护人之间的空间距离，也拉开了心理距离，弱化了能量场，使得证人的心理压力变小，审判员、公诉人、辩护人很难通过证人的面部表情、肢体活动来判断证人的可信性，导致无法达到证人出庭应有的法律效果。

三、刑事证人在线作证的法理探析

有观点认为刑事证人的在线作证违反了直接言词原则与辩论原则。直接言词原则由直接原则与言词原则两项原则构成。所谓直接原则，是指裁判时只能审查在法庭上出示的证据。直接原则有两方面的含义：一是"在场原则"，即法庭开庭审判时，被告人、公诉人以及其他诉讼参与人必须亲自出席参与审判，又称"形式的直接审理原则"；二是法院需要将原始的事实加以调查，不得用第二手证据代替原始证据，即"实质的直接审理"。[1]

言词原则是相对于书面原则而言，又称口头原则，指针对口头提供的诉讼材料进行裁判的原则，为的是在形成法官心证的时候给法官以鲜活的印象，以发现实体真实。刑事证人在线作证虽然实现了证人跨空间参与刑事活动，但并未超出直接原则与言辞原则的范畴。

刑事证人在线作证并非对直接言词原则的突破。法庭应当具备主体要素、客体要素、程序要素、时空要素。[2]主体要素有审判员、被害人、公诉人、被告人、辩护人及其他诉讼参与人；客体要素有通过审判解决的纠纷或案件；程序要素则要求按照法定方式或程序来推进和处理案件；时空要素则要求审判活动需在一定时间和空间内完成。诚然，刑事证人在线作证突破了审判活动发生在同一空间的限制，但空间只是一个相对概念，线上作证仍然与庭审保持同步进行，庭审仍然具备了主体、客体、程序等要素。同时，线上作证依然是通过其言辞表达陈述案件事实，证人证言依然须经过公诉人、被害人和被告人、辩护人双方质证并且查实以后，才作为定案的根据。可见，刑事证人在线作证不是对直接言词原则的突破，而是随着时代发展和需要，在直接言词原则内涵上的合理延伸。

四、刑事证人在线作证的制度完善

针对上述困境，笔者认为可以从以下几个方面完善刑事证人在线作证制度。

第一，建立专用于在线诉讼的网络。现有的网络环境能够基本满足在线作证的需求，但为了保证良好的庭审效果，有必要建立专用于在线诉讼的网络，保证证人在线作证的网络链接情况，提高诉讼效率。

---

[1] 参见苗存圃：《直接言词原则应用探析》，载 https://www.chinacourt.org/article/detail/2015/10/id/1729929.shtml，最后访问日期：2024年5月21日。

[2] 参见龙宗智：《刑事庭审制度研究》，中国政法大学出版社2001年版，第1~4页。

第二，各地法院可以建立线上作证室，开展证人线上作证协助工作。为了保证偏远地区证人能够作证，同时保证庭审的严肃性，各地法院可以建立线上作证室，通过各法院协助的方式，让刑事在线作证的证人可以前往当地法院的作证室，在法警的监督下进行作证，这样既保证了作证环境不受外在环境干扰，又能保证证人直接通过言辞作证。

第三，建立线上证人作证视频档案，随案卷保存。在证人在作证室作证时应当对证人作证的全过程进行同步的录音录像，随案卷一同保存，保证审判员、被害人、公诉人、被告人以及辩护人能够及时对证人作证情况进行回溯，减少由证人证言导致的冤假错案。

结　语

刑事案件的在线诉讼不等同于在线作证，刑事诉讼一直以线下作证为原则，线上作证为例外。目前只有法律规定的几种情况可以采取视频或者线上作证的方式进行作证，在未来应当对刑事诉讼证人在线作证制度进行完善，进而保证庭审的严肃性，实现刑事诉讼的工具价值及独立价值。

浅议我国轻罪治理体系的完善

刘芮辰[*]

(中国政法大学 北京 100088)

摘　要：随着经济社会的发展，我国刑事犯罪的结构正在发生深刻变化，其主要表现为总量上不断增长以及轻重犯罪分化加速。在此大背景下，应当对轻罪和重罪分别采取更加科学的治理手段，以实现更好的司法效果和社会效果。轻罪治理一直是我国刑事司法的薄弱环节，完善我国的轻罪治理体系不仅可以顺应我国轻罪化的发展趋势，还能有效缓解刑事诉讼压力，推动我国治理体系和治理能力的现代化。构建我国的轻罪治理体系，在实体法上离不开合理界定轻罪的标准，在程序法上需要适当扩张不起诉制度的适用范围，在犯罪后果方面要完善相应的犯罪记录消除制度，由此达到轻罪治理的最佳效果。

关键词：轻罪化　治理体系　不起诉制度　犯罪记录消除

随着《刑法修正案（十一）》的出台，轻罪再次成为刑事司法理论界和实务界的热点。近些年，轻罪犯罪所占刑事犯罪整体的比例有了很大的提高，犯罪结构的变动要求犯罪治理方式作出相应的调整。如何在此犯罪结构下实现轻罪的有效治理、刑事实体法和程序法需要为此作出怎样的回应十分值得思考。

一、犯罪结构的轻罪化趋势

从最高人民检察院的统计数据来看：从 1999 至 2019 年这 20 年间，我国

---

[*] 作者介绍：刘芮辰（1986 年—），女，汉族，吉林长春人，中国政法大学 2023 级同等学力研修班学员，研究方向为民商法学。

整体犯罪数量大幅升高,2019 年的总数是 1999 年的两倍有余。从轻罪重罪的比例来看,以严重暴力犯罪为代表的重罪比例大幅下降,而社会危害较小的轻罪比例持续上升,以"醉驾"为代表的危险驾驶罪已经成为我国司法机关刑事追诉的第一大犯罪行为。究其原因有二:一是我国社会治理水平不断提高,法治建设取得较好成效。随着法治国家和法治社会建设,公民尊法守法意识不断增强,社会治安水平提升,社会危害性较大的重罪犯罪比例走低就是最好的例证。二是刑事立法的轻罪化趋势。进入 21 世纪以来,随着《刑法修正案》的陆续出台,增设了一系列法定刑较低的罪名,例如妨害安全驾驶罪、高空抛物罪等。[1]这类轻罪的增设严密了法网,有利于刑法更好地调整社会关系,也直接导致了轻罪犯罪比例的上升。在此背景下,对此类轻罪一概进行刑事追诉并定罪量刑不仅会给本就紧张的司法资源带来巨大的压力,也不利于这些社会危害性较小的犯罪人的教育改造以及重新融入社会。因此,如何进行科学有效的轻罪治理已经成为我国刑事司法方面的重要研究课题。[2]

二、推进轻罪治理现代化的必要性

(一)积极顺应轻罪立法趋势的必然要求

随着我国法治建设的不断进步以及国家治理体系的完善,在刑事立法领域呈现出积极立法的态势,主要表现为通过降低犯罪门槛来增设新罪名,例如醉驾入刑、高空抛物入刑等,以此来不断扩大我国刑法的规制范围,具有轻罪化的立法特征。这种立法的转变十分明显。从 1979 年《刑法》所规定的罪名及其罪状可以看出,当时我国立法机关秉持着"重罪为主、轻罪为辅"的立法理念,处罚对国家、社会以及个人利益造成重大损害的重罪是刑法的首要目的。随着社会的发展进步,尤其是进入新世纪以来,我国法治建设加速发展,立法机关通过颁布《刑法修正案》的方式不断新增罪名严密法网,其中大部分罪名的法定最低刑期为 3 年有期徒刑,也就是轻罪罪名。与此同

---

[1] 徐岱、王沛然:《中国轻罪治理体系规范检视与路径选择》,载《社会科学战线》2022 年第 10 期。

[2] 肖中华:《轻罪的范围界定、设置原则与认定规则》,载《贵州大学学报(社会科学版)》2022 年第 1 期。

时，我国也审时度势取消了多个罪名的死刑，这也是我国刑法轻罪化的重要表现之一。

(二) 缓解刑事诉讼压力的必然要求

从刑事案件的绝对数量上来看，我国刑事案件总数处于不断增长之中。在如此繁多的案件下，司法机关"案多人少"的矛盾越发突出，我国司法资源面临的压力持续增加。从判决人数比例来看，我国轻罪判决人数约为总人数的4/5，而其中微罪的人数占总人数的比例已经超过3/5，这两种轻微犯罪构成了我国犯罪结构的庞大基数，也占据了大量的司法资源。[1]虽然认罪认罚从宽等制度在一定程度上起到了案件分流的作用，但是面临逐年升高的刑事案件数量，这种分流效果依旧不尽如人意，目前亟须探索出一条更低成本更高效率的犯罪治理路径，以实现更好的司法效果。[2]在轻罪犯罪占比逐渐升高、犯罪结构明显变化的当下，需要改变传统的重罪治理观念。轻罪微罪的社会危害性较小且犯罪人的主观恶性不大，对于此类犯罪应当采取专门的刑事追诉方式，在诉讼程序上实现科学的分流，这样不仅可以节省司法资源、集中力量办理社会危害性较大的重罪案件，也能起到更好的社会效果，推动我国犯罪治理模式转型。

(三) 推进国家治理体系和治理能力现代化的必然要求

刑事治理能力是我国法治能力的重要组成部分，也是我国治理体系和治理能力在刑事司法领域的具体表现，更是维护社会安宁和稳定的重要保障。在轻罪犯罪占比不断提升的当下，需针对轻罪案件的特征调整刑事政策，构建完善的轻罪治理体系，选择适合我国国情的轻罪治理路径，以降低长期以来的"重刑主义"对我国刑事诉讼的影响，尽可能教育和挽救轻罪犯罪者，减少社会的对立面，实现对社会的精细化管理。轻罪治理能力的提升更有利于实现我国宪法和法律尊重和保障人权的价值追求，对于缓和社会矛盾、增进社会福祉都有积极意义。从这个角度来看，轻罪治理能力的提升也是促进我国国家治理体系和治理能力现代化的必要选择。

---

[1] 周罡、冯君：《实务视角下轻罪治理体系的建设与完善》，载《湖北警官学院学报》2023年第4期。

[2] 姜昕等：《轻罪治理现代化的推进路径》，载《人民检察》2023年第1期。

三、轻罪治理现代化的路径思考

（一）合理确定轻罪范围

科学划定我国的轻罪范围具有重要意义，在立法方面可以对不同罪名施加不同的制裁力度，实现罪责刑相一致，在司法方面有助于对不同案件实现繁简分流，提升诉讼效率。目前，我国学界和理论界对于刑法体系中何为"轻罪"暂无清晰界定，存在法定刑说、宣告刑说等不同的学说。从立法角度而言，法定最高刑是反映某一罪名社会危害性的重要标志，故而很多学者认为采取法定最高刑3年作为标准较为适宜。但是，笔者认为，轻罪案件的本质在于其较小的社会危害性、较轻的罪责以及较为容易修复的社会关系，同时其犯罪人的主观恶性较小、教育改造的难度较低以及再犯罪的可能性较低。虽然采取法定最高刑的标准较为简便且操作性强，但是其不能反映出个案具体的主客观情况，并且这也会让轻罪案件的范围大大限缩。所以笔者认为，以量刑建议为3年以下有期徒刑作为划定轻罪和重罪的分界线更为合理。该标准一方面可以打破法定最高刑的限制，将轻罪治理适用于近乎所有犯罪类型之中，扩大轻罪治理的适用范围；另一方面更加契合我国犯罪治理形势好转、犯罪趋于轻罪化的实际需求，更具科学性。

（二）扩大不起诉制度适用范围

现阶段我国的轻罪犯罪占比较高，出于罪责刑相适应以及提高诉讼效率的考量，对于此类犯罪应当予以多元化的处理，对无需定罪量刑的社会危害性较小的轻罪作出不起诉的处理，在诉前将此类案件分流，防止其进入司法审判程序，由此达成司法效果和社会效果的最佳统一。从我国目前的不起诉制度来看，主要分为检察机关所拥有的裁量不起诉和附条件不起诉两类。裁量不起诉主要是指针对"犯罪情节轻微"的刑事案件，检察机关可以作出不起诉的决定。但是从实践来看，这一制度将不起诉的范围限定得较为狭隘，绝大多数案件均难以达到这一要求，这导致在司法实务中裁量不起诉的适用较少。[1]故而笔者认为可以适当扩大裁量不起诉的适用范围，将"犯罪情节

---

[1] 陈卫东：《检察机关适用不起诉权的问题与对策研究》，载《中国刑事法杂志》2019年第4期。

较轻"等社会危害性较小的案件纳入这一制度范围之内,使得轻罪的处理可以适用这一制度。附条件不起诉仅限于未成年人的刑事犯罪,在主体上限制较严,适用范围十分有限。笔者认为,未来可以适当扩大附条件不起诉的主体范围,将成年人的轻罪纳入其中:一方面可以通过设置条件和考验期的形式对被不起诉人起到考察的作用,判断其是否具有不起诉的必要性;另一方面可以完成案件处理的分流,减轻诉讼资源的压力并满足轻罪治理的需要。同时需要注意的是,该标准并非一成不变,而应处于动态调整之中,需要根据我国刑事犯罪的情况而作出适当的变化,以适应轻罪治理的需要。

(三) 完善犯罪记录消除制度

关于犯罪记录消除方面,我国目前规定了未成年人的犯罪记录封存制度,为未成年人重新进入社会提供了制度保障。但是该制度在适用过程中仅限于未成年人这一特殊主体,且并非消除犯罪记录而是进行"有限的封存",所以导致该制度的适用难以起到预期的效果。有些国家已经建立了较为完善可行的犯罪记录消除制度,给已经改造完毕的犯罪人更多融入社会的出路,取得了不错的效果,对我国的轻罪治理有着重要的借鉴意义。基于此,我国可以借鉴其他国家业已建立的犯罪记录消除制度,让社会危害性较低的轻罪罪犯更好地融入社会。

浅议德国犯罪学与刑法学的关系定位

谢春玉[*]

(中国政法大学 北京 100088)

摘　要：德国刑事政策中犯罪学与刑法学的关系是互补的。犯罪学从社会学、心理学等角度分析犯罪的成因、特征和预防，为刑法学的立法和实践提供理论支持。刑法学则专注于犯罪行为的法律界定和刑罚的确定，为犯罪学研究提供法律框架。二者的结合，不仅促进了刑法和犯罪学理论的发展，也为德国刑事政策的制定和执行提供了坚实的理论基础和实践指导。这种跨学科的融合，体现了现代刑事法的复杂性和多维性。

关键词：德国　犯罪学　刑法学　关系定位

德国刑事法律的发展历程是一个融合了多个学科的科学过程。在这个过程中，犯罪学与刑法学的关系和功能有着显著的区分。犯罪学作为一个包含多种社会科学的综合学科，在德国的刑事政策中占有重要位置。例如，19世纪末，李斯特提出了"综合刑事法学科"的概念，强调刑法学不仅仅是一系列规则的总和，而是一个涉及各种社会科学的学科。此外，法律哲学家如赫格特也探讨了德国法律的特点，包括法庭如何理解和应用法律规则。在德国刑事法律中，科学的方法论和多学科的融合对于理解和应用刑法具有重要意义。这种方法论不仅在德国产生了深远的影响，还影响了美国等其他国家的法律教育和实践。在这样的背景下，本文旨在探讨犯罪学与刑法学在德国刑事政策中的相互关系和各自的功能，以及它们是如何共同塑造了德国独特的刑事法律体系。

---

[*] 作者介绍：谢春玉（1985年—），男，汉族，福建泉州人，中国政法大学2023级同等学力研修班学员，研究方向为民商法学。

一、犯罪学概述

在德国刑法中，犯罪学的发展和刑法的关系经历了重要的历史变迁。近代以来，德国刑法理论在功能和思考方式上严格区分了刑法和刑事政策。早期的法学家如费尔巴哈，从刑法的最高原则中提出了无法无刑、无法无罪和有罪必罚三个原则，这些原则构成了罪刑法定原则，其基本功能在于保障人权和通过限制刑罚权来保障这些权利。费尔巴哈的理论把刑事政策界定为刑事立法政策，并在刑事司法领域发挥作用。

与费尔巴哈相比，李斯特在刑法与刑事政策的功能和思考方式上进行了更明确的区分。他强调保护个人自由的重要性，并将刑事政策的作用限制在刑法教义学体系之外。这种区分意味着刑法的思考方式是通过制约刑罚权来保障人权，而刑事政策的思考方式则是通过发动刑罚权来防卫社会。

罗克辛的理论则实现了刑事政策与刑法教义学的贯通。他通过建立目的理性的犯罪论体系，使刑事政策进入了刑法体系。罗克辛坚持古典派犯罪论体系的三阶层构造，并对其内容依据刑事政策的功能进行了改造。这包括行为构成的实质化、不法的价值化和责任的目的化。例如，他在行为构成方面提出了社会相当性原理和轻微性原则，使刑事政策成为解释行为构成的重要根据。在不法的价值化方面，他通过赋予不法要件解决社会冲突的积极功能，将不法性转化为一种否定性的价值判断。

总体来看，德国刑法理论的发展表明，刑事政策与刑法的关系是逐步拓展的。起初，刑事政策只在立法领域发挥指导作用，后来拓展到刑事执行领域，再后来才拓展到刑法教义学领域，间接影响刑事司法领域。这种发展过程体现了法治化的思考方式，并为刑事领域法治的实现奠定了基础。[1]

二、刑法学概述

刑法学作为法律的一个重要分支，主要关注犯罪行为的界定和刑罚的适用。其核心原则包括罪刑法定原则、法律公平和公正，以及对人权的尊重。德国的刑法学特别强调罪刑法定原则，确保刑罚的应用不是随意的，而是基

---

[1] 苏永生：《德国刑事政策与刑法关系的理论及其借鉴意义》，载《法学杂志》2017年第10期。

于事先明确规定的法律。这一原则不仅体现了法律的明确性和预测性,还保障了公民的法律安全。

德国刑法学的发展历史悠久,其演变反映了社会、政治和法律思想的变化。德国刑法的历史可追溯至1871年德意志帝国刑法典的制定。随后的数十年中,这部法典经历了多次修订,以适应社会的发展和道德观念的变化。

近年来,德国刑法学经历了显著的发展。自1975年以来,德国刑法学重点从刑法总论转移到刑法分论,涉及多个领域,如终止妊娠法、反恐法、经济犯罪法、环境犯罪法、性刑法和有组织犯罪法等。这些变化体现了德国刑法学对社会复杂性的回应,以及在社会治理中的重要作用。同时,德国刑法学也面临着新挑战,例如数字化时代的犯罪问题、生物技术的法律问题,以及在严厉打击犯罪与保护人权之间的平衡等。[1]

这些发展和变化反映了德国刑法学在理论和实践上的深刻洞察,以及对国际刑法趋势的适应。德国刑法学的经验和成就,在国际刑法学界中具有重要的影响和参考价值。

三、犯罪学与刑法学的关系定位

(一)犯罪学与刑法学之间的相互关系

犯罪学与刑法学之间的关系是一个复杂且多元的话题。一方面,犯罪学专注于研究犯罪的原因、特性、预防方法和社会对策,而刑法学则集中于犯罪的法律定义、刑罚的类型和实施。这两个学科虽然关注点不同,但它们之间存在着紧密的相互作用和影响。

首先,犯罪概念在犯罪学和刑法学中是多元的。犯罪学更侧重将犯罪作为一个社会现象的广泛探讨,包括社会、道德、宗教等多个维度的评价,而刑法学则专注于法律范畴内的犯罪定义和处理。这意味着,尽管两个学科都讨论"犯罪",但它们所指的内容和侧重点可能会有所不同。犯罪学可能会探讨更广泛的社会问题,如道德上的犯罪、宗教上的犯罪等,而刑法学则专注于法律上的犯罪和刑罚的具体应用。[2]

---

[1] [德]埃里克·希尔根多夫:《德国刑法学:从传统到现代》,江溯等译,北京大学出版社2015年版,第146页。

[2] 王牧:《论犯罪学与刑法学的科际界限》,载《中国法学》2004年第1期。

其次,犯罪学和刑法学之间的关系也受到法治精神的影响。事前犯罪学的研究需要遵循法治原则,这意味着在研究犯罪预防策略时,必须坚持法治原则,避免道德和伦理问题。同时,犯罪学还需要对预防性立法的"前因后果"进行深入的法理分析,以便为刑法立法提供指导,帮助其在法治精神下减少犯罪的同时,保护人权。[1]

总而言之,犯罪学与刑法学虽然在研究对象和方法上有所区别,但它们之间存在密切的联系。犯罪学为刑法学提供了更广泛的社会背景和理论支持,而刑法学则为犯罪学的实践应用提供了法律框架和指导。理解这两个学科之间的关系对于有效地防治犯罪和推动法律正义至关重要。

(二)两者在理论、研究方法和实践应用中的交叉点与差异

在理论、研究方法和实践应用方面,犯罪学与刑法学展现出了既有的交叉点也有明显的差异。

从理论角度来看,犯罪学的发展推动了刑法学的进步。犯罪学的理论,如禁止令等,逐渐融入刑法学中,对刑法立法产生了深远影响。犯罪学为刑法立法提供了实证基础,有助于使刑法立法更加科学和合理。刑法学则侧重理性原则的应用,强调司法体制改革和刑事司法活动应受刑法目的的制约,致力于探究刑法的价值和精神,并分析刑法的实现过程,以更好地服务于刑法的目的和任务。[2]

在研究方法上,刑法学倾向于使用逻辑思维和规范性分析,而犯罪学则强调经验研究和大数据的收集。这种方法上的差异导致两者在处理问题时的视角和深度存在差异。刑法学的规范性或学科使命决定了其基本研究方法是论证,而犯罪学则更注重犯罪现象的实证研究。

在实践应用方面,犯罪学的影响表现在如何防治犯罪上。例如,循证警务的实践显示,犯罪学可以通过提供科学证据来改善公共政策和警务实践。这包括犯罪热点理论和分诊理念在警务资源分配中的应用,以及家暴逮捕实验等研究在证据判定和汇总中的重要性。

综上所述,犯罪学与刑法学虽在理论、研究方法和实践应用上存在差异,

---

[1] 姜敏:《刑法预防性立法对犯罪学之影响:困境与出路》,载《政治与法律》2020年第1期。
[2] 周遵友:《德国犯罪学的最新发展》,载《犯罪研究》2022年第3期。

但两者之间的交叉和互补性是显而易见的。犯罪学提供的实证研究为刑法学的规范性分析提供了实际基础,而刑法学的理性原则则为犯罪学的应用提供了法律框架和指导。

结　论

在德国刑事政策中,犯罪学与刑法学各面扮演着独特而重要的角色。犯罪学专注于犯罪原因、特性及预防方法的研究,为刑法学提供社会背景和理论支持。刑法学则关注犯罪行为的法律定义和刑罚的适用,为犯罪学的实践应用提供法律框架和指导。两者之间存在密切的联系和互补性,共同推动德国刑事政策的发展和完善。德国刑法理论的发展历程体现了法治化思考方式的重要性,强调了科学方法论和多学科融合在刑法理解和应用中的重要作用。犯罪学与刑法学的交叉和协调,不仅促进了对犯罪现象的深入理解,也为刑事政策的有效实施提供了理论基础和法律支撑。